臺灣研究叢刊

文化展演與台灣原住民

胡台麗　著

目　次

人類學者的熱情與社會實踐 (代序)

　　在人類學的圈子裡打滾這麼久，但是我很難講清楚人類學到底是什麼。我只能說我所期盼的人類學，絕對不是冷冰冰的，而是在知識理論建構的同時，有積極熱情的社會實踐意圖。我感覺人類學既然是人類學者取材於人群社會而建構出來的學問，理想上如經由人類學者的熱情和努力，人類學知識應能回饋人群而在社會實踐的領域有相當的發揮。

　　遺憾的是並非每一位人類學者具有實踐的動機、熱情和環境。人類學本身也不敢對人類學者提出超乎學術標準的要求。在台灣人類學界，多數人類學者的田野工作地分佈於台灣本土不同的族群社會，他們最基本的任務就是完成資料收集與論文撰寫。這樣未始不能算是一種學術實踐，但是與我心目中與人群貼近的人類學社會實踐還有一段距離。純學術論文的知識如不經過另一層次的轉化推廣，只能在人數很少的學術圈中流通，很難主動地對社會傳佈，更無法讓社會大眾瞭解並產生影響。人類學的社會實踐是純學術工作的延伸，需要有很大熱情和耐力支撐。

　　我個人由於性向與興趣使然，因緣際會地參與了一些與台灣原住民和文化展演相關的學術研究與社會實踐活動。「文化展演和台

灣原住民」這本書集結的文章,反映了我近十多年來以多種形式和
身份與原住民文化接觸的樣貌。但它並不是單純的文字展演,讀者
/觀眾在字裡行間、幕前幕後多少可以感受到我追求知識並努力實
踐的熱情,以及遭逢的困難。

　　知識、熱情與實踐間的關係遠比我想像的複雜,如非親身試
煉,實難體會其中奧妙。有些人類學者將研究工作「純」化,認為
如積極參與社會實踐活動,對研究工作會有負面影響。但我在社會
實踐的過程中常意外地發現,原先在循規蹈矩的田野研究中遍尋不
得的族群文化精義,竟在無心插柳之際浮現眼前。我因此覺悟:人
類學知識的追求與獲得沒有一定的公式與方法可循,「純」以撰寫
論文為目的之學術性田野工作固然重要,但只能保證一定的資料累
積,而未必能打開瞭解該社會的心鎖。人類學者在社會實踐過程
中,無論是順利或困頓,反而有更多機會觸及該社會最重要的文化
價值,得到珍貴的知識與情感回報。

　　通常人類學者一提到「文化展演」,就會聯想起包含許多視聽
動感元素的祭儀樂舞,而祭儀樂舞的內容與形式分析便成為研究
「文化展演」的學者之最愛。但我覺得人類學的「文化展演」概念
如只運用於儀式的展演與類比未免太狹隘了,也極可能將所研究社
會對於「真實」與「展演」的區分掩蓋了。本書所談的「文化展
演」雖然涵蓋台灣原住民社會的祭儀樂舞,可是「文化展演」的概
念在本書中,並不限於原住民部落實際的祭儀樂舞展演,還包括其
他在視聽方面表現突出的文化活動,特別是以視聽呈現為主體的民
族誌紀錄片,以及原住民祭儀歌舞的舞台化展演。文化展演的內容
與形式一方面是人類學研究和分析的對象;另方面則是透過文化展

演，人類學知識得以傳播與實踐。

　　若與其他人類學論著相較，本書文章的呈現方式顯得多樣而紛雜。但與其說是缺點，毋寧說是有意顯現的特色。事實上，我對每一主題的切入、表達與實踐方式是文字書寫、影像紀錄、舞台展演等並用，無法只由文字的集結而窺得全貌；即使在文字表達的領域中，為了達到不同的溝通與傳播目的，我也嘗試採用不同的文體，而讓學術論文、通俗散文與對話訪談等併陳。在我的認知中，文字、影像與舞台展演等都是理念傳達與實踐的媒介，而每種媒介形式都有其優越和侷限之處，沒有必要作清楚的區隔。我以為人類學者應有足夠的自由度，在各種表現形式中作不同的嘗試。

　　著名人類學者 Clifford Geertz 在「模糊的類型」（ ”blurred generes ”，1980）一文中指出，現代知識的呈現在文類上有混雜的現象，例如寓言寫得像民族誌（Castenada 的「唐璜的教訓」1968），理論的陳述寫得像遊記（Levi－Strauss 的「憂鬱的熱帶」1974）。社會科學家如今應可隨心所欲地按照需要，而非遵循某些規定，來決定作品的形式。1980年代中期以來，人類學界面對「再現的危機」（Marcus 與 Fischer 的「作為文化批評的人類學」，1986），興起新民族誌的實驗浪潮。本書則企圖從人類學民族誌書寫類型的實驗再往前推一步，也就是人類學知識的社會實踐與反思。

　　本書的編排分為「影像實驗篇」、「田野調查篇」、「歌舞展演篇」三部分。在第一部份「影像實驗篇」中，我先針對民族誌和民族誌電影的「科學性」提出討論，我以為「科學」也像影像一樣被投射到民族誌上，我們誤以為它就是真相，結果發現只不過是另一種影像。當「科學典範」在人文社會學界的影響力日漸式微之

際，藝術性的呈現方式受到鼓勵。人類學者在書寫和攝製民族誌時，不必再隱藏自己的情感和藝術表現風格，也比以前更關心作品要給誰看、對誰發生影響的問題。我非常認同 Clifford Geertz 的看法（1988「作品與生活」）：殖民時代已結束，研究者、被研究者與讀者的關係應有所轉變，民族誌的呈現要使得三者之間有所對話。

　　我以自身在台灣所作的民族誌電影實驗爲例，企圖破除過去僵化的、研究者高高在上的文字民族誌的呈現框架，希望透過影像，讓當地人直接發聲，並與其他多重聲音與觀點對話。民族誌影片必須讓當地人意識到對他們「有用」，能眞切的表達他們的情感、美感與需求，而不是只服務於學界所關心的某些理論建構。在沒有文字的原住民社會，我覺得影像民族誌更能發揮溝通與傳承的功效，因此迄今我所拍攝的五部民族誌影片中，除「穿過婆家村」（1997），其餘都是以原住民社會爲題材：「神祖之靈歸來：排灣族五年祭」（1984）、「矮人祭之歌」（1988）、「蘭嶼觀點」（1993）、「愛戀排灣笛」（2000）。

　　本書中對於這四部分別在台東的排灣族、新竹的賽夏族、蘭嶼的達悟族（雅美族）與屏東的排灣族地區拍攝的民族誌影片，在內容、形式與實踐方面有較多的描述。這些影片完成之後都有在拍攝的村落中放映，攝製者並與被攝者和觀眾對談，產生多層次的激盪。我一直無法忘懷「蘭嶼觀點」一開頭，島上青年 si Pozngit 在沙灘上說的一段話：「我常常覺得一個人類學者在這個地方做的研究越多，對雅美族的傷害就越深。我爲什麼要這樣說呢？我常常覺得人類學者在蘭嶼做研究，只是把蘭嶼當作是他晉級到某一個社會

地位的工具而已，並沒有回饋給他們研究的對象，這是我覺得非常遺憾的地方。」人類學界對這樣的批判能做出怎樣的回應？在「蘭嶼觀點」的原點與《對話錄》，以及「愛戀排灣笛」的《迴響曲》中，讀者會發現我嘗試透過影像和推廣活動，讓人類學知識發揮社會實踐的效用，以期對文化的溝通、傳承與省思作出貢獻。參與影片攝製與觀賞的原住民與觀眾都有其主動積極性，和人類學者處於平等的地位，相互鼓勵和學習。

　　本書的第二部份爲「田野調查篇」，其中收錄了四篇文章，包括對賽夏族矮人祭歌舞祭儀「疊影」現象的分析、對祭歌歌詞的詳細記錄與譯註、對台灣原住民祭儀與排灣笛的現況調查與評估。雖然有些工作例如對矮人祭歌歌詞的紀錄與整理是極爲艱難繁瑣的工作，但是我相信唯有經由祭歌「文本」的細密解析，再配合祭儀「文化展演」活動的實地參與觀察，我們才有堅實的資料來揭示賽夏文化記憶中特殊的「疊影」現象，並有助於珍貴祭歌的傳承。當我發現賽夏文化不能以觀看單一影像的方式而必須以「疊影」概念來理解時，那種驚訝與揭密的快樂眞是難以形容。「矮人祭」指涉的不只是矮人，也包括同樣與賽夏族人有恩怨關係的雷女。賽夏族的祭歌與祭歌中的植物都有深刻的含意，一方面是對生命脆弱性的警示與哀惋，另方面則是對生命堅韌茁長的強烈慾求。「疊影」現象強調的是賽夏族人在自然與人文生態環境中一直要面對的生產與生殖、己群與外人的主題，對我們有很大的啓示。

　　在「台灣原住民族的祭典儀式：現況評估」一文中，我們針對不同類別的祭儀在各族的保存現況進行調查，並探討1945年之前與之後祭儀消失與轉變的原因。結果我發現，祭儀消失的主因係受到

外界優勢文化包括日本殖民文化、漢文化、西洋宗教等有意識與有組織地打壓。不論其理由是為「革除迷信惡習」、或「改善生活」、或「給予救贖」，都相當程度地流露出這些外來文化的優越心態，貶損台灣原住民族的文化自尊。近期部落祭儀的發展也仍然無法擺脫外力的干擾，常淪為觀光與官式「表演」的性質，以至於祭儀歌舞原有的文化意涵受到扭曲或隱沒不彰。在「排灣族鼻笛、口笛現況調查」文章中，我們經過地毯式的搜索後，訪問了30位鼻笛與口笛人才，並釐清了排灣笛的傳承系統、文化意涵與保存現況。後來還出版了「排灣族的鼻笛與口笛」一書和「笛聲淚影」CD專輯（2001，國立傳統藝術中心），為已趨凋零的排灣笛的傳承、以及排灣族的情感與美感研究奠基。

本書的第三部份為「歌舞展演篇」，以我參與「原舞者」後所經歷的展演活動為重心。早在1986年到1989年，我便與劉斌雄先生共同主持「台灣土著祭儀暨歌舞民俗之研究」計畫（1987出版第一冊報告書，1989出版第二冊報告書），邀請不少研究人員參與。當時負責舞蹈研究的平珩，於研究告一段落時便根據採集的資料，同時敦聘阿美族和鄒族人，教導國立藝術學院舞蹈系學生祭典歌舞，並搬上舞台展演。後來一個源於台灣南部、由原住民青年組成的「原舞者」團體，在藝文界熱心人士支持下，以藝術學院演出過的歌舞節目為基型，進行全省巡迴演出。這些原住民團員到台北演出時，他們的聲音與動作中所流露出的濃厚原住民山林原野氣息，深深地感動了我。從1991到1996長達六年的時間裡，我成為「原舞者」的義務研習與展演指導，協助「原舞者」成員進入不同的文化田野，學習傳統歌舞祭儀，並轉化為現代舞台的演出。這樣的結緣

過程記錄在「從田野到舞台：『原舞者』的學習與演出歷程」與訪談錄中。

「懷念年祭」是「原舞者」第一個田野學習與展演的主題，將卑南族傳統猴祭、大獵祭的歌舞，以及該族近代傑出民歌作家陸森寶創作的歌曲作有系統的編排組合。「懷念年祭」是陸森寶最後一首遺作，歌詞經過陸森寶女婿陳光榮先生的翻譯，透露老人家希望年輕人不要忘記傳統年祭的心願，感人至深。我們請陸森寶的孫子陳建年爲創作民歌配上具原住民風味的樂器伴奏。近年陳建年獲得了「金曲獎」最佳演唱者與最佳詞曲作者的榮譽，相信當年「原舞者」的舞台展演對他產生相當程度的激勵作用。我在1992年「原舞者」於台北社教館演出前寫了一篇「懷念年祭：紀念卑南族民歌作家陸森寶（Baliwakəs）」，對於他每首作品的產生都與卑南族南王村的生活與發展息息相關，表達無比的讚嘆。這些作品的詞曲與背景介紹附皆在「詞曲錄」中，供我們緬懷歌詠。

當我書寫「文化眞實與展演：賽夏、排灣經驗」一文時，情感與思緒洶湧起伏。在此文中，我不毫不隱瞞地將我與「原舞者」學習和展演排灣族及賽夏族神聖祭儀歌舞的刻骨銘心經驗，透過文字再度展演出來。我終於體認到：儘管我們的出發點是多麼的良善、行事是多麼的審愼、社會實踐的熱情是多麼的澎湃，但有些事的演變不是我們所能預料和掌控的，譬如，「原舞者」經過一年多敬謹與專注的學習，1994年賽夏族矮人祭歌舞在國家劇院的演出可謂空前地成功，可是其後卻發生了讓我難以釋懷的賽夏族主祭妻子去世的事件。在難過之餘，人類學的訓練幫助我探索並反省「社會實踐」與「文化眞實」之間的關係。

　　我們如果將「原舞者」在賽夏族與在排灣族的學習與演出經驗對照，便可發現二族對文化真實與展演有不同的理解。賽夏族的「疊影」視角，讓他們習於將外人融入自身的文化中，並將外人的「展演」視為自己人的真實「演出」，必須受賽夏規範的約制；如有違犯，無論是自己人或外人都會受到矮人等老前輩的懲罰。研究者或展演者在這樣的文化中進行「社會實踐」，有其優點也有其危險處。優點方面，這些年來我們已清楚地看到了：當初賽夏族南祭團中只有一、二位年輕人會唱矮人祭歌，之後受到「原舞者」的刺激並透過自身的努力，如今會唱祭歌的賽夏年輕人不斷增加，矮人祭的三個通宵已有十餘人分組輪流帶唱，使得神聖的矮人祭歌舞傳統得以維繫不墜。可是另方面，「外人」的混融現象也可能增加賽夏族人的內在壓力，甚而危及賽夏族的內部秩序。萬一不幸事件發生，「外人」必須懂得運用賽夏族的化解之道。不同於賽夏族的「交融性」文化真實，我們在排灣族經歷了「區隔性」的文化真實，亦即「外人」絕對不可能被排灣村落視為「自己人」，因此外人的學習和展演不必遵從排灣文化禁忌。相對的，外人也不容易直接參與排灣村落活動，無法對它產生重大影響。我認為任何有「社會實踐」意圖的人，不能不努力理解他所處環境的「文化真實」。

　　透過不同形式的文化展演與社會實踐的辯證對話，在本書的篇章中，我不是一個冷眼旁觀、保持距離的客觀分析者，而是熱情地、積極地參與了文化展演。其中有淚有笑、有滿足也有辛酸，在此毫無避諱地一併呈現在讀者眼前。我同時也期盼讀者加入「演出」，為台灣原住民的文化研究、傳承與展演注入源源不斷的創意與活力。

影像實驗篇

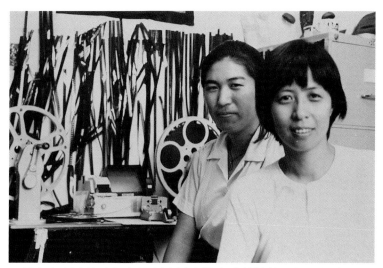

錢孝貞（左）協助胡台麗（右）以克難方式剪接第一部民族誌紀
錄片「神祖之靈歸來」。

胡台麗拍攝女祭師在河邊做五年祭遮護河川的祭儀。

五年祭時男祭師持點燃小米梗招請祖靈，女頭目隨行在後。

排灣族五年祭時勇士們坐在刺球架上手持竹竿刺藤球。

五峰賽夏族長老爲拍攝「矮人祭之歌」的攝影機綁芒草。

五峰賽夏族矮人祭歌舞至天明，舞圈中出現十年大祭的祭旗。

朱姓主祭家人在矮人祭主祭屋內為攝影師張照堂綁芒草。

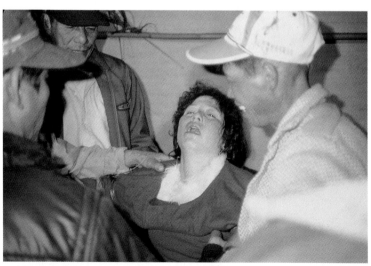

矮人祭期間有一婦人遭矮人處罰而昏倒。

「蘭嶼觀點」紀錄片工作人員在飛魚架下合影。中間為攝影師林建享、左為編導胡台麗、右為協助錄音的陳憶玲。

蘭嶼居民出海捕回飛魚後要經過細密的處理程序。

蘭嶼達悟族（雅美族）在Miparos祭儀時戴銀盔到海邊為天神獻上祭品。

蘭嶼島上的核能廢料儲存場是居民的夢魘。

「蘭嶼觀點」紀錄影片在朗島村的教會大門上掛銀幕作公映。

「愛戀排灣笛」紀錄片工作小組。中右爲編導胡台麗、中左爲攝影師李中旺，右爲排灣語翻譯年秀玲（tjuplang Ruvaniao），左爲攝影助理楊重鳴。

古樓系統的吹笛好手蔡國良（kapang Tariu）與年輕時追求的女友共飲聯杯酒。

平和村的蔣忠信
（rhemaliz Tjuvererem）
盛裝吹奏雙管鼻笛。

大社村的許坤仲
（pairhang Pavavalung）
擅長吹奏雙管口笛。

Padain村頭目李正（tsegar Tarhulaiat）在舊居製作單管口笛，
並接受胡台麗（左）訪問。

民族誌電影之投影：
兼述台灣人類學影像實驗

一

「我對於以電影作爲科學性人類學傳達工具之價值甚表懷疑。」I. C. Jarvie 1983年在 " Current Anthropology " 雜誌上毫不容情地提出批判，反對電影與人類學結合。因人類學在他的認知裡是順應理論之需要而展現眞實（reality），而影片拙於辯證性地呈現材料，使得理論與思想觀念難以進展。他指出影片製作者與人類學家的目標可能不同，前者主要處理的是具有想像力的視像，後者則懷抱審愼、精確、質疑等科學態度，如果湊合在一起雙方都不會滿意。Jarvie 並認爲影片充其量也不過是輔助性的紀錄工具與視覺教材，大多數民族誌影片的說明性不足，對民族誌沒什麼貢獻。

我也曾經產生過這樣的懷疑。在我接受人類學訓練的1970年代，「科學」的典範仍強有力地支配著人類學領域，影片的最大功用是在爲科學研究服務。民族誌影片正如 Jarvie 所述有許多「不夠科學」的缺憾，嚴肅的人類學者多不予重視，更不會鼓勵學生往這方向發展。我的正規人類學教育裡從未包括民族誌電影這一科目。

　　寫這篇文章之前我重新看了一遍 Robert Flaherty（佛萊賀提）
1922年完成的影片 "Nanook of the North"（北方那努克）。我記
得很清楚這是我在紐約唸研究所時無意中看到的一部默片經典作。
"Nanook" 這位愛斯基摩人的影像一開始是以面部特寫鏡頭出
現，他的眼睛一眨動把我帶入他生活的冰天雪地的世界。投射在平
面銀幕上的立體影像給予只熟悉文字記載的「原住民」的我極大震
撼，科學性的民族誌從來沒有讓我這麼真切地體味到另一個文化的
氣息。影像與文字、科學與藝術、人類學和電影自此在我的思考中
徘徊不去。看 "Nanook" 影片產生的激動餘波蕩漾，促使我後來
拿起攝影機拍攝，拿起筆寫這篇檢視民族誌電影發展的文字。

　　"Nanook of the North" 是不是一部民族誌電影？無疑地它是
紀錄片史中不朽之作，而所有談民族誌影片的書籍文章都會提到這
部片子，但對於它是不是民族誌電影卻有爭議。Flaherty 不是一位
人類學家而是礦藏探勘者，1913年起便在加拿大哈德遜灣東岸
Inuit 愛斯基摩人的活動區探測鐵礦，與當地人共同生活，並拍攝
影片。1920年開始拍攝的 "Nanook" 一片企圖呈現人類如何在荒
寒酷劣的環境中奮鬥以求存活。1922年產生了這部電影史上第一部
真正可稱為紀錄片的電影。有趣的是人類學史上也是在1922年出版
了第一部民族誌經典之作：馬林諾斯基（B. Malinowski）的《西
太平洋的航海者》（Argonauts of the Western Pacific），自此才奠
立了人類學田野工作以及書寫民族誌的基礎。就嚴格的「民族誌」
定義來看，"Nanook" 並不是在人類學的理念與訓練下拍攝的片
子。Flaherty 長期參與觀察 Eskimo 社會，並得到 Nanook 的信任
與協助拍攝這部影片。從 Nanook 及其家人的活動中，我們看到

Flaherty 所欲表達的北方的憂鬱精神，永遠為風雪、狗吠、饑饉的氛圍所籠罩，但是在荒寒中人們還是流露出相濡以沫的溫情。

　　什麼是民族誌？什麼是民族誌電影？馬林諾斯基的功能理論今日人類學界少有人信服，Adam Kuper 便提出：馬林諾斯基的卓越處不在於理論，而在於他能穿透理論之網觸到真正的人（1985：35）。馬林諾斯基自己也在田野日記中問道：我探究的最深意義何在？——發掘當地人的主要情感、行為動機以及目標（1967：119）。可是他只願意在不準備發表的田野日記中發抒自己的情感以及對當地人不同的評斷。換言之，筆寫出版的民族誌基本上是客觀不摻雜研究者情感的科學性民族誌。不過馬林諾斯基顯然察覺到一些科學研究的問題：

> 某些科學性研究結果……只給我們美好的骨架……卻缺少血肉。我們習得許多有關該社會框架的知識，但無法感知或想像人們真實的生活：日常事件的平穩流動或者是偶爾發生的祭典等狀況激起的興奮漣漪。我們從田野收集的資料與報導人的訪談中建構出當地習俗的律則與精確公式，但會發現與真實生活無關，因為真實生活從不僵硬地附著於任何法則上面（1922：17）。

　　在討論何謂民族誌電影時，Karl Heider 避免用是／否的二分法，而以民族誌的強弱（ethnographicness）來判斷。但是他認定的「民族誌」是科學事業（scientific enterprise），電影只是工具，科學的民族誌才是目標。如果民族誌的科學要求與電影的美學

要求發生衝突，民族誌電影要重科學而犧牲美學（1976：4–5）。類似的觀點出現於 Jay Ruby（1975）的文章中。他主張民族誌影片要儘量符合科學的民族誌的標準，無論在方法上以及資料的收集分析上，都要具科學的邏輯和理論意涵。影片作為溝通的媒介與技術，必須將科學的論述傳達出去，而大多數的民族誌電影在他看來未能達到這效果。雖然所有的影片都可供人類學研究分析之用，但不應隨意冠上「民族誌」電影之名。

　　民族誌和民族誌影片真的是以「科學性」為優先的考慮嗎？1980年代人類學界掀起洶湧的反擊浪潮，其背後形成的原因係與科學典範在整個人文社會學界廣泛遭質疑的思潮發展有關，本文不擬詳加討論。「科學」也像「影像」一樣被投影到民族誌上，我們誤以為它就是真相，結果發現仍然只不過是另一種影像。以往在科學準則指導民族誌的時代裡，並非所有的民族誌作品都以透明中性的科學語言與形式呈現，但是比較藝術性的呈現方式並不受鼓勵與重視，「E. Sapir 和 R. Benedict 在 F. Boas 的科學凝視下必須把他們的詩隱藏起來」（Cilfford 1986：4）。書寫民族誌的文學性和風格在晚近的討論裡才出現，民族誌被當作文本（text）與作品來評析。Clifford Geertz（1988）明白地指出：人類學作品不應以是否合乎「科學」標準之先入為主的觀念作評斷。科學要求客觀與不顯現研究者的情感，結果人類學者面臨必須將帶傳記性的田野經驗轉化為科學的作品時，常顯現出焦慮不安。不過 Geertz 檢視了 Malinowski、Levi-Strauss、Evans-Pritchard、Benedict 等人令人印象深刻的民族誌後發現，他們作品中的理論辯論力量如今已消失，但人們依然樂於閱讀。追究原因是由於這些作品的呈現具有特

殊的文學風格，令讀者相信研究者確實溶入另一種生命形式。民族誌的文學性格，人類學者的作家角色不容忽視。

此外，民族誌的寫作到底是給誰看的問題也被提出來。過去人類學者以西方學界關心的理論帶到殖民地的田野去印證，完成的民族誌出版後也只在學界閱讀討論。Geertz 認為殖民時代如今已結束，研究者、被研究者與讀者的關係應有所轉變，被研究者不只是被描述的對象，讀者不只是被動的被告知，民族誌的呈現要使得三者之間有所對話。科學的修辭、科學的面具在後殖民時代不再適合，民族誌的寫作要注重風格與美學，把一個群體的意識適切地傳達給其他人群。近些年愈來愈多的民族誌擺脫科學金箍咒的束縛，嘗試以更自由、更合乎人性的方式書寫，舊有的規範與權威在崩解中（Marcus 與 Fischer 1986）。

這類對民族誌的反省與我長期以來的感觸不謀而合。在第一個田野工作結束要寫論文時，我就產生是否要符合「科學」規格的矛盾，結果還是順應內心的要求，以小說形式先寫了一篇《媳婦入門》（1978），後來再逐漸發展論文的其他部分（1982，1984）。論文草稿完成重返美國的一年中，我不能忘懷文字之外影像給我的震撼，修改論文之餘全力投入電影理論與技術的學習。在藝術電影院、電影系、課堂、影展和電影圖書館中觀賞電影史上的重要作品，也包括不少民族誌電影。整體的感覺是民族誌電影還處於摸索的階段未臻成熟，而且過去在民族誌的「科學」要求與電影的「美學」要求中掙扎，步履維艱。不過由於影像確有文字無法企及的某些優越性，民族誌電影在人類學界已取得一席之地。讓我們概略回顧一下它發展的歷程。

二

　　前節已叙述民族誌電影一直受「科學」的研究取向與書寫形式
的影響。但是另外一方面要真正成爲民族誌電影必須是有結構的，
經過影像資料之選取剪輯過程，像正式出版物一樣可供人「閱
讀」、評賞的作品。民族誌電影於是無可避免地受到電影理論與形
式之影響。

　　幾篇描述民族誌電影發展史的文章（De Brigard 1975；Heider
1976；Mac Dougall 1978；Chiozzi 1989）都從十九世紀末、二十
世紀初談起，但是早期的所謂民族誌影片實在只是毛片
（footage）而不是經過組合、結構的電影。它們如同人類學家在
田野紀錄的筆記資料，還沒有寫成文章發表。可是由於早期影像之
攝製非常稀少珍貴，後來也有人將毛片整理發表作爲研究和教學之
用。基本上這些毛片的攝製目的都是爲科學研究分析之用，只不過
是收集的資料而已，並沒有以影像作爲研究結果予以呈現的意圖。

　　一般認爲 Felix-Louis Regnault（赫格惱）是最早有系統地使
用電影做人類動作研究並建議設立人類學影片資料檔者。1895年電
影機剛發明不久，這位對人類學有興趣的病理解剖醫生，便用影片
紀錄一位 Wolof 婦女製陶的影片。同一年度電影之開創先驅盧米埃
兄弟（Auguste Lumiere 與 louis Lumiere），將攝製的影片作第一
次商業試映。亦即電影之紀錄人類行爲以供研究之價值（Regnault
並紀錄比較分析不同文化的蹲、走等動作）在電影產生之初就受到
注意。接著便是1898年 Alfred Cort Haddon 在英國劍橋人類學

Torres 海峽探索之行中，拍攝了一些當地居民生活的毛片。Haddon 又鼓勵 Baldwin Spencer 於1901年研究中部澳洲以及1912年在北部澳洲時用攝影機紀錄，共拍攝了七千多呎民族誌毛片。另一位 Haddon 的同事 Rudolf Poch 於1904年及1907年在新幾內亞及西南非以影片紀錄。De Brigard 認爲1930年代 Mead 與 Bateson 攝製影片之前，人類學家拍攝的片子雖有保存文化之價值，但在觀念上都沒有什麼創新。

Margaret Mead（米德）與 Gregory Bateson（貝特生）1936-38年在印尼的 Bali 島做有關文化與性格的研究。他們對於視覺人類學最大的貢獻在於使照片與影片成爲人類學研究與成果報告的重要部分。他們在自然狀況下大量攝取影像，經過選取編排後，影像不再是文字的附屬品而在人類學研究中贏得尊重。他們運用影像來消滅以往對 Bateson 文字分析過於抽象，以及 Mead 文字描述流於主觀印象化的批評（1942）。Bateson 拍攝的22,000呎毛片由 Mead 剪輯，1950年才以六部短片的形式發表。這些影片從兒童之間與兒童與成人的互動中顯示 Bali 人的性格，其中尚包括 Bali 與新幾內亞 Iatmul 部落兒童養育行爲的比較。Bateson 與 Mead 在研究過程拍攝的毛片，透過剪輯配音成爲供大眾觀賞的影片，讓觀眾瞭解他們的研究主旨與主要發現，可作爲研究民族誌毛片提升爲民族誌影片的範例。然而若以電影的美學標準來評斷，Mead 剪輯的影片遠遜於 Flaherty 1922年拍攝的 " Nanook "。Mead 文字上顯現的才華並沒有在影片上發揮。

1950年以後攝製的民族誌電影受紀錄片美學影響較深，有不同的發展。某些影片呈現的形式與風格相當具創新性，甚至凌駕民族

誌的內容成爲討論的焦點。其中以法國民族誌電影作者 Jean Rouch
（胡許）的表現最傑出。他四十餘年持續不懈的努力完成許多藝術
評價極高的民族誌電影，將藝術與科學、劇情片與紀錄片、眞實與
超現實、文字語言與影像之間的樊籬拆除，無論對電影或民族誌在
觀念及方法上都有深刻的刺激與啓發。

　　Rouch 在人類學方面最主要的指導者是 Marcel Griaule。不過
他原先專長數學與工程，1941年二次大戰期間前往西非擔任堤防與
橋樑工程師，因接觸當地文化發生興趣，返回法國就在 Griaule 鼓
勵下攻讀人類學博士學位。「Griaule 學派」的民族誌包含三個特
性：長期的田野工作（Griaule 本身在非洲 Dogon 族做了三十年田
野），對收集實物和影像資料十分狂熱（Griaule 本人也拍攝影
片），強調人類學家在長期的戲劇性的田野過程中需經過「入會」
體驗，讓當地人引入文化的奧妙殿堂（Clifford 1988）。1946-47年
以及1949年，Rouch 在西非 Niger 的 Songhay 部族做研究，後來共
寫了三本民族誌：" Les Songhay "（1953）、" Contribution a l'
Histoire des Songhay "（1953）、" La Religion et la Magie
Songhay "（1960）。前兩本是關於 Songhay 社會各個層面以及歷
史的叙述；第三本專注於宗教與巫術的探討，對神話、儀式與神靈
附體等有十分細密的描述。但是 Rouch 不喜歡直接探討理論，只
不著痕跡地隱含在章節文句中。如今閱讀 Rouch 書寫民族誌的人
很少，一位法國人類學研究生告訴我：「現在學生不喜歡讀民族
誌，但大家都看過 Rouch 的民族誌電影！」

　　Rouch 自認電影方面對他影響最深的是1920年兩位紀錄片先
驅：美國的 Robert Flaherty（佛萊賀提）與蘇聯的 Dziga Vertov

（弗爾托夫）。Flaherty 代表作 " Nanook of the North " 中包含了極有創意的「參與攝影機」（participant camera）與回饋（feedback）作法，合乎 Rouch「分享人類學」（shared anthropology）的理念；Vertov 這位未來派的詩人以攝影機攝取眞實生活的片段，提出「電影眼」（cine-eye）：攝影機的機械眼不斷地移動，「看」和「寫」下眞實，但這些眞實的片段必須「組織」（選擇）成視覺上有主題、有意義、有韻律的秩序。Rouch 認爲 Vertov 的「電影眼」是有生命的攝影機，攝製影片者要隨攝影機進入「電影恍惚狀態」（cine-trance），他不再只是他自己，而是一個機械眼伴隨著一個電子耳，眞正地進入被攝對象的世界（Rouch 1975）。

　　Flaherty 與 Vertov 在電影史上的重要性，在於爲 Lumier 起以影片紀錄眞實生活的紀錄片電影類型奠立堅實基礎。Vertov 最爲人熟知的影片 " The Man with the Movie Camera "（拿攝影機的人）便是「電影眼」的實驗作品，期望建立一種眞正的國際電影語言，有別於依賴劇本演員與道具的劇情片（Vertov 1928）。Vertov 稱這類影片爲 Kino Pravda（眞實電影），Rouch 與 Morin 1962年完成的著名紀錄片 " Chronique d'un Ete "（夏日紀事）是獻給 Vertov 的新「眞實電影」（法文譯爲 cinema-verite）。不過他們都認爲紀錄片捕捉的「眞實」並非客觀的眞實，而是經過攝製者主觀選取組織的眞實。Rouch 的民族誌電影便呈現強烈的個人風格，甚至有人撰文討論他影片的「民族誌超現實主義」（ethnographic surrealism）色彩（Jeanett DeBouzek 1989）。我們可以幾部影片爲例來瞭解他的表現方式與特殊貢獻。

" Les Maitres Fous "（瘋狂主人 1953-54）是 Rouch 連串有關西非 Songhay 族神靈附體影片中引發最多爭議的片子。Rouch 曾在 Niger 的 Songhay 聚落拍攝巫術與附身的影片，這部片子則是紀錄移民到 Ghana 城市 Accra 的 Songhay 人一年一度的神靈附體儀式。Rouch 把整個儀式的戲劇性與嘲諷性表露無遺，附體的神靈是一組殖民政權下產生的角色，而被附身的 Songhay 人則藉瘋狂的儀式化解他們現實生活的鬱結。Rouch 喜歡運用戲劇性高潮結構和故事敘述情節來呈現影片。Rouch 為影片作的旁白也極富實驗性，《瘋狂主人》是他第一次試著將他對此儀式的直接觀察、「科學」訊息、學術解析、內心反射、對話詩意翻譯等拼貼起來，在不看講稿的情形下作旁白，如同他被影片「附身」了，進入恍惚狀態。在另一部紀錄 Songhay 巫師附身的影片 " Tourou et Bitti "（1971）拍攝過程中，Rouch 發覺攝影機成為攝影者之延伸，不僅舞動的巫師為神靈附身，攝影者也被「附身」，經驗「電影恍惚狀態」。Rouch 的民族誌電影是「真實」也是「想像」，是接近「科學小說」的「主觀科學」。所謂「民族誌超現實主義」便是一種特殊的心靈狀態，將不同的文化符碼、怪異和尋常物件並置，以顯露另一個層面的真實——超現實。《瘋狂主人》一片包含 Rouch 拍攝與旁白時無意識心靈運作的面相，將多種元素並置，產生令人惶惑的綜合體，也因此刺激新的思想，向「真實」與「理性」挑戰（DeBouzek 1989）。

" Chronique d'un Ètè "（夏日紀事 1962）這部 Rouch 與社會學家 Edger Morin 合作的影片成為紀錄片史上經典之作。1960年他們首度試驗使用可與十六釐米攝影機配合、攜帶方便的同步錄音

機，更接近 Vertov 理念中的真實電影，是直接紀錄下真實人生聲音與影像的電影。技術上的突破讓他們得以自由走上巴黎街頭當街訪問，探索1960年夏天（Algeria 戰爭尚未結束，法屬非洲殖民地紛紛要求獨立）巴黎人的心靈。這部影片最引人興味的是觀察之外，積極參與的拍攝方式。攝製者與被攝者有許多互動，Rouch 和 Morin 毫不避諱他們介入者的角色，進而讓這角色產生觸媒作用，刺激被攝對象有所反應，無意間顯現他們平時不輕易示人的心靈真實面。參與（participation）和反思（reflexion）的精神在《夏日紀事》中十分突出，研究者（攝製者）與被研究者（被攝者）之間的距離拉近，互為主體，在即興隨意間捕捉生活的真實，必要時演出真實（staging reality）。此片並且有被攝者觀看影片與攝製者討論、發表評論的鏡頭。Rouch 認為當年 Flaherty 拍攝 " Nanook " 時就建立了參與、回饋、分享的典範（Barnouw 1974；Rouch 1975；Feld 1989）。

　　Rouch 以文字書寫民族誌時，大致遵守科學性學術論著的規範，把自我隱藏起來。可是當他以影像作為表達工具，以攝影機代替筆紀錄時，則大膽地讓個人的主觀性與想像力充分發揮。Flaherty 與 Vertov 事實上並沒有那麼有意識地提倡「參與的攝影機」與「電影恍惚狀態」，而是 Rouch 個人做人類學田野的體驗及理念的發揮，並且這種理念在書寫的民族誌中並未體現。Rouch 成功建立的民族誌影片風格有違「科學性」書寫民族誌的傳統。幸而電影已發展成對風格、主觀性與美學相當尊重的藝術，使得 Rouch 在處理影像時擺脫成規束縛，讓自我解放，嘗試達成分享的、人性的人類學理想。他的作品對紀錄片及法國新浪潮寫實主義

劇情片產生極大的衝擊。他在電影界享有盛譽,反而是人類學界未
能普遍體認他的貢獻。不過從事民族誌電影攝製者都公認他是最有
創意、成就最大者。1981年法國爲他舉辦電影回顧展,接著歐洲其
他幾個國家、非洲 Niger 及美國都有類似活動。他長期間擔任法國
電影圖書館主任及國家科學研究中心研究員之職,仍不斷有新的電
影作品發表。

美國方面 Mead 與 Bateson 之後民族誌影片發展有限,一直到
1950年代才活躍起來。哈佛大學人類學系 Peabody 博物館設立影片
研究中心,由 Robert Gardner 負責,協助1951年起跟隨家人在西
南非 Kalahari 沙漠收集資料,並累積數萬呎毛片的 John Marshall
剪輯" The Hunters "(獵人 1956)影片;1961年 Gardner 本人帶
領博物館探險隊前往荷屬新幾內亞的 Dani 族做研究同時拍攝影
片,1963年完成" Dead Birds "(死鳥)這部關於 Dani 戰爭的片
子。這兩部民族誌電影研究教學時廣受歡迎,可是在觀念和技法上
並沒有什麼突破。同步錄音技術一直要等到1960年代中期以後才較
普及,這之前的民族誌影片大多仰賴旁白說明,觀眾聽不到被攝者
的現身說法。同步錄音、讓人物在事件中自然言語動作、不用旁白
只加字幕翻譯以顯現文化意義之影片,要以 David MacDougall 的
作品最具民族誌說服力,代表作有" To Live with Herds "(197
2)。另外,Timothy Asch 與 Napoleon Chagnon 合作拍攝系列南
美 Yanomamo 的民族誌影片,有些事件例如" The Feast "在剪輯
時嘗試先用靜止畫面及圖表作民族誌內容解說,再以正常速度不加
旁白地呈現,以求彌補影像無法充分表達意涵的缺點。另外有 Sol
Worth 與 John Adair 訓練印地安人自己攝製自身的文化,表現不

同的影像拍攝觀點。Asen Balikci 等人的 Netsilik Eskimo 影片系列是以影像紀錄重塑傳統生活技術面，此種表演式的拍攝法，早期 Flaherty 與 Franz Boas 都曾使用過（Heider 1976；Chiozzi 1989）。

德國方面的民族誌電影主要由位於 Göttingen 的科學電影所（Institut für den Wissenschaftlichen）提倡。拍攝的影片走的是嚴謹科學紀錄路線，避免戲劇性的鏡位移動與剪接。1952年這個機構建立了第一個有系統的人類學影片資料檔，供比較研究之用（De Grigard 1975）。

三

台灣人類學界如何看待影像？

日據時代台灣人類學界重視影像紀錄，而且照片經整理彙集成專書者有鳥居龍藏（1990）、森丑之助（1915）、鹿野忠雄與瀨川孝吉（Kano & Segawa 1956）等。其中以鹿野和瀨川的" An Illustrated Ethnography of Formosan Aborigines, Vol. 1 The Yami"編排說明最完整而有系統，清晰地標明是一本以影像為主的民族誌。宮本延人先生1934年左右在南排灣內文社五年祭期間拍攝十六釐米毛片五百呎，可惜如今不知流落何處，我遍尋不得。1945年以後產生的一批本土人類學者於1950、1960年代做田野工作時也以照相機拍攝，累積了一批黑白照片，供研究參考與文章發表說明之用，現在部份正、負片存於民族所博物館視聽室。但1970年代入檔的照片數量銳減，人類學學術刊物上使用照片的比例也減

少。影像似乎成了無關痛癢的配件，為許多人類學家置之腦後，對於1950年以後才逐漸受到歐美重視的民族誌電影更少有人關心。不過1970年代中期李亦園先生做乩童研究，曾請葉春榮以八釐米攝影機在南鯤鯓廟前作實況錄影，莊英章也請何傳坤拍攝竹山的乩童活動。但二者都是無聲的毛片，略經剪輯後供研究及教學參考之用。1983年我繳完論文，懷抱民族誌電影的夢想返台時一點都樂觀不起來，但還是硬著頭皮試探。

這些年來出乎預料地得到不少鼓勵和支持，得以完成數部十六釐米紀錄片。此外，1986-89年與劉斌雄先生共同主持民政廳委託的「台灣土著祭儀及歌舞民俗活動之研究」，在研究人員協助下，以專業的錄影機記錄了七個族群選定研究地點的歌舞祭儀，剪輯成七卷（每族一個鐘頭）實況錄影帶，與文字報告同時完成，相互參照。1985年起民族所於博物館內闢視聽室，將原有的照片檔擴充，增加幻燈片、影片、錄音與錄影帶，有系統地建立視聽資料檔。近年台大人學系在研究台灣傳統民俗曲藝時與台大視聽教育館合作，錄製了傀儡戲簡介等錄影片。此外，自然科學博物館人類學組也開始做影像錄製與建檔的工作。到1990年為止，我個人負責攝錄的錄影帶部份我認為還處於民族誌毛片階段，只有兩部十六釐米影片的攝製具有民族誌電影的企圖，在此我想以這兩片為焦點作反省和說明。

神祖之靈歸來—排灣族的五年祭

1983年8月左右，研究排灣族的民族所同事蔣斌得知東部土坂聚落尚保有排灣族最盛大的祭典五年祭，而他也只從日據時代的文

獻中看過少量關於這祭典的實況報導。我剛完成學業返台不久，對這活動產生興趣，想把握這難逢的機會，計劃於當年10月祭典進行時，嘗試做影像紀錄。可是攝影器材、經費與人員要到那裡找尋？

　　我發現台灣僅有少數幾個單位拍攝十六釐米紀錄片，而且不只是紀錄片，連劇情片都沒有使用同步錄音機（台灣新電影才正要起步）。所有的紀錄片都是事後加旁白和配樂，聽不到現場的聲音。1960年代以後發展的同步錄音技術與「直接電影」觀念，完全沒有對台灣的紀錄片製作產生影響。我接觸新聞局、中影公司、電視台等機構，他們那時候只願意拍攝政令宣導性質與弘揚中華文化、台灣社會經濟進步的影片。失望之餘，轉而向民族所探尋購買一部較廉價的舊型攝影機的可能性。結果意外發現民族所有一部越戰時美援贈送的十六釐米手轉發條式 Bell & Howell 攝影機！我向專業攝影師周業興先生請教這部機器的使用法，買了二十卷一百呎底片（每卷只能拍攝約三分鐘長度），帶著我自己在紐約購買的小型 Sony Professional Walkman 錄音機，便與蔣斌等人一同去參與台東縣達仁鄉土坂村1983年10月16到26日的五年祭。

　　長達十天的祭儀活動，我每天限制自己只拍攝兩卷，總共約六分鐘的底片！聲音方面共錄了二十幾卷60分鐘的卡式錄音帶。我採取的方式是在研究、訪問錄音的同時，於腦中構思劇本架構，然後拍攝此架構中不可或缺的影像。也就是說在經費不足的克難狀況下，我逼使自己在按攝影機快門前作高度的選擇判斷。我非常清楚我錄製的五年祭是零碎片段的組合，再加上 Bell & Howell 機器受手轉發條的限制，每個鏡頭都很短，增加剪接的困難度。二十卷底片沖印出來，雖然畫質因機器的關係顆粒粗糙，但畫面大多清晰。

我花了五個月時間整理毛片和錄音帶資料，並請土坂村的柯惠譯（Jinuai）女士翻譯與畫面相關的祈禱文、歌詞及訪談錄音。同時間我努力消化文獻資料、蔣斌收集的土坂聚落一般性和五年祭資料，以及我個人的筆記，初步寫了一個劇本草稿，準備增拍一些和五年祭相關的內容詮釋與社會變遷的畫面。1984年4月恰逢紐約大學電影系畢業的錢孝貞小姐返台度假，答應協助補拍和剪輯的工作。因設備不足，她只好用碼錶計算畫面與聲音的長度，作擬似同步錄音的效果（應該要用 Steinback 同步音畫剪接機操作）。《神祖之靈歸來》完成後的長度是35分鐘，祭儀部份拍攝畫面的使用比率超過百分之五十（即 shooting ratio 約二比一），全片拍攝率約三比一，而正常紀錄片的拍攝率是十比一。我們可以說是勉強剪輯了一部有現場錄音感覺的紀錄片。後來我發現 Flaherty 1913年、Rouch 1946年第一次拍攝紀錄片使用的機器也是 Bell & Howell 手轉發條式十六釐米攝影機。八〇年代我操作著同樣老式機器，在台灣起步做人類學影像實驗，體會民族誌影片製作的艱難過程。

　　1984年學長王志明看了這部影片的試映之後寫了一些評語給我。他覺得：這部僅35分鐘的片子含蘊了四部。(1)它是一群人類學工作者拍攝一部祭典紀錄片的紀錄，呈現人類學的基石──田野工作實際情況的幾個面向；(2)它是排灣族五年祭祭典的紀錄片；(3)它是一部環繞排灣族最重大祭典這個焦點的一部關於文化變遷的人類學影片；(4)它是呈現1980年代早期台灣一個原住民聚落情境的紀錄片。由於它是部四合一的影片，無可避免的想把焦點集中於其中任何一部的人，都會有相當程度的未得滿足、主題不彰顯、干擾太多之感，是缺點但也正好是它的優點，台灣第一部人類學影片應扮演

這樣的角色。此外，他認爲這部片子是對研究者與被研究者之間的
取予關係這個老問題的一項不算過分貴重但卻非常具體的回答。
「排灣族被別人研究這麼久，他們自然會問：我們讓你們研究，你
們以什麼做回報？民族所的專刊與論文自然是一種回報，但這部影
片則是更直截了當的、更易於接近的一項回報，是可供他們享用、
思考、爭辯的禮物。」王志明點出我在組合那些零碎鏡頭時有許多
想表達卻無法完整表達的意念。至於他所讚許的回饋被研究者部
份，我在此願意將實際情況的複雜性加以說明，因爲若處理不當，
此次拍攝活動極可能對當地文化造成傷害。

　　雖然我們拍攝前已先和五年祭的祭儀領導頭目和女祭師、男司
祭溝通過，他們基本上同意留下影像紀錄有其重要性，但當祭儀的
前祭部份正式開始時，他們還是不能消除心中的疑懼，深怕我們這
些外來者觀看會觸怒歸來的祖先。影片中出現土坂村大頭目 Tauan
（包春琴，Patjalinuk 家）在祖屋前向祖靈稟告的畫面（附翻譯字
幕）：

> 這些外地人來這裡就是要看你們的榮耀。請不要見怪，他們
> 來爲我們的歷史作證。你們留下的傳統我們還沒有放棄，可
> 是有許多地方遺忘了，做法也許有錯，請原諒，因爲時代在
> 改變。

　　Tauan 幾乎每次祭儀開始前都要將我們的來意告知祖先，以極
快的速度喃喃唸道：

> 你們不要誤會、不要驚奇、不要擔憂，願這些不同膚色、不
> 同習俗的人所帶來的是光榮、是名望，願我們被提升。我們
> 沒有辦法，時代改變了，這樣做不會被看不起，不會使祭儀
> 消失，所有排灣族的祭儀會齊全留下，為我們後代子孫，這
> 是他們（研究拍攝者）的心意……。

　　我們在旁攝影、錄音基本上是對他們造成干擾，尤其是前祭部份通常沒有村人參與，是祭儀專職者的工作，並不願被打擾。頭兩天他們一會兒上山，一會兒到河邊，我們跟得很辛苦，像在玩捉迷藏遊戲。「真令人生氣啊！連我們沒有用的廢話都被錄音」，我們的錄音機錄下這句「廢話」。的確，人類學者參與紀錄這類不公開的活動，不論是用筆、錄音機或攝影機都是增加當地人麻煩，他們所以勉強接受我們，是因為對我們的紀錄有所期盼。

　　影片末尾畫面顯現我們將初剪好的片子轉拷成錄影帶拿到村中放映，村人群集觀賞的壯觀鏡頭。可是影片中訪問另一位頭目遺孀錄下的一句話卻觸怒了大頭目 Tauan。因為受訪者表示他們 Salingusan 家才是土坂最大的頭目，而 Tauan 代表的 Patjalinuk 家原先是他們附屬的頭目。大頭目 Tauan 後來見到我一再澄清，強調她承繼的頭目家的正統性，與凌駕另二位土坂頭目的優越性。影片的「失誤」讓我更清楚地看到這個小村落的政治權力結構，以及歷史如何像神話般地被不同利益團體運作的狀況。可惜這段影片「回饋」活動產生的不快沒有在畫面上顯現。影片拍攝過程中，我發現攝影機的確可以作為觸發對方表態、協助研究者收集更多不同觀點資料的工具。例如原先 Tauan 不太願意接受訪問和拍攝，但

是見到我們訪問了另外兩位頭目，深恐她的重要性被忽略了，後來變得非常主動，要她的女婿與我們接洽，安排專訪。換言之，這些被研究、被拍攝者也發現，攝影機可以像一些家傳寶物一樣爲他們作見證，我們這些攝錄者也有利用價值。這種互爲主客的關係因攝影機的介入而凸顯。攝影機、錄音機紀錄的「眞實」並不是被攝者所「說」的眞實，影片是攝製者與被攝者主觀意願的交流場域。我在選擇剪輯影像聲音資料時，便讓頭目間的合作與競爭性同時呈現（例如共同佈置刺球場時，影像上襯以頭目間對竹竿位置的爭執聲）。

其實我最想藉影片表現的是排灣族人透過五年祭呈現的文化精神與祖靈歸來引發的情感反應。畫面可以讓人直接感受到排灣族人對祖先的濃厚情感。但他們的心情相當複雜，一方面歡欣地迎接善死（正常死亡）的祖靈歸來重聚，充滿期盼地以長竹竿刺籐球承接祖神賜予人間的幸福；另方面要做各種遮護儀式以防止橫死的祖靈回來作祟，並害怕長竹竿刺到那個代表惡靈的壞球遭到噩運，以及頭目間的競爭可能引起的分裂。這與 Victor Turner（1970）所提出的儀式象徵意義的兩極化（polarization of meaning）類似。前者屬於理想的一端，強調整合的理念；後者屬於情緒的一端，隱含衝突的因子。本片嘗試表達這兩種意義。五年祭的儀式並且反映了這個社會生存的基本需求，同時借著好球壞球的不確定性質，給予「不幸」事件超自然的解釋，讓村民容易度過生命的危機。

排灣族對祖靈尊崇、懷想、畏懼、祈求的錯綜情結，我們可以從影片中村人歌唱五年祭歌的表情與聲調、頭目與女巫以驚人速度與音調頌念禱詞的虔謹態度、刺接籐球時的緊張氣氛與接到球的亢

奮表情等，得到較深刻的印象與直接感受。祖先的尊榮、頭目家族及其屬民的榮耀與幸福是眾人極度重視的，而取得榮耀幸福的機會有階層的差異，例如畫面上便顯現頭目貴族階層的刺球竹竿比較長，頂端的矩刺也較多，較容易刺到球。像這種實物的多樣化與象徵意義，經由影像傳達會比較清楚。此外，影像中顯示大頭目Tauan 提拔平民林仁貴握百步蛇紋竹竿，有強調傳統階級鼓勵平民效忠的意味。竹竿還象徵人與神祖交通的工具，人們藉以接受由天降下的禍福。竹竿刺球競賽也是三個頭目家系的競爭，快速倒竹竿代表家族團結。籐球則象徵神祖賜予人間的禍福。不同的球代表不同的好運與噩運，好運多噩運少蘊含人們求幸福的動機與願望。籐球也代表敵人頭顱，具有團結禦敵的作用。

排灣族的五年祭不只是死者與生者的相聚，還是傳統與現代的交會。影片中並呈現女祭師與男司祭的傳承有問題，可能中斷；年輕人不瞭解五年祭的涵義逐漸為漢文化同化；敎會勢力介入影響各種儀式；狩獵的重要性降低，非山豬英雄也可上刺球架；官方組織和地方民選代表籌劃五年祭活動。凡此種種都顯現排灣族的文化在變遷中，五年祭典也在改變。

影片無法有效表達的是祭儀的完整過程與經文禱詞的豐富內容，片中只能蜻蜓點水般地呈現。但我並不覺得一部紀錄影片應該擔負這樣的任務，有些研究資料需要長期累積和整理，並適於以文字作記述分析。1988年我再度參加土坂五年祭，改用錄影機全程紀錄；1989年又在屏東來義鄉古樓村作了十餘天五年祭錄影訪問，以及1990年六年祭送靈的全程錄影。目前打算花數年時間請專人把女祭師、男司祭等唸的經文與祭儀細節記錄翻譯出來，以便作進一步

分析。1984年完成的紀錄片有其獨立性，但也僅不過是排灣族五年祭研究的一個階段性瞭解與影像呈現。「神祖之靈歸來」由於畫面受經費限制，拍攝得非常少，所以許多意義的傳達必需仰賴旁白。不過我嘗試採蔣斌和我共同為影片作旁白的方式，捨棄台灣以往紀錄片請專業配音者用「標準」國語和聲調作旁白的傳統，注入研究者較自然的聲音和感情，使影片不那麼刻板僵硬。

矮人祭之歌

　　1986年主持「台灣土著祭儀歌舞」研究計畫期間，又碰到賽夏族每十年才舉行一次的矮人祭大祭（每二年一次的矮人祭沒有大祭那麼隆重）。以往欠缺實際觀察矮人祭大祭的文獻與影像紀錄。協同研究人員鄭依憶選擇南祭團為研究重點，計畫的實況錄影工作便與她配合。我則在該計畫之外準備另行拍攝一部十六釐米紀錄片，以賽夏北祭團的十年大祭活動為主。雖然與第一部影片一樣都是攝錄祭典，但我想做不同的影像實驗。

　　著名攝影家張照堂先生看過《神祖之靈歸來》影片後可能為克難精神所感，表示願意協助我攝影第二部影片。我看過張照堂的一部燒王船的短片，音樂與影像作巧妙的結合，藝術性很濃，不僅紀實，尚能捕捉祭典那份超自然、超現實的感覺。我參加過矮人祭，覺得最動人的就是連續三晚歌舞所透露出的賽夏族人與矮人間恩怨交織的情感。那樣的氣氛與感覺如果不是有經驗、有藝術涵養的攝影師掌鏡，恐怕很難顯現。我自己完全沒有把握可以操作攝影機處理那樣的夜景。另外，我希望能夠拍攝一部真正同步錄音的影片。非常幸運，從美國受了完整影片攝製訓練返台不久的李道明先生，

對我提出的計畫表示濃厚興趣，願盡力投入拍攝和剪輯的工作，成
爲本片的共同導演。更難能可貴的是他在 Temple University 上過
視覺人類學（Visual Anthropology）的課（Temple 與南加大人類
學系以視覺人類學爲教學重點），觀念上很容易溝通。我們便帶著
李道明自購的二手同步錄音機與張照堂代爲向電視台借的 CP16 同
步攝影機上山，打算拍一部沒有旁白的十六釐米紀錄片。上部片子
的教訓使我決定什麼都可以節省，就是拍攝底片不能省。民族所支
持部份經費，另向文建會與柯達影片公司、台北影業沖片廠要求贊
助。結果完成長達一個鐘頭的《矮人祭之歌》，此次的拍攝率爲十
比一，共拍了近兩萬呎毛片，是第一部片子的七倍。材料、技術的
限制減低，影片的內容與形式比較可以自由發揮。

　　拍攝前先消化已發表的文獻資料，其中林衡立的〈賽夏族矮靈
祭歌詞〉一文（1956）給予我最深刻的印象。他指出祭歌充滿咒語
功能領導祭儀（頁32）：

> 祭儀到某一階段，必唱某一歌章，行各種儀禮，各有一定。
> 如此祭歌功能之發揮，在其他土著族中尚屬罕見。祭歌內容
> 與其族人與矮靈之交涉有關，隔絕俗氛，而族人對矮靈抱有
> 恩怨雙重心理，言辭多轉折停頓，幽深悲涼，此亦爲其風格
> 上之特長。

　　我帶著林衡立記錄的歌詞記音，參加北祭團在大祭前兩個月便
展開的祭歌練唱聚會，卻發現與我們一般唱歌的習慣差別太大，一
不留神就不知道他們唱到那裡去了。而且林文記載的章節與分段和

他們實際遵循的秩序有出入，我參照黑澤隆朝1943年的記錄以及鄭依憶從南祭團印回的練唱手抄本，確定林文有誤。他大概只依據一位報導人的資料，而未實地瞭解祭歌的演唱情形。例如林文中的第三章祭歌應該是分為兩章（一章三節，一章包括四節），第五、六、七章應該是屬於同一章的三個曲調，因此《矮人祭之歌》總共不是十六章而是十五章。此外，林文雖提及祭歌特殊的反覆唱法，每句首尾需加虛字的複唱詞（refrain），且有三種反覆句型，但是並沒有把此虛詞變化記錄下來，我完全沒料到每節的虛詞居然這麼長，與有明顯意義的詞幾乎平分秋色，怪不得全套祭歌唱完要四、五個鐘頭。我於是重新將祭歌的篇章順序、反覆唱法和虛詞釐清，幾次跟著練唱之後才漸入佳境，益發體會祭歌結構之完整嚴謹、實詞虛詞相間、音調變化之美。等到祭典正式開始，祭歌與祭儀在意義上的巧妙搭配更令我嘆為觀止。我可以說是經過困難的摸索學習過程，深深地迷上了矮人祭歌，也因此瞭解為什麼祭歌不是人人可以學會的，而最早學會祭歌的朱姓氏族為什麼在這重要祭儀中居主導地位。可是對於整套祭歌的再整理、記錄與分析，我另外找語言學家與音樂學家合作，將會以記音和詞譜形式配上錄音帶發表。對祭歌的沈迷與喜愛使我不斷思索：祭歌的特色有沒有可能與影像結合？要如何結合？

　　首先，祭歌這麼齊整的反覆唱法十分少見，而且由前句唱到後句是依1212-2323/12-23/1212-233-344三類型的前進—徘徊—前進的方式推進。為什麼要這樣唱？可能永遠無法得到確切答案，這不是科學性假設求證的問題。但是這種特殊的歌唱表現形式卻可以誘使我們提出一個不求證實的假說：反覆盤旋的祭歌一方面表達了矮

人對賽夏人巫咒般地叮囑，另方面反映了賽夏人對矮人恩怨交織、欲迎還拒的矛盾情結。其次，祭歌如同詩篇，分章節，每章有一主題，而且以草木名押韻。再就是祭歌中有的篇章特別重要，一定要在特定時間唱，按一定規則唱。亦即整套祭歌分為主／副二類，每首祭歌的實詞與虛詞又相輝映，實／虛對照，同樣重要。凡此種種祭歌的特點對於影像材料之組織有很大的啓示。也許我們可以攝製一部影片儘量模仿祭歌的形式特點，並借用對祭歌演唱方式提出的假說，展現賽夏族人與矮人（更延伸到當今與外在勢力之接觸如觀光客、政府官員等）之間錯綜複雜的情感聯繫，以及透過矮人祭整合滌清內部以化解族群危機的努力。

　　因此，《矮人祭之歌》的畫面與聲音作了如下的安排：

　　1.全片按照祭歌的形式分為十五章，每章參照北祭團的用法以及林衡立的翻譯冠一個名稱，例如 role 唱蓁麻之韻……，ayim 巡行者之歌。每章只取該章的片段祭歌為代表，與畫面相稱。

　　2.畫面與祭歌音樂的配合分為虛實二部份。「實部」包括幾首有特殊意義，在某段儀式進行時必須唱的歌。這些歌便以同步錄音與儀式的實況畫面共同出現。例如 role（唱蓁麻之韻）出現於南北兩祭團河邊相會時；raroal（招請之歌）於祭典正式開始在祭屋前，面向東方迎矮人之際唱出；wawaon（冤家之歌）第二晚午夜十二時眾人肅立歌唱，是極重要的一首歌；bibilaiyan（過香山樹之歌）是第三晚輕快氣氛中最愛唱的歌；papaosa（遣送之歌）、arebe 與 kokoroy（歸路之歌）、matano sibok（等待榛樹之歌）等四首送矮人的歌出現於畫面中送靈的實景中。「虛部」的歌雖然也都是三晚歌舞祭儀活動唱的歌，但是比較不凸顯，歌唱秩序與規則

也較鬆，便用來作為影片中「虛部」篇章段落的配樂，儘量依照詞意配合某種抽象的、傳說的、反省的、回憶的、心理的主題呈現。例如 kapabalay（唱省藤之韻）出現於工廠青年描述夢見矮人的情境；bəʔə（唱箭竹之韻）是朱姓主祭講述矮人傳說時的配樂；ayim（巡行者之歌）是說明十年大祭祭旗傳承由來之襯底音樂；heyalo（雨衣之歌）襯托賽夏人因下雨引起的恐慌心理；awuŋə（金龜子之歌）為映照觀光壓力下觀賞古舊文物的複雜心情；əkəy（危難之歌）表現面對矮人責罰的恐懼感；kabtiroro（日照耀之歌）為日光下一段反映傳統與現代觀念差距及經濟困境的訪談畫面作配樂。

　　3.祭歌實詞與虛詞的平行對應啟示我們整組對照觀念與畫面之安排。以祭儀的順序為主軸，交雜出現與祭儀間接關聯的活動；白天的段落與夜景交替；可見的賽夏人與不可見的矮人以不同方式呈現；對矮人感恩與歡迎的情感態度與戒懼送返的心情散佈於許多篇章中……全片的對比色彩濃烈，畫面攝取也請攝影師強調光影明暗的對照。

　　4.不用旁白，使觀眾在觀看畫面與聆聽自然音、祭歌現場音或配樂、訪談時較專注，不受另一個旁白聲音的干擾。有些片段加上字幕說明，觀眾不想看可以不看，如果用聲音旁白就比較具侵略、強制性。不過中文版雖然避免了旁白，英文版由於所有對話都要加翻譯字幕，畫面上文字的負荷量太重，不得已只好把原先字幕部份去掉變成旁白，這是不得已的處置。

　　以上設計有的部份未能如所願，讓內容與形式作最好的結合。觀眾也未必能瞭解和接受這樣的實驗。影片完成後試映會上，有觀眾反映沒有旁白的影片看起來很不習慣，必須自己去思索影片的意

思。影片攝製者放棄權威性的旁白說明，給予觀眾以自己的方式去理解和解釋的機會。事實上祭儀的意義太難完全掌握，我也只能用我的方式作初步瞭解，而我的解釋也有可能在接觸更多材料後改變。我寧願僅抓住一些讓我印象深刻的賽夏人的情感和言行反應，以畫面表現出來，留給自己和觀眾更多想像的空間。

北祭團賽夏族人看了這部片子大多要求轉拷一個錄影帶拷貝做紀念。1988、1990年我再度參加他們的矮人祭，受到非常熱情的接待，因這部片子不但經台灣電視頻道播出，而且在國外影展放映，賽夏朋友覺得他們的文化受到重視，很欣慰。不過放映之初曾有人對片中的醉酒鏡頭、冒出的客家話和泰雅話表示不悅，認為揭露了他們的短處；不過也有人表示「不能怪攝影的，我們自己要反省」。民族誌紀錄片如果能刺激當地原住民思考與反省，就達成了很重要的功能，這是書寫民族誌較難做到的部份。

四

再回到本文一開始 Jarvie 的批評。如果人類學只以追求科學的客觀（抽離情感的觀察與研究結果呈現方式）、律則、假設驗證為職志，那麼我也會對於「以電影作為科學性人類學傳達工具之價值甚表懷疑」。我寧願把「科學」當成隱喻，是某些人類學家夢想的境界，呈現理智清明、秩序井然、條分縷析的美。「科學」的民族誌是眾多風格中的一種，可以遵行，但不必然要遵行。「科學」不能視為唯一的標準，民族誌電影和書寫民族誌都無須為刻意設定的「科學」規格模式束縛住，放棄其他可能的發展。電影影像聲音的

實驗性尤其高，「實驗」這個詞取其求新求變的「科學」精神，而不一定要驗證假設的真偽。民族誌電影應發揮影像語言的特色，表現書寫民族誌難以達成的效果。沒有一種呈現形式是完美無缺的，但都有其獨立自主的個性，民族誌電影不用扮演輔助文字的次等角色，如同書寫民族誌雖也有缺憾，卻是完整可供賞析的作品。

前文提及 Jean Rouch 是最具實驗精神的民族誌電影攝製者，建立民族誌電影方法理論與美學藝術上的地位。他便強調民族誌電影還在實驗階段，並希望能在實驗階段多停留一陣子，不要把它年輕的生命凍結在不變的模式中，更要防範它發展成無生氣的官僚形制（1975）。英國民族誌影片的發展就顯露這樣的危機。Paul Henley 在一篇回顧的文章（1985）中坦率指出英國晚近民族誌電影攝製史最引人注目的事實是幾乎沒有產生高品質的民族誌電影。其他人類學傳統較深厚的國家如美國、法國皆有學術和文化機構資助人類學影片攝製，英國則從1960年代中期以後只有商業取向的電視台在攝製民族誌影片，像 Granada 電視就製作一系列收視率不錯的民族誌影集 " Disappearing World "，英國國家廣播公司 BBC 拍攝 " Face Values "、" Other Peoples' Lives " 等系列。這些影集最大的弱點在於它的製作者必須以收視率為優先考慮，要迎合一般觀眾的品味，不能讓導演以及參與工作的人類學家隨心所欲地去做實驗。在多數這類影片中人類學家僅居協助的角色，拍攝剪輯的決定權都操於電視台人員之手，而且拍攝時還要遵從工會對人數（一組最少要八人）等規定，無法像 Rouch 那樣由人類學家自己拿攝影機，只請少數當地人幫助拍攝，自己剪接、配音。雖然這些影集花了大筆經費以十六釐米影片形式拍攝，但結果並不理想，變化創新

的範圍有限，可說是落入電視官僚體制的窠臼。RAI（英國皇家人類學會）一直到1984年，才開始設立基金協助人類學者到「國家電影電視學校」（National Film and Television School）接受電影理論與技術的訓練，希望扭轉專業人類學者對影像掌握能力薄弱的頹勢。Paul Henley 便是得到劍橋人類學博士學位後接受此項訓練，1987年獲得導演與攝影師資格，在他任教的 Menchester 大學設立視覺人類學中心，與社會人類學系合作，可頒予視覺人類學碩士和博士學位。不過此中心財源主要還是來自 Granada 電視之資助。1990年我參加 RAI 委請 Menchester 大學視覺人類學中心舉辦的第二屆國際人類學影展與研討會，感受到英國人類學界亟思有所突破的心情。若與美國自然史博物館主辦的 Margaret Mead 影展（1990年已進入第15屆），與法國人類博物館由 Rouch 主持的民族誌影展（1990年已舉辦10屆）相較，在英國這個「科學性」書寫民族誌極發達的國家，人類學界對於影像民族誌的反應可說是相當遲緩。

　　電影語言的運用的確要經過學習和實驗的過程。影像表現不必模仿文字，文字思考表達方式也不能直接套到影像上。近年書寫民族誌從「科學」的論文規格中解放，有助於民族誌電影之發展，因電影（不是毛片）已發展為一種藝術形式，民族誌材料放到這種藝術形式中，必須注意風格以及內容與形式間調和的問題。以往科學民族誌的規格置於電影藝術形式中總覺得格格不入，也不知如何借用這種形式，適切而有創意地組合影像，傳達意念，讓完成的電影產生打動人情感與理知的力量。

　　電影語言與文字語言的差別在於文字語言主要具有語言學家 Saussure 所說的象徵記號（symbol）特性，是武斷的、約定俗成的

產物，有一定的使用規則；而電影語言最重要的是圖像（icon）與標誌（index）特質，標示物與被標示物之間的關係不帶武斷性質，二者酷似或容易相連結。Peter Wollen（1969）則認為電影美學的魅力其實包含了標誌、圖像與記號三層面，不應低估電影在傳達訊息時影像所隱含的象徵作用，例如高達的電影就兼具觀念的意義、影像的美感與記錄的真實等特點，結合了康德和黑格爾等的哲學、愛森斯坦的蒙太奇和羅塞里尼的寫實主義，更結合了文字與影像……。換言之，如果懂得使用電影語言，它可以表達很豐富的意義。

紀錄影片的傳統比較推崇 Vertov 與 Flaherty 的影像語言表達方式，對於 Eisenstein 的蒙太奇（montage）理論則未加重視。我一直覺得 Eisenstien 的 montage 影像處理對民族誌電影應該很有幫助。Eisenstein 嘗試以科學的方式接近藝術。他攝取影像，然後像工程師一般將影像組合為作品，並藉不同的 montage 構成方式將主題、情感、觀念貫穿起來，讓觀眾的內在思緒情感為之震動。Eisenstein 喜歡研讀 Frazer、Levy-Bruel、Malinowski 等人寫的人類學著作，他相信原始社會語言和內心語言更具意象與暗喻性，是語言的第一級過程；口說的語言則是第二級過程。電影接近神話和內心的語言，可激起整個情緒感官的反應（Wollen 1969）。電影寫實主義理論家如 Andre Bazin（1971）總認為 montage 注重特寫鏡頭和事物的細部分解，破壞現實世界的完整性，是脫離現實的作法。可是我覺得人類學一些抽象的概念可能較適於以 montage 手法呈現，沒有理由把這種電影語言排除於外，受狹隘寫實主義圍限。民族誌電影就是希望對觀眾產生情感震撼的效果，讓他們跳脫

習以為常的思維方式與價值體系，重新體認異文化與己文化。

　　我雖然才起步做人類學影像實驗，但已察覺電影不但有較強而直接的感染力，並且比文字更能有效地表現文化的情感、精神（ethos）。這也許是因為電影作為一種藝術形式，它的影像特質無可避免地和其他藝術類別一樣要涉及感性認知的領域，創作者主要傳達的是情感。民族誌採用電影形式時就要發揮這種形式的優點，不必像科學性書寫民族誌那樣強調理知、貶抑情感。但我並不認為以往科學民族誌建立的一套採集資料、分析建構假設理論的訓練就要棄如敝屣，而是在影像呈現時一定要思考內容與表現形式的問題。我們攝製「矮人祭之歌」便嘗試提出一個「假設」，讓電影仿效祭歌的結構形式，表現出賽夏族的情感精神內容。內容與形式的結合有許多可能性，只有經由不斷的實驗才能有新的發現。

　　現代社會對於影像的接受能力愈來愈強，電視更打入眾多家庭成為人們生活的必需品。台灣社會固然高度仰賴文字，但是影像的重要性也為許多人特別是當權者所體認而思加以控制。公共電視台開播以來製作了《青山春曉》、《高山之旅》等與台灣原住民文化相關的影集。不過這些影集無論就經費與攝製的用心程度來看，都與英國電視台推出的民族誌電影有天壤之別。英國的民族誌影集已不能令人滿意，這些一年拍攝十幾集的台灣電視影集更無法讓我們寄予厚望。如果人類學者不主動站出來攝製民族誌影片，就只好任憑台灣觀眾在采風式的原住民影像中接收訊息。

　　Margaret Mead（1975）曾寫了一篇 " Visual Anthropology in a Discipline of Words "（語文學科中的視覺人類學），慨嘆人類學這個以語文建立的學科，對於攝影機這類新科技產品之使用採過於

保守的態度，而那些大聲疾呼要「科學性」的人正是最不願意接受攝影機這類工具的人。不過 Mead 還是比較強調以攝影機記錄可供重複分析的影像之功能，「藝術性高並兼具人文與科學價值的影片數量不會多」。我雖然也肯定拍攝供研究分析用的民族誌毛片之重要性，並努力推動收集影像與建檔的工作，但是攝製結構完整的「民族誌電影」，使人類學有朝一日變成語文與影像皆重要的學科則是我追求的更大目標。

參考資料

一、文獻

李道明：〈紀錄與真實：對過去九十年來紀錄片美學的回顧〉。《電影欣賞雜誌》21：4-17，1986年。

林衡立：〈賽夏族矮靈祭歌詞〉，《民族所集刊》2：31-108，1956年。

胡台麗：《媳婦入門》（台北：時報出版公司）。1982年。

陸之峻：〈民族誌電影的展望〉，《電影欣賞雜誌》22：55-57，1986年。

鳥居龍藏：《東京大學總合研究資料館所藏鳥居龍藏博士攝影寫真資料カタログ》，第2部，第3部，東京大學。1990年。

森丑之助：《台灣蕃族圖譜》（台北：臨時台灣舊慣調查會）。1915年。

黑澤隆朝：《高砂族の音樂》（昭和四十九年度藝術祭參加）。19

74年。

Adair, J. and S. Worth: "Navajo Filmmakers", *American Anthropologist* 72(1):9-34.1970.

Asch, Timothy & Chagnon, Napoleon: "Ethnographic Filming and the Yanomamo Indians", *Sightlines* 5(3):6-17.1972.

Bogaart, N.C.R.&H.W.E.R. Detelaar, (eds.): *Methodology in Anthropological Filmmaking* (Gottingen: Herodot). 1983.

Barnouw, Erik: *Documentary: a History of the Non-Fiction Film* (Oxford: Oxford University Press).1974.

Bazin Andre: *What is Cinema?* Volume Ⅱ. (California: University of California Press).1971.

Chiozzi, Paolo: "Reflections on Ethnographic Film with a Greneral Bibliography", Visual Anthropology 2(1):1-84.1989.

Clifford, James: "Introduction: Partial Truths", In *Writing Culture*. James Clifford and George E. Marcus, eds. (Califomia: University of Califomia Press).1986.

————: *The Predicament of Culture : Twentieth-Century: Ethnography, Literature, and Art* (Massachusetts: Harvard University Press).1988.

Collier, Jr., John & Malcolm Collier: *Visual Anthropology: photography as a Research Method* (revised and expanded edition, University of Mexico Press).1986.

DeBouzek, Jeanette: "The 'Ethnographic Surrealism' of Jean

Rouch" *Visual Anthropology* 2：301-315（Harwood Academic Publishers GmbH）.1989.

De Brigard, E.："The History of Ethnographic Film", In *Principles of Visual Anthropology*. Paul Hockings, ed.（The Hague：Mouton）.1975.

Edmonds, Robert：*Anthropology on Film*： A Philosophy of People and Art.（Ohio：Pflaum Publishing）.1974.

Eisenstein, Sergei：*Film Form and the Film Sense*（Ohio：the World Publishing Company）.1957.

Feld, Steven：Themes in the Cinema of Jean Rouch. *Visual Anthropology* 2：223-247.（Harwood Academic Publishers GmbH）.1989.

Geertz, Clifford：*Works and Lives*： the Anthropologist as Author（California：Stanford University Press）.1988.

Heider, Karl G.：*Ethnographic Film*（Austin：University of Texas Press）.1976.

Henley, Paul：British Ethnographic Film： Recent Developments. *Anthropology Today* 1(1)：5-17.1985.

Hockings , Paul（ed. ）：*Principles of Visuae Anthropology*（The Hague：Mouton）.1975.

Jarvie, I. C.："The Problem of the Ethnographic Real", *Current Anthropology* 24(3)：313-325.1983.

Kano, Tadao & Kokichi Segawa：*An Illustrated Ethnography of Formosan Aborigines*. Vol. 1 *The Yami*.（Tokyo：

Maruzen Company, Ltd).1956.

Kuper, Adam: " *Anthropology and Anthropologists* (revised version)", London: Routledge & Kegan Paul.1983.

Mac Dougall. David: "Ethnographic Film: Failure and Promise", *Annual Report of Anthropology* 7:405-425.1978.

————: "Media Friend or Media Foe?" *Visual Anthropology* 1 (1):54-58.1987.

Malinowski, Bronislaw: *Argonauts of the Western Pacific* (London : Routledge).1922.

————: *A Diary in the Strict Sense of the Term* , (London: Routledge & Kegan paul).1967.

Marcus, George E. & Michael M. Fischer: *Anthropology as Cultural Critique* : *An Experimental Movement in the Human Sciences* (The University of Chicago Press).1986.

Mead, Margaret: "Visual Anthropology in a Discipline of Words", In *Principles of Visua Anthropology* (Paul Hockings, ed. Mouton & Co).1975.

Mead, Margaret & Gregory Bateson: *Balinese Character* : *A Photographic Analysis* (New York : Academy of Sciences, Special Publications N. 2).1942.

Rouch, Jean: *Les Songhay* (Paris : Presses Universitaires de France).1953a.

————: *Contribution a l'Histoire des Songhay* . Memoire 29. (Dakar: Institut Francais d'Aafrique Noir).1953b.

——：*La Religion et la Magie Songhay* (Paris: Presses Universitaires de France). 1960.

——："The Camera and Man", In *Principles of Visual Anthropology* (Paul Hockings, ed. The Hague: Mouton). 1975.

Ruby, Jay: "Is an Ethnographic Film a Filmic Ethnography?" *Studies in the Anthropology of Visual Communication* 2 (2):104-111. 1975.

Skinningsrud, T.: "Anthoroplogical Films and the Myth of Scientific Truths", *Visual Anthropology* 1 (1) : 47-53. 1987.

Taureg, M., & J. Ruby(eds.): *Visual Explorations of the World* (Aachen: Herodot). 1987.

Turner, Victor: "Symbols in Ndembu Ritual", In *Sociological Theory and Philosophical Analysis*. (Dorothy Emmet and Alasdair Macintyre, eds. New York : The Macmillan Company). 1970.

Vertov, Dziga: *The Man with the Movie Camera* (film description). Translated by Marco Carynnyk. 1928.

Wollen, Peter: *Signs and Meaning in the Cinema* (revised and enlarged version)(Indiana University Press). 1972.

Worth, Sol & John Adair: *Through Navaho Eyes : An Exploration in Film Communication and Anthropology*(Bloomington : Indiana University Press). 1972.

二、影片

胡台麗：《神祖之靈歸來：排灣族五年祭》，十六釐米人類學紀錄
　　片。中央研究院民族學研究所出品。1984。

胡台麗與李道明：《矮人祭之歌》，十六釐米人類學紀錄片，中央
　　研究院民族學研究所出品。1988。

Asch, Timothy: *The Feast*. Made in collaboration with the
　　anthropologist Napoleon Chagnon. Distributed by United
　　States National Audiovisual. 1970.

Flatherty, Robert: *Nanook of the North*. Distributed by Museum of
　　Modern Art. 1922.

Gardner, Robert: *Dead Birds*. Distributed by Phoenix. 1963.

MacDougall, David: *To Live with Herds*. Film Images. 1972.

Marshall , John: *The Hunters*. Distributed by McGraw-Hill
　　Contemporary Films, Inc. 1956.

Mead, Margaret & Gregory Bateson: *A Balinese Family*. 1952.
　　　Childhood Rivalry in Bali and New Guinea.
　　　First Days in the Life of a New Guinea Baby.
　　　Karba's First Years.
　　　Trance and Dance in Bali.
　　　Distributed by New York University.

Navajos: *Navajos Film Themselves Series*. Performed by Sol
　　Worth and John Adair. Distributed by New York

University. 1966.

Rouch, Jean: *Les Maitres Fous*. Watertown, MA: Documentary Educational Resources. 1953-54

————: *Tourou et Bitti*. Paris: Centre National de la Recherche Scientifique. 1971.

Rouch, Jean & Edgar Morin: *Chronique d' un Ètè*. Paris: Interspectacles, Domaine/Cinema number one. 1962.

Vertov, Dziga: *The Man with the Movie Camera*. Produced by VUFKU, USSR. 1929.

（本文原發表於1991年《民族學研究所集刊》71期）

《蘭嶼觀點》的原點：
民族誌電影的實踐

　　Paciracirain（閃爍的光影，電影）的光束，連續五晚（1993年10月23到27日），在這個「人之島」（ponso no tao）的幾個村落映照完畢的次日清晨，我斜躺在 Imorod（紅頭村）的海邊卵石上。海水還是那麼固執地一波波湧來，只有在那則遠古的傳說中才莫名其妙地退去、退去；而當一位婦女搬動一塊白石時，又失去控制地漲潮、漲潮，淹沒了那個喝風飲露、半人半鬼的時代。據 Imorod 村的說法，「人之島」的人是洪水退卻後，「天上的祖父」（akay-tao-doto）把兩個小孩分別塞入石頭和竹子中，丟落到島上，逐漸繁衍散佈……。我們這些被小飛機顯得面色慘白，昏降而下的，既不是島上的人 tao，也不是島上的鬼 anito。三年前開始攝取、沖印的影像，隨著放映機的光束在島上重現時，發生了什麼樣的情況？

　　三年前，也是在這片沙石地上，siaman Rapongan（施努來）、si Pozngit（郭建平）、Topas Tamabima（田雅各）和我在攝影機的運轉下談論合作拍片的事情，作為這部影片的片頭。他們清楚地說出所以願意參與這部影片的拍攝是對這部影片有所期望。他們有話要說，要喚起更多人對雅美現況的關注。對於人類學者，

si Pozngit 毫不留情地質問:「你們一直做研究,建立自己的地位,但對我們原住民有什麼回饋?」從一開始,就注定了這部影片無法僅以客觀不介入的研究者角度呈現。我確實不想拍一部四平八穩、不慍不火的科學性紀錄片,而我也有觀點想透過他們的觀點表達!

　　日本殖民勢力進入台灣不久,就有人類學者鳥居龍藏(1897)來到這個他命名爲雅美族的「紅頭嶼」。眞是不明白鳥居龍藏根據什麼把這個島上的居民稱爲雅美人。也許是島上的人稱「我們」爲yamen,也許是巴丹島北邊有一個島叫做 Yamen。總之,島上的人(tawu)在人類學者研究之下變成了雅美人。1902年便出現了鳥居龍藏撰寫的第一部民族誌〈紅頭嶼土俗調查報告書〉,鳥居也爲雅美人留下影像紀錄:《紅頭嶼寫眞集》。1928年在帝國大學(今台灣大學)土俗人種學系(今人類學系)教授移川子之藏領隊下,又有一批人類學者,搭乘一個月才停靠此島嶼一次的汽船,抵紅頭嶼作調查。二次大戰末期,鹿野忠雄和瀨川孝吉以英文發表了〈雅美族影像民族誌〉(An Illustrated Ethnography of Formosan Aborigines, The Yami),精細地以影像圖片爲主,配合文字說明,呈現雅美文化的面貌。1957年中研院民族所劉斌雄、衛惠林先生等,來到中華民國政府改名爲「蘭嶼」的島上,作偏重於社會組織的研究。劉斌雄先生對雅美文化的深情經常流露於文字與言談中。在他的鼓勵下,年輕一輩的學者與雅美族人陸續地蒐集整理有關這個島的資料。但是我卻不是投入雅美文化的研究者,爲什麼要用影像記錄這個我並不熟悉的民族?

　　七〇年代末,我曾經跟隨民族所的一個問卷調查小組到蘭嶼

「看一看」。坐在環島公車上，途經一個村落，我的同事舉起相機，對著車窗外拍攝。說時遲那時快，一個年輕人衝到窗邊，憤怒地想搶奪相機，抽走底片。這突如其來的舉動把我嚇呆了，車子雖然迅速地開走，那幕景象卻永遠「停格」在我的腦中。為什麼當地人這麼激烈地抗拒攝影？這是我從事漢人研究和遊訪其他原住民聚落從未有過的經驗。

　　1987年，我積極地蒐集外省籍榮民的資料。劉斌雄先生慫恿我去看看設於蘭嶼的退輔會農場是怎麼回事。他作研究時「農場」並不存在，後來當地原住民說農場把他們的良田強佔了，農場養的牛更不時侵犯他們的水芋田和番薯田。我一看之下，發現國家力量強力侵入，根本沒有考慮當地族人的生存需要與權益，更遑論對他們文化的瞭解與尊重。怵目驚心之餘寫了一篇〈飛魚說：農場快走！〉在《中國時報》發表，總算得到回應，促使農場遷出蘭嶼。我雖然從1983年起嘗試拍攝民族誌電影，但從沒想到要在蘭嶼拍片。以前的經驗讓我覺得蘭嶼是最不應該拿起攝影機拍片的地方。

　　1988年2月20日，蘭嶼島上舉行了第一次反對核能廢料場的遊行，老朋友 Siaman Rapongan（施努來）是發起人之一。1989年下半年起，結束他與妻兒在台北的流浪生涯返回蘭嶼。1990年5月，我從報章上得知傑出的布農族作家，也是志願到蘭嶼衛生所服務已達三年的 Topas Tamabima（田雅各）醫師快離開蘭嶼了，他發表的幾篇蘭嶼行醫日誌引起我極大的興趣。剛好民族所接近會計年度尾端，有一筆經費可以爭取，李道明又一口答應如果要拍片，多面向藝術工作室願意全力支援。於是1990年5月26日，我先與另一位反核廢料場的蘭嶼年輕人 si Pozngit（郭建平）在台北會面，再於

五月底、六月初到蘭嶼徵詢另兩位的意見，看他們有沒有意願共同
合作拍這部三段式、談論蘭嶼島上族人所面臨問題的影片。如果他
們不願參與，我會立即撤銷拍片計畫。

　　我不想勉強在這個對攝影機有反感的島上作影像紀錄，除非是
島上的人有此意願，相信這個紀錄符合他們的利益。

　　怎麼這麼巧，他們所強調的觀點，剛好就是我認為以往媒體在
談蘭嶼醫療與核能廢料場問題最被忽略，而我最有興趣探討的部
分。Topas 一下子就點出來他三年來在醫療方面感受到的最大困難
並不是經濟問題，而是文化上引發的焦慮與恐懼。這是現代醫療與
傳統疾病觀念接觸所必然面臨的問題，而蘭嶼的 anito 奪取生命的
想法如此根深柢固，特別是老人家，以他們的常識判斷和處理，不
信任醫療。Topas 難以掩飾他滿懷熱忱想以所學救病人，但為病人
所拒的挫折。雖然我不同意他說的「有些人好像沒有求生存的慾
望」的推論，可是面對一位充滿耐性，無分晝夜、全力以赴的實踐
者，我覺得自己沒有資格站在批判的位置與他對話。他有足夠自省
的能力面對這樣的挫折。他說：「像 anito 這種東西已經幾百年、
幾千年，不能一下子給予改變。」他以時間和成功實例來換取信
任。醫療這個段落決定由 Topas 以內省的方式陳述，他主動地導引
我們進入他的思考與生活的層面。另方面，我請攝影師林建享協助
捕捉突發的與此主題相關的事件。同時，也在不侵犯 Topas 的主體
敘述原則下，請當地人告訴我們他們相信的 anito 是什麼。原來，
讓人生病的 anito 主要是最親近的過世的親人，因為思念或嫉妒在
世間的親屬，會來將他們的生命帶走。anito 對生命造成極大威
脅，如果不是珍愛生命，不會懼怕 anito。

　　驅除惡靈 anito 的觀念運用到反對蘭嶼核能廢料場的運動上。官方一直引數據證明核能廢料的放射線含量很少，當地居民無須驚恐。一般媒體報導這個問題時，也似乎在爭論核廢料到底對雅美人有沒有害處，以及反核廢料運動的組織與運作。當我真正面對 siaman Rapongan（施努來），聽他敘述反核廢料原因時，我被震動了。他一再強調族人在島上長久建立的文化，它的和諧、它的自主性被忽略、被破壞了。這樣發自內心深處的哀嘆，透過返鄉實際參與捕飛魚等活動而產生的自尊與自信，化為保鄉衛土、爭取平等與尊重的反核廢料運動。si Pozngit（郭建平）雖然承認自己言行比較激烈，可是也非常尊重本身的文化，瞭解自己的年齡輩份不夠，在推動反核廢運動時必定會遭遇到阻礙。他最憤恨的是決策當局沒有平等地對待當地人，「不把人當人！」在與外界抗爭的過程中，「官僚體系的人不把我這個神學院畢業的學士看在眼裡，打馬虎眼。」而整個教育體系又是 讓當地年輕人疏離自己的文化 ，對於族群的存亡無動於衷。為了襯托他們的文化觀點，我覺得島上族人歷代孕育的文化秩序與和諧美感可透過傳說、詩歌、祭儀、漁撈與芋田耕作等呈現出來。這些活動畫面的攝取成為這個段落的基調。而當族人終於穿戴上胄甲、手執武器，對核廢料作出驅趕鬼靈 anito 的動作時，那股捍衛族群生命與文化尊嚴的氣勢有搖山撼海的力量。

　　相對於 Topas 的布農族，而且在島上行醫三年的醫生身分，以及 siaman Rapongan 與 si Pozngit 的蘭嶼本地原住民的身分，我是一個外來的漢人，與觀光客屬於同一個範疇。這部影片三個段落的安排，我希望由外到裡，由間接到直接，由淺到深。我於是成了影

片第一部分中那個急於想瞭解為什麼雅美人不喜歡攝影機對著他們的「觀光人類學者」。我訪問了為觀光客錄影賺錢的漢人導遊、一般觀光客、外來旅館業者，以及蘭嶼鄉長和老少村民。結果發現整個交換與利益分配的狀況，與島上文化一向主張的平等互惠原則相違背，難怪當地人要拒絕只見其害、未蒙其利的觀光攝影。可是在他們自己安排的向觀光客收取攝影費的祭儀歌舞活動中，我們看到傳統大船下水禮驅趕鬼靈 anito 的動作被刻意表演出來。他們到底要驅趕什麼？那不平等的觀光結構仍牢牢盤踞在那裡。看不見的底片和母帶如果像侵害他們權益的鬼靈，收了費之後，難道就可以表演驅趕鬼靈的儀式任觀光客攝影嗎？輪到我迷惑不安了。

拍攝第一段「觀光攝影」主題時，由於我是一個外來訪問者的身分在探索問題，我與攝影師林建享溝通，讓訪問者與被訪者同時入鏡。第二段現代醫療與 anito 主題則順應 Topas 醫師的特質，以他內省式的旁白為主。他如果開口，都是在自然看病的情境下與病人對談，我們沒有拍攝他受訪問的鏡頭。第二段是兩位反核廢的發起人有話要講，他們都是單獨直接面對鏡頭，作主觀的陳述。相似的詩歌吟唱調子屢次在畫面中出現，有時是以天上的人的語氣唱出，有時在落成禮中主客彼此謙虛地對唱，有時呼叫飛魚對他們唱述，片尾則對生存的島嶼吟唱，要它不要因被推擠而害怕，要使寶貝們生命茁壯，在世界綿延不斷。蘭嶼島上居住著一個多麼講究修辭與譬喻、富有詩歌韻味與美感的民族！當我望著白翅膀、黑翅膀、紅翅膀的飛魚在網中閃閃躍動，有一隻還乘風飛越我們攝影租借的汽船時，我感受到雅美族人所生存的神奇美妙世界，也再次思索 siaman Rapongan 的話：「族人上山、下海，每天付出勞動力，

究竟是爲了什麼？」

　　在芒草花搖曳的 Kaneman 月（當地曆法第六月），我們攜帶歷經三年才完成的片子以及銀幕、放映機返回「人之島」。除共同製作剪輯李道明、攝影林建享外，同行的還有電影資料館館長井迎瑞、民族所視聽助理張毓軒、多面向藝術工作室的沈如雲和陶馥蘭。siaman Rapongan 當年敲敲打打的新房早已落成，si Pozngit 也結婚生子，按傳統改名，成爲 Vengayen 的父親——siaman Vengayen。捕撈和享用飛魚的季節都已結束，仍有近海魚類可供射釣。只有一晚微微落雨，在東淸村的活動中心內放映，其餘夜晚都在愈來愈圓的明月下，讓各村落居民辨認自己熟悉的影像。每場放映完畢，讓村民發表意見。

　　「並不是弱勢的族群就可以欺侮他……」

　　「民族的尊嚴在世界是平行的，我們需要透過中央研究院來宣揚這麼優美的文化。感謝你們由遠道來，希望你們多替我們說話，政府要多想想我們原住民的立場……」

　　「我不希望蘭嶼漢化，這樣我們的文化會消失……」

　　「影片中看到觀光客把蘭嶼的石頭當作神在拜，我十分反對這樣的心態……。我覺得觀光政策沒弄好，以至於觀光客任意拍照，希望你們多多替我們反映。」

　　「看了這片子我很感動，希望這樣的文化永遠印在族人心中，這是本族文化的菁華。」

　　「我已經老邁，生命快結束了，應該沒什麼話好說，但是爲了後代，我宣告我十分反對核能廢料，這是滅種的東西！」

　　「我們擔心吃的魚是否有輻射線，我們吃到肚裡怪怪的。果實

減少了，地瓜、芋頭壞了，年輕人開始禿頭了，有些人精神分裂……這樣的問題在我們的島上愈來愈嚴重。我們的島半浮半沈，希望你們拍這影片的人要努力把這樣的訊息傳出去，我們要互愛互助……」

「我們還是需要醫院、衛生所，希望把醫療弄得更好。衛生所的藥對我們沒有效，希望換新藥……」

「謝謝你們來幫助我們蘭嶼島，我們不可以忘記傳統文化，我們不喜歡當台灣人，我們要做蘭嶼人，不要把我們的島弄沈……」

「今天你們幫助我們，下次不知道能不能幫助你們……」

……

我們在──紅頭國小的操場、朗島老聚落長老教會前的廣場、東清活動中心、野銀卵石草坪和由工作房垂下的銀幕前、椰油國中寬闊的籃球場──這些十分親切的「電影院」裡面，傾聽村民的觀影感言。Paciracirain（電影）在這個島上很少出現。紅頭村接近指揮部，比較有機會看到軍隊放映的影片，野銀村民國42年次的周定送牧師說，從小到大只看過五次教會放的宗教片和一次指揮部放的軍教片。島上民國74年開始全日發電，77年電視才進入。這是第一次村民有機會在銀幕上看到完全屬於自己島嶼的放大影像。他們的專注表情與熱烈反應，在月光與燈光映照下十分動人。我們帶了攝影機，再將這樣的景象留影。

在朗島，第一個段落快放完的時候，siaman Vengayen（郭建平）來到我身邊。他說，第二段有今年過世的 siapon Ragan 的畫面，可能會引起他家屬的反感，要先向他們道歉。換第二卷片盤的時候，我向他們致歉，並徵詢那個段落要不要讓影像出現。因有人

反對，我決定讓那一分鐘的影像跳過。暫時消失的畫面是：

Miparos（祈年祭）的祭司 siapon Ragan 帶著家中男子由地下屋走出，來到海邊，將祭品獻給天神，祈求來年收穫豐盛、延年益壽。然後返回家屋，在屋頂放下給鬼靈 anito 的祭品。

雖然如此處理，siapon Ragan 的長子還是離開了放映場地。我問協助放映的 siamen Javitong（王榮基）為什麼要迴避。他回答：「放死者的影像聲音，好像死者沒有死，會令他的家人很難堪。」siapon Ragan 與電影的關係相當密切。他曾經擔任一部以蘭嶼為背景的商業劇情片《亮不亮沒關係》的要角，在片中的名字是「阿乞乞」。事後，siapon Ragan 的長媳向我要影片轉拷的錄影帶。她表示父親去世還沒滿一年，所以放映時她的先生離去。但是她是媳婦，比較沒關係，兩、三年以後看就沒關係了。我們在島上一共贈送了三十卷錄影帶，包括影片中主要被攝者、村落負責人、鄉公所、國小、國中、幼稚園、衛生所和核能廢料儲存場。我們的放映活動令核廢場緊張，陳場長說：「影響很大！」

太陽在海面上愈升愈高，光束射下，產生 paciracirain。島上的人開始活動了，有人推小船下海，在閃爍的光影中划行。我們這些台灣來的，背負著他們的期望，向「人之島」告別。

（本文原發表於1993《年電影欣賞雜誌》66期）

對話錄一

《蘭嶼觀點》的多面觀點：
試映會後座談

陳蓁美整理

繼《神祖之靈歸來》、《矮人祭之歌》之後，胡台麗以人類學者的涵養，新近完成一部關注蘭嶼現代面臨的問題的紀錄片《蘭嶼觀點》，片中探討了觀光、醫療、核廢料等問題，試圖以蘭嶼當地人的立場抒發出來。

1993年雙十節前夕，中研院民族所舉行了兩場試片與座談會，分享他們的拍攝心得。主要人士包括策劃、導演胡台麗（胡）、蘭嶼知識青年施努來（施）、郭建平（郭）、布農族醫生田雅各（田），以及攝影師林建享（林）。其他與會並表達了意見的人士包括民族所內研究人員劉斌雄、蔣斌、黃智慧等人，關心原住民文化的人士：孫大川、謝世忠、丁松筠神父、虞戡平等，以及蘭嶼青年學子。

《蘭嶼觀點》提出問題，引發與會人士熱烈討論。在大家提出心得、疑問及鼓勵時，我們紀錄下來。以下是內容摘要。

上午討論部份

　　施：時間的累積讓我成長了很多，在蘭嶼島上四年的生活，讓我從影片中眞正認識到我的族群，包括我在內，是如何生存。開始進入傳統工作生活之後，我才發現自己眞正是一個人。在台北的十多年是我最荒唐的歲月。看了影片之後，給我很大的啓示：未來，在爲自己的同胞、爲自己小孩的求生過程中，有了很大的「太陽」吧！

　　在這部影片裡，除了讓觀者感受到他們還有這樣的生活，發自內心去同情這樣一個族群時，其中歷史背景的因素，以及蘭嶼人無法在短時間之內適應社會的變遷，是最讓我思考的地方。

　　前些日子，胡台麗問我要不要來，本來不想來的，因爲想趁最近好天氣多打些魚。今天看了試片，覺得很值得。

　　田：很久很久以前，我的童年也是這麼快樂。慢慢地，接觸到漢人社會，布農族就漸漸消失了。後來和幾個朋友一起用文字呈現自己的民族，然而文字呈現出來的多少與實際有些出入；就好比我們讀某些資料時，以本身旣有的立場來看，這裡邊一定有些偏差，以漢人的眼光看，我們也絕對有些偏差。

　　我一直覺得影像不能那麼深入表達意念。《蘭嶼觀點》在這麼有限的時間裡，或許無法將蘭嶼的全貌完全表達，但如果用心去看，可以有個深刻的了解。

　　《蘭嶼觀點》只是台灣原住民的一個縮影，在日月潭、阿里山的原住民也面對觀光的不平，政府很多施政措施就像核能廢料一

樣，是用欺騙、強制達成目的。

我滿高興的是，從這部片子可以看到台灣政府為原住民社會做了些什麼，雖然只呈現蘭嶼一個小島，也呈現出很多可供我們思考的東西。

林：第一次搭乘往蘭嶼的飛機，很害怕，後來卻演變成擋不住的想法。能夠順利完成這個工作，我真的相信是雅美的神眷顧我這個漢人。

胡：影像是有限的。在台灣紀錄片裡，七十五分鐘算很長的了，可是，依然有很多未盡之處。

基本上，我是策劃，並未主導整部影片。這次的拍攝工作，跟以前作人類學田野研究工作的心情不同，跟以前拍攝祭典的影片的心情也不太一樣。為什麼我敢涉入一個未曾做過長期研究的點，甚至這個點曾經是我最不願用影片表達的地方？

我有個機會去參觀蘭嶼退輔會的農場，發現農場的確給當地人很大的壓迫，而政府似未意識到自己造成的壓迫。雅美人的觀點認為是無理的強占土地，而且還威脅到他們的生計。

其實，根據日據時代的文獻記載，蘭嶼非常早就為人類學者所發現，蘭嶼也是最早有最傑出影像表現的地方。從日據時代起，到劉斌雄先生、衛惠林先生等，蘭嶼一直是為人類學家記錄、研究的島嶼，但這些研究沒有辦法直接觸及他們希望外界聽到的聲音。前人已作過很多研究了，站在這個基礎上，我能做什麼呢？可能就是怎麼樣藉一部影片讓蘭嶼的聲音發出來。

在這部影片裡，我不能避免地摻入自己的觀點。怎麼樣選擇畫面的內容而不扭曲原意是需下一番工夫的；初剪完畢時，請他們先

行觀賞，除了呈現他們的觀點，我們也在思考如何輔助這些觀點的呈現。

難得的是，努來、建平等人的觀點都很強烈，跟我們人類學者所關懷的方向一致。當初問他們為什麼要抗議核廢場，他們回答：「跟政府官員談的時候，他們都以『你們不了解什麼叫做放射性』為托辭。可是我們又不是科學家，為什麼要了解！問題是它的確造成我們心理的困擾，給我們和諧的生活帶來不安。」

所以影片的表現上加入一些他們生活的內容，像漁撈耕作和祭典儀式。令我印象深刻的是，老先生如詩人般的吟唱，與大自然一致的節奏感，這是一般文字記載很難表現的。很盼望這部影片能呈現這個民族的美。

劉斌雄：他們是一個有文化、有文學修養的民族，越去了解他們的神話、故事及歌詞，感受越深。但是我們這一代的人類學家不是很勤勞，語言的隔閡使我們不易了解他們的文化，不懂他們的語言，談他們的文化是荒唐的。

看到影片裡美麗的海洋，令我回想起人類的故鄉。蘭嶼人每個人都有自己的人生目的，一個善的、理想的世界。蘭嶼的資源相當豐富，經由自己的努力，建立美好的生活，是很容易的。

另一方面，他們對惡很排斥，以為死亡會傳染。所以，像核廢料這樣可以把全人類滅亡的東西，如果沒有經過他們認同的方法處理，死亡陰影會籠罩在整個島上。他們的恐懼正是由他們的文化來的，其實他們真是有知識。

影片裡有許多珍貴的鏡頭，譬如「小米祭」，是世上難得見到的。雅美人是很有戲劇天份的民族，若能從頭欣賞大船落成典禮到

完，更能感受他們對整個儀式的安排有分寸、有系統。雖說我們是
「文化大國」，卻難能見到如雅美人精闢的表現。標準的雅美族必
須是人人可以作詩唱歌，反倒是「文化大國」的我們所望塵莫及
的。

　　雅美人是很美的，有生命、會開美麗花朵的民族。反觀我們對
人生的努力、對生活的感受，都不如他們來得深刻。

　　黃美英：老一輩的人類學者是比較溫和的，胡小姐則站在很敏
銳的角度揭露問題。其中可能牽涉到時代的因素。同時，我看到雅
美社會在不同年代及不同年齡層面對外來的衝擊，表現了不同的反
應形態，我想，這部影片所代表的意義屬於晚近的，卻不能烘托老
一代的宇宙觀。

　　外來的衝擊如浪潮般拍打上岸，蘭嶼長期醞釀的文化岩層要如
何處理出來？

下午討論部份

　　丁松筠：《蘭嶼觀點》代表蘭嶼人本身的觀點嗎？

　　郭：影片有其極限性，這部影片已把蘭嶼潛在嚴重的問題暴露
出來，提供台灣的社會很大很好的觀點了解蘭嶼。

　　施：我不希望是胡台麗的觀點，也不希望是郭建平或我自己的
觀點。看完影片，不管林建享的攝影背後的感情，胡台麗個人想呈
現出來什麼樣的內容，也不管我或郭建平的心態，我深深感覺到影
片給予每個人反省的機會，包括胡台麗和我自己。

　　我身上雖流著雅美人的血液，卻有二十六年的時間，接受了漢

人制式的教育。漢人的意識形態、價值觀幾乎主宰了我,一直到遇見建平,才慢慢反省自己、反省整個族群,在面臨一個機器、一個消費市場,當所有的外來者無意識或有意識地宰制我們的時候,我覺得自己在影片中講得太少了。

這幾年我回到蘭嶼生活。今天有很多青年想離開蘭嶼,不是因為他們不再愛這個島。當原住民族接觸到資本主義物質文明的改變,再加上政府有意地教育漢化,我們要付出的實在太多了。

當外來的文化來得越多時,我們就消失得越快。

剛剛看完影片,我真是覺得建平、雅各和我內心的話講得太少了,影片呈現出來的問題也不夠充足。

胡:基本上,我們是做為仲介者的角色,讓越多人了解蘭嶼,讓越多人談論他們的問題,越了解他們的問題。但是,紀錄片要以什麼管道放映給廣大的觀眾看,將是《蘭嶼觀點》試映後還須繼續努力的部分。

問:請攝影者發表他的觀點。

林:當初動機單純,只是一名電影工作者罷了。初次見到施努來、田雅各和郭建平他們,進入一個男人相知的世界。一開始,儘管腦子裡有這三個方向,但拍的過程常很混亂。今天第一次完整地看了影片,發覺很多感覺經過時間的醞釀,已不是原有的了。今天重溫老人家如此祥和的肢體語言,當時共同的生活經驗歷歷在目。雅美人給了我很多東西,並成為我身體的一部份。

攝影對我不僅是提攝影機的工作而已,而是當身心透過這種行為,去感受他們承擔了什麼。

胡:我們是抱著摸索的態度完成此片。透過這個拍攝過程,對

雅美人多一分了解，多一分尊敬。

　　能完成這部影片的拍攝工作，眞是要非常喜歡這個地方才行。

　　孫：對身爲原住民的我而言，我們的將來恐怕是更需關心的問題。

　　影片似乎企圖透過觀光、醫療、勞動方式和反核等幾個現象，幫助我們了解這些反抗背後的脈絡問題，這個脈絡可能跟雅美人的文化、傳統有密切的關係。我想，這個脈絡是影片的重心，但影片裡脈絡的呈現卻不太淸楚。

　　影片似乎還停留在較立即淺顯的層次，譬如表現憤怒，來讓台灣主體社會的人了解這些抗爭與感受，或雅美人的精神與文化。

　　就影片來看，要的部份是從否定角度的要，可是將來怎麼辦？勞動的方式在改變，觀光客、金錢的流入似乎都是莫可奈何的事。我們眞的很關心蘭嶼的將來和希望。

　　另外，以反核遊行作爲影片的結束，會使得影片的功能侷限在要大家支持他們反核罷了。

　　我覺得影片應該處理兩個問題：一個是解釋脈絡的傳統背景，一個是面對了傳統的、現代化的問題之後，雅美人將來要什麼？

　　郭：攝影林建享和我旣是工作夥伴，也是朋友。一個雅美人和一個台灣的朋友，在拍攝過程裡難免有衝突，但會因朋友的交情而不去談論。

　　我們這裡有許多從事文字工作的和攝影界的朋友。假如筆和攝影機是武器的話，當你拿著這些武器去面對沒有同樣武器的人時，是不是應該思考他們會作什麼反擊與防衛。

　　我很納悶很多攝影界的朋友並沒有思考到這個問題，若不去思

考的話，當你拿起武器去面對你的對象時，他的反應就會令你措手不及。

對於剛才孫老師提出切入點在哪裡的問題，事實上已經點出來了。我們回到人與人的關係：你跟雅美族的關係。影片呈現了少數民族與多數民族對立下的雅美族近況。透過影片，我們也可以看見一個弱勢團體在面對龐大的政治體制時，他們如何面對與改變，怎麼樣在強勢的文化中感應他自己。

大部份的原住民站在 equal line 的底下看待自己的文化，大多數的漢人站在 equal line 的上頭看待底下的原住民文化，這個問題使得很多現象看來很複雜，其實很簡單。

影片無心說服觀衆，而是提出存在的問題，你決定如何看待罷。

施：我昨天下午去打魚。天氣很好，我潛到海裡，看著很多魚群在頭上游來游去。我決定等牠們再大點，卻又不能空手回，所以打了條女人魚給我媽媽吃。回去以後，我太太生氣我沒有打到魚，我的父母卻很高興。因爲蘭嶼有個觀念，你不可以天天豐收。

胡：我並不想在影片裡提供一個解決問題的方法。而我拍攝此片的動機之一，來自於對以前有關蘭嶼這類問題的報導方式的不滿；站在「正義」的立場，一味地頌揚或一味地指摘。而且，合作的幾位都是具有文化省思的人，我眞心希望提出問題，大家共同來思考。

第一部份，是希望觀光客重新從當地人的立場思考，爲什麼他們會反對觀光客隨意跑到他的家裡去？影片也試圖提出背後的東西，包括交換體系，你觀光客來，我得到了什麼利益？在原有蘭嶼

社會裡，我今天送你，你明天送我，是很清楚的。

第二部份有關醫療方面，田雅各在當地服務了三年，帶著現代醫療設備與布農族身分，他不能理解雅美人對醫療的抗拒。

就我看來，他的付出與得到的不成比例，如果他不是這麼地具有反省能力，恐怕所受的打擊將更大。影片後頭，田雅各提到，當地人可以選擇到台灣醫療，但他有沒有條件去？如果沒有的話，為什麼不更依賴本身傳統體系來處理這些問題？

第一部份，我也希望當地人思考祭典表演的問題。另外結尾部份，重點不是趕魔鬼的動作，而是一個平和的民族竟會以此來表示自己的憤怒。

這一段裡，我更看重背後舖陳的部份，希望呈現出島嶼韻律感。所以，我不希望觀眾在這裡只看到揮拳、憤怒。傳達蘭嶼文化的秩序和美感是我更大的企圖。

孫大川：我並非要一個明確的答案。經過這番講解，讓我更清楚了；我只是希望畫面可以帶到這些比較深刻的東西。

虞戡平：有個問題想請教田雅各，當你本身的布農族文化邏輯跟雅美人文化邏輯套在一起時，產生什麼樣的衝擊？而你又是如何調和拉近和雅美人的關係？

田：可以用一句話表示：誠懇。

當初來到蘭嶼，發覺他們很排斥醫療，原因除了對醫療不了解外，主因是對我的不信任。

我曾經為了博取好感，跑去跟當地人說，我跟他一樣是山地人，他竟然嚇一跳，回答我，他不是山地人，他住海邊，令我很失望。雖然我也是原住民，但是當地人把我看成台灣人。

只要有誠懇的心，互相取得了解信任，隔閡是可以化解的。像在醫療的過程中，當他們有了一些療效的經驗之後，漸漸地，會相信醫療。縱使醫療有科學的根據，但在當地，他們對很多事情已有幾千年的經驗，不可能一下子推翻它。可能要顧及當地的生活文化，來傳播好的東西，較為可行。

謝世忠：我想在這三個部分裡整合一個主題，發現只有「對立」。觀光客與當地人的對立、現代醫療與當地傳統療法的對立，以及核廢料對當地造成的恐懼與衝突，這是影片要傳達的意念？

胡：在觀光、攝影部分，影片裡有些雅美人也提到了在平等的條件下，是不會反對觀光攝影的。這裡，我們希望觀眾想一個方式把平等的架構建立起來，觀光客與當地人不再彼此傷害。

或者需要耐性。細心的觀眾可以看到在第一段和第二段的連接上，是以田雅各提出自己攝影的心得來串連，他說花了三年的時間才能自在的拍照；意味著要取得當地人的信任感需要較長的時間，得到信任以後，做起事來才順利，像接下來探討的醫療就是。

其實，醫療到當地的時間還很短，或許經過長時間給予他們信心，或許在了解他們原本的生活經驗下，納入醫療的觀念，現代醫療與民俗醫療不一定是對立狀況。

第三部分裡，場長的話有些前後矛盾，從一開始解說核廢料處理情況的安全性應可信任，當地人是因不明瞭而恐慌，但到後頭，他也明白指出，選擇在蘭嶼島上存放，是考慮到對老百姓的影響最小之故。

在這種情況下，如何說服雅美族人接受核廢料呢？如果這種不合理的對待繼續存在的話，抗爭會繼續存在。

虞戡平：在當地放映時，可不可能作份民意調查，或許更能呈現蘭嶼的觀點？

胡：我希望他們自由發言，這種形式化的東西比較不能進入他們。

蔣斌：剛才問了許多問題，你都需要長篇地回答，這是不是暗示了影片的缺憾？影片沒有達到預期的效果？

以前拍了排灣族、賽夏族以至今天的雅美族，此種針對每一族的研究在影片結束後即告終了，似乎見你遊耕似地從事拍攝工作。影片裡未呈現出來他們的宇宙觀，是一大缺憾，是不是會繼續做下去？

胡：影像的確有它的優點、缺點。我想，影片出來後，我可以緘默，觀眾看到什麼就是什麼，不同的人很可能看到不同的東西，不僅影片如此，文字資料也是啊！

這次的拍攝，依靠許多前人的研究文獻，才得以完成。我也希望，藉由影片呈現一些文字所無法呈現的東西。

我也期待，這類的研究、拍攝工作，大家都來做；如果，原住民能夠拍攝屬於他們的故事，可能更有說服力。所以不一定非我來做不可。

林：我已經繼續做下來了。將以施努來為主，描述雅美人的歷史以及老人家的觀念。

黃智慧：攝影者有沒有做好事前準備工作，比如讀過大量文獻，或是請教別人等等，加強對蘭嶼的了解。我在想，是否事前的工作準備充分了，比較能夠從畫面上感受蘭嶼的祥和？

林：我並沒有閱讀文獻資料，現在回想起來，我覺得是對的。

　　我曾與建平的爸爸，不藉語言的溝通，相處數天，慢慢地去體會他的內心。這些體會出來的經驗與後來讀到的文字資料是相互印證的。

　　如果我把人類學文獻資料當作材料，終有用盡之時，如果把它當「人」，將越來越豐富。正如雅各說的「誠懇」，是的，我相信自己是抱著誠懇謹慎的態度來拍，我希望攝影機不是武器，而是我身體的一部份。不盡理想之處盼望在往後的工作裡去克服、去改善。

　　黃智慧：請教郭建平先生，你在影片中提到人類學工作者隨意進出蘭嶼從事拍攝、研究的工作，對蘭嶼住民非但沒有助益和回饋，甚至造成傷害的情況，那麼你覺得人類學工作者要如何回饋，才能達到所謂的平等互惠？

　　郭：假如人類學家本身的研究工作是在累積個人的資源，相對的，這些資源應該分享，但不是物質的分享。

　　人類學家的研究工作除了可以豐富學術論文，提升本身的社會地位，我主觀地以為，我們被研究了，我們的問題能被暴露、解決。

　　很多時候，這些研究加速政府對原住民的壓榨和破壞。我希望，人類學者能提出幫助解決問題的回饋。

　　虞戡平：可不可能把拍好的畫面交由原住民來選擇，或許出來的東西他們比較能夠接受。

　　胡：拍攝的選擇不在他的話，你把選擇過的畫面交給他去剪，是滿形式化的。我所做的是，在初剪後，請他們來看，是否扭曲他們的原意。

未來，很希望能看到原住民自己拍攝、剪接的東西。

（本文原發表於1993年《電影欣賞雜誌》66期）

對話錄二
深入問題的核心：
從《蘭嶼觀點》的眾聲中出發

田玉文整理

時　間：民國83年2月18日（五）下午2：00
地　點：台大校友會館3FD室
主持人：李泳泉（紀錄片工作者，「李」）
與會者：胡台麗（人類學者，《蘭嶼觀點》導演，「胡」）
　　　　李道明（紀錄片工作者，多面向藝術工作室負責人，「明」）
　　　　孫大川（山海文化雙月刊總編輯，卑南族人，「孫」）
　　　　關曉榮（報導攝影家，「關」）
　　　　施努來（雅美族公共事務促進會成員，「施」）

　　李：《蘭嶼觀點》的出現具有劃時代的貢獻。我們先從製作的始末，來慢慢的深入問題的核心。

　　明：我在這部影片中扮演的角色就是一個單純的技術工作者。過去，我曾經和胡台麗合作過《矮人祭之歌》，那時是與胡台麗共同擔任導演之職。基本上這種民族誌電影的類型，主要以人類學家或民族誌學者以專業態度配合電影的方式呈現。所以我的參與程度

很淺,在現場,我是擔任錄音以及技術執行的身分。而剪接也是由胡台麗先將錄影帶剪好再由我來加以潤飾完成。所以如果這部影片是有貢獻的話,完全都是胡台麗的功勞。

　　施:感謝有這個機會重新思考自己族群的問題。當初,胡台麗並沒有告訴我她想要拍些甚麼,所以我只是抱著一種例行公事的態度去幫助他們,沒想到事隔三年,它會造成這麼大的回響。

　　孫:我自己在看這部影片的意義是十分重大的。長期以來,對於原住民的問題都是一種負面的評價,大多是著重在原住民傳統的流失或是文化衰退上;兩年以前,我看不出原住民在文化上會有任何的發展,但近兩年來,不論是瓦歷斯・尤幹、施努來等人在整個原住民文化的努力上,的確有傲人的成績。過去我們都將焦點放在內部瓦解的問題之上,而忽略了我們本身的創造力。近年來,我們在文學及藝術上的收穫甚多,加上「原舞者」的舞蹈方面及未來原住民的電影,九〇年代的原住民在多方面都作了許多的努力,展現豐沛的生命力。而對於建構一個新的文化空間而言,這部影片無論如何是一塊磚、一片瓦,因此,這部影片的貢獻對於文化創作力及提供文化空間都展現出它的價值。

　　我看這部影片的心情是很沉重的,原住民有很大的問題,每次觀看一件關於原住民的創作時,我總是希望找到一個能消解原住民沉重的心情的道路。但就像施努來說的,某些在影片表現出的榮耀感是不能取代這種沉重感的。這部影片中抓住了兩個重要的焦點問題,一是原住民在傳統文化與現代之間平衡的問題;二是原住民在面對自己與面對外來事物的尷尬感,在這個情況之下,原住民如何面對自己以及外來者如何面對原住民文化,以及兩者之間互動的關

係所產生的問題。我的心中一直存在一個問題，當胡小姐以一種主觀的態度呈現所謂「蘭嶼觀點」時，它沒有明確的指出原住民到底要甚麼，或我們如果關心原住民時，要如何去著力。這部影片以一種消極的角色指出蘭嶼不需要甚麼，而不是蘭嶼需要甚麼？雖然胡小姐在以前一直強調這不是她的著眼處，但對於這些問題的關懷，卻實在是我們這些人所要尋求的答案。

　　李：我對於《蘭嶼觀點》在價值上的貢獻提出自己幾點看法。人類學電影在紀錄片電影中一直扮演著重要的角色，後來法國的人類學家尚‧胡許（Jean Rouch）也在這方面發揚光大，但至今這類的紀錄片大多仍然藉由一種主流或者是優勢上游的觀點，來描繪第三世界或是原住民的圖像，將原住民的落後化為一種奇觀，在主流的電影中加以剝削；而這跟影片中的觀光客心態，幾乎已經八九不離十，就這個觀點來看，這部影片脫離了這個框架，不再從漢人的觀點來對待這個題材。而比《矮人祭之歌》的純祭典的紀錄又有一點進步，就是說，藉由施努來、郭建平的參與，使得這部片子達到對於原住民觀點的基本尊重。在這部影片中還有一點是值得讚賞的就是影片的反省性格。一開始郭建平就質疑人類學家的研究是否會回饋給原住民，而這樣對於作者的提醒，一方面可看出一部分的學者依舊是一種上對下的優勢態度，另一方面也使作者在影片中時時必須對自己負責。

　　整個影片的結構是很有趣的，分做三個部分：觀光拍照、醫療惡靈、核廢料場，作有機的組合。雖然是不同的議題，卻巧妙的搭配在一起，如果能將國家公園的問題在結尾的部分再加以討論，更能呼應前面觀光的問題。還有一個優點就是它不是在介紹蘭嶼過去

的烏托邦情懷，而著重在蘭嶼當前的問題，包括外來客問題、新文化科技的壓力、弱勢族群在政治環境中的犧牲。影片中有幾個相當感人的細節，例如神話的述說，但基本上本片依然理性重於感性。動人的部分對於整個影片只是點綴，沒有加以聯結，很可惜。有時候影像本身與所談的內容並不是十分的搭調，可能受限於影片拍攝的困難。這是美中不足的部分。

關：兩萬多呎的影片，約六百分鐘，最後縮爲七十分鐘，其中的努力及拍攝的辛苦，值得嘉許。本片曾得金馬獎，加上剛剛所討論的部份，我想我沒有必要再重述這些掌聲了。我要談的有三點，首先我把它當成「問題影片」來談論。影片一開始就從三個人的身上著手，她自認爲是一個謙遜的觀光人類學者，這是一個人類學者的焦慮。我喝采的部分是原住民對於人類學者的控訴，而胡小姐勇敢的將它帶入一個學術的殿堂中，沒有讓它銷聲匿跡，這是絕對值得讚賞的。胡小姐的焦慮來自於一個原住民控訴的聲音。

焦慮以及痛苦在胡小姐的身上發生。我自己覺得很遺憾的是胡小姐並沒有很妥當地去面對她的焦慮，她並沒有去分析，並嘗試解決這樣的焦慮，因此胡小姐雖然將她的電影命名爲《蘭嶼觀點》，事實上，我所看到的，不論從施努來、郭建平或田雅各三個人的發言中，我只看到胡小姐她所找到的三個具有原住民血統的發言人，來取代並掩飾了胡小姐她自己的觀點。因爲，這部影片的完成以及它的製作，畢竟最後的決定是在胡小姐的身上。尤其在她以攝影機來進入蘭嶼，這樣一個最敏感的工作處境底下，她的焦慮結果是逃避在這個蘭嶼觀點包裝的後面。這點我在觀看完這部影片之後，以及觀察胡小姐的談話之中得之。

　　在影片三段式的紀錄方式當中，我有一個意見，就是我覺得這部影片，其實可以做得更好，但是在我看了這部影片之後，卻覺得有些失望，我覺得造成這樣結果的原因是功課做得不夠。第一點，舉個具體的例子來說，以醫療的問題為例，雅各從在蘭嶼島上一個實際執行現代醫療醫師任務的角度，談到他實際所面臨的文化差異，以及因為文化差距所產生的抗拒而帶來的困難，固然他刻意強調了這個文化差異所帶來的困難，而並沒有特別去強調蘭嶼衛生所在執行它的現代醫療當中所面臨經濟上的困難；但是事實上，據我的了解，它經濟上的困難也是蘭嶼困境中重要的一環。我之所以說功課沒有做好，事實上早在台灣省的公共研究所，有一位姚克明先生，他就有一份有關於雅美族對於死亡的觀念、對於 anitou 等種種生死觀念，以及雅美族群對於現代醫療會產生甚麼樣的反應、在執行的時候如何去面對這些問題的研究，這相當值得深入調查研究。這些功課沒有做，所以本來蘭嶼的醫療問題可以談得更深刻，結果並沒有。

　　舉第二個例子，關於反對核能廢料儲存在蘭嶼的問題。對於這個問題，我們其實應該將焦點放在核能廢料最早儲存在雅美族這一個弱勢族群居住地方的原因，以及造成這個原因的社會結構性因素。事實上，在核能廢料儲存在蘭嶼之前，我們的政府將它當作是一個離島的監獄。在島上雖然設有牢房以便監禁這些重刑犯以及軍方的思想犯，但是當他們離開牢房，在島上勞動工作，他們變成在這個雅美人生活的土地上擁有某種程度的自由；這種對雅美人生活的迫害，在本質上是相同於將核能廢料儲存在雅美人家園中的迫害，它的出處是一樣。在這個反核的段落裡面，並沒有很深刻的去

觸及到這點,也未記錄反核的整個演變。更讓我遺憾的就是說,因為功課做得不夠,使這個紀錄片的製作者在訪問核能廢料的儲藏場場長的時候,提不出重要的問題,只是任由攝影機以及錄音機錄下這個場長所要說的一些話。事實上據我所知,一個訪問者在面對受訪者提問題時,一定要提出深刻重要的問題,舉個例子來講,自從核能廢料儲存在蘭嶼島上以後,即使僅根據值得懷疑的官方資料公佈,這個核能廢料儲存場已經有兩次核能廢料外洩的紀錄。那麼這一些功課都沒有做,難怪在訪問的現場,只能由這個廢料儲存場場長去胡說一通,而我們觀眾也找不到問題的重點所在。

就觀光的部分,我發現到製作這部片子當中一個很嚴重的缺陷,也就是導演與攝影之間的斷層,這邊必須追究導演的責任,為甚麼這麼講呢?因為以我在島上的經驗,的確,胡小姐所遭遇到的問題確實是十分嚴重而難以克服的。但是不是不能克服?當你拿起照相機要去拍人、拍物的時候,你這個舉起相機的人,不論是觀光客也好,報導者也好,或是研究者、學者也好,你必須與被拍攝的人之間,產生一定的認識及互相的信賴,沒有這樣的基礎,任何的照相機在那邊一定是被抗拒的。而這個抗拒事實上有它經濟上、政治上各種複雜的因素,我的意思就是說「抗拒有理」。那麼由於這個影片製作的過程當中,忽略了或者說是忽視了被報導對象與拍攝對象關係的建立的重要性之後,常常看到攝影者,不論是林建享先生或者是李道明先生也好,他們要為導演背負這樣的困難。林先生就有這樣的一個說法:他想要去拍一個新屋的落成禮,就緊緊的盯著那個先生,因為他也很清楚,不得到允許就不能夠拍,這便產生了問題。

胡：這段的紀錄是錯誤的。林建享先生說的並不是這個事情，他將以前的另一件訪問與《蘭嶼觀點》混淆了。

關：但是這樣的問題依舊是存在，一個持攝影機的人，不單只是孤單的持著一個攝影機。事實上，導演也必須肩負著相同的責任，在觀光的這個片段當中，我看到絕大多數的鏡頭方向，是從觀光客的方向朝著雅美人，我並不是說沒有從雅美人的方向朝著觀光客。但回到片名取為「蘭嶼觀點」，我自己期望看到的是，在建立了良好的關係以後，在雅美人知道你來幹甚麼、知道你是誰、知道你工作的方式，雅美人信賴你工作的目的等等之後，你才有條件，以雅美人的觀點，持著攝影機來拍攝觀光客侵入他們的家宅之種種。我記得影片中有一個滿有撞擊力的一個鏡頭，就是有一個小孩子說不要拍人，很遺憾這個角度是從外來觀光客的角度拍攝過去。

另外我想提出來討論，也就是如李泳泉先生所說的，紀錄片在台灣逐漸有了一個蓬勃的表象。我想如果不只在表象上有蓬勃的呈現，在內在上也追求進一步的發展的話，我想有一些問題是必需要討論的。在胡小姐前往蘭嶼拍攝《蘭嶼觀點》之前，胡小姐、林建享還有道明兄，都到我的辦公室來找過我，我們討論了如何進行拍攝的一些意見，我也將手邊即將出版的蘭嶼專冊的資料、幻燈片交給他們作參考。當時胡小姐跟我提到她製作這部片子的動機，是因為民族所裡有一筆經費如果沒有用掉的話，報銷之後明年就沒有了。基本上，對於這個問題的討論我是對事不對人，但這樣的一個拍攝動機是非常不好的，我也知道在當前社會做事情的限制。但是我也希望每個人在工作的時候，對於這樣的一個限制以及這樣的一個起點，要有警覺。

　　基本上我倒希望《蘭嶼觀點》，不是一個立足於消耗經費而創作出來的作品，而是胡小姐，確確實實在人類學者的工作崗位上日益覺得傳統人類學民族誌的搞法不耐煩了、有問題了，一定要引起原住民對於學者剝削的號角響起了之前，自己就要有所意識，來決定一個學者研究的命題。我知道這當中有很多的困難，比方說，我讀過謝世忠先生關於原住民問題研究的一個報告，特別耐人尋味的是，序中最後的兩段話，他這個研究報告曾經對中央研究院民族研究所提出申請，請他們在研究所的期刊上發表，結果被退了回來，退回的理由是文章太長，這是一件極端荒謬的事情；而回過頭來，謝先生這個文章被迫要拿到私人的出版社出版。而我相信，這個全國最高學術機構出版這篇文章的錢，可能還不及整個《蘭嶼觀點》製作經費的多少分之幾，這些都值得我們加以深思反省。

　　另外我想談一點，胡小姐一再強調的：她只是要提出問題。像剛才有人強調原住民有權要求對於他們問題的幫助，也就是對於整個族群惡劣處境的改善，以及繼續不斷的關懷。但是經由胡小姐不斷的強調她只是提出問題，意思就是說她沒有辦法解決問題，以我自己的想法來說，就一個紀錄片的工作者而言，我們對於原住民問題有多一點政治經濟學的關切的話，我想這個問題是不難解決的。郭建平說，你們從來就沒有回饋，那我們要問回饋是甚麼？我想一個學者可以做到的一個最重要的回饋就是在一個沈悶的、提不出創意的、無法開拓出新的研究範疇的學術機構內部，要作一種內部的改造。自有人類學以來，它就已經被反省、被批判，它只不過是殖民主義者手上的一把刀，而我們這個社會的人類學研究精英當中，並不缺少這種認識。

今天，回饋有另外一種型式，也就是說站在一個政治經濟學的角度去研究分析種種原住民族群的問題，並且堅持這樣的立場，來達成一種學術機構內部的改造。而這種立場的選擇也就是胡小姐從一開始所說的「焦慮」，焦慮就是她逃避了她選擇的立場。所以我想所謂的「回饋」可以在研究者取得這個研究的動機以及研究方法的戰鬥上得到，而不光是只研究人家的服飾、人家的器物、人家的社會組織等等。我想胡小姐這次採用三段紀錄式影片的報導，或許也可以看成是一種努力吧。如果這點可以達成的話，至少胡小姐在面對郭建平時，就可以不需再背負著凝重表情，很沈重的坐在那個地方。

關於這部影片，我看到它得獎、看到它得到許多的掌聲，我並不是刻意要來打擊這部影片，基本上，我是希望對這部影片真正的作出一些反應，而不只有現在社會上的一些共同的聲音出現而已。這部影片在許多種紀錄片的型式當中，有人類學家的紀錄片、有家庭的紀錄片、有通俗報導性的紀錄片、民族誌的電影等等，我要重複一句話，我對於這部影片的評價，覺得它最大的貢獻及價值，我在開始時已經提到，除此以外我覺得它是比像「六十分鐘」或「熱線追蹤」之類的通俗報導紀錄片略好的一部紀錄片。我再次為製作人，以及她的影片所達成的貢獻表示由衷的讚賞。

胡：從剛才幾位先生的發言之中，我不斷的反省整個作品。其實我並不想要辯護，其實我自己也了解本部作品有許多的缺點，但是有幾點，我必須要加以澄清的，特別是對於這部影片的製作動機。對於消耗預算的說法，這是完完全全的不正確。

關：但這是胡小姐當時親口說的。

　　胡：這句話是對的，但並不是想像中的那樣簡單。所（民族所）裡甚至有人跟所長反映，爲甚麼要讓我用那筆預算。而我從很久以前就一直希望有一筆經費來拍片，但是沒有錢拍片子，這是一個最根本的問題，那我甚麼時候能夠等到有一筆錢來拍片子，而人家不會講話呢？只有等到該年度快結束時，別人該用的錢都用了的時候，才不會讓別人說：所裡的錢都讓胡台麗拿去拍片子了，然後影響到別人要做的計畫。但是拍攝影片計畫從來不會是民族所裡年度正規預算的部分。所以我只有在當年度有些計畫的錢沒有用到的時候，以反正這些錢沒有用就要繳庫的理由來加以申請。而且這是連續爭取了三年，每年爭取到一點，才讓它能夠完成。所以我在〈蘭嶼觀點的原點〉文中也強調，我並不是隨意選取蘭嶼做爲報導的對象，如果這是一個不值得報導關心的地方，我不會選擇它的。我非常珍惜這筆經費。

　　關：我只是對於這部片子有更深的期望。

　　胡：當然理想是每個從事紀錄片工作的人都想努力達到的。剛剛關先生所提的「焦慮」是一個很貼切的形容，我存在著一個很大的焦慮就是沒有經費。有時候你寫一個很漂亮的計畫，你要到哪裡去要經費？而且有些地方雖然提供經費，但是必須要照出資者的意見加以拍攝。這部片子即使存在再多的缺點，但是我仍要說一句話，就是沒有意識形態上的任何干預，這是一部完完全全我們想要拍的片子，沒有經過審查制度的情形下，我們完成了這件事情。其實我也許有其他的機會跟其他的單位要到錢，但是我不要那樣子做，因爲我要它的錢，必定要經過它的某種審查制度。所以我寧願在民族所熬三年，每年爭取到一點點的預算，以便完全的掌控整個

片子的呈現。這是我必須要特別澄清的。甚至為了這件事情，所長還為我背了很大的責任，李道明先生也非常清楚這件事。而對於蘭嶼的拍攝焦點來說，當然儀式也可以拍，但蘭嶼的問題似乎更為重要。所以寧願擔負著人類學界可能對我會產生未將儀式說明清楚的疑慮，去拍攝這種傾向議題式的內容。

　　關：但是妳的議題也沒有講清楚，在內容上也了無新意。

　　胡：畢竟每個人有每個人的看法。就剛剛所說的從政治經濟學的角度 ，像這種結構性的討論，每個人都有不同的詮釋方式，但是關於醫療問題的部分，我想你可以跟田雅各醫師對照，他今天沒有來。我在整個過程中，一直希望他多講一些經濟上的問題，在六、七個小時的錄音當中，我一直想要引導到這樣的問題上，是否錢不夠？是否器材不好？但都不是。他最大的焦慮，是文化的焦慮，他一而再、再而三的不斷強調這一點。既然那一段是以他為主題在主述的話，雖然我的內心一直有那一份焦慮，甚至一直到最後，我們還為此補了一段錄音。所以，並不是我不想談，或是沒有意識到這一點，而是田雅各醫師有他自己真正的焦慮所在，我也相信我並沒有誤解他的意思。而且這也涉及到關先生剛剛講的，這個影片的拍攝者是在掙扎，有時候他的觀點必須隱藏在後面。這是一個被拍攝者的詮釋角度，以及你自己的詮釋角度如何協調的一個問題。例如，我在《蘭嶼觀點》第二個段落裡面，有一些觀點跟田雅各醫師是不一樣的，我們處在一種討論爭執的過程中。但是之後，我還是覺得我必須尊重他的觀點，但是在那個觀點中，特別是關於anitou 的部分，我如果照他的話講，當地人的生存慾望似乎不強，他要去救他們，而他們不讓他去救，但那純粹是概念上解釋的問

題。這邊我隱藏了我的部份觀點，我一直覺得這是一種以西方醫療的態度進入原住民的土地行醫，即使他也具備布農族原住民的身分，他仍無法去除一種以好的東西賜予他們，為甚麼他們不要這樣一個強烈的想法。當然他也在不斷的反省中，所以我也不便在這個部分太過於苛責他。當我在島上巡迴放映〈蘭嶼觀點〉的時候，我一直感到遺憾的，就是年輕人很少，沒有辦法跟他們好好的交談。一直到今年元月在「蘭青會」舉辦的一個冬令營的場合中，我才有機會放映這部片子給他們看，引起許多討論。有人問我該怎麼辦？似乎期待著一個權威學者的標準答案。這是在整個教育體系之下，培養出來大家都希望得到一個清楚簡單答案的一種心態。

　　但是另外一方面，我也擔心在影片中間，有一些表面隱藏的觀點，雖經我刻意的強調，但仍然不夠明顯，這種苦楚我也嘗過了。一個在北醫唸書的年輕人，他可能會回到家鄉蘭嶼去行醫，他看過影片後，我就問他，如果回去後一樣面臨到 anitu（「惡靈」）的觀念時，要怎麼辦呢？他說他會儘量的將西方醫療知識告訴他們，希望能有所改變。我覺得很驚愕！在我們的教育體系下許多觀念都被強烈的灌輸進去。所以這樣的一部影片，雖然可能刺激一點思考，但是不夠強烈到去把這套體系加以挑戰或打倒，這位年輕人相當同情田雅各醫師無法在蘭嶼島上實行西方的醫療體系，所以以後他將付出更大的心力，推行西方的醫療體系於蘭嶼的社會。他認為田雅各醫師可能努力得還不夠，所以被拒絕。當時我真的被嚇到了。其實我在這裡隱藏的意思是說，繁衍幾千年的東西是不容易改變的，到底需不需要改變？以及到底要用甚麼方式改變？這是我希望一個將來要回到蘭嶼去行醫的年輕人去思索的一個問題。我在那

場座談會中也很明確的表示，那套西方的醫療思想是值得存疑的，究竟有沒有必要去打掉或貶抑原住民文化原有的那一套體系？在這裡我就感到很焦慮，在影片之中，竟然還在加強那樣的一個訊息。

這裡就牽扯到剛剛所提到的政治經濟學的立場。有些紀錄片工作者表現得很正義，希望爲弱勢爭一個道理。以我的個性來說，我會意識到它的存在，但我認爲它只是當中的一部分，我認爲它是在政治經濟、文化傳統各種因素之間不斷交織的，所以我並不覺得一定要突出政治或經濟或其他某一特定的方向。就像田雅各醫師，我一直刺激他提經濟問題而他卻不斷的表現出文化焦慮時，我就將焦點擺在文化焦慮上。那麼包括在後面核廢料的問題中，郭建平一直強調政治經濟，我也會讓他強調政治經濟。他一直在談結構：經濟、剝削、殖民，他就依靠這樣的語彙，我也相信這是事實。但是你一直叫口號又有甚麼用呢？將一切都樹立成爲敵對關係時，對於現實眞的有幫助嗎？其實這部片的訴求對象，我希望不只是雅美（達悟）族人，我一直希望外面的人能夠看到，但外面的人，如果看到的都是不斷講殖民、觀光、剝削雅美族人，會有怎樣的反應？所有的文化其實都有自我中心的觀點，包括雅美（達悟）族人也有自我中心觀點，其實這是全世界共有的心態。若從弱勢者的觀點出發，別人可能都是殖民壓迫的。

現在有一些原住民的朋友，甚至民進黨的朋友，在獲得了發言權後，就要跳起來把別人踩下去。那種心態就是完全使用統治者的心態來踐踏別人。這樣的模式我不是很喜歡，在文化自大感中並沒有去體會其他民族的心。所以我希望讓看影片的其他族的人不會立刻就被視爲一個敵對的人，而是在觀影的當中慢慢去體會另一個民

族被我們傷害了。我想政府並不是刻意把雅美族人都害死，但是沒有從他們的觀點去思考。剛剛說到在訪問核廢場場長時，沒有提出深入的問題。爲了要進核廢場拍攝那個場景，我並不希望讓他覺得我們是他的敵人，因爲那個鏡頭本身就帶有相當大的衝擊了。但我們也抓住了他言語上的漏洞，也就在他說明核廢場設在這裡，人口較少，影響因此較小時就暴露了忽視少數者的心態，可與後來控訴性的畫面相印證，並不需要像法官似的對待受訪者。

施：剛開始的時候，我不了解胡小姐想要對蘭嶼做些甚麼，對於一些問題的看法，我們也不盡相同，但我感謝胡台麗小姐的影片對於蘭嶼原住民的貢獻。不過，在當初拍攝的時候，胡小姐的一些問題，問得令人沒有轉圜的餘地，沒有留下一個可以讓我們去思考反芻的空間。像對於核廢料的問題，這個運動是我最痛苦也是最驕傲的行動，我也很想在影片中呈現出來，這並非是對於執政者的反抗，這是蘭嶼人對自己土地生命的基本保護，但招致的卻是人家對我家庭的妨礙及警告。試問現今的蘭嶼知青及原住民的立委們，有幾個有勇氣對於整個體制提出質疑？

胡：每個人都關心到底蘭嶼要甚麼？而我們只知道他們不要甚麼。現存的體制不過是以漢人的價值觀來揣測雅美（達悟）人需要甚麼，只求要把雅美（達悟）人變成台灣人或是漢人。但事實上，他們依舊希望成爲一個雅美（達悟）人，但也並非因此就希望切除外來的任何幫助。就像國家公園的法令，我們應該朝向廢除不合理的部分，使它不能成爲雅美（達悟）人的法令，但非刪除經費，使蘭嶼的開發及建設停頓。

明：現在由原住民來談論或拍攝的影片幾乎沒有。在我從事多

年原住民紀錄片的拍攝中，最大的問題就是，影像是為誰而拍，以及站在甚麼樣的角度來拍。其實影像的深度受限，使得他對於社會改革的實踐力量十分的薄弱，雖然如此，但依舊背負著相當大的社會責任。昨天在阿里山上，鄒族的青年幹部悲涼地對我說，外來的觀光客看我們的祭典，看完後說，怎麼只有如此？身為一個影像工作者，我是不是應該反省背負更大的責任？目前在國際上，原住民的影像工作者組成一個國際性的聯盟組織，對於外來者影像的記錄加以管制，形成一種共同的行動力量。

在澳洲，規範中明文呈現原住民的法律規定，一切拍攝或陳述都必須要依照這套法令的標準。事實上，以國際的認同來說，原住民的事務應由原住民來拍攝及記錄，外來的人無權也沒有辦法來做這些事。所以我們為甚麼要拍攝原住民，以及要拍給誰看，變成當前重要的課題。我自己的態度是，我不是為原住民拍攝，是為自己的族群而拍攝。事實上，以原住民這樣一個在政經地位尚都處於弱勢的族群來說，很難去獨力拍攝自己的作品。除了澳洲、加拿大幾個先進的國家，對於原住民的支持及尊重外，以台灣的情形，拍攝紀錄片對於漢人本身就是一種邊緣性質，更何況原住民本身要如何去取得這些資源。所以我把握住影像是一種很好的溝通及對話的工具，因此在影片中呈現出一種對話的方式，讓我自己成為溝通的橋樑。當然我希望未來有原住民的知青來學習影像的製作，以目前的情況來說，原住民為自己的族群作記錄不會是唯一的一條路。

孫：在這些問題中，我們給自己這麼大的壓力，其實這是不必要的。不論是胡小姐，或是剛剛關曉榮先生，都一再強調《蘭嶼觀點》中，胡小姐只是用三個人的觀點來隱藏自己的觀點。事實上，

我們不單要說出我們的觀點，我們還要加入更多人的觀點，大家都勇敢的說出自己的看法，將解釋的責任交給歷史及社會。以醫療來說，我們不只需要田雅各一個人的觀點，也需要雅美老人的觀點，甚至胡小姐的觀點。一個問題，只以三個人的觀點來呈現整個複雜的社會現象及結構已經很吃力了，更何況是要求單一的絕對客觀，而且也沒有一個人能夠承擔整個文化的興衰榮辱，這是不公平的。另外一方面，我對於其他的方式或是其他的文化，贊成保持一種寬容的態度，因為本來就沒有所謂純粹的種族、文化或社會，分類本身強調的往往就是某種中心主義的彰顯，而文化本身是糾纏不清、曖昧難分的。所以有多方的解釋對於真實的了解，必有百益而無一害，所以其他族群對於原住民族群的紀錄是應該被接受的。

　　我需要什麼，我要什麼東西，你們可以給我什麼東西，而不是只是說我不要什麼而已，我想這一點很重要。再來談到有關觀賞這部影片的感想，我從一個非專業性的角度來看這部影片，所得的第一個感想是，這仍是一個民族學者的觀點，像剛才胡老師提到裡面一些關於醫藥的部分，也許有人希望用現代醫療的觀念來導正他們一些原始、非正式的觀念，實際在劇本上來講，是說小孩子會這樣生病是因為靈魂被吊走了，它只是再跑去原來的地方把靈魂找回來而已。還有像核廢料場這個問題，胡老師剛才說場長認為設在這個地方比較不會危害到大部分的居民，但對當地居民來說，你還是在這個地方建了廠，不管是多是少，仍危害到這裡的居民，我本人的感受滿深刻的，可能關先生對這部影片期待較高，要求也更多。

　　我想每個人看事情的角度皆不同，如果由一個沒有做過這工作的人來看，立場又會不同，就像我實際雖然接觸不多，但已經慢慢

有在接觸，和原本的感受又有差別了。最大的感受部分是在最後一段，那位先生唱歌，而沒有影像，只有字幕，我自己在編寫腳本時，最後所應用的方式和這部影片是一樣的，不同的是我的只有黑白字幕配合裡面的歌聲，我覺得那種感受是最深刻的，是發自內心的真實情感。我認為不管是拍攝何種題材，最重要的是內心的真誠及對被拍攝者的尊重，這也是我在這部影片中所看到的。我希望這部影片不只是原住民——蘭嶼的人能看到，而是大家都能去觀賞，如此可以了解許多人的看法，也可以知道不同教育、環境背景、角度的人有什麼感受，藉此提供一些參考，以創作更深刻、有價值的影片。

　　胡：在這裡提出一點，就是這部影片先前我便知道自己受限很大，因為蘭嶼並非我長期研究的地方，對於雅美（達悟）族也只是表面程度的了解，但我已努力補充自己這方面的不足，也看了所有以前的報導和發表文字。其實關先生的觀點我也滿清楚的，我將英文名字譯成“ Voicies ” of Orchid Island——即很多聲音，就指明它並非只有雅美（達悟）族人的觀點，而這在影片一開始就出現了許多種人，其實中間的聲音，我自己還想像有天地、海潮等的聲音，這些都可融入其中，並沒有設定只有雅美（達悟）族的聲音。所以《蘭嶼觀點》的開頭就出現不同的人在這裡，不可能只有雅美（達悟）族人的觀點，當然也有我個人的觀點，但是這部影片是立於尊重雅美（達悟）族人的立場拍攝的，在強調自己觀點的同時也避免曲解了他們的觀點，例如，anito 的觀點，在以往人類學的著作中都是強調它是種惡靈，但我在實際訪問過程中了解，其實對他們而言，anito 是親近的親人，並非惡的概念，所以這個部分，在田醫

生沒有講清楚的情況下，我就會設法以別的畫面補充，自己去找當地人來訪問。

因為這部影片最後是由我組織，而我並不希望努來這幾位熟識的朋友在影片中一再出現，而且影片的第三部分已經是以他們為主角，為了讓其他人也可以多講講話，所以前面兩段就找別的人來談他們的意見；這樣的安排是經過刻意設計的，我相信我並沒有扭曲了他們的意見；我也沒有刻意隱藏自己的意見，只是傳達的方式因我本身的個性及所受人類學的訓練，而有異於一般從事社會運動者、政治批判者所習慣的觀點。也許有人認為這樣的觀點太軟弱，但實際上它是很強烈的，我很相信「柔弱勝剛強」這句話，我覺得這部影片的訴求對象不只是雅美（達悟）族人，而是希望它也能讓一般人看了後覺得很通俗親切，而不是一部只有知識份子在思考、討論的影片。

關：正如李泳泉先生所說，因為我在這場座談會中的角色及背景，所說的話基本上也是採較嚴苛的角度，在人情上我感到相當抱歉，在開頭的指責使得胡小姐不得不再出來澄清、解釋一些問題。事實上我所關切的除了影片中所涉及的人與事以外，我對胡小姐身為人類學者的立場也有一種關切，這裡面包括我在蘭嶼研究報告的一些經驗，有很多經驗及經驗中所感受的痛苦、挑戰，還有選擇位置的困難、猶豫、質疑，這過程是滿折磨人的，但我覺得這是我們必須去面對、承擔的，所以我特別關切胡小姐所扮演的人類學學者角色，在影片中暴露出人類學者的一種焦慮，而這部影片之所以沒有我預期中的好，有個問題是由於胡小姐在拍攝現場並沒有很圓滿，甚至是很恰當的面對這種焦慮。

這焦慮是什麼呢？基本上你是個外來者，就像影片開頭，胡小姐就說我是漢人……，這就造成一個人類學者處境上的一種焦慮，同時這位學者在從事此工作時，更先天被迫去面對這些當事人，而血統不同使學者必須十分謹慎小心、動輒犯錯的一種處境，於是就造成這種焦慮；另一個原因是學者本身並不是非常熟悉這項題材，當然我不相信以她既有的學養及聲望，她不可能在事前沒有準備功課，事實上她不斷隱藏自己的想法，也許胡小姐本身並不自覺，但是影片中那麼多人，胡小姐獨選了他們三人來代表蘭嶼的雅美族人觀點，這背後已隱藏有胡小姐自己的觀點。

胡小姐背負了這些焦慮，包括了一位人類學者是否會被看待為單純的觀光客？她到蘭嶼的目的？雅美人是否會接納她？接納到什麼程度？以及能否完成工作，而工作又能完成到什麼程度的焦慮。基本上我是希望所有的人從事這樣工作、面臨此種處境，而產生焦慮的思考問題，能不斷思索、反省正確的立場位置的擺置，這是我的原意。

胡：是否仍有其他意見，我覺得就目前討論來看，還有許多議題可以討論……。

關：我開頭就說這是個「問題」電影，開這場座談會對它並不公平，因為這場座談會很有限，假設它真是問題電影，但我不能具體對問題提出建議或解決，只是提出全面的問題，對它是不公平的，但受限於座談會的時間、形式，所以我們的思考和接受這些講話時，必須把這樣的限制先考慮進去，因此有些珍貴的部分沒有談到或談得不夠清楚，先行的了解就很重要，就是在所有的限制下，我們不公平的對待這部電影。

孫：我想直接問胡老師，請問妳透過這三人時，是否真如關先生所說，妳不自覺的加入自己的觀點？我有點比較相反的想法是，妳是否是太自覺自己不要太過於介入，是不是有這種可能？

胡：我想這點要研究我的心態，是這樣的，當然第一段是比較沒有問題，我就是直接的問問題而已，至於第二、三段，我想李道明也知道，就是我和田雅各醫師在爭執交談，他也建議可以用這樣的方式剪輯出來。但我當時有種反省就是：畢竟田雅各醫師在島上已有三年的時間，而我的想法只是根據人類學的訓練產生的判斷，也就是主觀的為當地人一種文化的維護，在這樣的心態下跟他作的一種辯論，雖然我自己也有做一些探索的工作，就是問雅美人"anito"到底是怎麼樣的……，所以我以間接的方式對那部分有所加強，以增加思辨的基礎。

我不想把自己擺在和田醫師平行的地位，甚至不想以學術的權威，好像人類學有某種理論可以跟你對抗的方式和田醫師辯論；如果用那種方式來呈現，我會覺得很不安。我剛才提到我們錄音是很多小時的，為什麼我在這麼長的錄音中只挑幾句來播放，是因為我認為那就是田醫師所講的重點，事後我放給他聽過，他也不覺得有什麼問題，而且我覺得在談話中，田醫師自己也在思考反省這些問題，並不是我在苛責或試圖把它變成對立面，而是表示兩個人在接觸過程中，彼此皆有修正，我想這也是種很好的呈現方式。

但是以影片73分鐘來說，負載這三個部分已經是太沈重了，所以我真的不能多講話，只能凸顯出一些東西，如果再加上不斷的交談質疑，就會過於冗長，這也是一項考慮。因此我讓他自己講，使觀眾感覺到他也在思考這樣的問題，這就已經達到我的目的，只是

沒想到在那一部分在某些人聽起來仍是不明確。由於我已體會到其中的味道，所以認為這部分由田醫師這樣呈現就已經很好了，而我只是再添加一點東西進去。

在第三段中，其實我是有點偏心，像努來和建平兩人，建平是社會運動者單刀直入的形式，努來則較迂迴的。以我自己的個性和對問題思考的角度，努來的觀點比較切合我自己，也就是在那個點上，我們的交集面更大。

李：但在效果上，觀眾會覺得奇怪，因為在前面說反對核廢料場有幾個原因，而在第一點之後，其他原因卻聽不見了。

胡：建平講了兩點，後來是說族群會消滅，我覺得一個人講不夠，所以後來我安排婦女來談，還有建平的哥哥來講，加強這個觀點。另外我也讓郭建平自己表示，像他們從事這項運動，雖然有理想，但很難突破文化上的限制，就算自己想要去領導、打破什麼，也因為輩份地位不夠，而受到家族的反對。像努來也有提到他的心路歷程，那個部分很難在短短的影片中表現出來，因為要講的東西太多了，所以會像李泳泉先生所說，沒有辦法再拉近深入些。

為什麼在郭建平所講的那麼多話中，我特別把那兩句話在影片中顯示出來，其實有第三點原因，就是教育。整個漢化教育使他覺得很無力，因為年輕人的支持力還不夠，雖然你自身是個不斷往前衝的人，但是還是要顧及文化中的某些限制，努來他們也才回去沒多久，不可能一下子就得到族人的支持，可能一直要等待他們在那裡生根了幾年之後，才能慢慢凝聚力量。當然這部分有我的意見在，我相信任何一個做社會運動的人，光叫口號是沒有用的，他必須了解自己處在什麼樣的文化處境中，他有什麼樣的限制，要如何

去突破這些限制，所以我想我並不是要隱藏自己的觀點，是我不希望都是我在講我的意見，在從他們所說的數百、數千句話中，我選擇了這三句，相信是有我自己的想法在裡面。

施：照胡老師所說的來看，你在影片中所關切的焦點就是觀光、醫療，還有核能，這三個問題包含了土地和國家公園，是現階段蘭嶼最大的問題，這部影片至少在放映時，被討論的問題有多少？關懷的程度有多深？到後來是不是政府會拿出實際的行動去關懷？這些都是讓人質疑的地方。我在蘭嶼島上已有四年多了，像核能廢料、醫療、國家公園等問題，大家都只是在談談而已。在那個地方可以了解到的就是，台灣政府在現在不可能解決那些問題。

不過，反核時我們得到了局部的尊重，這點令我們自豪，但是提到觀光或醫療，我們是徹底的輸了。所以我現在所談關於蘭嶼的事情時，是比較傾向社會關懷的角度，譬如如何去幫助老人的醫療。在蘭嶼我覺得老人在應該結束生命時，他沒有權利用藥物來維持他的生命，在蘭嶼的觀念認為人的生命是不該用藥物延續、苟延殘喘在人間的。像上次我父親病重到語無倫次時，我拒絕我太太的建議，沒有把他送到衛生所去，因為我相信自然輪迴的概念，我絕不會用藥物幫助我父親活在世上，那是很痛苦的；這點田醫師可能不了解，但如果我的孩子生病了，那我一定會用藥物治好他，在這裡我很難向各位解釋因素。特別抱歉的是，在影片中我並沒有付出很多，而且我也沒有很關心這個問題發展到後來討論時，它所應該得到的回響是怎麼樣。因為我可預期得到，這部影片出現後，大家只是談談，並無法滿足我們所期待這部影片能帶給我們什麼實質上的生活改變，絕對不會有。

　　所以我說我沒有對這部影片付出很多，甚至有點藐視它。我回到蘭嶼後，這次出來競選，我又再度印證許多事情，這部影片所延伸出來的，在廣泛討論的同時應該很悲痛的去思考的問題，我們有時會突然發現到，關心這些問題的僅有我們這群人。我想拉年輕人一起來關心這些，告訴他們應該要直接參與，不要想說在蘭嶼島上的就是這些人，而要考慮你們應該為小孩子灌輸什麼樣的教育；以前我在蘭嶼國中教書的時候，那時還沒徹底灰心卻已存在很大的焦慮，包括認同等複雜的問題，我曾經和別人談到只好移民的事……

　　明：我想談一下剛才孫老師問胡老師是不是不自覺呈現她的觀點的問題。以我自己參與影片的經驗，我覺得正好相反，所有剪接上的選擇和所用的話，都是胡老師一個人決定的，所呈現的議題也是，因此它並不是隱藏式的一個觀點。影片中拍攝誰、什麼東西要包括進去或不包括進去、怎麼樣剪接、在結構上如何呈現、什麼議題要談、什麼議題不要談、要談又要談到何種程度，這方面皆由胡老師來決定。就我的了解，影片在基本上一開始的設計是使各方立於平等的立場，由施努來、郭建平、田雅各以平等的觀點呈現他們的立場；但實際上，不知在何種情況下卻轉變成他們是輔助的立場，就是說他們是接受訪問，把他們的想法呈現出來，是這樣的組合。後來胡老師是有先放影片給他們看，徵詢他們的意見。

　　但就拍攝過程來說，被拍攝人本身並非這一方面的專業，沒有那麼多的時間和很大的興趣，所以剛才努來也說他對影片並沒有很大的關心，這有他自己的考慮。基本上影片的製作過程不可能是共同、完全平等合作的關係，最後影片的出現絕對有胡老師的觀點在主導。所以今天討論關於胡老師是否有隱藏她的觀點等等，基本上

所有被訪問人的選擇、談些什麼及用在影片中是哪些片段，都是由導演來執行，其實是很清楚的。

　　做爲一個影片的製作者，如何達成拍攝者和被拍攝者間的平等，所謂平等共享的影片或人類學運作的模式，是時常被討論的，但實際卻很少看到。一部紀錄片，如果導演將所有主權讓出去時，不知道會拍成什麼樣子，到目前似乎也還從來沒有發生過，也無法看到這樣的影片。以我自己的觀點，這部影片雖然呈現了許多觀點，但最後的觀點還是胡老師的觀點，我想這點是胡老師也不否認的。

　　胡：謝謝李道明剛才的補充，我當時確實想說大家一起來製作這部影片，但每個人的興趣、對影像的認知皆不同，因此很難說大家都能達到一種共識、處於相同的狀況，所以原先的想法好像成了幻想，但在理論上似乎是可行的……。有些人不了解情況，覺得某些做法是在消化預算，像爲什麼要用十六釐米這麼貴的東西做記錄，當然原住民可以用較便宜的攝影方式，也是照樣可以表達他們自己的話，而且可以更深入，而我之所以選擇用十六釐米影片，是想作較長久的保存，當然我還追求畫面的品質和感覺。

　　因爲這個人在選擇媒體的運用，又去爭取這樣的經費，背後有太多的東西了，所以任何參與的人不可能跟你站在完全相同的腳步起步，要達到那樣眞的很難。我唯一堅持的一點就是不要扭曲他們的意思。還有田醫師在拍攝過程中涉入較多，因爲我覺得他有意引導……協助很多，帶領我們由這裡看到那裡……。因此那個部分我更不能用自己的想法去導引那個片段，因爲我相信那中間有他自己導引的邏輯在貫穿。

李：今天雖然到的人不多，但通常這種討論都會讓人覺得意猶未盡，由於時間的關係，我想請教胡小姐最後一個問題。我個人很好奇影片在雅美族放映時，他們除了感到新奇外，對片中所傳遞的訊息有什麼樣的回應？

胡：我也接受了每個人看影片皆有自己的目的、訓練背景，所以我也不訝異關先生有那樣的反應。當地人看完影片都覺得很興奮，因為這部影片是在講他們的事，以這麼大的影像在銀幕上面呈現，而且是自己認識的人。有趣的是，老人喜歡看老人，小孩則喜歡看小孩。我問小孩子們最喜歡哪一段，我本來以為田醫師那段比較沈悶，但他們回答最喜歡的是第二段，就是小孩子看到鬼的那一段；而老人家則有百分之九十以上都是偏好第三段，他們覺得那就是他們的文化，也就是傳統文化的菁華，是最吸引他們的。因此我想不論何種安排，他們並不一定需要懂它，因為每部影片必定有某些部分對某些人有相當大的衝擊。

李：做個很簡單的結束，就是剛剛談的那個反應使我想到在美國時和另一對夫婦去看一部法國文藝片，這對夫婦帶了小孩子去看，看完整部電影後，我們問小孩，電影好不好看，他說：「好看！」問他看到什麼，他答說他看到牛。我們仔細回想，的確在片中約有十秒鐘的時間有牛出現（眾人笑）。好！今天謝謝各位！

（本文原發表於1994年《電影欣賞雜誌》69期）

「蘭嶼觀點」的主要人物在海邊拍攝「片頭」，揭示參與攝製本片的動機。

「蘭嶼觀點」紀錄片完成後在蘭嶼各村巡演。

蘭嶼居民坐在屋前的草地上觀看「蘭嶼觀點」。

◀▼ 平和村蔣忠信
（rhemaliz Tjuvererem）的
孫子蔣軍（kapitjuan）也學
會了雙管鼻笛，並在祖父
的喪禮上吹奏，以表達深
摯的哀思之情。

愛戀排灣笛的真與幻

拍攝「愛戀排灣笛」紀錄片的許多經驗似真似幻。明明是再真實不過的情景，回想起來都有一種如夢如幻的感覺。一直到影片完成，看了無數次，並和觀眾交談之後，局內人與局外人多重意義的真與幻便成為縈繞不去、爭論不休、饒富興味的話題。

你不是真的愛上我

有一次，我們載古樓村吹七孔口笛的卡邦，以及平和村吹雙管鼻笛的勒馬利茲去錄音，他們在車上情不自禁地談起年輕時吹笛訪女友的往事。卡邦笑著說：「有的女子只是喜歡我的笛聲，而不是真的愛上我的人。」勒馬利茲附和地說：「是啊，她們會受笛聲感動而落淚，但不知道是不是真心愛我。」

之後，我們拍攝大社村吹雙管口笛的白浪與妻子對談的畫面時，又聽到了類似的話題。先是白浪以有點陶侃的語氣說：「妳從前不是真的愛上我，而是愛上我的笛聲。」妻子回答：「是你的笛聲讓我愛上你！我深夜一聽到你的笛聲就會起身，那聲音會撫慰人，又令人思潮起伏，我們的愛是由笛聲牽引的。」

　　一遍又一遍，我凝神傾聽排灣笛聲，身心不由自主地進入笛聲所撩起的愛與思念的世界。排灣族吹笛最主要的情景是青春時期，男子於夜間結伴在女友家門外以笛聲來傳達愛意。悠遠飄渺的笛聲創造了許多想像的空間，與真人實體有所區隔。根據他們的描述，男子吹笛子的時候，「胸」中必定是懷著思念情人的情緒。他會思索：戀人啊！妳耳邊有沒有聽到我的笛聲？能不能體會我「胸」中的思戀、感傷和孤寂？他們期望女友聽了笛聲，產生同情和愛憐的情意。過去年輕男子並不能作主和哪一位女子結婚。自己喜愛的女友很可能突然在父母安排之下和別人結婚了，因此男子吹笛時是滿懷著自悲哀傷的情緒。他們都說：笛聲如同男子的哭聲，而拉長的顫音是綿延的啜泣。

　　同樣地，女子傾聽笛聲時也是充滿哀傷思念、自卑自憐的情緒。影片中有一段卡邦和青春期女友的生動對話。女友反覆地說：「那時你不是真心愛我！」卡邦辯解：「當時我真的很愛妳，但妳總是做出不愛我的樣子。」女友又說：「我只要聽到你的笛聲，就感到非常地哀傷思念…我自卑自憐，心想你的長輩一定不會選中我作你的伴侶，便把真情藏在心底不表現出來，更何況你愛的人又不是我！」

　　在強調貴族通婚和長嗣承家的排灣族階層社會，結婚前每個女子（男子）是異性的共同女友（男友）。他們採取集體式交遊，白天的交往是一群男女在一起換工；晚上的交往則是男子結伴到女友們家拜訪，很少一對一相處的例子，不到結婚的時刻，社會不允許任何個人宣稱誰是他（她）的固定伴侶。由於不鼓勵獨佔式的戀情，個人對於心中最屬意的對象就很難確定「對方真的愛我」。於

是，未婚男女普遍地對於自己暗中愛戀的對象發出「你真的愛我嗎？」「我們真的能夠結合嗎？」這樣的疑問。笛聲顯現的就是這種哀傷思念、起伏不定、如真似幻的感覺。

排灣族人對於青春時代，特別是愛戀過但在現實生活中無法結合的情人永遠懷著一份哀思之情。口袋中一直放著年輕時照片的卡邦就表示：「我們年輕時的情愛是彼此未來共享的回憶，至死都不能忘懷。」他因此能夠能在年老時與舊情人愉悅坦然地共叙舊情。吹雙管鼻笛的勒馬利茲在得知青春期最心愛的女友去世的消息，特地趕到墓地看她最後一眼，並在返家後不斷吹著鼻笛泣訴思念悲傷的過往。這段的拍攝是過去情景的模擬，雙管鼻笛的嗚唈聲伴隨著勒馬利茲投在石版壁上的吹笛身影，在虛實交錯中，我感覺比較貼近笛聲所傳達的真實。

好像是虛構的傳說

在紀錄片開拍之前，排灣笛研究小組的成員就曾經隨著吹奏單管五孔口笛的澤格夫頭目，回到大武山上的巴達因舊聚落。澤格夫優美淒清的笛聲最能將我們引領到古老而蒼茫的境域。每次工作或吹笛告一段落，他就會拿起自製的煙斗，悠悠地噴吐著煙，而在繚繞的煙圈中我們看見一張哀傷思念的容顏。他說笛聲具有令人驚異的古味，吹奏時前塵往事會翻湧而出，會特別想念故園舊居和逝去的親人。他雖然在遷居的新聚落蓋了一棟非常美觀且具有排灣特色的三層樓家屋，但他還是經常返回大武山上的舊居生活。他的思緒仍然以舊部落為重心，雕刻品上不斷出現大武山與太陽的主題。他

說：巴達因聚落的女神莎拉梵是和太陽同時出現的，然後創造了土地、天空、動植物、人類和祭儀禮規等。「我做的一切包括吹笛，都是按禮規行事。」我始終覺得如果不隨澤格夫返回大武山舊居，就無法理解並呈現他笛聲中最深刻的思念之情。

第一回隨澤格夫上山的成員除了我之外，還有兩位排灣族的年輕研究伙伴扶路客和依漾。走在非常抖峭的山路上，沒多久，我們三個晚輩就撐不下去了，扶路客還扭到了腳，便請求澤格夫停下步伐，讓我們休息。澤格夫望著氣喘吁吁、狼狼不堪的我們，輕笑了一聲，然後拋出一句話：「你們真像『米里米里暗』（虛構傳說）！」在超過六十歲的澤格夫眼中，我們這些晚輩的爬山能耐真像情節不可思議的米里米里暗！以後，我每次想起「你們真像米里米里暗」這句話，就興起很深的感觸。排灣族老一輩習以為常的真實生活，年輕人已經難以仿傚，甚至極可能將前輩的言行舉止也視為不可思議的虛構傳說。影片開拍後，我、依漾，再加上攝影師中旺和攝影助理小楊，鼓起勇氣，帶著機器，再隨澤格夫上山。路上的艱辛依舊，澤格夫這次諒解地給予我們充分時間慢慢往上攀爬。到達舊聚落的那夜，我們在火光、月色與笛聲中拍攝，月落之後，躺在石版地上，在滿山遍野的虫鳴聲中入眠。如今回想起來，「真像是米里米里暗」。

在傳統排灣社會，非常古老、代代流傳的虛構傳說「米里米里暗」如同床邊故事，由祖父母或父母以吟唱調子講述給小輩聽。「米里米里暗」中的人物事蹟不是真的，而是編撰出來的，常出現不可思議的情節，具寓言性。「米里米里暗」的內容有許多哀傷的情節，要講得讓聽者落淚才算好聽。笛聲通常不為普通的歌伴奏，

但是卻可以伴隨著喪禮的吟唱泣訴和虛構傳說的吟唱而吹奏，三者強調的都是如泣如訴的哀思情。虛構傳說雖說是虛構，但蘊含的卻是十分真實而濃郁的排灣族哀思情感。

百步蛇真的會變成熊鷹？

影片拍攝的過程中我不斷地祈求，希望能拍到百步蛇、熊鷹、太陽虹彩和古陶甕。我執著地認為一部關於排灣笛的片子如果拍不到與笛聲最根源的情感與美感相連結的象徵，這部影片就會空有形體而失去了靈魂和神采。結果太陽在大武山頭攝取，鏡頭中出現了折射的虹彩；古陶甕在民族學研究所的博物館中找到，呈現男甕和女甕不同的紋飾。最後，我幸運地在林華慶和梁皆得先生的慨然相助下，獲得極難拍到的百步蛇與熊鷹畫面。

笛聲是非常古老的聲音，所表達的哀傷思念會溯及每個系統最神聖的真實傳說（「角機格爾」）。在雙管鼻笛系統中，平和村的老一輩都聽過百步蛇是大頭目家祖先的真實傳說。他們也細密地觀察到台灣所有的蛇中只有百步蛇的吻端突起並向上翹，「那是百步蛇的鼻笛。」這樣的說法給予我很大的震撼。我們一般人只注意到百步蛇是含毒量最大的蛇，但對於牠的聲音形貌卻不似排灣族般賦予特殊的意義與情感。雖然我請教過的蛇類專家都認為百步蛇不會發出明顯而悠長的聲音，可是平和村的排灣族人在近代基督教團體涉足村中不久，都聽到百步蛇因預感將被遺棄，而經常吹出哀傷的鼻笛聲。許多朋友看到影片中百步蛇翹起吻端，在鼻笛聲中吐舌並移動身軀的畫面都驚呆了。台北動物園林華慶研究員悉心照顧的百

步蛇友伴，在鼻笛聲籠罩下煥發出神奇的力量。

對我們外人而言，聽到排灣族人講述百步蛇變成熊鷹的傳說，會覺得不可思議，主觀上認定應該是屬於虛構傳說「米里米里暗」類別。但單管五孔口笛系統的古樓村人十分肯定的表示，這是真實傳說「角機格爾」。他們相信人死後在神靈界會經歷三次死亡，第一次變成百步蛇，第二次變成熊鷹，第三次變成水，然後會經過「嘎高萬」竹子上升。有水的竹節如用來做笛子會吹不出聲音，因為裡面有祖先的眼淚。單管七孔口笛的聲音如與雙管鼻笛聲相較，雖然都像是哭聲，曲折悠長，但前者聲音高昂清越，如同熊鷹在天空遨翔；後者則低沈渾厚，如同百步蛇在地面緩緩行進。熊鷹羽翅中最珍貴的幾根有清晰的三角形百步蛇紋，他們說由此可證明熊鷹是百步蛇變的！梁皆得先生是鳥類攝影專家，他將偶然中攝到的珍貴熊鷹畫面給我使用，讓吹著七孔口笛，永遠青春瀟灑、鷹飛鷹揚的卡邦和他的笛聲，在熊鷹及鷹羽意象的襯托中更加鮮活靈動。

他們是為演出而盛裝嗎？

影片中的人物在許多場景中都穿戴著紋樣與色澤非常突出而美麗的衣飾，於是，有的觀眾便提出這樣的問題：「這是他們日常生活的樣貌嗎？還是為了電影攝製而刻意做的安排？」「這樣有沒有違反紀錄片反映真實的原則？」

一位朋友特別對影片中的兩個鏡頭提出質疑。他說：「巴達因村的頭目澤格夫在大武山日出時盛裝吹笛、以及古樓村的老村長楚祖易在竹叢前砍完竹節後便戴著精緻鹿皮帽吹笛，這樣的畫面未免

太不自然、太像演出了吧？」

　　這回是面對攝影機的排灣族人自發且有意識的選擇，改變了我對紀錄片「真實」呈現的一些看法。沒錯，那天澤格夫頭目帶領我們上大武山拍攝日出景時，他攜帶了整套頭目穿戴的羽冠和服飾。在我們等待日出的時刻，他換上盛裝，面對魂牽夢繫的巴達因舊居吹起單管五孔口笛，然後以巴達因頭目的身份，虔敬慎重地敘述女神隨太陽而出創造世間萬物的真實傳說。排灣族的真實傳說並不是人人能說的，如果他不穿戴上頭目特有的羽冠和服飾，標示他特有的身份，笛聲和傳說似乎就顯不出份量。同樣地，古樓村的楚祖易在攝影機前砍竹製笛時穿上一套比較正式的上衣並戴著鹿皮帽，我當時就覺得砍竹子穿戴這樣的衣飾未免太正式了，便要求他把鹿皮帽取下。但是等砍完竹子請他吹笛子時，他又把帽子戴上。我終於體認到這是他希望被影像紀錄下來的樣貌，便不再考慮一般紀錄片所謂的「自然」、「真實」。

　　拍攝過程中像這樣的情形一再地發生。攝影師和我也發現被攝者一但穿戴上傳統服飾，就像有紋飾的百步蛇和熊鷹，非常神奇地變得美麗而有光彩。現代排灣族所製作的服飾並沒有放棄傳統的紋樣和色澤，具有哀思情感所強調的古意盎然的美感，實在和笛聲所要表達的意境很相配，是他們在現實中追求的理想，其目的在留存最美麗的影像供後代哀思。於是我不再干涉他們換穿傳統服飾，他們實在有權利選擇被攝的「真實」。

　　記得剛拍攝吹雙管口笛的白浪夫婦的家居生活時，白浪對著剛從園中採回芋頭的妻子，玩笑似地說：「我就是欣賞妳這點，老師說要來拍攝，妳就穿著那雙雨鞋，不像我還會去換件像樣的衣

服。」可預料的是,當我們再攝製他們聊天談話時,他的妻子也穿上了相襯的傳統服飾。

影片完成後,我選了白浪、勒馬利茲、澤格夫、卡邦四人吹奏不同形制的排灣笛的相片做了一張明信片。白浪看到照片中的自己穿著 T 恤吹笛,便說:「這樣有點不好意思,我的朋友一定會怪我爲什麼沒穿衣服。」對於澤卡夫的吹笛照片他也有批評:「他這樣穿人家怎麼知道他是頭目?幸好背景有石板家屋,多少可以顯示一點身份。」我這才知道我選錯了照片,懊惱極了。心想:還好,影片中的穿著大多是按照他們的意思拍的!

(「愛戀排灣笛」紀錄片於2000年11月4日至10日在眞善美戲院上映一週。)

(本文原刊於2000年11月3日《聯合報》副刊)

迴響曲一

鼻笛情淚：
影音追思蔣忠信先生

啊咦（a-i-anga）！總統大選後次日，太陽戀戀不捨地隱入排灣族平和村的山野，追思禮拜的樂聲在暮色中響起。悼念詞、祈禱聲與琴聲停息之後，我轉開電影放映機的按鈕，蔣家宅院中臨時搭起的白布幕上映出蔣忠信先生（Rhemaliz 家名 Duvelelem）講述、製作、吹奏雙管鼻笛的影像。銀幕下不時迸出哭泣聲，和銀幕上的鼻笛聲交相震盪，觸動著現場每一個人的哀思情懷。這是我歷經兩年才完成的紀錄片「愛戀排灣笛」部落首映的畫面。影片由四個段落構成，敘述四類排灣笛的故事。其中第一段「雙管鼻笛」的代表人物便是蔣忠信先生。我萬萬沒有想到是在這樣的情境中作影片的放映。

啊咦（a-i--）！我只要想起父輩（kama）蔣忠信一生對鼻笛的癡情，內心就滿溢著感動。1994年秋，我著手排灣笛保存研究計畫，在平和村第一次和他會面時，他便告訴我從前只有貴族頭目家的男子有資格吹雙管鼻笛，而一般平民只能吹奏單管口笛。他的母親方面有貴族大頭目家的血統，他不但適合吹奏鼻笛，也可以在笛身雕刻百步蛇圖紋。十四歲左右，他和好友一起向一位老人家學

吹鼻笛。他越吹越有味道，友伴則中途而廢，改吹日據時流行的西洋口琴。進入青少期，他知道吹奏鼻笛的主要目的是追求女友，要打動女友的心。雙管鼻笛中的一個管有三個指孔，另一管沒有指孔。有孔的一支好像在說話，沒孔的一支則在旁伴隨。兩管發出的聲音交相激盪之下，產生奇妙的震顫效果。父輩蔣忠信說：鼻笛聲就好像是哭聲，如果吹得好會讓人聽了想哭，哀思不已。回想年輕時代，無數個夜晚，他吹著笛子和友伴同去拜訪女友。愈接近女友家門，笛聲愈輕柔哀悽，希望觸動女友愛憐哀思之情。古老的傳說故事中的男主角 Kulilili 也是吹著鼻笛來到女友 Muakaikai 的家門外，以笛聲感動她開門。之後，男孩吐出的檳榔汁沾到女孩的衣角，她竟然懷孕了，……兩人舉行了一場盛大的頭目婚禮。

啊咦！當父輩蔣忠信回憶他一生中最刻骨銘心的一段戀情時，我終於找到他動人鼻笛聲的情思泉源。時光迅速倒退，他的眼睛突然間亮了起來，聲調顯得激昂，笑顏與愁眉不時交替。此時初戀情人 Muni 的名字再也無法壓抑，一遍又一遍傾洩而出。他說：我們當時真的很相愛，但是因為雙方都是長嗣要繼承家，而且她不是貴族，婚事遭長輩阻擾。我們夜晚在學校操場升旗台邊相聚，流淚到天明。Muni 是真心要和我結婚，我們曾經交換過信物，她把貴重的頸飾項鍊給我，我把男用披肩給她。後來不得已，把信物換回來時，Muni 是轉過臉將頸飾取回的，而我已經傷心得忘記身在何處了。後來我被安排和母親喜歡的對象結婚。但我婚後一直神思恍惚，一有機會就去看望 Muni。我和前任妻子採收過兩次芋頭都還沒生孩子，便協議離婚了。我再婚的妻子知道我的過去，雖不放心，但很包容。一直到 Muni 和一位外省人結婚，我炙熱的心才較

為冷卻。我認為愛上一個人很難，但要忘懷深愛的人更難。Muni
去世埋葬時，我趕去墳場。有人提議開棺再看她最後一眼。我見到
她的容貌一如往昔，沒有改變。想起我們曾經那麼相愛過，不禁流
下淚來。那天返家後，整夜不停地吹奏鼻笛，哀傷地回憶、思念我
和 Muni 的戀情。

在拍攝「愛戀排灣笛」影片時，我請父輩蔣忠信帶我們返回舊
部落他和 Muni 約會、悲傷告別的場所，並探視 Muni 埋葬的墳
地。他毫無保留地「演出」他一生中最珍惜的這段情路歷程。影片
初剪完成後，我有點擔心他的妻子兒女的反應，便將錄影帶版本帶
回村落放給他本人以及家人和鄰居觀看。放映完畢，我問他的妻子
有關 Muni 的段落需不需要修改。父輩蔣忠信一聽我這樣問，便搶
著說：「如果剪掉的話，我要自殺！」他的妻子只好訕訕然笑笑，
沒有表示意見。三月二日蔣忠信先生埋葬之日，一向和老爸最親近
的的兒子蔣正信聽說電影拷貝已經完成，便和我商量是否可以在舉
行追思禮拜時放映。我還是有點顧忌，不敢馬上答應。於是再詢問
蔣忠信其他子女的意見，他們一致表示：「爸爸的事全村都知道，
沒有關係。」但是他的妻子究竟怎麼想呢？女兒把媽媽帶到我面
前，蔣忠信的妻子 Luzem 握著我的手說：「不要緊，我會體諒
他。」

電影放映機繼續轉動，銀幕上出現了活生生的百步蛇，許多觀
眾露出非常驚訝的神色。父輩蔣忠信述說著：自古相傳，百步蛇發
出的聲音和鼻笛吹奏的聲音是一樣的；只要聽到好像是鼻笛的聲
音，就一定是百步蛇。百步蛇翹起的鼻子很像鼻笛，或許是從那裡
發出長長的震顫聲。他還說：平和村 Mavaliv 頭目家是來自百步蛇

的蛋，我們過去很重視百步蛇，把祂當作神，不可以殺害，而且會祭拜祂，聽從祂的指示。百步蛇是頭目的表徵，以前平民的衣物上不可以隨便使用百步蛇圖案。父輩蔣忠信曾經擔任 Mavaliv 頭目家最後一任祭師。

　　從前平和村舊聚落附近棲息著一隻神聖的百步蛇。這隻百步蛇從創始就在那裡，是平和村人生命的守護神。據說平和村人從未被這隻百步蛇咬過。每隔十年，祭師會帶著村人來到百步蛇居住的地方。那裡有一株大樹，百步蛇就盤踞在樹根。祭儀前女祭師會對盤捲在樹根的百步蛇說話，請他離開，然後手中拿著線做祭儀，祈求百步蛇繼續護佑村人的生命。可是民國三十九年底，有一個從美國來的基督教醫療團到平和村傳福音，一直唱著：「來信耶穌」。醫療團離開後，那隻百步蛇便經常發出叫聲，令老人家非常驚訝。又過了一段時間，百步蛇棲息的那棵樹居然被雷電擊中枯死了，周圍沒有任何東西存活。在雷電擊中那棵大樹之前，百步蛇不斷發出哀傷的叫聲，原來是祂已預知將有重大變故，村人會棄祂而去。雷電後村人都想：「完了，已經死了！」沒隔幾年，全村都改信了基督教，從此不再聽到百步蛇的叫聲。不過有一天，村中有位牧師在前往射鹿村的路上突然遇見那隻百步蛇。他邊說：「你這個魔鬼！」邊拿起石頭想把牠打死，可是一轉身，那隻百步蛇就不見了。

　　啊咦！我每次聽到父輩蔣忠信如泣如訴的笛聲，就會想起他感人的戀情和平和村那隻會吹「鼻笛」的百步蛇的傳說。我多麼想拍攝到百步蛇的畫面！但是，要到那裡去找百步蛇？百步蛇在山地並不容易遇見，即使碰到，逃命還來不及，怎麼可能拍攝？我轉而向台灣研究蛇類的專家探詢，終於打聽到目前在台北動物園兩棲爬虫

收容中心從事研究工作的林華慶先生有飼養百步蛇，他和這隻百步蛇已相處了好幾年。林先生在理解我拍攝百步蛇的目的後，慨然答應協助。那天我們和他的百步蛇朋友見面時，牠好像是預知要上鏡頭，清晨剛蛻了一層皮展現出最明豔的色澤花紋。牠真是蛇中的頭目，有鎮定雍容的氣度，不隨意攻擊人。林先生深知牠的習性，讓攝影師李中旺先生安全地攝取到極珍貴鮮活的畫面。

但是令我納悶的是排灣族平和村的報導人都告訴我百步蛇「會吹鼻笛」；而所有我請教過的蛇類專家則表示：台灣的百步蛇雖然有吻端翹起的特殊造型，但可確定的是牠的鼻子並不會發聲。牠的嘴巴有一小圓洞，會吹氣出聲，但是聲音很小。另外，台灣百步蛇雖然屬於響尾蛇科，但牠的鱗片小，擺動時尾部應該不會發出抖顫聲。僅管林華慶先生也沒聽過百步蛇叫聲，但他在田野訪問時也同樣聽到原住民提到百步蛇會發聲。他說有關台灣百步蛇的研究很少，他並不完全排除百步蛇在山野生態中發聲的可能性。

父輩蔣忠信曾說：雙管鼻笛從前除了追求女友談戀愛時吹奏，另外就是頭目死亡時吹奏。如果我們不會哭，可以藉吹鼻笛表達我們的哀傷。尤其是男孩子不容易流淚，便吹奏鼻笛；而創造者賦予女子會哭的本性，她們吟唱的喪禮哭調和鼻笛聲很相近，會引人哀思。追求女友和喪禮時吹奏的鼻笛曲調基本上是一樣的，但每個人都會有些個人的變化特色。鼻笛聲是哭聲，決不是歌，不能作為歌唱的伴奏。他感嘆現代的年輕人已經很難體會吹奏鼻笛時內心深處的哀傷思念。

啊咦！在父輩蔣忠信的喪禮中我聽到鼻笛聲。二月二十九日他因心臟內膜炎去世。三月一日，出殯前一天晚上我趕到平和村，

在客廳的靈寢邊見到緊握 vuvu（祖父）雙管鼻笛不放、年僅十歲的蔣軍（Kapitjuan）。我聽說他這一、兩年向 vuvu 學習笛子，已經吹得相當不錯了。家人親友圍著遺體，唱著教會的詩歌安慰亡靈。但當蔣軍一拿起鼻笛吹奏，歌聲戛然而止，立即響起綿長不斷的哭聲，和笛聲混溶，將所有的人帶入無盡的哀思悲情中。我真的很難相信這麼小年紀的蔣軍已經掌握了鼻笛的基本音調和情感。後來我和他聊天，他說：vuvu 有到國小鼻笛班上課，但我是自己想學的。vuvu 說如果氣不夠長就不能吹鼻笛。他要我打球、跑步練氣，和他比賽誰的氣比較長。vuvu 說如果有人去世，可以輕輕地吹鼻笛。vuvu 生病住院時我常常一個人在院中吹鼻笛，會流淚，想念 vuvu。vuvu 死後，我每晚都吹笛子，流著淚對他說，希望他在天國也能吹鼻笛，快樂地和耶穌在一起。vuvu 說吹鼻笛是男女的關係。從前有一個男的到女友家門外吹鼻笛，女友聽到笛聲就去換衣服，和他見面。後來男的要到別的地方，再吹笛向女友道別。最後他的身體虛弱，要到天國去了，邊吹笛子邊哭，他的女友也哭，兩人一起出去散心。vuvu 要我將來結婚時要在女友家的外面或樓下吹鼻笛。vuvu 說我可以當他的後代，不管年紀多大都要一直吹笛子，要吹到我要走的時候，再傳給我的兒子。……此時我的淚水再也無法忍住，奪眶而出。

次日告別式時，父輩蔣忠信的遺體從冰櫃移入棺木。蓋棺前，他的兒子把準備好的一對鼻笛和口笛放在他的身旁陪葬，棺木四周則滿佈著他所喜愛的百合花。告別禮拜中除了蔣軍以笛聲向 vuvu 道別，還有古樓國小笛藝班的學生代表在靈前吹鼻笛。啊咦！ 父輩蔣忠信，您真的走了！ 雖然我們有這麼多不捨，但仍然很慶幸

您在人世的最後幾年能將原先長年無法通暢的一個鼻孔治癒，過著
充實的教學傳承與舞台展演的生活。您在世間留下了多麼美好的後
代啊！小小的蔣軍竟然已明白鼻笛吹奏該表達的情感和意義。隨著
他人生歷練的成長，他會越來越體會排灣族最強調的哀思之情。您
的兒子已在計畫今後要如何培養蔣軍，讓他能將鼻笛發揚光大。您
動人的戀情和笛藝已有影像聲音的保存。我們將於三月三十一日在
台北首映「愛戀排灣笛」這部紀錄影片，讓更多人透過您更認識和
喜愛排灣笛及排灣文化。您的孫子蔣軍將和影片中另外三位吹奏排
灣笛的高手一同出席台北首映會，以影像和聲音來表達對您的哀
思。多麼希望您那時能夠回來，與我們共聚。A－i－anga ti kama i
sa Rhemaliz anga！

（本文原刊載於2000年3月29日《中國時報》人間副刊）

迴響曲二

大安森林中的笛聲

【愛戀排灣笛】首映現場紀實

日　　期：民國八十九年三月三十一日

地　　點：台北大安森林公園

引言人：胡台麗、蔣正信

與會貴賓：胡台麗、蔣正信、蔣軍、李正、蔡國良、許坤仲、行政
　　　　　院新聞局謝委員、國家電影資料館館長黃建業、傳統藝
　　　　　術中心柯主任

錄音帶謄稿/翻譯：柯惠譯（排灣族），胡台麗潤飾

　　胡：各位貴賓們，今天是「愛戀排灣笛」第一次在台北露面，
這部紀錄片是我和一群工作人員花了兩年多時間才完成的。在這部
紀錄片裡面，有非常可愛的人物，有動聽的笛子的聲音，還有排灣
族文化非常深層的一些涵意，待會請大家慢慢的體會。在放映之
前，我想這一場首映會有一個重要的目的，就是我們影片裡面有一
位主角叫做蔣忠信先生 ti kama i RHemaliz a Tjuvelerem，他很不

幸的在二月底的時候過世了。他的過世真的是台灣文化一個非常難以彌補的損失。他的過世,雖然讓我們很傷心,但是令人安慰的是他已有一個很好的傳人,也就是他的孫子名叫蔣軍 Kapitjuan。他才十歲,已經傳承了他 vuvu(祖父)的笛藝。在我右邊這位是蔣忠信先生的兒子,也是蔣軍的父親蔣正信先生 Ravrav。我們現在就請他講幾句話,由他開場表達我們對於蔣忠信先生的哀思和追悼。

　蔣:胡老師!以及在坐所有的長官!所有的朋友們!大家晚安!剛開始的時候,我一直在想我要感謝哪些人?但是,我用手指頭數一數,要感謝的人真的實在太多,我沒有辦法一一的把您們的名字或者是單位全部都唸出來。不過,在還沒有講一些話以前,我要代表我的父親,向在座的所有朋友們,所有熱愛台灣本土的文化和音樂的人,深深的一鞠躬。謝謝大家!(觀眾鼓掌)我的父親他在二月二十八號過世了!可能是他的年紀已很大了,也可能是他太勞累了,因此呢,他就想休息;因此呢,他就到天堂去了!他生病住在醫院的四十天期間,他一直跟我講:「我大概是活不到幾天了,我知道我的年歲已經到了。是不是麻煩你請胡台麗胡老師無論如何一定要到醫院一趟。」我便打電話給胡老師。胡老師這麼忙,真的,我也很感謝她,她趕到了醫院。我父親只有一個願望,他說:「我要感謝胡老師!由於她這樣努力推動這項工作,把排灣族這個即將失傳的東西發揚光大,讓我們的後代還有機會去學習!」他一直很感謝!胡老師到醫院時,他也當面向胡老師說:「謝謝!」在這個過程裡面,他這兩三年一直做排灣笛傳承工作,不但無怨言,而且懷著一顆感恩的心。在座有許多長官在幕後推動,真

的，我們要謝謝你們，我也代表我們所有的排灣族人向你們說謝
謝！因為排灣族的鼻笛如果沒有大家這樣努力的推動，可能會失
傳。今天晚上，我的兒子來代表他的 vuvu（祖父）來演奏。有人
問我：為什麼不是你呢？我練了很久，但我沒有那個天份。我的天
份好像不是在鼻笛。其實我會吹，但是我的兒子吹奏以後，我好像
就被比下去了。他的阿公要過世的時候，他都是在阿公的旁邊吹鼻
笛，一直到他的阿公出殯的時候，也都是 Kapitjuan 在吹鼻笛，因
為我們排灣族貴族頭目過世的時候，一定要吹鼻笛。他的孫子已經
繼承了他的技藝！通常在我們排灣族如要學鼻笛，差不多十五歲左
右才有可能。但是上帝不負苦心人，他這個十歲的小孩子就可以學
得成。等一下就由 Kapituan，也就是我兒子，來吹奏口笛和鼻
笛。你們如果聽過我父親吹奏的笛聲，我兒子吹的跟他應該是一模
一樣。（觀眾鼓掌）

　　（蔣軍先吹口笛後吹鼻笛）

　　胡：謝謝 Kapitjuan！待會兒影片裡面，就會看到他的 vuvu 蔣
忠信先生，他會告訴我們為什麼吹鼻笛這麼重要、會表達出怎樣的
情感。我們請蔣正信先生再為我們介紹影片中其他幾位笛子吹奏
者，他們代表幾種不同的排灣笛系統。

　　蔣：下一個要示範演出的，是屏東縣瑪家鄉排灣村的頭目李正
先生，他的排灣名是 Tjarhulaiaz Tsegav。

　　（李正先生吹奏口笛，觀眾鼓掌）

　　胡：排灣族原來是吹竹子做的笛子，但是在日據時代傳入了口
琴，他們也會用口琴來傳達他們的情意。他們吹的口琴非常特殊，
有排灣族的味道，跟我們普通聽到的口琴可不一樣，請大家用心欣

賞。

（李正先生吹奏口琴，觀衆鼓掌）

蔣：我們謝謝李正先生，你們不要看他這麼老，他們年青的時候，都是用這些樂器來傳達情意，他們每個人的老婆也是吹鼻笛、吹口琴追來的。下一個我們要介紹的是來自屏東縣來義鄉南和村的蔡國良先生 Kapang。他是情聖，很有名的情聖。等一下你們聽完他演奏，再看電影，就會知道他是不是情聖。（觀衆鼓掌）

胡：他吹的笛子是來義鄉的 Kulalu，有七個孔，他只用六個孔，最後一個孔不用，是爲了讓笛子有迴盪的聲音，那聲音勾魂攝魄，女孩子都會被他吸引。

（蔡國良吹奏口琴，觀衆鼓掌）

蔣：情聖就是不一樣！下一位我們要介紹三地門鄉大社村的許坤仲先生及他的妻子。我相信很多人認識他們，因爲他們的兒子就是我們排灣族藝術家撒古流。我們現在就來欣賞他們的表演，由先生吹口笛，妻子在旁邊唱古老歌謠。（觀衆鼓掌）

——許坤仲先以口笛吹前奏曲，再以口笛爲許妻唱的古調伴奏，最後以口笛聲作結。

（1）a – i – la！la – i – i – la！na le – meng a ari！sa a na – ma – te – a – te – vel.

啊咦—啊咦—那男友已發現！雙方已湊合了。

（2）a – i – la！la – i – i – la！ a – i – ia – la！ a – i – ia – la – ari！sa – ne – a – i – la – la – i.

啊咦—啊咦—啊咦—諸位男友！我們只能說啊咦——。

（3）a – i – la！la – i – i – la！ a – i – ia – la！ a nga – dan！ve

－qa－tsen a mi－ri－mi－ri－ngan.

啊咦—啊咦—啊咦—那名譽呀！故事已創生了。

（4）a－i－la！la－i－i－la！a－i－la－la！a－i－ia－anga！sa－ne－a－i－la－la－i.

啊咦—啊咦—啊咦—已完事了！請與我們同嘆氣吧！

（5）a－i－la！la－i－a－i－la！ja－va－i－la！sa－a－na－ma－pu－lat a te－vel.

啊咦—啊咦—啊咦—已完事了！雙方已完成協定。

（許妻唱的詞意：形容一位很癡情的男子，他發現心上人，被別人說合後，他失魂落魄地痛惜感嘆，並哀號吟唱....。）

胡：我們謝謝他們兩位！目前在舞台上的這些人物，待會兒就會跑到螢幕上去了，現在我們馬上就開始看這一部片子。影片結束以後，我們很希望所有這些影片中的人，還有幕後工作的人，跟各位有一點時間交流。謝謝！

主持人：我們謝謝胡台麗教授，我剛才在後面學了兩句：malimali！malimali！還有 masaru。猜猜看什麼意思？大家好！謝謝！接下來我們要介紹我們的承辦單位國家電影資料館黃建業館長。（觀眾鼓掌）

黃：各位貴賓，大家好！首先我想再次感謝剛剛排灣族的貴賓們，這裡常常承辦非常多不同的電影活動。我一直非常希望有像今天這樣的活動，因為這些在坐的，可能很多不知道獨立影片的創作者、紀錄片的創作者，他們常常非常辛苦，上山下海拍攝了很久很久的時間，然後完成他們的作品。實際上，放映的機會並不多，只有少數的作品，能在紀錄片影展等這些機會曝光。在最近幾年間，

我們也感覺到整個社會關切這樣的一些作品，他們在觀眾的反應跟口碑中越來越好！事實上胡台麗教授上一個作品「穿過婆家村」在電影院公開播放的時候，比當時很多電影的賣座好，可能遠超過許多觀眾的意料之外。電影資料館看到這樣的情形，當然非常的欣慰，可是我們也看到相當多作品被淹沒了，我們覺得非常可惜。所以這次特別邀請了多年累積下來的相當多優秀的紀錄片和短片，在全省二十多個縣市放映超過上百場。我們非常高興有這樣的一個機會向全省的觀眾來介紹這些優秀的作品。我想胡老師的作品也好或者其他相當多非常優秀的作品也好，只要大家觀賞過，都會感覺到他們的辛勞，他們對作品眞正的關切是那麼的誠懇，而不是依賴所謂戲劇性的場面，把台灣非常多的人物、生態、環境跟問題，都全部呈獻給大家，過了十年、二十年、五十年或者一個世紀之後，那時的人再看這樣的作品，終究會發現雖然很多的東西已經過去，但還有很多東西活著。紀錄片的功能或者創作影片的功能也就在這裡。今天晚上我想先感謝大家的光臨跟支持，也先預祝這些獨立創作的影片工作者獲得更多的成果與社會的支持。謝謝大家。

　　主持人：謝謝我們的館長！我們今天也很榮幸，我看到有很多的有心人來到我們的現場。我在這裡呼籲，國片需要你的支持！獨立創作需要你的參與！謝謝你們！祝你們有一個愉快的夜晚。謝謝！malimali！ masaru！

　　放映民族誌紀錄片：「愛戀排灣笛」86分鐘

　　映後意見交流

　　胡：各位有問題請儘量提出來。笛子演員全部站出來，還有攝影師李中旺先生、還有柯惠譯 tjinui，她是這部片子整個拍攝過程

中很重要的翻譯人。當然還要感謝傳統藝術中心委託我們做排灣笛
的研究計畫，我們請柯主任講幾句話。

柯：我覺得這個傳統藝術，還是需要大家關注。胡台麗教授花
了很長的時間，把排灣族的口笛、鼻笛做一個保存，我覺得這是非
常了不起的，當然我們國立傳統藝術中心絕對是大力的來支持。我
們也做了一些原住民音樂保存的工作。我們很希望大家一起來努
力，將傳統音樂更長遠地保存下來。

胡：謝謝！接下來我們開始交換意見，想問問題的請到前面來
好不好？

問：他們吹笛子是即興的或者是他們的情感到那裡就到那裡？

胡：吹的調子是不是即興的？其實基本上他有一些基本的調
子，那是每位吹奏者他所傳承的調子，是很固定的幾種形式！雖然
每個人吹的時候調子都差不多，但是那些女孩子一聽就知道是那個
男子吹的，每一個人都有一些他自己個人的特色！我們也請主角回
答。

李（答）：kisamula aitsu a timun a i maza i 研究所 sin－si 胡
台麗！mareva itjen a paqurid, aitsu a na maia tutsu a paka taitsu a
pakuraru nu aia, izua tsu apapenetjan. ini ka manu ma raing, sinan
pazangar arhavats nua i maza i katsarasian ka tiau ka sika tjeru, aitsu
a paka tua na maia tutsu a pakuraru. a－i kemuda zua a maia tua zua
nu aia itjen？aitsu a paka tua pakuraru tja rangedan azua zaing tu na
maka i inu. mak aia itjen a maka arap tua tja varhung a kirangeda, sa
maqati tjen a maka arap tua papeqaung itjen, paka tarimuzau itjen
tua tja tsinarivatan, tu tja sina katsauanan tu i inu anga, tu ti ima

anga,avan azua sika nangu aq nua aitsu. saka aitsu a pakuraru nu aia,izua a patarhevan a na maia tutsu,ini ka pinuma iamaian aitsu. aitsu jun－ju tua rharhiverhivan tua i maza i katsarisian a ha－mu－ni－ka（Ja）aia. aitsu a pakuraru aia.izua zua riau.lakua nekenu ku zi－kang a pakuraru arhavats,a qivu tai tsu a na maia tutsu.na maia tutsu aitsu a mana paka tua pakuraru a sangasangasan. amin nua ku si qaqivu.malimali！

（翻譯：在民族所的這位胡台麗老師很積極的研究這個笛藝，真的令我們感到興奮。有關吹奏笛子，對我們說來是有規矩的，在原住民社會裡有始以來就非常重要。關於吹奏這個笛子，聽了會感動我們的「胸」，讓人哀傷哭泣。同時會令人聽了產生哀思之情，追憶起往事，無論在何處都難以忘情。吹奏笛子實在是很有意義的。這個笛子也不是隨隨便便的人可以吹奏的，在從前這個笛聲會使原住民整個部落產生活力，使部落有秩序、有節奏，如同口琴聲。笛子吹奏的曲子有很多，但是我沒有時間全部一一的吹奏或講述。謝謝！）

許：Azua nia sini pazaing ka sauni a paringed, aitsu a raringedan qau a kasi maza i gadu.riau a qau i maza i katsarisian a na maia tutsu ka sitsuaian.neka nu sin－si,neka nu du－ri－mi－fa a si qaqivuqivu nua sin－si a tja vavurungan ta sitsuaian.nu vaik a sema vavua siulaulai tiamaju,si kirangedangeda tua zaing nua qaiaqaiam, nua marh ka qemuzimuzip anga, nua zalum, nua zaing nua vari. sa kirangeda tiamaju.

（翻譯：我們剛才吹奏用的這個笛子，是從山上砍下來的竹子

做成的。從前在山坡地上有很多像這樣的竹子。從前沒有老師，我們的老前輩們根本沒有 du－rhui－mi－fa 這樣的音譜。他們常去山園工作、過夜，常傾聽各式各樣的鳥叫聲以及各種動物、水、風的聲音。就是這樣聽出聲音的。）

問：影片中剛才我有看見那個小米，大顆大顆的小米，是屬於原住民特有的作物，它的生長過程那麼美，我覺得它與原住民的文化一定有關聯。謝謝！

胡：謝謝你！還有沒有別的問題，請趕快到前面來！

問：是不是每個排灣部落都有笛子？因為我在柯老師的部落 tjuabarh 那邊沒有看到這些口吹的和鼻吹的笛子。

胡：我們做這個計劃之前先做了鼻笛和口笛的普查工作。笛子在台灣原住民族群中過去是相當普遍的。不只是排灣族，其他像阿美族、鄒族、布農族、泰雅族也都有笛子。魯凱族的鼻笛也是非常有名。但現在我們普查之後發現只有排灣族還存在著口、鼻笛，這是台灣原住民樂器的最後寶藏，所以我才希望能夠把它紀錄下來。另外我們促請國立傳統藝術中心委託「屏東縣文化中心」做口笛、鼻笛的傳承計劃，在排灣族部落的國小、國中裡面傳授這項技藝。

問：所有看到的鼻笛和口笛，其中的差異性為何？

胡：主要是有好幾個系統。像我旁邊的這位 ti pairhang，吹的是雙管口笛；雙管鼻笛系統的中心在泰武鄉平和村那一帶，他們認為最高貴的就是雙管鼻笛。所以不見得排灣族每一個部落都有鼻笛的系統。在三地門鄉那邊好幾個 Raval 系統的村落，都是吹奏五孔雙管口笛。他們的系統裡面雖然也有鼻笛，可是他們特別看重的是口笛。像這位 kama 父輩李正吹的是單管五孔口笛，在他們的系統

裡面其實也有吹鼻笛的，但是他們覺得最好、最有代表性的就是這個單管五孔口笛。而在中排灣來義鄉那邊則是吹奏單管七孔口笛，所以都不一樣。

蔣：鼻笛是三個洞，聲音比較粗而沈，而且在這一部影片裡面，特別強調鼻笛是不能夠伴奏的，他就是哭聲，不能拿來做歌唱的伴奏。蔣軍 Kapitjuan 剛才示範的就是鼻笛。做笛子時也有很多的講究，竹子必須在山谷這一邊有風吹乾的地方，所以很難找到合適的竹子做笛子。而且，有一陣子竹子都枯死了。

問：剛才那個小姐問的問題我想再問，是不是那兩隻管的音不一樣？當我們看到有一隻是有孔的，另外一隻則沒有孔。

胡：我們請蔣正信先生來回答一下這個問題。

蔣：鼻笛的兩隻管子其實不一樣，一個是主音，排灣族的意思是「在講話的」，另外一個是合音，沒有孔。還有是鼻笛的吹孔是在竹節上鑽洞。口笛都是節間鋸掉，然後用塞軟木塞。所以鼻笛很不好吹。

胡：就是說鼻笛聲比較像哭聲，如果你只吹單管，便沒有雙管氣流激盪的那種啜泣聲。一定要雙管才會產生在啜泣的感覺。

問：我想請教一下，在紀錄片中，我們會明顯的感受到不管日本的文化或是國民政府時代或是西洋的基督教文化，對台灣的部落都造成很大的衝擊，像剛才這位先生提到他父親的時候，也會提到說，他現在受上帝的感召，到天堂去了。我的問題是外來文化在台灣的部落裡面生根，使得原本的文化慢慢的消弱，不曉得你們現在對於這樣的情況是抱著怎麼樣的心情？

胡：我們請 kama 李正講好了，因為他那一個段落特別有提到

基督教。

李：aitsu a na maia tutsu a sengesengan nu aia itjen, aitsu ka tiau, ka sika tjeru, tiamen a i maza i katsarisian a nia bung − ka nu aia itjen, izua a nanguaq arhavats, pazangar a nia si vaikan i maza i katsarisian tua parisian a nia si vaikan, saka tutsu mangetjez tsu a na maia tutsu a viril anga, aitsu a paka tua sin − zia nu aia itjen, si tutsuan anga aitsu. tiamen a katsarisian mavan ka 40 nan − ning sevatsaq aitsu a sin − zia i maza i katsarisian. saka azua sika na maia tutsu nu aia itjen, vaik a kipasa sin − zia mapulat i maza i katsarisian. neka anga nu ini a sin − zia. pai avan na sika na maia tutsu a vaik anga men a kiraing a mapulat tutsu. tiamen a i maza i katsarisian, neka anga nu matsaqu a parisi, a patsiker tua zua mana niamen a sitsuaian. avan azua aika e pazangar nua itsu a niamen a i maza i katsarisian, na saqetju a nia varhung. lakua a paqurid azua paka tua tsemas tutsu nu aia itjen mamau. ini ka kisumali urhi aia zua ku pazangerai. amin.

（翻譯：講到宗教信仰，我們原住民自古以來，我們族群裡面確實就有原始的傳統生活、禮俗、祭儀活動等。其中最重要的就是我們傳統的各項祭儀活動。而在傳統文化沒落的最後時期，新教就傳入各原住民部落。也就是說這些（基督）新教已傳入很長一段時間了。大約在民國四十多年起，就在我們原住民各部落傳教收信徒。我僅能說因此就造成現代的新典型人物。目前在我們原住民各部落的人，全體都成了（基督）信徒。非信徒的族人很少了。所以我們部落裡的人現在都是（基督）信徒了。問題是：我們原住民部

落的人，已經沒有人眞的會做傳統祭典了！沒有人能恢復我們的傳統祭典了！所以我們這些原住民都感覺到很難恢復我們原有的傳統祭典，其實我們的「胸」都很痛，但是我們安慰自己說這些信仰的根本宗旨並非不同。）

蔣：我也想回答一部份剛才那個小姐提出的問題。其實我面臨最大的問題就在這裡。我講一個比喻，今天你們看到的所有排灣族豐年祭其實都是假的，沒有一個是眞的。我很想把過去眞正的豐年祭，有的是七天，我們部落是十天，我眞的想把它重新呈現出來給大家看。但是我遇到了很大的問題，我相信每一個有心的排灣族文化工作者也同樣面臨很大的問題，就是沒有辦法克服宗教的力量。我們一直在努力。這個問題是有待突破的，在技術、協調各方面，還要繼續努力。因爲一個民族的文化一定包括宗教信仰，而且往往接近核心。我們整個生活型態都跟祭典息息相關，而且繁文縟節眞的很多，但是現在我們可以說都忘記了，甚至有的可以說是不存在了。不過有的部落還有啦！像來義鄉就保存的比我們好，但是我們泰武鄉可以說幾乎已經都沒有了。

問：我覺得情感的表現好像是以前的人類學影片比較少見的，是這部片突破的地方，這是我的感想。另外我想問一個問題，就是影片中主角在講以前追女朋友的情形，這是你們刻意安排的嗎？

胡：當然我每部片子都希望做得很不一樣，切入的角度都是跟著我自己的心走，感動到那裡，就會有什麼形式出現。剛才第二個問題，可能觸及這部影片裡面最後一位蔡國良先生 kama Kapang，他是非常受女孩子們喜愛的人物。影片中到底有沒有安排，請他自己或柯惠譯小姐來講。因爲我講的話怕你們不相信。

蔡：Azua nu vaivaik itjen a kisuju a tiamen a se Paiuan, azua na sema pulu a tiamen a i gadu a tiamen a Paiuan, avan azua nia si kuraruraru. sa azua nia vaik a kisuju, mali a sema i inu amen, mali a sema i inu amen tua vavaian kemuraruraru amen a purhaketj. au ini ka titjen a matsidil a kinatjengeraian tua maia tua zua. aitsu！aitsu！aitsu！aitsu！avavaian niamen a suju a mapulat, ini ka nua matsidil azua a suju, ini ka pupenetj tua suju asi rhamalemalengan, gata nu vaik itjen a kivara a sema tua vavaian kemuraruraru tiamen a se Paiuan. azua na maia tua zua nia kakudan a tiamen a Paiuan tua sika i gadu amen a na sapulu a nia kinaizuanan.

（蔣譯：我們排灣族住在石板屋，又住在山上，非常的寂寞，你們不可以怪我們。但是你們不了解我們的文化，不是只有我，那是我們的文化。不管是他，還是我，我們的女朋友都是好幾個，甚至於同一個女孩子我們好幾個男孩在那邊追。所以不是只有我一個人這樣，這些都是我們文化的層面。）

胡：對！請柯姐姐講一下她去屏東接他們上台北前，他有沒有去拜訪他的女朋友？

柯：蔡國良是我們古樓的大眾情人。今天早上他先把東西擺在我住的地方，馬上過去找他的那位女朋友道別一下。還有我覺得平地人永遠不會了解我們排灣族找女朋友的方法，因為我們過去女人不能出去談戀愛，所以有很多男人一群群的來我們家，談情說愛、唱歌、剝花生。所以他的女朋友也是我的女朋友，所有沒有結婚的小姐都是我們男人的女朋友，也就是他們共同的女朋友，從這部影片你們就可以發現這現象。至於結婚對象呢，則是由父母來決定。

所以在這一點上要稍微說明。

　　胡：對！不過在拍這部片的時候我們會跟 kama 說：帶我們去看你的女朋友嘛！因為我們都知道他還是真的忘不了，而且很巧的是我的排灣名字跟他的女朋友一樣是 Tjuai。所以他第一次看到我就跟我開玩笑說，說我的名字跟他女朋友的名字一樣。我說：那我要去看另外一個 Tjuai，所以他就帶我們去。他就真的會坐在那裡聊天，當我們要拍，他就自己很自然地講起話來，反正都不是我特別要他這樣做那樣做。包括最後一個段落，他去找他一些男朋友、女朋友來，就自己這樣子回憶起來，這都是他們自己自發性的呈現，並沒有經過什麼排練。

　　蔣：所以排灣族沒有殉情，也沒有為女朋友砍來砍去、殺來殺去。我年輕的時候我的女朋友大概十幾二十個啊！我結婚的時候還是要經過爸媽的同意，這是我們的文化。

　　撒可努：當我看到這部片子的時候，我自己答應我自己，要買一百卷回去給所有部落的老人家。當我看到李正 kama 講那段話的時候，感受非常深。如果太陽能夠重新讓我們詮釋，這個是我們想要的。一個紀錄片的好壞不只鏡頭拍攝的角度美不美麗而已。我覺得這裡面我可以看到一個最美麗的人，他把原住民的話語透過中文的文字去詮釋。一個片子再怎麼的搞笑、再怎麼美、再怎麼漂亮，文字的詮釋才是最真實的。柯姐是我一直愛的人，如果我是總統，我要給她頒發一個榮譽博士。請你們掌聲！很高興胡老師及這麼多的長輩能夠把排灣族的文化重新的詮釋在我們的面前，讓我們有思考的機會。我希望這樣子的片子，能夠一直持續下去。讓所有的漢人能夠知道我們山上的美麗、石板屋的可愛、跟排灣族最真誠的情

感及美麗。masaru！javajavai！謝謝！

問：我想請問一下，我們一般在城市裡面，都是在上班或是在上學，那平常他們的生活情況是怎麼樣？比如說：那位先生可能是要上山！就像那位鄉民代表蔣先生，一般的生活是怎麼樣呢？

許：Qivu aken tua zua nia sengesengan i tjumaq, ini ka sengesengan nua qariqari, azua nia sengesengan；na masengesengeseng amen ka tjai sangas tua nia quma. lakua ka meqatsa azua nia alak a tia sa Kuriu matjeru a ku alak a uqalaqalai pai. kipu sengesengan i tjumaq tiamaju a seman jirung, a venetsik tua qatsilai, a vanetsik tua kasiu, a venetsik tua ka na nanemanema anga a na mapaka kaizuazua a nema anga a sitsuaian. pai tjurhuvu anga rhavats azua kituruturu a sema zua. penaura tua zua niamen a 文化 se katsarisian. avan nu sika ini ka nanguaq a ma arim azua kinatsarisianan aia.

mavan nu sika lia vavau azua nia kinatsarisianan a nia sikudakudan anga, a nia kai, a nia senai, a nia kemuraru, a nia sengesengan a penulat. a izua a nia situruturu tua nia kakedrian a nia tjai viriviril.

azua a masan nital：tiamen a vavuruvurungan na kituru amen tua nia matjalalak, ta na maia tutsu a si pazaizaing a ini ka makaia matjaura, tjengerai anga zua kakedrian nu kirangeda. mavan nu nia sika pazurhuzurhung a na maia tutsu. saka nu seremareman, nu kajamajamannu tjumaq anga zua marh ka tja si－tu（Ja），izua tu nia turuin tua na maia tutsu a sitsuaian a kakudakudan, a izua anga zua kinelang a ita drusa niamaju a marh ka nia alak.pai patsu nu tsu a alak ni dai－hiu（Ja）paturuturuin ni dai－hiu matsaqu anga arhavats a kemuraru.

Ui na penaura timaju tua nia bung－ka（Ja）se katsarisian uta. saka aitsu a i maza mun a Kirangedangeda taitsu a nia si pazaizaing a nia kuraru.taitsu a aitsu a nia qau.pai nguanguaq arhavats a na maia tutsu.ini ka makuda a kituru anga mun anga uta.tutsu a siZaingan nguanguaq arhavats pai.masaru！

（柯譯：現在我就講我們平常在家裡的工作。這些工作不是其他人所做的工作。我們以前都是在山坡旱地做勞力工作。我的孩子們許坤信等三個男孩子長大成人後，他們自己在家裡創業，繼承老祖宗傳下來的陶甕技藝或者是石雕、木雕的藝術，除此之外還從事雕繪或複製祖先所有的古董文物等。目前已經有很多的人到那裡學習或操作，因為他非常珍惜我們原住民的這些傳統藝術文物。他常說：我們原住民的古有傳統藝術文物、技藝、笛藝及一切優美的文化，絕不能遺棄。因此我們山地原住民的文物價值逐漸提高。我們傳統的技藝、我們的語言、我們的歌舞、我們的笛藝及一切優美的事物，全部都應該傳授給我們的後代子孫。另一方面，像這些出聲音的笛子，是我們老一輩的人，很用心的向我們的雙親學來的，我們絕不可放手。可喜的是那些孩子們慢慢的喜歡聽。因此我們要加緊努力去傳授這些笛藝。現在我們儘量趁早、晚上的時間及孩子們放學的時間敎孩子們。目前我們的孩子們至少已會一、兩樣的藝事。我很佩服像蔣軍這樣子能夠吹排灣族的鼻笛，年紀輕輕的就吹得這麼好，我也希望我的 vuvu 孫子能夠像他一樣。今天你們聚集

在這裡，已聽見我們所吹奏笛子。這樣的聲音，非常優美動聽。你們也可以一起來學吹我們的笛子。謝謝！）

李：Aitsu a tiaken！aitsu a pimaza i tua tiaken i tua nia kinatsemekelan nu aia itjen. e！aitsu a marh ka kakedrian tutsu, aitsu a nia kinatsemekelan, ka maia tutsu a mevurung amen，mevueung aken ka tua zua ku tsekel nu aia itjen. mavan anga zua nia 保姆 i tjumaq. na masan tiamen anga a kitsapil tua marh ka nia vuvu la！aia tua nu ini anga ka 上班 aitsu a kakedrian serapai tjen aia. azua mana nia varhung avan nu sika avan a nia vuvu a nia sariman. aitsu a tiaken nu aia itjen, mava azua .... aitsu a tiaken a kemasi kakedrian izua nu vaik aken a qemalup, a sema maza i gadu e！a sitsuaian, rhu arap aken tua satsemer i maza i gadu. namaia tua zua ku sariman. nu rhemaketjan. na maia tua zua zua ku kai. pai pajalunu！amin！

（柯譯：如果要談論我在家裡的工作，現在的這個時代，使我們這個保守的家庭有所轉變。我和內人年紀都大了，每天待在家裡做（孫子女的）褓母，也就是照顧孫子女的責任全加在我們祖父母的身上啦！因為現代的年青人如果不上班工作的話，我們的生活會很困難，因此我們就忙著照顧我們的孫子女。有時候我會去原始森林，舊地重遊並打獵。我在山上獵來的獸類都很豐盛。這是我現在生活的情況。）

蔡：tiaken！azua ku sengesengan anema ki tjen a aia. mali a i maza i tai－pi izua kupinatsaingan tua zua ku sinan kakakaka a si－min－tu（Ja）. a tjarha mun a lemizalizau nu se pakazua mun aia ken a patsun tjanumun a marh ka i maza i tai－pi. paiavan azua niaken a sengesengan. aitsu a pi tua kemuraru. ka kakedrian anga tja turuturuan tutsu. masaru！

（柯譯：我怎麼說我的工作呢？我在做現代浮雕磚塊，連台北這裡已有家屋貼上了。你們都是台北人，你們如經過我們部落時，一定會看到我做的水泥雕塑。製造現代水泥浮雕磚塊就是我的工作。有關吹奏笛子的事，現在我們就教授給孩子們。謝謝！）

胡：請蔣正信先生也發言一下。

蔣：今天主角應該不是我，是我父親，那我就講一講他生前的生活。我每天跟我父親在一起的時間大概有十幾個鐘頭。平常我父親的生活都是跟我在一起，他會一直把我們以前的文化或是過去習俗講給我聽，我是專門吸收他的智慧，在偷他的智慧財產權。我父親不管是白天晚上都在吹鼻笛，我們的鄰居可以作證，可以一天超過十個鐘頭。他也會研究，因為他是真的很關心鼻笛會失傳。胡台麗老師，還有很多單位請他到學校，到很多的機關去做傳承的工作。我看他有的時候跑到三、四所學校教笛子，在世最後幾年的生活都是這樣。剛才在影片裡面你們看到很多的小米，平常他沒有課的時候就會陪我媽媽去種芋頭、種地瓜、種小米。有人說還沒有看過小米，不知小米是小鳥吃的還是人吃的。你們只要看到小米，就應該想到排灣族，我們的小米酒是很有名的，小米又是我們的主食。所以我爸爸的生活是很傳統的。不過他很瀟灑，就算我們有車子也不願意被我們載，他一定要騎摩托車，這是他的習慣。他很喜歡騎摩托車！

問：我看到我的鄉親覺得應該出來講點話。我曾經在山上地方

教過書，有一點問題很想請教你們。影片裡面有句話，是小孩子去抓螃蟹的時候，他直接用國語講。那位影片裡的爺爺就用原住民的話，就是排灣族語回答他。我覺語言是非常重要的傳承，我不知道在語言方面，你們有沒有繼續傳下去呢？

蔡國良：aitsu a nia pinaiuanan a temuru tua nia kakedrian, azua nia lavarhan a tiamen a Paiuan, izua a semevesevesevets, izua ini ka semevesevesevets a nia lavarhan a tiamen a Paiuan. saka zazua nu ta sungan nu ta qinalanan, marh timalimali azua a patsugan. marh timalimali azua a papu ngadan tua anema, marh timalimali azua，sa avan a tjarh niame amen a tjarha ta qinalanalanan, avan azua nia si turuturu tua i qinalan a kakedrian.

（柯譯：我們排灣族的話，有的口音很直，有的口音不是很直，那是我們排灣族各地方的話。所以我們排灣族每個村落的口音都不一樣，有的意詞彙也不一樣。我們最好就依照各村落的話教給我們的孩子們。）

問：我是原住民，我好喜歡這位先生（指情聖蔡國良），我可以吻你一下嗎？

蔡：（臉紅了，但似乎很高興地接受了台北新認識的女朋友的吻。）

（本文原刊於《山海文化雙月刊》25/26期，2000年10月出版）

迴響曲三

思念的詠歎調

【愛戀排灣笛】國際紀錄片雙年展公映後座談會

地　點：華納威秀戲院旁的草坪

時　間：八十九年九月二十二日下午二時

召集人：胡台麗

主持人：孫大川（卑南族，學者與作家）

討論人：胡德夫（排灣族＋魯凱族，音樂家）、伐楚古（排灣族，
　　　　雕刻家與作家）、撒可努（排灣族，作家）

文字整理：林宜妙

　　孫大川：我想剛才大家都看了胡老師的影片，現在就來談一談
看這部影片的感受。

　　我們就先請胡德夫大哥來談一談他的感想。

　　胡德夫：我常常說排灣族唱歌的時候，可以聽出來是那樣的深
遠幽靜，山裡面，起起伏伏的那樣一個地方，那樣的一個氣息在唱
歌。我們常常說我們是從老人家傳承我們的歌，我們看到老人家在
吹笛子的時候，我們聽出來的是每次吹的都不太一樣。我們認為在

音樂裡面的循環，其實就是他心裡面傳承下來那個氣、那個詠歎，還有那個思念。所以我想這個在笛子裡面，我們可以感覺到比歌還更深的詠歎。聲音被那樣的運用，不是只表現他聲音的技巧律動而已，一直到最後就會碰到最遠古的傳說，那是我們原住民，尤其排灣這邊的一個源頭，非常的深遠。

孫大川：接下來請伐楚古講一下。

伐楚古：看了這個記錄片我的感動比較深，每一個情節都滿感動的，我比較留意排灣族所謂的儀式是屬於喪事的那種場景，剛剛影片中，我已經忘了是什麼人，好像是他在 ta masats 的時候。ta masats 在排灣族的喪禮裡面是屬於比較傳統的方式，ta masats 就是在喪禮儀式中先讚美這個人一生的功勞，然後再數落他，數落他英年早逝，小氣而不將他的能力分享給族人之類的。他裡面轉折的意義是非常非常深遠的，再加上排灣族比較特有的轉音的那個能量，營造出來的感動是很驚人的。我可以深深的感受到，真的是很忠實地反應那個時代的情緒。我們另外一個父親 kamaipailan 他也說過，只要村子裡面有喪事的時候，當天晚上他一定吹笛，他一定吹，據 kamaipalan 說，有喪事的晚上，吹笛不只是狗會叫，而且也會感覺到真的有魂魄的存在。

這部片子如何去影響現代的原住民青年，這其實是一個重點。希望這部片子可以在部落裡多放幾場，這不只是影片很經典，那裡面的人也很經典，像胡老師一樣經典！而原住民的朋友及現在原住民的青年，看到這部片子時是怎樣去想，怎樣去反省的，我覺得這是非常重要的。

孫大川：謝謝伐楚古，接下來請撒可努談談？

撒可努：第一個給我的感受就是情感，第二個就是對生死的坦然，第三個讓我感受到其實我們年輕人最重要的就是要回到原點，我感受到記憶的能耐遠比紙張的來得更美麗、更吸引人。我很喜歡裡面每個 VuVu 所講述的話。想到我認識的祭司曾講的一段話：「我一直在等待年輕人能夠來找我，但我想要說的話就像獵人打出去的槍聲一樣，聽不到回應。」獵槍打出去怎麼可能聽不到回應？因為年輕人不想找老人家要智慧，所以我在最後面看到這個頭目在講，我多麼希望我們的年輕人能夠學習到排灣族人的東西是有智慧、有秩序，是在傳承。老師，我很希望這部片能在部落裡面多放映，那個衝擊會很大的。

孫大川：我談一些我的感受。在原住民的社會裡面，我一直有一個主張，我一直覺得原住民因為是沒有文字的民族，所以我們一定要會唱歌，一定要會音樂，因為唱歌跟音樂是我們表達我們情感跟傳達我們思想，或者是傳承我們一些祖先的教訓的最主要的一個工具，因為沒有筆嘛！所以就要靠這個。所以我看裡面提到了很多他學習這個樂器或是他吟唱這些歌的時候，是來自於他的祖父或他的父親，很多的歌也都是即興的填詞，把當下的感受吟唱出來，所以一方面是傳承，二方面是把當下的情況和感受用唱的方式把他描述出來，這一直是我們原住民的法寶，是一個最不可以退讓的能力。所以我一直覺得還不只是要一直學習，怎麼樣把唱歌的傳統找回來，恐怕是很要緊的。所以我特別感受到樂器、音樂還包括舞蹈，在原住民過去傳承文化裡面所佔的份量，實在是很大。

第二個，我以前讀過莊子，莊子他講地籟，地籟是只要天地之間任何一個有孔的地方，風一吹，只要風吹的對，他就會發出聲音

來；在山上我可以聽到的聲音太多了，尤其風一吹的時候，有很快的、有很慢的、有很細的……，這一類的聲音，換句話說好像這些聲音你說他是百步蛇的聲音也可以，因為如果按照我們的傳統，百步蛇是我們的祖先，是具有創造力的，他基本上就表示著自然的力量跟自然的精神，所以自然發出來的聲音，應當就是百步蛇的聲音。所以我再推想，人的七竅裡面，鼻子是用來呼吸，我們嚥氣的時候也是鼻子斷氣，我們很少用嘴巴呼吸，其實我們常常不知不覺地用鼻子來呼吸，所以雖然說用嘴巴吹，可以吹出比較大的肺活量，可是我覺得用鼻子可以用的更自然，可以說他更能模仿大自然的聲息。這是我的一些聯想。

第三個感受是用鼻笛表達這種哀傷，我想很多的部落民族都有這種基調，很多少數民族，屬於一些部落型態的民族，那種哀傷好像是生命節奏裡面一個很重要的主調。古時候沒有文字，生命就這樣流逝過去，過去了真的是過去了，只有在我們的記憶裡面，我們那種思念跟現代人那種思念是非常非常不一樣的……。現在我們用各種方式來捕捉記憶，但是在我們原住民過去，就是用他自己那種沒有影像的記憶，而且是關在他自己內在世界的記憶去體驗這種東西，所以我覺得那個哀傷是很深很深的。我覺得我們原住民過去是用這種哀傷的吟唱的方式，一直不斷的彼此傳遞我們的記憶，我們用唱的方式不但是紀念過去的人，其實也捕捉現在我們周遭的人。

胡台麗：整個百步蛇的聲音形貌都是排灣族人最根本的東西，包括排灣族人跳舞或唱歌都是慢慢的都很沈穩。nasi，就是生命，也就是氣息！鼻笛在排灣族最明顯就是鼻子吹出來的氣息，最好的nasi往上升，上升以後從鼻孔這邊出去，這個 nasi 是最好的 nasi，

有可能是這樣子。

孫大川：有可能是這樣，而且我還想到說，女孩子不能吹鼻笛。鼻笛、百步蛇都是男人的象徵哪！所以這是不是就是在引誘女人的啦……（衆笑）

伐楚古：所以女人吹男人就沒戲唱了……

胡台麗：現在鼻笛很少人吹，對不對？這樣子的感覺或是這樣子的東西在排灣族社會是怎樣？我自己覺得還存在，不知你們的感覺如何？在什麼樣的情境下會讓你覺得這種感覺特別強烈？

伐楚古：其實每個部分都有，我覺得你講的沒有錯，就我的經驗來說，鼻笛從我出生就沒有，一直到現在我才偶然聽到。在吹奏鼻笛時，光是那個聲調和那個氣息，我可以強烈的知道他那個聲音好像來自懸崖上面的感覺，我覺得那是一個滿典型的排灣情緒在抒發，也就是我們可以感覺到鼻笛在那個年代是比較可以清楚表達情感的。現在這個年代主要是因為少，再加上時代背景的時空轉換，我們只能說它的情感仍然存在。

胡台麗：我覺得排灣族哀傷思念的感情比任何族都要強烈，所以排灣族就比較難以忘懷代代相傳的東西。像鼻笛所傳達的情感因素，會讓排灣族的文化不管在哪個結合點上，現代的或其他的，都會觸到源頭的概念，不曉得這樣的感覺對不對？

撒可努：這讓我想到有人提到排灣族服飾的眞實感，我到古樓看到婦女下田穿著排灣式的服飾，我問 vuvu，你們都這樣子穿嗎？對呀，就這樣子穿。所以我覺得他沒有分哪個時代，而只是把他的服飾生活化，把他的觀念穿在時代裡面。我感受很深的是宗教的撞擊，在這部片中宗教的衝突表現得很好。這就是祭司曾經問我

的,你相不相信祖先?我沒有講話。他講說那你相不相信上帝?為什麼排灣族的人都相信上帝?上帝的聖經上面就寫說有撒旦,如果你相信聖經,如果你相信撒旦跟魔鬼跟上帝的時候,祖先是不是存在?這句話給我很大的重擊,我相信祖先的存在,其實相信上帝的人也相信祖先的存在。當我聽到鼻笛的時候,好像又摸索追尋到了一個開啟排灣族另一扇門的鑰匙。

胡台麗:像伐楚古比較不介意說你是一個比較喜歡流眼淚的人,那種感覺是不是常常會有?就是會有想哭的感覺,很強烈是不是?你們會覺得這是排灣族一種特別強烈的感情嗎?

撒可努:我覺得是。像今年豐年祭我聽到我祖父唱歌,我從來沒聽過祖父唱歌,我二十八歲了,我祖父已經八十六歲了,我聽到他唱歌,想到以前的事情,我就快掉眼淚,因為他唱的那首歌讓我很難過很震撼很感動。

伐楚古:一定會有的,好像年紀越大越容易。像我的父親,差不多在六十歲之前,幾乎沒看他哭過,我第一次看到他哭是在我外婆過世的時候,我們把她安葬之後,所有家族、部落的人都回去了,我爸爸就留在墓地旁哭。我外婆生前很少與我父親講話,我父親算是我外公與外婆一手帶大的,我爸爸小時候跟著大概七八個小孩在部落裡流浪,然後被我外公家撿去養,長大後我媽就嫁給他了,喔,不對,是他嫁給我媽媽啦!我外婆下葬之後,我遠遠的看到我的父親,我不敢接近他,我知道一定會有什麼事情發生,他大概是用瞄的,確定沒有看到人,就跪在墳前講:「我把你葬在這裡,感謝你讓我長大成人,感謝你賜我飲食,我就把你安葬在這,在你結束人生的旅程上。」講完了後他就哭,沒有哭很久,這是我

第一次看到爸爸這樣哭，從此以後他與我碰面的時候他都會哭，只要跟我講事情的時候都會哭。

胡台麗：排灣族這種情感對你們個人創作或其他方面有什麼影響？

伐楚古：有，很強烈唷！

撒可努：把那個情感轉化成靈感，真的真的！

撒可努：如果影片到部落放映，我相信信仰上帝的人會重新再給自己歸零，好像我們接受一點一點也不錯啦！就像平和的教會馬上放很大的百步蛇，以前他們是完全否決的呀！可是現在他們慢慢從服飾、器物上改變，甚至我相信有一天會從觀念上面改變，變成文化跟傳統結合在一起。以前我常常聽到一些傳道人硬要把上帝的東西跟傳統的東西結合，說那是同一個神。但是我慢慢瞭解所謂傳統宗教的時候，我覺得上帝是上帝，祖先是祖先。片子放映的時候，不知道唸神學的人會不會慢慢地一點點地接受這個東西，因為至少在這個影片有一點點表示這東西不是不好，其實很好，它所延續推展的其實是很美的文化內涵。

撒可努：覺得百步蛇很驕傲嗎？

伐楚古：你這樣說我覺得牠有一點傲慢！

撒可努：我覺得從百步蛇的樣子可以聯想到排灣族老人要跳舞的時候，臭屁臭屁，屁股要翹起來，一定要挺胸，帽子一定要微微三十五度，好像都有點關係。

胡台麗：好像他們跳勇士舞的時候，隊形轉來轉去，好像跟百步蛇轉來轉去是一樣的形狀。很高興有這個難得的機會聽到大家的感受，謝謝大家。

（本文原刊於《中國時報》人間副刊，2000年10月31日與11月1日）

田野調查篇

矮人祭歌舞進行時祭帽（kilakil）不停地抖動。

矮人祭歌舞時有一排臀鈴（tapangasan）伴奏。

在各姓氏祭屋前立正面向東方,邊舂米邊唱第一首招請歌raraol。

午夜面向東方立正唱完
WaLowaLon第一節後,
主祭站上米臼訓話。

矮人祭的歌舞隊形如同百步蛇，捲曲遊走於祭場。

跳取綁在台灣赤楊樹幹上的芒草結，以取得福運。

拉下台灣赤楊樹幹後合力折成一段段，丟到祭場外。

芒草（oeso）是矮人祭期間無所不在的植物，象徵矮人等老前輩。
（陳月霞攝）

白茅（lemezae），在矮人祭歌詞中爲了避諱，以白茅代稱芒草。
（陳月霞攝）

矮人祭期間在額頭綁芒草結。（陳月霞攝）

矮人祭期間在室內插芒草結。（陳月霞攝）

矮人祭歌詞中稱芭蕉爲taLomo，而不以俗名halis稱之。
（陳月霞攝）

山棕（banban），賽夏族認爲山棕葉片原來像芭蕉，後爲矮人撕裂，只留頂端。（陳月霞攝）

小米（tata'）是雷女帶給賽夏族的重要作物。（陳月霞攝）

台灣赤楊（SiboLok）是矮人的表
徵。（陳月霞攝）

黃藤（oeway)除外，矮人祭歌
中其他植物皆具有容易斷裂的
特性。（陳月霞攝）

山枇杷（Lito）樹橋斷裂，矮人大多落水而死。（陳月霞攝）

矮人祭歌中提到山枇杷開花。（陳月霞攝）

柿子樹（laro）是祭歌中的
植物。（陳月霞攝）

楓香（raLa）是祭歌中的
植物。（陳月霞攝）

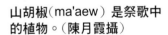

山胡椒（ma'aew）是祭歌中
的植物。（陳月霞攝）

桃李樹（aeLim）是祭歌中的植物。
（陳月霞攝）

苦楝（bangas）是祭歌中的植物。（陳月霞攝）

台灣矢竹（boeLoe）是祭歌中的植物。（陳月霞攝）

山豬肉（bongol）是祭歌中的植物。（陳月霞攝）

羅氏鹽膚木（kapoehoel）是祭歌中的植物。（陳月霞攝）

薊（roLi）是祭歌中的植物。
（陳月霞攝）

假赤楊（binbinlayun）是祭
歌中的植物。（陳月霞攝）

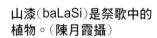

山漆（baLaSi）是祭歌中的
植物。（陳月霞攝）

banal是祭歌中的植物。（陳月霞攝）

酸藤（'ae'oengel）是祭歌
中的植物。（陳月霞攝）

山萵苣（batiw）是祭歌中的
植物。（陳月霞攝）

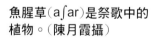

魚腥草（aʃar）是祭歌中的
植物。（陳月霞攝）

闊葉赤車使者（ʃapa）是祭歌中的
植物。（陳月霞攝）

賽夏矮人祭歌舞祭儀的「疊影」現象

　　1986年起，每當賽夏族矮人祭歌響起時，我都會難以抗拒地被一股力量吸引，重返新竹縣五峰鄉北祭團矮人祭場。和當地人建立的情誼固然是原因，另方面，矮人祭不論是祭歌、舞蹈或儀式都像有神祕的咒力，讓人深陷其中，可是又無法參透其間的奧祕。平時賽夏族人大多不願談有關矮人祭儀和祭歌的事，怕觸犯禁忌遭到處罰，因此矮人祭期間成為觀察歌舞祭儀和訪問族人的寶貴時機。解謎的慾望在每次參與矮人祭時都得到一些滿足。特別是當我對祭歌的內容、形式與歌舞的規則、情境以及感情有了較多瞭解之後，再加上儀式參與者有意無意間透露出的看似矛盾卻耐人尋味的訊息，使我產生一些頓悟，多重意象的疊合與詮釋成為我興趣的焦點。

　　「多重意象」的疊合如同電影或照相的「疊影」（superimposed images），是好幾個具有透明性質的影像的重疊，合併為一，但是並不因此而喪失個別影像的特質，又因重疊而使意義的層次更加豐富。對於習慣觀看單一影像者，「疊影」是一種困擾，看不清楚重疊影像的個別屬性與疊合為一的意涵。當「疊影」現象產生時，研究觀察者如果仍視之為單一影像尋求瞭解，在描述與解釋時就會產生許多矛盾迷惑。我在賽夏族矮人祭歌舞儀式中逐

漸意識到多重影像疊合的「疊影」現象的存在,而改變自己的觀影方式,並嘗試將重疊的影像拆開再疊合起來觀察分析,對矮人祭歌舞與儀式產生不同於以往的理解與詮釋。本文先從矮人祭歌舞的規則和表現形式出發,將注意力放在祭歌與舞的特殊指向,進而探尋這些規則、表現形式與特殊指向的意義。透過對祭歌歌詞「文本」的詮釋和歌舞儀式「演出」的分析,我發現了「疊影」現象,並於文末嘗試解釋此現象發生的原因,以及在理論上可能有的發展。

一、五峰矮人祭歌與舞的規則

矮人祭中最引人注目的是有一套完整而結構嚴謹的祭歌。對五峰矮人祭歌歌詞下了許多功夫的林衡立先生曾表示(1956:38):

> 余嘗試作此每節歌詞之提要時,頗覺其困難;因歌詞詞意不明者甚多,賽夏族人傳統的解釋多籠統而近乎荒唐,實無法取信。與歌詞有關之舞蹈、樂曲、儀禮、神話各能予以若干啓發與暗示,然只能解決一部分疑問。而本文中如缺此,則體裁又恐失之完整,故勉強以赴。

林衡立勉力整理的矮人祭歌詞意的確讀起來晦澀難解,不明其意和屬於林衡立個人拼湊臆測之處甚多。「族人疏於傳習祭歌詞意,已使整個歌詞原意逐漸遺忘,而不僅是片言隻語的不理解」(1956:57),林衡立似有極大的無奈。我原以爲我到五峰賽夏族的時間比林衡立又晚了三十年,無法再在祭歌的詞意上有更多的發

現，卻沒料到在訪問矮人祭儀與祭歌的傳承姓氏朱姓（tition）嫡系傳人朱耀宗（bonai a kale，1920年生）時，承他轉述了他父親曾為他解釋的祭歌詞意。雖然他也不能瞭解每一字句的涵義，但是他對整套祭歌的理解較能融會貫通，而且揭露了許多祭歌詞意背後的傳說事件，有很深刻的寓意。朱耀宗（bonai a kale）的祭歌詞意解釋我已整理發表（胡台麗、謝俊逢1993），並指出以往研究者包括黑澤隆朝、林衡立的主要報導人屬於趙姓（tawtawazay），對祭歌的理解很不相同。

我們知道祭歌詞意的解釋並無所謂對錯，bonai a kale 的說明並不能代表朱姓（tition）姓氏唯一正確的詮釋。可是我覺得透過幾種詮釋（我尚請教擅長祭歌的幾位長老關於詞意的其他說明），祭歌中呈現的「疊影」現象很值得重視，我在後面章節段落中會試著提出我的理解與分析。

矮人祭歌共有十五首。我另文（胡台麗、謝俊逢1993）已指出林衡立分章節的若干錯誤，例如他把曲調明顯不同的兩首歌“kapapabalay”與“bœLœ”視為同一首歌，而“binbinlayən”（共二節）以三種曲調演唱相同的二節歌詞，林衡立誤認為三首不同的歌，因此矮人祭歌變成十六首。此外，矮人祭歌的虛字極有特色，我整理出來，與每首歌的句型反覆規則一併列表對照於後（見表1）。

矮人祭歌就結構與歌舞規則來看，可大別為三部分：第一至五首一組，第六至十一首一組，第十二至十五首一組。根據五峰矮人祭朱姓長老的報導，以及我從1986-92年連續四次矮人祭期間的觀察，矮人祭歌舞的唱跳要遵照下列的規則：

表1　矮人祭歌構成形式對照表

歌號／歌名	節數	句型反覆規則	虛字
1. raraol	(4)	1212/233/344	---(oi)
			---(oi waowai)
2. roLi′	(3)	1212/2323/3434	---(o)
			(aəai)
			---(aəai hai yai i hai yaiyo waoiyai)
3. ka papabalay	(4)	1212/233/344	---(ao)
			---(ao waowai)
4. boeLœ′	(3)	1212/233/344	(yai)
			---(iyowai)
			---(iyowai waowai)
5. ′æLim	(6)	1212/233/344	①---(o)
（三個調，			---(o waowai)
每兩節一個調）			②---(owa hi yai yao)
			--- (owa i yai yo wai hiyo wai rowai)
			③---(hia hi yai haiyao)
			---(hia hi hai yao)
			---(hia hi yai hai yao yai)
6. hiyowaro	(2)	1212/233/344	(o)---
			---(ai yai ya oai)

			---(ai yai ya oai oyo-o)
7. waLowaLon	(2)	1212/233/344	(waihai yao)---
			---(waihai yao hiyai hiyai)
8. 'æ'œngəl	(1)	1212/2323/3434	(o-owai yaiyo)
			--- (o-owai yai iyo wai iyowai iyowai)
9. 'əkəy	(1)	1212/233/344	(waəai)---
			(yaiya əwai)---
			---(yaiya əai o yo-o)
10. kaptiloloL	(1)	1212/233/344	(iyaoi iyaoi)---
			---(i iyaoi iyaoi yaoi)
11. binbinlayən (三個曲調, 虛字變化)	(2)	1212/233/344	①(oi yaoi)---
			(haoi yai yaoi)---
			(haoi yai yaoi yaoi salisali)
			②(yaoi-i yaoi)---
			--- (yaoi-i yaoi yaoi ʃaʃawai)
			③(aiyo aiyo)---
			---(aiyo aiyo alawai)
12. papa'oʃa	(1)	1212/2323/3434	---(o)
			---(o holaliyo oliyo)
13. 'alibih	(1)	1212/233/344	---(oi)
			---(oi waowai)
14. korkoroy	(2)	12/23/34	---(owai yaiyo)

---(owai ii yo hiya i yo wai

ii yo hiya i yo wai)

15. mataLa no　(1)　12/23/34　---(owai yai yao)

ʃiboLok　---（owai i i yo hiya hiyai

yowai i i yo hiya hiyai

yowai)

在矮人祭典開始前一個月（十年大祭則前二個月）左右南庄與五峰南北兩個矮人祭團進行結芒草約期（papœ′œ′），接著會練唱，從第二首歌"roLi′"唱起。之後雙方又會在矮人祭正式展開前約一個星期於南庄河邊相聚會商（ayalahow），也是共同唱第二首歌"roLi′"和第三首歌"ka papabalay"。所有祭前族人的練唱期間都不應該唱第一首招請歌和第十二至十五首送歸歌（有時為了怕族人忘記唱法，特別秉告後才能練唱）。練唱祭歌時禁止配舞步。

矮人祭祭歌第一首招請歌"raraol"一直要等到祭典開始，各姓代表會合，化解各種問題並殺豬祭告（humapus）活動結束後，才能從第一首第二節開始練唱。此夜接近天明時各姓氏祭團在各自的祭屋舉行 rumaol（ni koko）招請「矮人」，準備食物供奉（pakəʃaLo）。從祭屋把臼推到門外，一面春米，一面立正面向東方招請「矮人」，唱第一首歌"raraol"。朱姓祭團最早唱，其他姓氏祭團才唱。1990年朱姓祭團在屋外唱完兩遍"raraol"，再唱第二首"roLi′"，直到春好米，唱"roLi′"第三節時，才返回室內圍成圈，逆時針方向跳舞，再唱跳第十一首"binbinlayən"的第一、二調。但 1988 年 bonai a kale 曾指示此時只能唱

"binbinlayən"的第一個調，二、三調不能唱，可是1990、1992年都唱了第二個調，而1988、1992年只坐唱，沒有跳舞。此日等米糕（tinobən）蒸好，連同酒送到主祭屋，是給「矮人」的便當（linaso），然後各姓氏代表將朱姓主祭帶到祭場唱跳一下第一首"raraol"，最多再加上第二首"roLi'"和第十一首"binbinlayən"，天黑前很快就結束，稱之為 kisnaolan。次日晚間開始展開連續三晚的歌舞。

第一晚 kistomal 矮人祭本祭歌舞只能唱跳第一至五首（午夜十二點以前要嚴格遵守），但第三首"ka papabalay"的第三節與第四首"bœLœ"的第三節不能唱，第五首"æLim"的第六節（最後一節）也不能唱。第十一首"binbinlayən"的三個調子只能唱其中的第一個調子。此晚從主祭屋內出發，唱第一首"raraol"（應由朱姓領唱），由別姓在隊伍前領頭，將朱姓帶入祭場，一人肩頂祭帽（kilakil）在隊伍最前面，後面跟著一排臀鈴（tapangasan）隊伍，再是歌舞隊伍，入祭場後以逆時針方向繞圈，舞隊的尾端常常向內轉，舞隊的前端去包尾端，一開一合，臀鈴隊伍也併入大圈尾部。第一至四首歌的舞步都是右腳前左腳後地踏步，唱到第五首"æLim"時，臀鈴隊伍再分離自成一行，舞隊開始跑步。主唱者站隊伍近中間位置，跑步時舞隊前端試圖去包尾端，舞隊頭尾一開一合，在有些舞者嘴中呼叫 he-he-he 聲中唱"æLim"的三個調子（最後一節第一晚不能唱）。跑步時舞步大約是向前跑12步，再後退12步，有一個祭帽（kilakil）帶領舞隊頭部，另一個祭帽帶領舞隊尾部向內捲。唱完第五首後再重唱第一首，臀鈴隊伍再歸隊。

　　第二晚 papatə'na wasak 半送歸（即先送走一半「矮人」）歌
舞可唱第一至第十首和十一首的第一、二個調。這晚最特別的是第
七首 " waLowaLon " 必須等到午夜十二點才能唱。接近十二點
時，米臼由主祭屋滾到祭場，二支火把前導，主祭手持芒草結走入
祭場。舞隊在十二點時形成一個面向東方的開口大圈，臀鈴另站一
排，衆人手相互牽繫肅立，一定要在朱姓（ tition ）領唱下唱第七
首 " waLowaLon " 的第一節。接著朱姓長老與其他各姓代表先後
站上臼訓話（ kumawas ）。訓完話衆人才再開始移動舞圈，繼續唱
" waLowaLon " 的第二節，此時臀鈴隊伍又返回舞隊接合在一
起。歌舞到第三日清晨太陽初升時因爲南庄南祭團此日要送「矮
人」來五峰，所以五峰這邊也要跟著有所行動。先唱第十首
" kaptiloloL "，舞隊變成面向東方的半圓，衆人唱一遍第十二首
" papa'oʃa " 送行歌（但不丟掉芒草），再唱第十三首 " alibih " 緩
行歌挽留。最後唱第十首 " binbinlayən " 第一調和第二調結束。

　　第三晚 papa'oʃ'a（ papatə na oral ）送歸之夜歌舞仍是從第一
首 " raraol " 唱起，但這首歌只唱一遍就不再重複唱了。另外，第
七首 " waLowaLon " 不能唱，第二首 " roLi' " 的第二節，以及第
四首 " boeLoe' " 的第三節也禁止唱。至於第十一首
" binbinlayən " 的三個調子，在午夜十二點以前都可以唱，之後逐
漸去掉第二、三個調子，最後天亮時只剩下第一個調子。第十一首
歌的舞步雖然也是右腳前左腳後，但是相當輕快，會跳躍起來，比
較隨興。

　　到第四日清晨，眞正要送矮人走了，才唱第十二至十五首歌。
太陽升起，在唱第十二首 " papa'oʃa " 送行歌之前要唱第十首歌

"kaptiloloL"（最好由朱家領唱此首歌），唱完可接唱第十一首
"binbinlayən"的第一個調。此時，主祭屋內已把所有的芒草取下
放成一堆，準備在唱第十二首歌時拿去丟掉。朱家主祭再拿芒草到
祭場中為眾人綁芒草。"kaptiloloL"（或"binbinlayən"）唱到
一半停止，臀鈴隊伍分開，舞隊呈現張開的半圓，面向東方，由朱
姓主唱第十一首"papaʹoʃa"送行歌。唱此歌時眾人手牽手，連續
地舉手向前跑幾步再向後退幾步，每一反覆句型唱到結尾時眾人合
叫一聲 pei！同時把頭上、手上的芒草丟掉。唱完"papaʹoʃa"，再
由朱姓領唱第十三首"ʹalibih"緩行歌（與第一首招請歌
"raraol"調子相同），臀鈴再返回隊伍，繼續唱第十一首
"binbinlayən"的第一個調子。同時間有一隊各姓代表在朱家帶領
下上山砍台灣赤楊（ʃiboLok），但他們第一次上山只是砍支架，
選擇一棵鹽膚木（kapoehoel）和一株烏皮九芎（binbinlayən），將
枝幹砍下置地上，然後在胸前交叉綁芒草，空手返回祭場，與祭場
中一隊脫去祭服的男士對峙，雙手前伸，以跳躍步子前進，再放下
手後退，反覆此動作，並作鬼臉，對唱第十五首歌"mataLa no
ʃiboLok"（等待台灣赤楊）。主祭拿米糕（tinobən）與酒請上山
取台灣赤楊（ʃiboLok）者吃喝，他們又返回山上。此時，在祭場
中仍穿祭服的舞隊人群唱第十四首歌"korkoroy"（隊形跳躍，頭
包尾）與上山砍 ʃiboLok 者相互呼應。找到預先選好的台灣赤楊
（ʃiboLok）後，圍著 ʃiboLok 手牽手唱跳第十四首"korkoroy"。
1992年在朱家嫡系長老指導下於 ʃiboLok 周邊唱"korkoroy"時的
動作是：眾人雙手相攜，向前走四步，雙手高舉，再向後四步，雙
手放低。唱完一遍"korkoroy"後每人輪流（承接住同一個刀柄）

砍一刀樹幹；未斷，再唱一遍" korkoroy "，再砍。最後 ʃibLok
倒下的方向應是東方，眾人大聲呼叫。這隊人往回走，在半路把樹
橫架起來，上面綁許多芒草結。然後，再空手返回祭場，與祭場中
的那隊男士對唱跳" mataLa（komin）no ʃiboLok "（等／砍臺灣
赤楊），狀似戲謔揶揄。他們再度往山上走，終於把砍下的
ʃiboLok 與兩根支架帶回祭場。當他們第三次折返山上時祭場中穿
祭服的舞隊群眾唱完" korkoroy "後離開祭場，只剩下未穿祭服的
那隊男士在等待臺灣赤楊（ʃiboLok）。上山的代表把 ʃiboLok 與
kapœhœl 和 binbinlayən 支架扛回祭場時，場中男士唱跳第十五首
歌" mataLa no ʃiboLok "（等待臺灣赤楊），扛樹者未參加對
唱，在場中把 ʃiboLok 橫架起來，讓祭場中的男子跳取半斷的樹
梢，以及綁在樹幹上的芒草，最後由一預先選定的家族跳取
ʃiboLok 樹幹，拉下後眾人用力折成一段一段，丟到祭場外。取下
ʃiboLok 者由朱家主祭帶到祭屋中敬酒慶賀，圍著盛酒的臼唱跳第
十一首" binbinlayən "的第一調。

　　次日，賽夏族人到河邊再送矮人（patə'so soLaw），最後嬉鬧
解除矮人祭儀式狀態時，眾人仍是唱跳第十一首" binbinlayən "。

二、矮人祭歌與舞的指向：以" waLowaLon "爲
　　焦點

　　從五峰矮人祭歌舞的規則中，我們可以發現許多有趣而且有待
解釋的現象。首先，我們發現祭歌中有幾首歌特別突出，似乎有神
聖的地位，必須在特定時間面向東方，由朱姓（tition）領唱。而
且歌舞隊伍中的臀鈴隊伍另外分離排列出來，族人或者肅立或者配

以不同的舞蹈動作來唱這幾首歌。這些歌是：

第一首" raraol "招請之歌，在 rumaol（pakəʃaLo）迎「矮人」的清晨，朱姓（tition）祭團在主祭屋外面向東方立正，率先唱此歌，其他姓氏祭團隨後在各自的祭屋前唱" raraol "。

第七首" waLowaLon "，在連續三晚歌舞的第二晚午夜十二點，當火炬、米臼進入祭場後，全體賽夏族人面向東方在朱姓（tition）領唱下牽手肅立唱這首歌的第一節①。

第十二首" papa'oʃa "送行歌，在歌舞活動的最後一天清晨，舞隊面向東方，在朱姓（tition）領唱下，族人手拉手以跳躍步伐唱出此首歌。

招請之歌與送行之歌的神聖性與特殊性比較容易理解，但是" waLowaLon "這首歌為什麼這麼特殊？我在後文會嘗試討論這個問題。

其次，矮人祭歌的十五首歌（共三十四節，二百二十九句）在形式與歌舞儀式規則中可大別為三組：第一至五首，第六至十一首，第十二至十五首。其中第五首歌" æLim "共六節，每兩節（1、2/3、4/5、6）變換一個調，共三個調。並且，唱這首歌時舞隊開始跑動，以頭包尾，一開一合，與大多數祭歌的平緩舞步呈極大對照。第十一首" binbinlayən "也有三個調，歌聲與舞步較輕快活潑。第十一首歌（特別是其中第一個調子）像是不受拘束的歌，

---

① 苗栗南庄向天湖祭場於第一晚本祭 kistomal 的午夜十二點時，肅立唱" waLowaLon "。賽夏族人表示「矮人」回來的途徑是先到苗栗南庄，最後由新竹五峰歸去。

可以出現在許多的場合，是一首游動於三組間的歌，暫歸於第二組。

如果從祭歌包含的節數來看，第一至五首歌節數較多（4、3、4、3、6），第六至十一首節數較少（2、2、1、1、1、2），第十二至十五首也是很少（1、1、2、1）。可是第十二至十五首的演唱時間與節奏明顯地加快，與一至十一首的風格截然不同。這情況又與矮人祭歌演唱時的反覆規則有關。矮人祭歌的一個很大特色是每唱完一句都有再回轉重唱的情形，而且每完成一個句型反覆都會接一串虛字，因此每首祭歌演唱的時間拖得很長，整套唱完約需四個多小時。第一至五首因為節數多，加上句型反覆，演唱的時間特別長，共需兩個多小時。第六至十一首因為節數較少，雖有反覆，花費的時間較短。而十二至十五首演唱的時間特別快，總共十多分鐘。除了因為節數較少外，十四、十五這最後兩首曲調基本相同的歌是以12/23/34的形式反覆，更加縮短了時間②。總而言之，祭歌的三組段落演唱時間是一組比一組加快。再從虛字的變化來看，這三組祭歌的差別也很清楚，甚至讓人覺得虛字的存在意義之一是為了區隔這樣的不同，幫助演唱者記憶每組歌的特色。譬如第一至五首歌的虛字多出現於句末和一句型完成反覆的尾端（只有第四首在每一句型反覆之開端加一 yai）；第六至十一首的虛字除了出現在每一句型反覆的尾端外，與一至五首最不相同的是每唱一句的句頭

---

②祭歌大多是以1212/233/344方式反覆，只有第二首、第八首與第十二首以1212/2323/3434方式反覆，以及第十四首、第十五首是以12/23/34方式反覆。

都加虛字（參看前節表及胡台麗、謝俊逢1993）；第十二至十五首又恢復到和一至五首相同，只有句末和每一句型反覆尾端加虛字。為什麼矮人祭歌在形式上區分這三組歌？什麼樣的意涵與此種形式結合？

另外，我們會想知道矮人祭歌演唱規則中的一些附帶規則有沒有什麼特別的意義。例如，為什麼第一晚第三首與第四首的第三節及第五首的第六節不能唱；第十一首第一晚只能唱第一個調，第二晚只能唱第一、二個調，第三晚可唱第一、二、三個調，可是又要減成第一個調；第三晚第七首和第二首的第二節及第四首的第三節禁唱；第四日清晨唱第十二首送行歌之前要先唱第十首歌？

還有，令人困惑的是，矮人祭歌為什麼要以這麼奇特的反覆唱法呈現？五峰最後一日送矮人，為什麼上山砍臺灣赤楊（ ʃiboLok ）的人要反覆來去兩次，與祭場中的人以挑逗嬉弄的態度對唱第十五首歌後，第三次才把 ʃiboLok 帶入祭場？

我發現對於矮人祭歌詞意的進一層挖掘與探討，有助於上述問題的瞭解。我在這一節裡將以第七首歌 " waLowaLon " 作為討論的焦點。

矮人祭連續數日的歌舞活動中，" waLowaLon " 這首歌的地位實在很特殊，伴隨著米臼、火把、持芒草結的主祭，眾人在朱姓領唱下肅立，手牽著手唱出 " waLowaLon " 。唱完第一節，又有主祭以及其他姓氏代表站在臼上訓話（ kumawas ），氣氛非常肅穆。難怪賽夏族人提到這首歌時會說：「好像是我們的國歌。」

我向 bonaia kale 請教這首歌的詞意，他把他的父親告訴他的涵義述說如下（胡台麗、謝俊逢1993）：

"waLowaLon" 第一節

kaLinapi′ ka bongoL　　　以 bongoL（山豬肉樹）爲題
　　　山豬肉樹

Sai homilohilom　　　（我們被害落水而死）
　　　迫害

taboloe′ ka ni waLon　　　（看看是否你們要抛棄我們「矮人」）
　抛棄　　　「矮人」

moa′ila ′inimon　　　（去你們的地方）
　去　　你們

moʃa′ patənamolimoL　　　（一聲不響地走了）
　去

paLə′alo′iʃo′on　　　「你們要憐顧（我們）」
　憐顧　　你們

′iʃ′oon "waLowaLon"　　　『你們「矮人」』
你們　　　「矮人」

"waLowaLon" 第二節

kaLinapi′ ka bongol　　　以山豬肉樹爲題
　　　山豬肉樹

ray ʃaka′ koLokoLol　　　（我們走到取名爲「山」的樹橋上）
在　　　　「山」

ʃitiLil ray koLol　　　（從「山」橋落下，好像被吊著一樣）
吊下　從「山」

ray ʃaka′ LomahoroL　　　（過去的事有沒有忘記？）

manaLowa´ ´iʃo´on 　　　「你們要眷念（我們）」
　　眷念　　你們
´iʃo´on "waLowaLon" 　『你們「矮人」』
　　你們　「矮人」

bonai a kale 的解釋很清楚地指出 waLowaLon 就是「矮人」。矮人在哀訴過去被賽夏族人陷害，從樹橋上落水而死的事件，充滿被遺棄的悲怨之情。可是每一節的最後兩句又轉爲賽夏人的語氣，祈求矮人憐顧他們、眷念他們。換言之，這首歌在朱姓（tition）領唱之下，同時呈現了矮人和賽夏族人的敘事角度與心情。bonai a kale 又補充說「以前以報復的心把矮人消滅，但矮人走後生活變不好了，又再求他們回來，使賽夏人平安、豐收。」他並解釋唱第一節時立正是拒絕、趕走矮人，唱第二節時舞動是再請矮人回來。這首歌聽起來的感覺相當哀怨，句首的虛字和反覆句型尾端的虛字唱法很有特色，拖得特別長，尾音一直抖顫拉到底，好像要把心肺全部掏空。賽夏族人說唱這首歌會想流淚。

　　"waLowaLon" 的歌詞還有別的解釋。黑澤隆朝（1973）將 taro umao 父子（伊波幸太郎、趙旺華）提供的歌詞記音與解釋予以抄錄。其中 "waLowaLon" 部分的翻譯如下（余萬居譯）：

　　第一節：居於膚淺的想法／休了妻／她回娘家去了／雖是高
　　　　　　興地走，但是／反而可憐／妳，我的妻子
　　第二節：在山那邊，（我）／被綁在山邊／谷風吹過的地方
　　　　　　／想你！／妻子 waron 說

　　由這兩節的翻譯內容來看，waLowaLon 是一個被丈夫遺棄的女子的名字。第一節是以丈夫的語氣說出妻子被拋棄的事與對她的憐憫之情。第二節是以妻子的語氣敘述被遺棄後的處境與對丈夫的思念。但是，這樣的解釋似乎與矮人祭扯不上關係。

　　此外，林衡立主要也是根據 taro umao 的報導，再參酌另外一位趙姓族人 taimo malai 的說明，將“waLowLon”這首歌解釋成（1956）：

第一節：山豬肉樹之韻／違反己意／將棄 warun 之情人／
　　　　（彼）赴汝等之處／不情願的赴（汝等之處）／
　　　　「憐汝」／「warun 之輩憐汝」
第二節：山豬肉樹之韻／在對向連峰處／吊下於山頂／在曝風
　　　　之山坡／「眷戀汝」／「warun 之輩眷戀汝」

　　在這首歌的註釋中林衡立表達他的困惑。他聽報導人說這首歌是出妻離婚之歌，因此推測 warun（waLowaLon）為遭受矮人玷汙的賽夏族婦女，被賽夏人拋棄而從矮人。但是，這純粹是他的猜測，因他也知道矮人傳說並沒有提到被汙辱的婦女為賽夏丈夫拋棄的情節。雖然林衡立的報導人稱 waLowaLon 為賽夏婦女之名，林衡立比較傾向於 waLowaLon 指的是因婦女事而與賽夏成冤家的矮人，亦即「賽夏人稱矮人已不謂之 taai，而謂 warun」。第一節在林衡立看來是賽夏族人對「為矮人所汙而從矮人的婦女」訴說，第二節則「意義不明」（1956：40）。

　　究竟 waLowaLon 指的是一名婦女還是「矮人」的代稱？我訪

問了另一位五峰朱家嫡系的後代 maya a tabəh。她屬 bonai a kale
的姑媽輩（父之父之弟之女，69歲），是婦女中最會唱矮人祭歌
者。她說曾聽父親 tabəh a kale（那一代最會唱祭歌者）說
waLowaLon 是雷（biwa）下降人間，成為賽夏人的媳婦。她的原
名是 yo′æw，而 waLowaLon 是她的賽夏名，是朱姓（tition）為她
取的名字。賽夏族人也稱她為 koko yo′æw（koko 是祖母，年長婦
女之尊稱）。maya a tabəh 又表示小米（tata′）是 koko yo′æw 帶
給人間的糧食，她將採收的葫蘆瓜剖開，裡面就是小米。koko yo′
æw 在世時小米收成很豐盛。旱稻（pazay）則是矮人 koko ta′ay 叫
老鼠到石壁中偷旱稻種子，被朱姓祖先 baki aro 發現，拿來播種，
人間才生產稻米，以前皆為小米。朱家另一嫡系長老 tahəs a taro
說「waLowaLon 是最高地位的神，是矮人 ta′ay 的上級，請他時
要立正。」

　　五峰擅長唱矮人祭歌的錢火榮（ubai a ite，1938年生）和另外
幾位族人也告訴我 waLowaLon 就是雷女 yo′æw，她在賽夏的名字
叫做 waLowaLon。雷女 yo′æw 的傳說內容到底是什麼？我非常驚
訝地從 bonai a kale 的解釋中得知第六首祭歌" hiyowaro "唱的就
是有關雷女 yo′æw 的事蹟。而林衡立對於這首歌的翻譯則完全沒
有提及此傳說，他認為這首歌的意義不明。

　　依據 bonai a kale 的說明，第六首" hiyowaro "的兩節歌詞詞
意如下（胡台麗、謝俊逢1993）：

　　第一節：以 laro（柿子樹）為題／我的名字叫′aro′／從那裡
　　　　　　開始？／到那裡為止？／鐮刀、番刀、斧頭／

（人）不見了，只見芭蕉樹／芭蕉葉遮住，（人）
消失了。
第二節：以 ma′æw（山胡椒樹）爲題／我是 yo′æw′
æmaw／（我冤枉地死）／（好像用箭一射就消
失）／（娶回來活活弄死）／（本可輕鬆工作）

　　bonai a kale 進一步解釋 aro 是賽夏朱姓（titon）的第一位祖
先，他將由天而降的雷女 yo′æw 娶爲媳。開墾土地時 yo′æw 要′
aro′置三樣耕具，林木立即倒下，成爲良田。yo′æw 播下葫蘆種
子，葫蘆成熟剖開，裡面裝滿了小米。據說′aro′原爲瞎眼，yo′æw
摸他的身體和臉後就復明了。可是 yo′æw 不能摸煮鍋，′aro′卻逼
她摸鍋子，一摸，人就消失了，只見一株芭蕉豎立在那裡。
　　佐山融吉的《生番傳說集》中也記載了兩則與此類似的賽夏傳
說（1923：568-571）。一則是南庄獅頭驛社（garawan）採集的雷
神 riwainapira 下凡人間，成爲賽夏女婿之事。他在墾地四周綁繩
子、插刀子，瞬間樹木皆倒，完成開墾。他也種葫蘆，長出小米；
後來也爲岳父所逼摸煮飯鍋，轟然一聲消失，只剩一棵芭蕉。另一
則是在五峰大隘社採集的傳說。其中提到一個媳婦在轉眼間就把地
翻耕好，並播下葫蘆種，但遭婆婆責怪。最後結成的葫蘆裡面全是
小米，可是媳婦卻突然消失，只有一棵芭蕉樹長在她原來站立的地
方。
　　1963年陳春欽在南賽夏採集了風榮昇（kale a iban）講述的傳
說故事。其中「雷女出嫁」一則（1966：173-75）與五峰 bonai a
kale 的說法很接近。其中提到雷女 waung 下凡，幫助一位年輕人

taing 快速獵到野獸，並與他成婚。此年輕人的父親原來雙眼失明，娶媳婦後突然復明。雷女以茱刀、鐮刀圍置耕地，一下子就開墾清理完畢。有一日，她的公公勉強她去煮飯，一摸鍋子，人就消失，原地只留一株芭蕉樹。kale a iban 還說以前賽夏人不知道種小米 tataˊ，當矮人在世時由雷（biwa）教年輕人 taing 種葫蘆，葫蘆中有小米種子，播種後長成小米。kale a iban 沒有說雷女的名字為 yoˊæw，倒是很明白地說出她的名字是 waung（waLowaLon）。

祭歌第七首"waLowaLon"如果解釋為雷女 yoˊæw，與 bonai a kale 講述第六首"hiyowaro"就連成一氣，有其一致性。五峰的錢火榮（ubai a ite）就依照他對雷女 waLowaLon 的瞭解，將第七首歌"waLowaLon"翻譯成：

> 第一節：以 bongoL（山豬肉樹）為題／我（waLowaLon）被逼迫／把我"waLowaLon"給拋棄／（對我說）「妳乾脆去吧」／「妳去深山好了！」／「（賽夏人說）我們還要求妳 waLowaLon 幫助我們」。
>
> 第二節：以 bongoL 樹為題／已經到了深山／一個人孤零零在山中／已經過了山，看不到（waLowaLon）了／狠心地把她丟了／我們真正把她丟了，見不到了。

到現在為止，我們面臨的最大問題是：waLowaLon 究竟是指矮人，還是雷女 koko yoˊæw？如果是指雷女 koko yoˊæw，為什

麼，"waLowaLon"成爲矮人祭 paʃtaʹay 祭歌中十分重要而神聖
的一首歌？我想提出「多重意象」，亦即「疊影」文化現象的詮
釋：waLowaLon 是被賽夏人尊稱爲 koko yoʹæw 的雷女，也引伸
爲被賽夏人設計陷害的矮人。這兩種意象在唱"waLowaLon"這
首歌時疊合在一起。

三、kokoʹ與 taʹay 的疊影：paʃtaʹay 原型的探討

另外，有一個現象很值得注意。賽夏族人在提到矮人 taʹay
時，前面會連 kokoʹ，亦即 kokoʹ taʹay。kokoʹ是稱呼祖母輩的女
子，baki 是稱呼祖父輩的男子，通常在尊稱後面連接這個人的名
字。taʹay 是女的嗎？爲什麼前面要加上 koko 的稱呼？林衡立也注
意到這個問題（1956：52-53）。他提出 taʹay 爲矮人或矮族的泛
稱，但若依性別區分，矮男以 taʹay 稱之，矮女以 toway 稱之。
koko 是祖母或老婦之通稱。矮人祭 paʃtaʹay 時的招迎儀禮，主要
是對 koko 供薦。林衡立將 koko 譯爲矮祖姒，認爲是矮族中的年長
婦女而非賽夏族的祖母輩。我向賽夏族人請教這個問題時，他們會
說只稱呼 taʹay、toway 不禮貌，加 koko 是尊重。taʹay 可以是矮人
全體的通稱，不分男女，可是基本上 taʹay 是男矮人的名字。taʹay
和 toway 是指特定的兩個矮人，只有他們兩個沒有落水淹死；有些
賽夏族人因前面加了 koko，所以覺得 koko taʹay 是女的（否則照
理說應該是 baki taʹay）。無論如何，平時賽夏族人都是 koko taʹay
連在一起稱呼，或者只以 koko 代稱，而省略了 taʹay。例如，他們
會說：「這是 koko 交代的事」，「我們要向 koko 祈求」。矮人祭

歌的第一首" roraol "（招請歌），一開始就唱道：kaLinapiˊ kalaroˊ（以柿子樹爲題），taraol ila kokoˊ（我們已招請了 kokoˊ）。這首歌的第二節才出現 ila taˊay ki toway（taˊay 和 toway 來了）。

　　前面一節已提出 waLowaLon 有人解釋爲矮人 taˊay 的代稱，有人認爲是雷女 koko yoˊæw 的名字。有的報導人簡單地說 waLowaLon 就是 koko taˊay。還有一位與 bonai a kale 同屬朱姓（tition）嫡系的長老認爲，waLowaLon 是一位最高地位的女神，koko waLowaLon 由天上下降人間，教導賽夏族人。taˊay 之前加 koko 如果是對 taˊay 的尊稱，確實也令報導人疑惑，爲什麼 taˊay 是女的？而事實上 taˊay 是男人的名字，最多只能用於代表矮族的一個通稱。

　　黑澤隆朝曾將五峰大隘村伊波幸太郎（taro a umao）的筆記內容抄錄下來（1973）。除了矮人祭歌詞外，還有關於女神 koko 的記述：遠古時代，賽夏族有一位很偉大的女神，名 koko，教人許多事，女神吩咐人們每年舉行兩次盛大祭典，一次是播種祭（kistomokohan），另一次是收割後的祭儀。播種祭在二月左右，收割後祭在十月左右。作物大部分收割完時，把當年收穫的粟、稻做成米糕獻給神，這便是現在還在舉行的paʃtaˊay 祭。女神 koko 的時代一直持續著這兩種祭儀。她原來叫朱姓的人擔任類似民政官的職位，叫趙姓的人主持祭儀。可是趙姓的勇敢有餘，而朱姓的反而精於祭典，所以又叫他們互換職位。後來女神 koko 過世了，由住在岩洞裡的男神 taˊay 和女神 toway 共同治理。每逢祭期來臨，賽夏族的青年以箭射岩壁，他們就出來。聽到迎神之歌" raraol "

時，便來到廣場。Taro a umao 的筆記對於 paʃta´ay 祭典的由來作如下的敘述：賽夏族在 ta´ay 神的統治下，享受盛平的生活，可是 ta´ay 神的一族有行為不端的男神，性好女色，每次祭典時或巧遇途中時蹂躪賽夏婦女。一賽夏族青年目睹妹妹被欺凌，決心復仇除害。有一日，他毀傷枇杷樹橋，使坐在上面乘涼的 ta´ay 族人落水淹死。未死者把有益於人的教訓編入歌詞，同時教賽夏人 paʃta´ay 祭的做法，建議把每年多次的祭儀合併，然後沿 sikay 河向東方走去。此後，賽夏族都在收穫結束之後舉行 paʃta´ay 祭儀。

以上記載極有趣的一部分是涉及了 paʃta´ay 的原型：女神 koko 時代的收割後祭演變成後來的矮人祭 paʃta´ay。在女神 koko 之後的世代，岩洞中的 ta´ay 前去參加賽夏的收割後祭典，可是有的矮人在祭典中汙辱賽夏婦女，遭賽夏人報復，全族消滅殆盡。劫後餘生的矮人教賽夏人矮人祭 paʃta´ay 的做法，並把訓誨之詞編入祭歌。之後，原先的收割祭變成了矮人祭。

如果把上述說法與小川尚義、淺井惠倫在1930年代收集的賽夏族大隘社的傳說（1935）相對照，有若干差異。小川等的紀錄大意如下：太古時賽夏族人聽到岩洞中傳來歌聲，發現了矮小的人。矮人說：「我們是稱為 ta´ay 的人，我的妻子叫做 toway。來，我們來唱 paʃta´ay 矮人祭的歌！」於是就教賽夏朱姓和趙姓的人唱祭歌，趙姓的人學不會，朱姓的人學會了，就把 paʃta´ay 祭儀委交朱姓執掌。接著，矮人說：「我們舉行矮人祭典！當你們收穫粟時，就舉行開始割粟的祭典！」賽夏人藉矮人的協助舉行割粟祭典，粟的收穫量會增多。賽夏族人與矮人親睦相處，共同舉行矮人祭典。不過矮人常在唱歌時非禮婦女，賽夏人氣憤之下將山枇杷樹橋割

傷，矮人到橋上納涼，聽到怪聲，問嫂嫂是什麼聲音，嫂嫂說：「沒什麼事，是膝蓋關節在作響。」樹橋斷裂，都落水而死，只剩ta´ay 和 toway 二人倖免於難。矮人留言給賽夏人：「我們將去濁水（在東方），今後你們舉行矮人祭時應舉行一年，休息一年，我們不會再讓你們看到。如果你們有一點不良行為時，我們會鞭打，使你們暫時昏死，經朱姓的綁芒草結後才能復生。我們要走了，要把山棕葉撕破再走！」以前山棕葉如同芭蕉葉，未被撕開，是矮人邊說以下的話邊撕裂的：「撕破這一片，是表示山豬將會來吃你們的農作物。再撕這一片，表示麻雀將吃你們的農作物。又撕這一片，表示害蟲會糟蹋你們的農作物，百步蛇將咬你們全族……你們不會有真正的豐年。」說完便走了。

這兩段敘述都顯示 paʃta´ay 是矮人族群原來就有的祭典，教給賽夏族人，融入甚至取代了賽夏族原有的收穫祭儀。矮人對賽夏族作物收成的貢獻以及被陷害後對賽夏族作物歉收的詛咒，都顯示矮人祭與收穫祭儀的密切關聯。

古野清人（1945）也注意到 paʃta´ay 這個祭典「暗示著與農耕的豐收有密切的關聯」，而且「此祭典在 ta´ay 族仍存在時，每年舉辦一次」。可是他在為 paʃta´ay 下定義時卻說：這是祭拜 ta´ay 的祭典，是賽夏族人為安慰被他們害死的 ta´ay 族鬼靈所舉行的大祭典。這種解釋固然有其真實性，卻很容易讓人以為 paʃta´ay 是矮人死後才有的祭典，ta´ay 也因此譯為矮靈。我以為 paʃta´ay 譯為矮人祭比較恰當，許多文獻都指出 paʃta´ay 是矮人生前就有的祭典，而且傳說中並不是所有的矮人都落水而死，成為矮靈。bonai a kale 在解釋祭歌第九首 "əkəy" 時也提及矮人早期在 SiboL 河地區

舉行 paʃta'ay，賽夏人架橋過河參加。paʃta'ay 原來是矮人的祭典，後來賽夏人的收穫祭變成矮人祭。這樣的理解讓我們可以思考 koko' 與 ta'ay 的連結。

tata' 小米是 koko yo'æw（waLowaLon）的，pazay 稻米是屬於 koko ta'ay 的，我在前節已引述 maya a tabəh 這段話。目前五峰賽夏矮人祭在 rumaol 唱招請之歌時，朱姓祭團把臼推到祭屋門外，一定要舂打小米 tata'，然後將此小米蒸的米糕（tinobən）獻祭；其他姓氏祭團則舂打糯米（屬 pazay 類），不必用小米。

古野清人（1945）在描述賽夏族播種祭（pitaza）時，特別提到在祭田中播的是小米種子，先有小米才有稻米，小米 tata' 是「最純正的東西」。而他觀察的 paʃta'ay 是在稻子差不多成熟時舉行。小島由道等（1917）則記載以往賽夏族人在每年稻子收穫之際邀請矮人來一同舉辦歌舞。陳春欽記錄的 kale a iban 的報導（1968）是說當稻子成熟舉行 paʃta'ay 時，矮人就來參加。我請問 bonai a kale 以前 paʃta'ay 的時間如何決定。他說以前是 tata' 小米收割（kitata'）、稻米收割（kipazay）以後一個星期或十天開始結芒草約期（papœ'œ'），可是田中要留一點粟稻給 koko tata' 看，否則 koko 一生氣，就不會給福氣。

我們可以據此推測，賽夏的收穫後祭典要祈求、獻祭的對象最早應是 koko yo'æw（她種葫蘆，剖開出現小米，使小米收成豐盛），其次是幫助他們粟作和稻作豐收的矮人。矮人被害後對他們作物的詛咒，令他們十分憂懼。原來收穫後祭的祭拜對象 koko yo'æw 之上疊壓了 ta'ay 的影像，因此變得模糊不清。

paʃta'ay 祭歌的另一個現象可以支持這樣的推論。祭歌的每一

章節都是以 kaLinapi 加上一種植物為起頭，而且以反覆句型演唱。賽夏族的歌謠中還有沒有以這種形式呈現的呢？bonai a kale 和 maya a tabəh 告知還有播種歌 " kistomokohan " 和除草歌 " kisromasezan " 是以 kaLinapi 加上一種植物起頭。" kistomokohan " 的反覆句型是：12／23／34，" kisromasəzan " 則是以1212／2323形式反覆。他們說播種祭（pitaza）時唱的 " kistomokohan " 是 koko yo′æw（雷女 biwa）教 baki aro 唱的，分成三節，賽夏族後來不論是播粟種還是稻（pazay）都要唱 " kistomokohan "。除草歌 " kisromasəzan " 有三節，男的唱的音調與女的音調不同，但歌詞相同。基本上，這兩首歌可以說是與 paʃta′ay 祭歌同類的歌。他們說 kaLinapi 起頭的歌都是 koko ta′ay 教的歌。至少我們由他們的解釋得知有些是 koko yo′æw 教的歌，有些是 ta′ay 教的歌。baki aro 被視為朱家最大的前輩（tatini），他從 koko yo′æw 處學得與小米耕作有關的歌，已經奠定了朱家在粟作祭儀中的地位；後來 ta′ay 教唱 paʃta′ay 的歌，也是朱家先學會，從口傳中可看到朱家從 koko yo′æw 時期到 ta′ay 時期，在粟作與稻作祭儀中的優越性。

　　bonai a kale 說播種祭（pitaza）時要穿和 paʃta′ay 時一樣的祭典衣服，他的父親有時也穿祭衣唱除草歌，以求豐收。至於賽夏族另一重要的祭儀祖靈祭（paʃbaki）則不需穿祭衣，唱的歌不以 kaLinapi 起頭，也沒有句型輾轉反覆，只是每一句重複一次（11／22）。paʃta′ay 一方面向 koko′、ta′ay 祈求豐饒，另方面好像 koko′、ta′ay 親臨祭場，由朱家主祭站在臼上代表他們向賽夏族人訓話，全族群在此時刻高度凝聚，與 koko′、ta′ay 合而為一。

　　根據 bonai a kale 的翻譯來檢視 paʃta´ay 本祭（kistomal）之夜（一定是粟稻收割後的滿月之夜）所唱的第一至五首祭歌，可以發現有許多章節與稻穀、糧食、小米有很大關聯。還有一個現象是除第一首" raraol "第一節提到 koko、第二首" roLi' "第三節提到曝曬小米，和第五首" æLim "第三節提到播種及收穫小米 ta´ta 外，其餘章節 ta´ay 的意象比較強。我將一至五首的章節大意敘述如下表2（胡台麗、謝俊逢1993）。

　　這五首歌對於稻子、小米等食物的關懷非常明顯。矮人是在稻子已成熟，小米已收割曝曬的時候來的！據報導人說小米（ta´ta）以前播種的時間較早（約農曆二、三月），聽到一種小鳥叫" tokəl "就要播種了，約三個月可收穫。陸稻（pazay）較晚播種（約農曆三、四月），要120天以上才收穫。由此推想，小米先收割曬乾時，稻子正值收割期。多數稻子之總稱為 pazay，有趣的是歌詞中除用 pazay，尚用 roway（或 soroway）。bonai a kale 解釋說 pazay 是賽夏族的用語 ，而 soroway（roway）是 ta´ay 族的用語。第三首歌第一節，ta´ay 落水成鬼魂，要賽夏族人應如稻子（pazay/roway）般照顧他們；第二章第一節也指出「我們沒有 soroway（pazay）要如何招待 ta´ay？」顯示 ta´ay 與稻子之間的親密性。

　　我發現第一天歌舞之夜（kistomal）第一到第五首祭歌中不能唱的部分：第三首第三節，第四首第三節，第五首第六節都和食物有關。我也請教過 bonai a kale 為什麼不能唱，他說第三首第三節說「食物很少」，第四首第三節說「一無所獲」，不好，不能唱。第五首第六節可能與矮人被害，作物歉收有關。第三晚送歸之夜除

了第一首招請之歌唱一遍不再唱，已準備送走 koko ta′ay 之外，第
二首第二節與第四首第三節不唱的理由似乎也與穀物有關。第二首
第二節是說沒有稻子招待 ta′ay，第四首第三節說穀物未熟變成野
草，一無所獲，都是歉收的意思。bonai a kale 說沒有收成，對不
起矮人。

表2　第一至五首祭歌章節大意

歌號／歌名	節數大意
1.raraol	(1) 我們已招請 koko，以食物供奉。
	(2) 我們矮人 ta′ay 和 toway 沿河來了。
	(3) 我筋疲力盡，還沒走到開墾地看成熟的穀子。
	(4) 在路上以草作標示，發現路標在高處。
2.roLi′	(1) 賽夏族人如同台灣赤楊 ʃiboLok 般繁衍散布。
	(2) 我們沒有稻子，要用什麼招待請來的矮嫂 towanay 和 ta′ay 與 toway？
	(3) 小米收成後要好好曬乾。
3.ka papabalay	(1) 為何你們衝動地害我們（矮人）落水成為鬼魂？應該如稻子般照顧（否則收成會不好）。
	(2) 你們煮食要適量，不可浪費糧食。
	(3) 即使是白茅根莖（那樣少的食物），你們也要分食。
	(4) 你們要小心 san′i（會咬人）這種動物。
4.bœLœ′	(1) 要好好照顧如小鳥飛走般出嫁的女子。

⑵　妳（媳婦）不要懶惰不煮菜，任其枯乾；懶得
　　揹籠子，任其斜掛一邊。

⑶　不要穀物未成熟就離開，變成野草，一無所
　　獲。

5.′æLim 　⑴　巡視開墾地，稻穗已完全熟了。

⑵　（你們如不聽訓誨），會被旋渦捲走，任水擺
　　布，什麼都看不見了。

⑶　小米播出去了，會長得很均勻，結穗後令人歡
　　喜。

⑷　聽見蟲鳴聲，只聞水聲（我們不能再工作
　　了）。

⑸　嫂嫂說（樹斷）是膝蓋作響，（我們矮人）失
　　足跌倒，落入旋渦。

⑹　你們要往山中，在乾燥土地上耕作會有聲響，
　　好好耕作才會有收穫。

由祭歌的結構與涵義看來，第一至五首除第一首第一節有 koko 的
意象，其餘大多是以矮人的口氣表達沿河歸來賽夏聚落的情形以及
對賽夏族人的叮嚀教誨，並敘述被害落水而死的幽怨心情。另有一
部分是以賽夏族人的身分表示招請、款待矮人之意。換言之，第一
到五首可視為以矮人 ta′ay 為主的祭歌，而 paʃta′ay 本祭之夜也是
以此五首歌為主。可是第一首一開始有招請 koko 的意象，第五首
也談及小米 ta′ta 的播種與收穫。唱第五首歌時跑動，bonai a kale
說「跑」是矮人帶偷懶者去看勤奮工作者豐收的田地。第一至五首
歌的底層有 koko 的影像。

　　前文已提到第六至十一首歌從節數、虛字和演唱規則來看，另成一體系 。若從詞意分析，也是如此。第六首歌 " hiyowaro " 是一個轉折，提到雷女 koko yoʹæw 和朱姓的祖先 baki aro，而且也是以他們的口吻唱出過往的事跡。第七首 " waLowaLon " 我們已花了許多篇幅討論，我以為是 koko yoʹæw 和矮人意象的重疊。但在 bonai a kale 的詮釋中，矮人的意象已強過雷女的意象：一方面是「矮人」的訴怨，另方面是賽夏人的祈求。第八首 " æʹœngəl " 的涵義是說：「我們『矮人』好像來到黑暗處，看不見了。」第九首 " ʹəkəy " 的歌詞最後也出現 waLowaLon。據 bonai a kale 的解釋，這首歌在回憶以往矮人與賽夏族人的交往，賽夏族人過河參加矮人的祭典。不過第六首歌以後未再出現 taʹay 的字眼。

　　第十首歌 " kaptiloloL " 的內容談到織布，有人擅織美麗的紋樣。究竟何所指，bonnai a kale 未說明。不過最後一日 papaʹoʃa 清晨唱送 koko taʹay 的歌前，一唱到第十首 " kaptiloloL " 時就意識到分離的時刻了，這首歌的曲調與虛字也拖拉得十分淒惻，有些人邊唱邊流淚，我也有這樣的經驗。maya a tabəh 說：「koko taʹay 走之前對賽夏人說我在的時候你們很會織布，我走了，你們就不會織布了！」她對最後兩句的解釋是 tinibotibonan（眼睛中有白翳，即眼睛會花掉），ʃiyaLoʹ maləngəl（以針一直穿）。她還說最早教賽夏族人織布的是來自海底的女子 katætæl，可是 " kaptiloloL " 這首歌並沒有說到 katætæl 的事。

　　第十一首歌 " binbinlayən " 相當特殊，以三種曲調唱出。這首歌曲調特別輕鬆活潑，好像最不受拘束，祭典三個晚上都可以唱，只不過唱的調子有所規定，而且 paʃtaʹay 結束後還可以唱。bonai a kale 認爲這首歌包含了另一則傳說：一個女子突然出現，爲四個賽夏男子煮飯，後來這四男以此女爲妻，生一女給第二男爲妻，再生一女給第三男爲妻，再生一女給第四男爲妻，由原來的四人變爲八人。歌詞中第一節叙述將一女帶到牆角，將她佔有，予以照顧。第二節則說魚腥草開花了，由四朵變成八朵，都是自己的。bonai a kale 說此女子的名字是 katætæl，可是並沒有提到她與織布的關係。陳春欽（1966：170-73）記述了南庄 kale a iban 講述的織女 katætæl 由海底出來，與賽夏男子成婚，教賽夏人織布，之後又爲賽夏人逼走的故事。如果把這傳說與第十首和第十一首歌合在一起看，非常有意思，似乎 koko yo´æw 和 ta´ay 之外，又重疊了一個織女 katætæl 的意象。不過這個意象不是 paʃta´ay 的主題，與"waLowaLon"所強調的 koko yo´æw 和 ta´ay 無直接關聯。也許正因爲如此，第十一首歌可以有較大的彈性，賦予其他的意涵。bonai a kale 表示唱第一調時是說明賽夏出生之地（洪水後由大霸尖山下來，繁衍孫子之事），第二個調是說明近親要防止結婚，唱第三個調是聊天歡樂性質。朱家另一位嫡系傳人 tahəs a taro 說此首歌唱三個調表示 koko ta´ay 再三叮嚀不可忘記，企圖將第十一首歌再與主題相連接。畢竟 koko、ta´ay 是 paʃta´ay 最鮮明的意象。總合來看，第六至十一首歌與一至五首歌不同，歌詞中並沒有提到 ta´ay，可以說與矮人的關聯比較淺。反而是 koko yo´æw、waLowaLon、織女、海底女子等女性的意象比較清晰，具有作物生長、子孫生殖等與族群生存休戚相關的內涵。從祭歌與祭儀的結構安排可以看出 ta´ay/koko 兩種層次的區分與疊合。

　　koko yo´æw 與 ta´ay 意象的轉接與重疊還可以用兩種植物來象

徵。賽夏族人都知道矮人離去時邊撕山棕葉（banban）邊詛咒賽夏農作物歉收的這則傳說。「以前山棕葉片和芭蕉葉片一樣，是完整的一片，沒有裂開。矮人撕山棕葉片，幸好最後葉尖部分沒有撕裂，否則賽夏族就完了。」從雷女傳說和祭歌的歌詞描述，我們知道芭蕉樹是 koko yo´æw 消失後的代表。由 koko yo´æw 化為芭蕉到 ta´ay 將原來似芭蕉葉的山棕葉撕裂，可以看到 koko 到 ta´ay 的連續性。林衡立（1956）在翻譯小川尚義等（1935）採集的這段傳說時，於「山棕」之後加上：（舞帽 kirakil）之說明，於芭蕉葉之後加上：（舞帽 ringringa´La）的說明。我在田野也聽說以前祭帽 kilakil（過去戴在頭上，現在歌舞時扛在肩上跳動）有二種做法，一種是長方形的，由錢家（ʃaLawan）負責做；另一種圓形像米篩形狀，由朱家（tition）負責做。五峰的錢家表示他們跟著南庄的潘家（同樣是 ʃaLawan）主持另一個重要的祭典祈天祭（onio，南庄稱 aowaz kakawas），祭拜的對象比矮人還大，他們認為就是雷女（biwa）koko yo´æw。這樣看來 paʃta´ay 歌舞祭典期間活躍於歌舞祭場的祭帽 kilakil，就成為 koko 轉化的芭蕉與 ta´ay 撕裂的山棕葉的表徵，彷彿 koko yo´æw 與 ta´ay 來到祭場，與賽夏族人同歌共舞。

四、主祭與 koko ta´ay 的疊影：送別儀式劇的分析

最後一天晚上歌舞到天明，旭日初升，陽光灑下時，paʃta´ay 歌舞就進入第十二首到十五首送別的部分。這個部分歌舞的節奏變快，再加上一隊人上山砍臺灣赤楊（ʃiboLok），去而復返三次，

與場內人對峙，然後折斷 ʃiboLok、丟掉樹幹等一連串戲劇性的動
作，真像是一幕高潮起伏的儀式劇，非常精彩。這個過程我已在第
一節大致作了描述，可是到底他們在演什麼？這些舉動有什麼涵
義？這是我最有興趣探究的部分。但是，常陷入一團迷霧中，好像
明白了，一下子又變迷糊。終於發現這又是一個疊影現象造成的視
覺和思考上的錯亂。

在前面一節，我已敘述了 koko 與 ta'ay 兩個意象的重疊。可
是對目前參與 paʃta'ay 的賽夏族人來說，這祭典最鮮明的影像還是
矮人。通常 koko ta'ay 合在一起唸，或以 koko 簡稱。他們本身對
於雷女 koko yo'æw 會與 paʃta'ay 祭歌中的 waLowaLon 影像合在
一起也有些迷惑，甚至認為 waLowaLon 只代表矮人。南庄賽夏族
人還產生將 baki aro 、koko yo'æw 都視為矮人的說法。從唱第十
二首 " papa'oʃa " 開始，都是由擔任 paʃta'ay 祭典的朱姓（tition）
主祭（aza）發動、引導。他指導將主祭屋中所有的芒草結丟掉，
唱 " papa'oʃa " 送歸歌時眾人又在主祭帶領下把身上所有的芒草結
丟掉。這段期間朱姓主祭派遣各姓代表在朱家領導下，去山上砍臺
灣赤楊（ʃiboLok）。各姓代表出發前，主祭親自在主祭屋前請他
們吃米糕（tinobən）和喝酒。他們第一次上山空手返回祭場，準
備第二次上山真正砍 ʃibLok 時，主祭在祭場中再次請他們喝酒、
吃 tinobən。第三次上山帶 ʃiboLok 返回祭場時，眾人先爭跳樹
梢，再爭跳綁在樹幹上的芒草結，最後，由特定姓氏家族子弟（要
看有無人事先要求拉取 ʃiboLok 樹幹，而十年大祭五峰一定是夏姓
家族拉取）在主祭帶領下，一個個嘗試跳取 ʃiboLok。拉取下
ʃiboLok 者，主祭將他帶到主祭屋內，以特別準備的酒與米糕請他

吃喝，此人再返家，宴請主祭和所有朱姓族人。

朱姓主祭的這一連串動作是什麼意思？芒草結代表什麼？臺灣赤楊（ʃiboLok）代表什麼？爲什麼唱完第十三首"alibih"緩行歌後祭場內的人分爲兩組？爲什麼祭場中一組人與去山上砍樹的人對峙？爲什麼對唱時的表情既像是挑釁的敵對雙方，卻又帶挑逗、嬉鬧的成分？爲什麼第十四首歌"korkoroy"的歌詞「要砍者小心」？爲什麼雙方對唱第十五首"mataLa no ʃiboLok"（等待臺灣赤楊）歌時，歌詞強調「誰怕ʃiboLok」？更重要的是：爲什麼要跳取ʃiboLok樹幹？跳取者爲何受到主祭特別款待？又爲何要回請朱家？

我從1986年起，看了四次paʃta'ay（1988, 1990, 1992），把握機會請教主祭和其他族人，逐漸地對送別儀式劇有了較深刻的體會。我把我的理解綜合敘述如下。

最關鍵性的一個概念是：朱姓主祭代表koko ta'ay，他甚而就是koko ta'ay，與koko ta'ay的影像重疊。我們知道朱姓是paʃta'ay祭歌和祭儀的傳承者。五峰的朱姓主要分爲三支。第一支是最純正的直系傳人；第二支和第一支祖先爲同父異母，可是也算是正統朱姓；第三支則是朱姓的養子系統。bonai a kale（1986年十年大祭主祭）和tabəh a taro（1990年主祭）是朱姓第一支，其中十年大祭必須是第一支的人當主祭。bonai a kale的祖父ubai a kale是tahəs a taro祖父tabəh a kale的長兄，他們二人雖然都是長子，但就賽夏族重長子系統的傳統來看，bonai a kale是目前五峰朱姓系統中最重要的代表。每一次paʃta'ay的朱姓主祭人選都要看是否當年有別的姓氏（awuma）的人要求跳取台灣赤楊（malika linlao或

malika ʃiboLok）而定。如有人提出「取台灣赤楊（ʃiboLok）」的要求，那年的主祭就要由朱姓第一支和第二支產生。如果沒有人提出此要求，則由第三支養子系統產生主祭，那年就以山胡椒（maˊæw）取代台灣赤楊（ʃiboLok）。

原先，我對於朱姓主祭以酒、米糕（tinobən）款待一組人上山砍台灣赤楊（ʃiboLok），再回祭場拉下 ʃiboLok 將它折斷的過程，直覺地感覺與賽夏族人把矮人坐的樹橋弄斷，將矮人消滅的事件有關，似乎是該事件的重演。後來發現這樣的想法並沒有不對，但只看到一個面向。我詢問朱家和其他姓氏的幾位長老，他們都共同提到一點：朱家主祭代表 koko taˊay，是「演 koko taˊay 的角色」。而下面在祭場的是賽夏族人，與從山上回來的一組是敵對的雙方。我聽到在祭場這組人的一些說詞：「對方是主祭正式派出的，我們向他們挑釁，我們是壞蛋。」「我們要送他們回去，他們不肯，koko taˊay 要反抗我們！」另外，上山返祭場的一組人有的說：「他們（在祭場的人）好兇喔！」可是這組人同時把主祭給他們吃的米糕拿在手炫耀，好像向祭場的人表示「我有吃的，你沒有！」bonai a kale 有一次對我解釋：「去山上取 ʃiboLok 的代表 koko taˊay，各姓都去了，代表 koko taˊay 去了，所以身上綁芒草。山上的人與祭場的人對抗，互不相讓。」

朱姓主祭代表 koko taˊay，派 koko taˊay 這方的人上山去找尋 ʃiboLok。在他們的解釋中 ʃiboLok 是屬於 koko taˊay 的，是 koko taˊay 給予的福氣（包括豐收、財富等）。但是這「福氣」是 koko taˊay 給朱姓的，其他姓氏的人想要拿 ʃiboLok（福氣的象徵），必須向朱姓求取，是朱姓給他們的恩惠。他們因此虧欠朱姓，在取得

ʃiboLok 後要回報朱家。每次 paʃta'ay，朱姓主祭都會先上山選取一株合適的 ʃiboLok，他們說這棵樹是 koko ta'ay 指定的，主祭代表 koko ta'ay 找到這株樹後就綁上芒草，表示此樹屬於 koko ta'ay。上山的一隊人第一次在山上只是找到這株樹的位置和砍取支撐它的支架，並把芒草交叉綁在前胸，返回祭場與祭場中一隊已脫去祭服的人對峙。主祭在此時再度以酒和米糕（tinobən）款待要上山者。他們第二次上山砍台灣赤楊（ʃiboLok）時，砍第一刀的一定是朱家的人，然後其他的人圍樹輪流接住同一把刀柄，一人砍一刀，直到樹倒。砍之前唱第十四首" korkoroy "，歌詞唱道：「注意，不要無精打彩（以防別人設陷阱）」（kawaʃaw ka'aliling），好像 koko ta'ay 在防備意外的發生。ʃiboLok 最後一定要向東方倒下，而且必定是由朱姓的人接住倒下的台灣赤楊，樹身不能碰地。接著將樹抬到一處比較接近山下的地方橫架起來，在樹幹上綁芒草結，而第一個結也要由朱姓的人綁。上山的人再度空手返祭場，與場中的一隊人對唱第十五首「等（砍）台灣赤楊（ʃiboLok）之歌」。他們又折返山上，第三次才把 ʃiboLok 及支架帶回祭場，好像顯示 koko ta'ay 給的福氣沒有這麼容易取得。他們在路上似乎也一直在防備賽夏人的突襲。

　　由山上回來的這隊人代表 koko ta'ay 這方。他們把 ʃiboLok 樹幹橫架起來，但不參加祭場中跳取樹梢、樹幹上芒草結以及最後跳取 ʃiboLok 的活動。bonai a kale 說明把 ʃiboLok 樹梢搖斷，表示在等的人原來沒看到 ʃiboLok，一直到搖下有聲音時才知道 ʃiboLok 來了。接到樹梢的人得到 koko ta'ay 給他的一個福氣。只要家中沒有人懷孕的男子皆可去跳取 ʃiboLok 樹幹上的芒草結，以取得福

氣。不過最大的福氣是屬於要求拿取 ʃiboLok 的那個人。此人的兄
弟輩和子姪輩都有資格和他爭。此時朱姓主祭手中捧一個小碗，裡
面裝小塊米糕（tinobən），放在每一個要跳取 ʃiboLok 的人手中，
然後牽他的手，拉到橫架的 ʃiboLok 底下，叫他把小塊米糕往上
丟，接著跳取 ʃiboLok 樹幹。bonai a kale 認為這是測試是否跳的彈
性可以抓到 ʃiboLok 樹幹。等到有一人把 ʃiboLok 抓下，主祭趕快
拉他返回主祭屋，敬他一杯酒和給他特別準備的米糕
（tinobən）。他們說這是 koko ta'ay 賜的酒和米糕，是很大的福
氣。在主祭屋內慶賀之後，取到 ʃiboLok 的人再在家中款待朱姓主
祭及所有朱家的人，也同時感謝他們所代表的 koko ta'ay。

有趣的是另外一個面向的解釋也同時並存。朱家主祭除了代表
koko ta'ay 去取 ʃiboLok 以外，他仍然扮演著賽夏族長老的角色，
他指派到山上找 ʃiboLok 樹的人仍然未脫除賽夏族人的立場和角
色。bonai a kale 在另外一次訪談中吐露：「去山上取 ʃiboLok 樹的
人與 ʃiboLok 樹是敵人（ala），彼此害怕。上山的人在胸前交叉綁
芒草是保護身體，以防 ʃiboLok 倒下時受傷。砍 ʃiboLok 之前舉雙
手唱跳 "korkoroy"，提醒要小心。唱砍臺灣赤楊之歌時舉雙手是
表示：你來啊！我不怕你，誰怕 ʃiboLok？」上山的人三番兩次返
回祭場，祭場上的人與之對唱：「等待 ʃiboLok，ʃiboLok 來了，
誰怕 ʃiboLok？」由此可見 ʃiboLok 也代表以往賽夏族人報復的對
象 ta'ay。可是這個層次的意義朱姓似乎不太願意提及，因爲朱姓
主祭念茲在茲的是，他是 koko ta'ay 的代表，應從 koko ta'ay 的立
場想問題。

有一年（1992），bonai a kale 指導 paʃta'ay 朱家主祭之子上

山砍取 ʃiboLok 之事。他告訴主祭之子：「朱家帶領各姓去找矮人的『橋』，便是 ʃiboLok。」又說：「斷橋是我們主謀（朱家一個女孩被矮人欺侮），我們要請別姓幫我們一起斷橋。」所以最後在跳取 ʃiboLok 時，bonai a kale 要主祭之子從小碗中拿小粒米糕（tinobən）放在要跳的人手中，同時對此人說：「這是糧食（或信物），你要幫我們把橋弄斷！」最後把臺灣赤楊（「橋」拉下來）的人，朱姓主祭把他帶回主祭屋慶功。至於來來回回往山上取臺灣赤楊，是去偵察樹橋在那裡。下山對族人說找不到，吊他們胃口，族人很生氣。這位報導人講述的解釋讓我吃一驚，可是又很符合賽夏族人與矮人對立的說法。ʃiboLok 拉下後，祭場中的賽夏族人那種奮不顧身、爭先恐後把樹幹折斷的景象，真像是一場激烈的戰鬥，要把敵人打敗。另有人解釋為：代表 koko ta'ay 給的福氣的 ʃiboLok 被人拿走後，剩下的不好的要把它弄斷丟掉。bonai a kale 說 ʃiboLok 是 koko ta'ay，折斷 ʃiboLok 是送走 koko ta'ay，如果很容易折斷，快速地斷成一節一節，表示 koko ta'ay 很高興。假使一直折不斷，表示有懷孕的人在現場觀看，koko ta'ay 很生氣。

為什麼跳折樹時 koko ta'ay 不喜歡懷孕的婦女觀看？bonai a kale 說以前是賽夏的女子被矮人欺侮而懷孕，因此向矮人報復，由 taptapilas 姓氏的人把 koko ta'ay 坐的山枇杷（Lito）樹橋砍斷一半，害他們落水而死（這個姓氏後來消失了）。由於懷孕的女子害 koko ta'ay 落水而死，koko ta'ay 不願意看到懷孕的人。懷孕者如在現場觀看，生出來的小孩會麻痺，臉一半黑一半白，或者全身癱軟，是 koko ta'ay 的處罰。

台灣赤楊（ʃiboLok）既代表 koko ta'ay 給予賽夏人的福氣，

又隱含著懲罰賽夏人的可怕力量,是 koko ta´ay 的替身。這就如同 koko ta´ay 是幫助賽夏人豐收的恩人,又是欺侮賽夏婦女的仇人。賽夏人一方面渴求 ʃiboLok(koko ta´ay 可帶來幸福),另方面害怕 ʃiboLok(koko ta´ay 可帶來處罰),這種矛盾的感情就反映在上山砍台灣赤楊,並連續幾次與祭場中的人對峙唱跳「等(砍)ʃiboLok 之歌」的表情中。我原來一直很好奇為什麼敵對的雙方憤怒中又帶著嘻笑唱這首歌。原來這對峙的雙方既是敵又是友;ʃiboLok 一方面是賽夏人害怕,另方面是他們欲求的對象。他們唱跳著:「誰怕 ʃiboLok?」其實是掩飾心中的恐懼,同時為自己壯膽,奮力爭取 ʃiboLok 代表的幸福,努力消除 ʃiboLok 可能帶來的禍害。這幕最令我困惑不解的儀式劇中還包含了由朱姓主祭代表的 koko ta´ay 的心情。koko´ta´ay 被送走了,但是他們還是依依不捨,三番兩次地回來;koko´ta´ay 雖然會懲罰賽夏人,可是仍然把幸福留給他們。通常要拉取台灣赤楊(malika linlao)並將之折斷的時刻是族人認為最緊張、最危險的時刻,如果被掉下的 ʃiboLok 樹幹打到會致命。如因懷孕者觀看,使得 ʃiboLok 枝幹無法折斷時,不但 koko ta´ay 會讓懷孕者生下怪胎,也會對取下 ʃiboLok 者,甚至全賽夏族人不利。

朱姓主祭與 koko ta´ay 意象的疊合,為送別儀式劇提供了超乎我想像的詮釋。朱姓主祭不但代表 koko ta´ay 派人去取 ʃiboLok,在 paʃta´ay 期間還可以在許多其他過程中明顯地看到朱姓主祭與 koko ta´ay 影像的重疊,只是如果不經提醒,不容易察覺。我特別感謝1990年 tahəs a taro 當主祭時給我的明確提示。那年 paksaLo 各姓氏祭團在各自的主祭屋迎 koko ta´ay,然後供奉酒和米糕之

後，各姓的主祭拿一個分開做的米糕（tinobən）和酒到朱姓主祭
屋送給 paʃta'ay 的正主祭 tahəs a taro。tohəs a taro 告訴我這些
酒、糕是給後到的 koko ta'ay 吃喝的，由朱姓主祭和其家人代替
koko ta'ay 吃。主祭吃東西便是代表 koko ta'ay 吃東西，他雖然自
己不想吃，但是如果不吃，koko ta'ay 會生氣。主祭屋就是 koko
ta'ay 的家，裡面有一間內室只有主祭和其家人可出入，其他人必
須在主祭特別允許之下才能進去。主祭屋內有個角落生一堆火，邊
上放一小缸主祭親自做的酒，當朱家迎 koko ta'ay 供奉食物時，主
祭會以此酒獻給 koko ta'ay 喝；獻食的小米糕也是主祭親自以唱招
請之歌時舂好的小米蒸的（蒸的時候外人不能看）。這小米糕獻食
完畢後放在主祭屋內室火堆和主祭之酒上面的架子上。這個酒和糕
由朱姓主祭代替 koko ta'ay 吃喝，並請主祭覺得合適的人吃。一般
認為 paʃta'ay 期間 koko ta'ay 中的重要長者會被迎接到朱姓主祭
屋，而主祭和朱家人是他們的代表。bonai a kale 就曾經對我說：
「我是 koko ta'ay 中的頭目。」其他報導人也表示：「koko ta'ay
跟著朱家在一起，朱家的主祭代表最大的 koko ta'ay。」還有人
說：「朱家的主祭好像是 koko ta'ay 附在他身上，他說話便是代表
koko ta'ay 說話。」第二晚唱完"waLowaLon"第一節，朱姓主祭
站在米臼上訓話，他也是代表 koko ta'ay 訓示賽夏族人。朱姓主祭
是 koko ta'ay 最直接的代表，因此賽夏族有 talsapal 的習俗，便是
摸主祭肩以取得 koko ta'ay 的力量、授權或祝福。paksaLo 晚上媳
婦、女婿出去採芒草之前和回來以後要 talsapal 主祭。別的姓氏取
下 ʃiboLok 時，朱家主祭也代表 koko ta'ay 敬他一杯主祭做的 koko
ta'ay 的酒，和 papa'oʃa 送別之夜凌晨由主祭親自蒸的米糕

（tinobən）。每次要到祭場歌舞之前，朱姓主祭都代表 koko ta′ay 敬其他姓氏酒，然後必須在其他姓氏邀請帶領下，進入祭場跳舞、歌唱。

　　矮人祭歌歌詞的語氣也反映了祭歌傳承的朱姓與 koko ta′ay 影像的重疊。祭歌中時而以賽夏族人（朱姓代表）的語氣，時而以 koko ta′ay 的語氣述說。例如，朱姓領先唱的第一首" raraol "的第一節是以賽夏人的語氣說：我們已招請 koko，供奉食物；第二、三、四節則以矮人的語氣假說前來赴約的情形。第七首朱姓領唱的" waLowaLon "共有兩節。每一節的前面幾句依據 bonai a kale 的解釋，都是 koko ta′ay 在哀訴以往被賽夏族人陷害的往事，要賽夏族人不可忘記他們；可是最後二句則是賽夏族人向 koko ta′ay 祈求，要他們憐顧、眷念族人。第二首歌" roLi′ "中有一個詞 miLiyalakəm 以前記錄趙姓報導人的解釋是「獵頭」（林衡立1956），可是 bonai a kale 解釋時說意思不確定。但是有一次 bonai a kale 提到「朱家主祭派人到山上去取 ʃiboLok 和趙家去 miyalakəm 一樣，身上交叉綁茅草也是 myalakəm 的意思，他們和 ʃiboLok 雙方是敵人。」我請教 bonai a kale 的姑媽 maya a tabəh 第二首歌" roLi′ "的意思，她說：「這首歌是說 koko ta′ay 站在一邊，可以看到我們。miLiyalakəm 是殺人頭的意思。ʃiboLok 的芽隨風播散是比喻 koko ta′ay 本來好好的，樹橋被砍斷就掉下去了，賽夏族人看不到了。整首歌是 koko ta′ay 在說我照顧你們，你們卻殺害我們！」朱家的人都說獵人頭是趙家的事，而且是向泰雅族學的，朱家是不能殺人的。bonai a kale 幾乎什麼歌都會唱，就是不會唱獵首歌。他說 koko ta′ay 不准他們朱家唱，以前有一個朱姓祖先唱獵

首歌，祭衣燒起來。是不是代表 koko ta′ay 的朱姓主祭必須避諱談 koko ta′ay 不喜歡的與獵首類似殺害他們的事呢？

五、植物、百步蛇與老前輩的疊影

在前面章節裡面談到 koko′ 與 ta′ay 的重疊意象時，我們已經提到了與雷女 koko yo′æw 相關聯的兩種植物：小米（tata′）和芭蕉（halis 或 aLomo），以及與矮人 ta′ay 相對應的兩種植物：稻米（pazay）和山棕（banban）。接著在分析 paʃta′ay 的送別儀式劇時討論台灣赤楊（ʃiboLok）與 ta′ay 間的象徵意涵。矮人祭歌和儀式中植物實在扮演極突出的角色。從 paʃta′ay 開始到祭儀結束為止，有一種無處不在的植物——芒草（œ′so）。先是兩祭團相會，綁芒草結約期。祭歌第一首第一節就提到這件事。主祭 bonai a kale 說結芒草約期，矮人隨之而至。過去賽夏族人與矮人共同生活時，如賽夏族人生病，矮人會以芒草醫治賽夏族人，結芒草是矮人交代的事，凡是結芒草的人，矮人會保護。後來，他更直截了當地說芒草結（inəsən）代表 koko ta′ay。五峰賽夏族好幾位報導人都異口同聲地告訴我芒草結就是 koko ta′ay。芒草結約期後就陸續有一些矮人先趕來，朱姓主祭在主祭屋中經常置放新芒草結，表示 koko ta′ay 來了。主祭屋內牆角放置芒草結，是 koko ta′ay 坐的位置。各人家中、身上都放芒草結，練祭歌時頭上或手臂綁芒草結。他們說這樣 koko ta′ay 會保護你，幫助你學會唱歌。開始做 paʃ ta′ay 的酒時，浸的米上面要插芒草結，並要在蒸鍋上放芒草結，表示這是 koko ta′ay 的酒。裝缸時也要在外面綁芒草，這樣酒才不會

變酸。做祭帽（kilakil）時要在架子底部墊芒草並在座架上綁芒草，這樣 koko ta′ay 會幫忙順利完成。招請 koko ta′ay 時舂米的臼要綁芒草，這是 koko ta′ay 的東西。朱家主祭在米臼推出門外和米臼推到祭場準備唱"waLowaLon"時手上拿著兩支芒草結，表示他是 koko ta′ay 的代表。另外，招請 koko ta′ay 的第一晚要外出割芒草，返祭屋把芒草結插滿屋內，應該是說 koko ta′ay 分批到達了。被 koko ta′ay 懲罰而昏倒的人，也要在找到原因化解之後由主祭綁芒草結解救。祭典結束要送 koko ta′ay 歸去時，大家把屋內和身上有的芒草結丟掉，koko ta′ay 給的酒也要喝完，否則他們還會流連不去。以前芒草（oe′so）花開之時就知道 paʃta′ay 結芒草約期的日子到了。他們說 paʃta′ay 期間，芒草特別美麗。

paʃta′ay 期用的芒草（oe′so）在祭歌中以白茅（Ləmozæ′）代替，不直接稱芒草（oe′so），像是有避諱。芒草（oe′so）下面的梗部為白色，有白毛與另外一種叫做 bə′ngəl 的芒草不同。後者較粗，片較寬較硬，下端紅色，在播種祭（pitaza）時插在祭田中，象徵作物順利成長。paʃta′ay 送行儀式時到山上砍台灣赤楊（ʃiboLok）後，在枝幹上綁許多芒草。他們說綁了芒草架起來的 ʃiboLok 叫做 linlao，是儀式上的名稱，所以說 malika linlao（取 linlao），而上面的芒草結代表 koko ta′ay 給的福氣。似乎凡代表 koko ta′ay 的植物皆具神聖性，避免直呼其名而另有名稱。代表 koko yo′æw 的芭蕉 halis，祭歌中稱為 taLomo。

和 koko ta′ay 相關的祭歌最大的特色是每一章節開頭都是"kaLinapi"加一種植物，即「以某某植物為題」（或「提起某某植物」），然後那一節的歌詞便以該植物的尾音押韻。1993年我特

別邀請植物攝影家陳月霞女士在賽夏族人帶領下採集並拍攝矮人祭歌中的植物，然後請陳玉峰博士鑑定。由於未先向朱姓主祭 bonai a kale 秉告，結果觸犯禁忌，我事後補作道歉儀式（胡台麗1994）。由此可見矮人祭歌中的植物被視為屬於 koko taʹay 的，有其神聖性。尤其是儀式中代表 koko taʹay 的 ʃiboLok 不能隨意砍取，只能在 paʃtaʹay 祭儀中取用。祭歌中出現了二十七種有名稱的植物，其中十二種出現於 " kaLinapi " 每節歌詞起首語之後：柿子樹（laro）、楓香（raLa）、香椿或石茱萸（banaL）、山胡椒（maʹæw）、薊（roLiʹ）、黃籐（ʹœway）、苦楝樹（bangas）、山漆（baLaʃiʹ）、臺灣矢竹（bœLœʹ）、桃李樹（æLim）、山豬肉樹（bongoL）、raLəm（一種石壁植物）；另有十五種出現於歌詞章節中：白茅（Ləməzæʹ）、闊葉赤車使者（ʃapa）、小白花鬼針（ʃibolangaw）、basaL（小米的一種）、小米（tataʹ）、pazay（roway，矮人語，意指稻子）、香楠（araway）、山萵苣（batiw）、山枇杷（Lito）、芭蕉（taLomo）、酸籐（ʹæʹœngəl）、鹽膚木（kapœhœl）、烏皮九芎（binbinlayən）、魚腥草（ʹaʃar）、臺灣赤楊（ʃiboLok）。

我向 bonai a kale 和 maya a tabəh 請教為什麼祭歌中出現這些植物。他們說出一致的解釋：幾乎祭歌中所有的植物都有容易斷的特性，還好其中有提到黃籐（ʹœway），這是最具韌性、不易摧折的植物，如果沒有唱到黃籐（ʹœway）的話，賽夏族人會很苦命。bonai a kale 還說洪水以後，賽夏祖先從大霸尖山下來，出現這些植物，以植物來比喻人生中的各種境遇。人像這些植物一樣很脆弱，必須有黃籐（ʹœway）來幫助我們。我問為什麼 paʃtaʹay 祭儀

最後要選用 ʃiboLok（矮人是坐在山枇杷 Lito 上落水而死，似乎應選用山枇杷 Lito？）他們的回答是 ʃiboLok 也很容易斷，可是如果 koko taʾay 生氣，最後會怎麼樣也折不斷。而矮人離去時撕的山棕（banban）也是很脆弱，幸好 kokotaʾay 沒把最前端的頭部相連部分撕破，為賽夏族人留下生機。朱家長老 tahəs a taro 說山棕葉頭部很像百步蛇的頭。

值得注意的是在植物的眾多性質中，賽夏族人特別強調 paʃtaʾay 祭歌中植物易斷／不易斷的特性。從他們的解釋看來，矮人祭歌的植物的確有深邃的涵義。其中強調的主題是對生命之脆弱性的警示與哀惋，可是另方面卻是對於生的強烈慾求，希望生命能堅韌、繁殖、茁長。代表 koko、taʾay 的小米和稻米都是維繫生命的主要糧食。maya a tabəh 曾提到以前 koko yoʾæw 給的小米播下去以後好像芭蕉樹一樣，一砍掉馬上長出來。我們知道芭蕉是 koko yoʾæw 的象徵，和她相關的小米和芭蕉都有生生不息的意象。與芭蕉原來葉片形貌相同的山棕（banban）卻呈現了生命容易摧裂的一面，可是矮人在懲罰詛咒賽夏人之餘，心存不忍，為他們留下不裂的葉片頂端，保住命脈。

臺灣赤楊（ʃiboLok）也代表 koko taʾay，它固然具有容易摧折的特性，可是賽夏族人和對植物有相當瞭解的陳月霞卻告訴我：ʃiboLok 可以在裸露的岩壁上茂盛生長，它的繁殖力與生命力十分強。這讓我想起 paʃtaʾay 第二首祭歌第一節中有提到 ʃiboLok。bonai a kale 認為這節歌詞以 ʃiboLok 比喻賽夏族人要如同 ʃiboLok 般快速繁衍，散布各地。可見，ʃiboLok 的繁殖力確實同樣受到重視。它容易摧折和易於生殖的雙重性質也成為 koko taʾay 懲罰與祝

福的最佳表徵。

　　祭歌中十分特殊且以三種曲調表現的第十一首"binbinlayən"（烏皮九芎），賽夏族報導人都認為涵義很深，表面看來詞意不好，但實際上意思很好。bonai a kale 便解釋為是洪水過後，賽夏族人繁衍子孫的事。歌中隱含一女與四男生子的傳說，好像違反亂倫禁忌，但結果是子孫繁衍。尤其是第二節中提及魚腥草（aʃar）開花，四朵變八朵，隱喻人口的增加，而魚腥草（aʃar）的確是繁殖快、花朵繁盛的植物。maya a tabəh 說明第十一首 binbinlayən 這首歌時認為魚腥草（aʃar）開白花好像娶回的媳婦要如花般地開放，繁殖子孫。烏皮九芎（binbinlayən）在 paʃta'ay 祭儀中還有一個作用。在送歸之日上山砍取臺灣赤楊（ʃiboLok）之前，各姓代表要先砍取鹽膚木（kapœhoel）與烏皮九芎（binbinlayən）作為支持臺灣赤楊（ʃiboLok）的支架。具有重要生命象徵意義的 ʃiboLok 需要其他植物來撐持，如同負責砍取 ʃiboLok 的朱姓需要其他姓氏協助。而賽夏族整個 paʃta'ay 祭儀也充滿主祭姓氏朱姓（tition）與其他姓氏要相互扶持以維繫祭儀和整個族群命脈的訊息。例如，其他姓氏的人如果被 koko ta'ay 處罰昏死過去，朱姓要去綁芒草拯救，反之亦然。這讓我聯想起十年大祭中出現的 sinatən——由竹子接合的長祭竿，上面綁紅白二色布條。五峰北祭團的 sinatən 是由朱姓授權的夏姓（hayawan）負責選取竹子、製作並在祭場中背負祭旗，是每十年一次 paʃta'ay 大祭時出現的神聖物，不能隨便觸碰，也不能讓它傾倒。據說從前朱姓只剩下一位八十歲的老人，夏姓不忍見其滅絕，將一年輕女子許配給他，使朱姓重新繁衍。這又是一則強調生命繁衍、延續的傳說，而在賽夏族祭儀中佔重要地位

的朱姓是靠其他姓氏幫助才得以維持。paʃta'ay 之所以會有每十年一次大祭可能也是在強調朱姓固然重要，是 paʃta'ay 祭歌祭儀的傳承者，但朱姓之外的其他姓氏同樣重要，他們幫助朱姓保住命脈，同時使整個賽夏族透過祭儀獲得重生。而做 sinatən 的竹子也和芭蕉一樣具有砍斷再生、繁衍迅速的特質。由此看來，paʃta'ay 祭歌與祭儀中的植物如同 koko ta'ay 的化身，向人們作出生命存亡的警示：違規犯錯會導致生命摧折；若遵守規範約定，生命會得到祝福，順利地繁衍，在作物生長繁殖與人類生育繁衍的主題下，矮人協助賽夏人作物的生長繁殖，卻侵犯他們的婦女，威脅他們子孫的生育繁衍，造成賽夏人愛恨交織的矛盾情結。paʃta'ay 歌舞祭儀反覆輾轉的特色也許是這種矛盾情結的投射。

　　paʃta'ay 歌舞祭儀還有一個重要的意象就是百步蛇。我聽族人說舞隊就像百步蛇，尾部轉入，頭部包過去，再轉開。這樣的隊形清楚地呈現在唱第五首歌 "æLim" 跑步的時候。唱跳別的祭歌時也常常捲入又捲出。有一次跳到清晨快結束時，主祭 bonai a kale 相當滿意地站在祭屋前望著祭場中的舞隊美妙地一開一合，他要我一起欣賞。他說隊形要這樣才對，跳得好天氣會放晴，表示 koko ta'ay 高興。我另外聽到這樣的解釋：舞隊中的臀鈴（tapangasan）與祭帽（kilakil）一直跳躍作響是在伴奏助興，讓代表百步蛇的舞隊保持警醒。百步蛇的賽夏語是 mintatinian。tatini 是老人家、長輩之意，死去的前輩固然是 tatini，活著的長輩也是 tatini。加上一個 min 字頭，表示非常老，是老前輩，有老祖宗的涵義。他們說像 baki aro、koko yo'æw、koko ta'ay 與 toway 都是 tatini，也可視為非常老的 mintatini，但如果稱他們 mintatini，他們會生氣，不

好聽，好像死了很久。這樣看來百步蛇與 koko ta′ay、baki aro 的意象十分接近，百步蛇似乎是老前輩的代表。paʃta′ay 主要祭告、招請獻祭品的對象就是合稱爲 tatini 的老長輩 koko ta′ay 和朱姓老祖先 baki aro（有人說 baki aro 是矮人祭歌的最早傳承者）。而矮人中最主要是指未落入水中，教朱姓祭歌的矮男 ta′ay 和矮女 toway。

　　paʃta′ay 一開始是各姓長老（tatini）匯集在主祭屋把過去兩年的不愉快事情化解後，再殺豬，以豬肉串、酒 humapus ka tatini，即向長輩 tatini 秉告。bonai a kale 說秉告時的禱詞內容是說要 koko ta′ay 等 tatini 帶他們的兄、嫂、小孩一起來，過去彼此的不愉快都化解了，請 koko ta′ay 原諒賽夏人的過錯（過去的和新犯的）。如果這次祭典有什麼新的變動也要向 tatini 秉告。所有的過錯隨豬血流淨。當各姓祭團招請 koko ta′ay 供奉食物（paksaLo）時，tahəs a taro 說主祭要說 pasi′al koko ta′ay、toway、baki aro，即請他們這些 tatini 用餐。tatini 在 paʃta′ay 中以老前輩爲主的指涉對象與祖靈祭 paʃbaki 中以自己的祖父（baki）、曾祖父（kabaki）爲主要祭拜對象有所不同。但我發現賽夏所有其他的祭儀像播種祭（pitaza）、祖靈祭（paʃbak′i）在一開始都會先唸 baki aro、koko ta′ay 這幾位老前輩，只是爲尊敬起見，不唸成 mintatini，而視爲 tatini。祖父、曾祖父也是 tatini，如果要再往前推，記憶中就是 baki aro、koko ta′ay 這些老前輩 tatini 了。我問報導人祖先怎麼說時，他們常常答不出來。tatini 是一個較普遍的概念，而 tatini 涵蓋的範圍不只是自己的不在世的祖先，還包括像 koko yo′æw、ta′ay 等人，死去的長輩不必是賽夏族人都可視爲

tatini，像回歸天上的雷女及未落水而死的矮人也是 tatini。另方面
tatini 這個名詞還同時適用於逝世的前輩與在世的長輩，可謂相當
特殊的現象。百步蛇代表 koko ta'ay 的說法在南庄的 paʃta'ay 中因
為有一條百步蛇鞭的出現而更加凸顯。

　　Tahəs a taro 說南庄向天湖 paʃta'ay 祭場是百步蛇的頭，五峰
大隘祭場是百步蛇尾，以前賽夏興盛時祭場數目曾多達八個。過去
paʃta'ay 祭典是每年都舉行，日據時明治四十五年南庄事件之後才
遭日本人干涉，改為每兩年一次。南庄因為是百步蛇頭，所以有一
條百步蛇鞭（paputol），每次 paʃta'ay 要用 pasal 樹皮編製。百步
蛇鞭（paputol）有公母之分，如果這一次做公的，下一次 pa ʃta'
ay 便做母的百步蛇鞭，似乎影射 tatini 中像 koko 是女的，ta'ay 是
男的。百步蛇鞭（paputol）是 koko ta'ay 神力的所在，paʃta'ay 時
只有朱姓可以碰 paputol，主祭屋內置放百步蛇鞭（paputol）的房
間只有朱家人可以進去。

　　我1990年隨五峰賽夏族人到南庄觀看他們第一晚本祭 kistomal
的歌舞。他們唱完第一首、第二首，再重唱第一首歌時，舞隊內圈
把三個祭帽（kilakil）圍在裡面，此時朱家把百步蛇鞭（paputol）
拿到內圈中由幾個男子輪流抽打，外圈仍以逆時針方向舞動。再唱
兩首歌後，蛇鞭再由主祭屋捧出，有族人抱孩子去觸摸揮蛇鞭者，
他們說是接受 tatini 祝福。抽完之後，蛇鞭捲成一圈用雙手捧舉在
頭頂，走回主祭屋。南庄人告知蛇鞭（paputol）代表 tatini。另
外，南庄在 papa'oʃa 送 koko ta'ay 歸去時有一個特殊的米篩塗泥
pusama 活動。他們把兩條百步蛇鞭（一條是上次 paʃta'ay 用的，
一條是當年新做的）綁在割成百步蛇頭狀的米篩上，沾上泥漿，將

米篩與百步蛇鞭（paputol）塗擦在體弱多病的婦女背部（鄭依憶1
987：134-35），以達到祛病的效果。這樣的活動應該可解釋為
koko ta´ay 為賽夏族人治療、賜福。五峰雖然沒有用蛇鞭，但舞圈
捲轉開合的百步蛇（koko ta´ay 或 tatini）意象也十分明顯。族人
相信如果歌唱得好，舞跳得好，百步蛇隊形漂亮，koko ta´ay 會高
興，天氣會轉晴。koko ta´ay 老前輩的情緒會透過「天」傳達出
來，他如果不高興，便會下雨。賽夏族人當然希望天氣好，koko
ta´ay 心情愉快賜給他們豐收幸福。只要一下雨，他們就戒慎恐
懼，表情凝重地聚集在一起設法化解使 koko ta´ay 不高興的原因。
koko ta´ay 既是賜福者又是懲罰者，paʃta´ay 的歌詞內容大多是
koko ta´ay 的訓誨叮嚀。老前輩的意旨透過歌、舞、儀式不斷地傳
達給賽夏族人。

六、「疊影」現象的思考

　　在這篇文章中我提出「疊影」（superimposed images）概念來
觀察和分析賽夏族最引人注目的矮人祭（paʃta´ay）祭儀。為什麼
要提出「疊影」的概念？在一些人類學象徵與結構分析中似乎有一
些概念與之相近，但是我覺得並不完全合用。本文一起頭對「疊
影」的描述是：多重意象的疊合如同電影或照相的「疊影」，是好
幾個具透明性質的影像重疊，合併為一，但是並不因此而喪失個別
影像的特質，又因重疊而使意義的層次更加豐富。我也試圖區分
「單一影像」與「重疊影像」兩種觀影方式。「疊影」並不只強調
Victor Turner（1967：50）所說的象徵的多義性（multi-vocality

或 polysemy），亦即一個象徵代表許多事物，而某些具主導性、包含多重意義的象徵，可以精簡地把文化與信仰的主要面向表達出來。Turner 認爲每個主導的象徵包含一組相互關聯的指涉物，可與許多不同的意義接合。但是我覺得他所說的象徵多義性，仍是屬於單一影像的觀影方式，主要是對單一影像或一個象徵的多重意義之發掘，包括他所提的三種層次意義之發掘。這三種層次的意義的第一種與第二種，即當地人的詮釋（exegetical meaning）與運作的意義（operational meaning）和「疊影」關係較淺；但在探索第三種意義，即一個象徵的位置意義（positional meaning）時可能會涉及「疊影」現象，因爲會和其他象徵產生關聯。相關聯的象徵是許多研究者，例如 Levi Strauss（1962，1963）所特別重視的。單一的象徵儘管有多重意義，但是不會構成「疊影」。相關聯的象徵的聯結如同 Dan Sperber（1975：45）所說的雖然有多樣性（multiplicity），可能成爲「疊影」，但它們也未必成爲「疊影」，或許只可以同時存在於單一影像中。一個單一影像可以只包含一個人或物，但也是若干有關聯或無關聯的人事物的組合。

「一個影像」是在某一時空場景中攝取的，而我們習慣的觀影方式，是觀看僅指涉某一時空場景的單一影像。「疊影」現象是將處於不同時空場景中的影像重疊，觀影者乍看之下會以爲是屬於同一時空場景的單一影像。我在觀察賽夏族矮人祭歌舞祭儀時原先和過去研究者一樣以爲只是有關矮人的祭儀，象徵物雖然有多重意涵，但是也只往「矮人」的單一方向思考。在這篇文章中我叙述了發現「疊影」現象的因緣。首先，我非常感激主祭 bonai a kale 對我的信任，耐心地將珍貴的、被視爲祭儀重心的祭歌歌詞文本逐句

解釋,我因而發現了雷女這個過去一直視而不見的重要象徵,以及雷女與矮人這兩種屬於不同時空人物的疊合。其次,我有幸得到另一位與 bonai a kale 同屬此祭儀和祭歌的嫡系傳承者 tahəs a taro 的指點,發現在歌舞祭儀過程中朱姓(tition)主祭與 koko ta'ay 的疊影現象。一旦發現了「疊影」現象,相關聯的象徵無論是祭儀歌舞中的植物、道具、表情動作等,都產生了更豐富、更連貫的意義。

在族群的文化記憶中,某些人事物相疊合的現象並不少見。可是有時在疊合之後像考古文化層一樣,上層將下層覆蓋或替代,被疊蓋者隱沒不見,喪失了原有的特性,疊合的意義在此更接近於覆蓋,可稱之為「疊蓋」現象。我在本文中提出的「疊影」概念,是強調影像的透明性,原屬不同時空場景的影像相重疊時,各個影像不但可以同時看到,而且並不因影像重疊而喪失個別影像的特質。不過,「疊影」現象中疊合的數個影像可能也有強弱之分,意象強烈者會特別醒目,讓人看不清較弱的影像,可是並沒有將之覆蓋取代。影像的強弱有時是受到時間先後順序或特殊事件的影響。「疊影」現象雖然透明可見,生活於該文化的本族人未必清楚意識到;對於一個異族身分的觀影者來說即使隱約覺到影像的複雜層次,如果習慣性地以「單一影像」視之,永遠無法解析所見的現象。我從發現賽夏矮人祭「疊影」現象的存在,到試圖解釋「疊影」現象,祭歌的文本以及族人不同版本的詮釋是極重要的依據。祭歌的確是沒有文字的賽夏族歷史文化的結晶,它的歌詞已固定化,難以改變。我在前文指出祭歌結構形式以及虛字安排、演唱規則之嚴密精巧令人驚嘆,而祭歌歌詞的解釋不論賽夏族人或研究者都公認是最

艱困的事。祭歌歌詞的文本（text）經過釋讀，文化記憶得以再生產，符號象徵的意義得以顯現。Paul Ricoeur（1986）便認為固定化的本文（text）比言談（discourse）承載更深刻的涵義。

　　無文字社會的文化記憶與有文字社會的歷史經驗不同，前者沒有文字記載的佐證，主要靠的是口語傳說。此外，人類學者像 Edmund Leach（1966）認為重複性的儀式演出將一代代有關生存的極重要的知識傳遞下去，而儀式象徵中儲存了大量的資訊。賽夏族 paʃta'ay 祭儀中的祭歌文本提供了口語傳說和儀式呈現之外類似文字經典的記錄，經由對祭歌歌詞文本不同詮釋版本的比對分析，我們發現了賽夏族文化記憶的「疊影」現象。此「疊影」現象強調的，是賽夏族人過去、現在與未來在自然和人文生態環境中，一直要面對的生產與生殖以及己群與外人關係的主題。對於賽夏族人來說，雷女與矮人都是文化記憶中真實存在的人物，與族人賴以維生的最重要作物小米與旱稻有關，而且都對賽夏族有恩，幫助族人生存繁衍，但最後卻遭到被逼害消失的命運。他們雖處於不同的時空，在矮人祭儀歌舞中疊合之後，散發出強烈的愛怨交織的矛盾情結與關於族群禍福存亡的訊息。

　　口語傳說則不像祭歌歌詞那麼固定，較容易受到時空環境與當代發生事件的影響而改變，也因此使得某些文化記憶中的影像轉弱。例如，目前賽夏族流行的一種口語傳說便認為 paʃta'ay 這祭儀每兩年舉行一次是矮人訂定的，而此祭儀的主要祭拜對象是矮人。可是我從幾位年長者口中聽到另一種說法：這祭儀原先是每年舉行，日據時代受日人限制才改為每兩年一次。日本學者古野清人（1945）田野訪問所得的資料是「此祭典在 ta'ay 族存在的時候每

年舉辦一次，其絕跡後便每兩年舉辦一次。」增田福太郎（1958）
的記載是 ta′ay 祭從前有四個祭場，後合併為兩個，還把從前每年
一次的祭典改為隔年一次。但是，日據時代有些賽夏族人在敘述矮
人傳說時便將每兩年舉行一次說成是矮人的指示（小川尚義、淺井
惠倫1935），而且成為現在最普遍的一種說法。另外，此祭典的名
稱 paʃta′ay 也可能是後來形成的，增田福太郎（1958）採集的口述
資料指出 paʃta′ay 原來是賽夏族的一種豐年祭（papusaalo），矮人
滅亡後才成為弔慰矮人的矮人祭。由此可見，口語傳說中的「時
間」是不確定的時間，在族群的文化記憶中「絕對」的時間並不重
要，而口語傳說會受到特殊事件，例如日據初期發生賽夏族人殺死
日人的北埔事件與南庄事件（黃榮洛1989）之後，日本政府對賽夏
活動加以控制的影響，使得矮人祭傳說有所增刪變化，讓某些文化
記憶淡化或變形。矮人祭歌歌詞居然出現了似乎與矮人祭無關的雷
女 koko yo′æw 與朱姓祖先 baki aro，對於許多受到目前矮人祭名
稱與流行傳說影響的人會造成困擾，但我傾向於相信固定化的祭歌
文本透露了更真確重要的訊息。

可是無可諱言地，祭歌的文本再怎麼固定，它的意義必須經過
詮釋才能產生，而不同的人會給予不同的詮釋。就像前文所顯示
的，賽夏族傳承矮人祭歌祭儀的朱姓（tition）對於祭歌的詮釋就
與領導族人征戰的趙姓（tawtawazay）以及與祈天祭密切相關的錢
姓（ʃaLawan）很不相同；例如，朱姓主祭知道第六首祭歌是敘述
朱姓祖先 baki aro 與雷女 koko yo′æw 之間的事，趙姓的長老明白
地說第二首祭歌有提到獵首，錢姓的長老則相信第七首祭歌
"waLowaLon" 指的是雷女 koko yo′æw。他們的詮釋反映了各個

姓氏與個人的文化傳承背景，當然也會受到流行的口語傳說的影響。我們若將不同時空人物對同一祭歌文本所作的詮釋加以比對，可以開闊我們的時空視野，進入賽夏族更深層的文化記憶中。

矮人祭歌的文本（text）必須與儀式「演出」（performance）相互觀照察看才能有整體的理解。晚近有些人類學者研究儀式，喜歡運用「演出」的概念（Turner 1979、1985；Tambiah 1981；Schechner and Appel 1989），企圖超越靜態的結構與象徵語意分析。「演出」的隱喻愈用愈廣，有人甚至建議儀式「演出」可當作「文本」來分析（Marcus and Fischer 1986：61；Bell 1992：43-45）。我在這篇文章中僅將祭歌歌詞視爲「文本」，儀式「演出」係指祭儀的歌舞動作與行爲。矮人祭歌歌詞文本中的敘述語氣時而由賽夏族人主述，時而移轉到 koko ta′ay 主述的情況指向另一個「疊影」現象：代表賽夏族人的主祭與 koko ta′ay 的疊合。這樣的疊影現象在儀式「演出」過程，特別是在送別儀式劇中特別明顯。我們看到賽夏 paʃta′ay 主祭與 koko ta′ay 的疊合不同於有些社會的靈媒爲神明附身而成爲神靈代言者的角色替代現象。神靈附身的雙重角色疊合類似於我所區分的「疊蓋」現象，而賽夏 paʃta′ay 主祭與 koko ta′ay 的疊合是「疊影」現象：二種角色同時存在，保持其特質，並非一個角色爲另一角色取代。朱姓主祭可代表 koko ta′ay 做一些事情，從他們的觀點思考，但他仍然是賽夏族的主祭，保留賽夏族的觀點與思考。朱姓主祭在整個祭典過程中一直很清醒地處理每一件事，這也是當我聽到他說：「我就是 koko ta′ay，我吃東西就是 koko ta′ay 在吃東西」時大吃一驚的原因。如果不是他提醒，我很難發現這個「疊影」現象。paʃta′ay 期間參與者會遭 koko ta′ay 處罰，症狀是昏倒。但他應該不是被 koko ta′ay 附身。南祭團曾出現被 koko ta′ay「附身」的例子，我猜想是受到漢人神壇乩童文化的影響。代表 koko ta′ay 的主祭如昏倒，絕對不是被「附身」，而是他做錯了事，遭到 koko ta′ay 責罰，這時必須要請其他姓氏的長老來爲他綁芒草化解。

儀式「演出」中舞蹈與歌唱常列爲重要項目，但過去人類學者做原住民祭儀研究時往往僅輕描淡寫地帶過。舞蹈的動靜緩急、隊形方向與歌舞的表情在賽夏族的 paʃta′ay 祭儀中和祭歌歌詞文本一樣都傳遞出許多訊息。矮人祭歌舞是整個祭儀活動的靈魂，賽夏族人透過輾轉反覆的矮人祭歌舞喚起族群最深刻的記憶，圍繞著感恩與仇怨、繁衍與摧折、祝福與懲罰等主題，與那些和族群有密切關係的老前輩們溝通，祈求他們驅禍降福。本文一開始便指出有幾首矮人祭歌舞一定要面向東方，是雷女與矮人「疊影」的關鍵性演出。歌舞中不向內旋轉與向外開展的百步蛇隊形，象徵雷女與矮人老前輩，他們透過歌舞叮嚀賽夏族人要遵守訓誨。賽夏族人相信如果祭歌唱得好，舞跳得好，未來兩年的生活會平安幸福；否則會遭到不幸。由此可見歌舞並不是文化的邊緣現象，而具有積極的影響族群發展的力量。雷女與矮人等老前輩的影像在歌舞中交疊，呈現賽夏文化重要的面相。

爲什麼賽夏族的 paʃta′ay 歌舞祭儀產生這麼豐富的疊影現象？我覺得很可能是受賽夏文化中相當特別的 tatini 觀念的影響。tatini 的觀念不只包括死去的長輩也包括活著的長輩，也就是死者與生者可以在同一觀念中交疊；同時 tatini 不但指自己逝去的祖先，也涵蓋像雷女這樣由天而降的人物，更包括像矮人這樣的鄰人，而且在

傳說中他們有的已死去，有的只是消失，讓一般人肉眼看不見而已。由於賽夏族 tatini 觀念的特殊性，在 paʃtaʾay 中雷女 koko yoʾæw 和矮人 taʾay 這兩種不同時空的 tatini 很容易疊在一起，成爲賽夏人祭拜祈福的對象。另方面，活著的朱姓主祭與已逝去的 koko taʾay 本來屬於不同的範疇，但他們都是賽夏族的 tatini，朱姓主祭可以代表 koko taʾay，影像可以重疊，卻又維持各自的獨立特質，並沒有被對方取代。

賽夏族的 tatini 概念若與台灣其他原住民族群的分類稱謂相較，有其特殊性。其他族群有一些稱謂可同時指稱生靈和死靈，例如泰雅族的 uttoh 在人活的時候在人的胸腔與頭部，作夢時溜出體外，人死後 uttoh 前往西方的靈界；布農族的生靈與死靈可以用 qanito（hanito）稱呼（有一說是生靈爲 isian，死靈爲 qanito）（增田福太郎1958）。另有一些族群的稱謂可同時涵蘊神、祖靈和死靈，例如阿美族的 kawas（劉斌雄等1965）、排灣族的 tsemas（小島由道等1922）、卑南族的 viroa（Schroder 1967），但生靈另有稱呼。可是據我所知台灣似乎沒有一個原住民族像賽夏族一般有一個稱呼（tatini）涵蓋的範圍這麼廣，不但包括活著的長輩和死去的長輩（本族的祖先和異族的人，例如落水而死的矮人），而且包括傳說中由天而降的雷女與未死的兩個矮人，甚至在祈天祭（aowaz kakawas）時將「天」也視爲 tatini。在賽夏族的各類祭祀活動中他們都說是在向 tatini 祈求。賽夏族雖然另有稱謂 arum（azəm）指的是生靈，havun 指的是死靈（增田福太郎1958），可是最常用的稱謂還是 tatini，在活人的世界中最敬重的也是 tatini。賽夏 tatini 概念打破了生與死、人與靈、己族與外族的界線，因此

同樣被稱為 tatini 的雷女與矮人、主祭與 koko ta'ay 的影像比較容易疊合。此外，前文也提及老前輩（mintatini）的概念，像雷女 koko yo'æw、朱姓老祖先 baki aro、未死的兩位矮人 ta'ay 和 toway 等都屬於老前輩的範疇，影像疊合在一起。而且老前輩和百步蛇（mintatinian）以及某些植物例如台灣赤楊（ʃibolok）的意象相疊合，跨越了人物與動植物的樊籬。在賽夏族人的眼裡，paʃta'ay 歌舞祭儀中的百步蛇（鞭子、歌舞隊形等）和台灣赤楊（ʃibolok）以及芒草（œ'so），不只與老前輩 koko ta'ay 有關，它們在祭儀中根本就是 koko ta'ay，雖然仍保有本身的特質。將百步蛇與族群主要祭拜的對象相連，在台灣原住民族群中並不是只有賽夏族。例如，泰雅族稱百步蛇為 heton 或 uttoh，而 uttoh 便是它們的祖靈（增田福太郎1958）。排灣族的百步蛇意象更為明晰，常見於它們的雕刻物上。百步蛇稱為 vulung，有年長受尊敬的意思。而 vuluvulung 可指稱長輩和祖先（Raleigh Ferrell 1982）。某些排灣聚落有關於百步蛇為祖先的傳說（小島由道等1922）。但是賽夏族在 paʃta'ay 祭儀歌舞中所強調的某些植物與 koko ta'ay 等老前輩的關聯，甚至在祭歌歌詞和祭儀用語中避免直呼其名而以其他名詞代稱的現象，在台灣原住民族群中可謂相當特殊。前文已叙述植物中所以選擇台灣赤楊（ʃiboLok）和芒草（œ'so）等與 koko ta'ay 連結，有其特殊的涵義。過去學者研究賽夏族姓氏時，認為賽夏族的姓氏原來都是圖騰氏族，即以動物、植物、自然現象為氏族的共同象徵標記及名號（衛惠林1956），但是查驗每一個姓氏之後，我對這樣的說法存疑。不過，賽夏族某些姓氏以植物和動物命名的現象確實值得注意。paʃta'ay 的祭儀歌舞中 koko ta'ay 等老前輩與特定動植物的

「疊影」現象也導引我們往人類學常用的「圖騰」概念思考。這樣的「疊影」現象可能也出現於視某些動植物為祖先「圖騰」的社會，可加以比較研究。

我並不認為「疊影」現象是賽夏族所獨有，它可能以不同形式存在於不同族群的文化記憶中。一旦發現「疊影」現象，會如同Claude Lévi-Strauss 在岩石上面發現兩個菊石的遺痕，顯示不同時空相重疊，「不同的世紀，間隔遙遠的地方在互相呼應，最後終於用同一聲音說話」（1955：56-57），令研究觀察者驚喜，並情不自禁地想進一步問：為什麼該文化將這些影像疊合在一起？我在賽夏族 paʃta'ay 歌舞祭儀的「疊影」世界中體會賽夏族人對生命及自然人文環境深刻而複雜的情感與思考，受到極大的感動，故提筆寫出與讀者分享並就教於賽夏族人。

參考書目

小川尙義、淺井惠倫：《原語にとゐ台灣高砂族傳說集》（台北帝國大學語言學研究室，日本刀江書院重刊）。1935年。

小島由道等：《蕃族慣習調查報告書第三卷さいせっと族》（台北：臨時台灣舊慣調查會）。1917年。

————：《蕃族慣習調查報告書第五卷》（台北：臨時台灣舊慣調查會）。1922年。

古野淸人：《高砂族の祭儀生活》（台北：古亭書屋）。1945年。

佐山融吉、大西吉壽：《生蕃傳說集》（台北：杉田重藏書店）。1923年。

林衡立：《賽夏族矮靈祭歌詞》，中央研究院《民族學研究所集刊》2：31-107。1956年。

胡台麗：《矮人的叮嚀：與「原舞者」分享賽夏矮人祭歌舞的奧妙》，《表演藝術雜誌》18：36-41。1995年。

胡台麗、謝俊逢：《五峰賽夏族矮人祭歌的詞與譜》，《中央研究院民族學研究所資料彙編》8：1-77。1993年。

陳春欽：《向天湖賽夏族的故事》，中央研究院《民族學研究所集刊》21：157-195。1966年。

───：《賽夏族的宗教及其社會功能》，中央研究院《民族學研究所集刊》26：83-119。1968年。

黃榮洛：《渡臺悲歌：臺灣的開拓與抗爭史話》（臺北：臺原出版社）。1989年。

黑澤隆朝：《臺灣高砂族の音樂》（東京：雄山閣）。1973年。

增田福太郎：《未開人の家族關係》（日本：岡山大學法經學會）。1958年。

鄭依憶：《賽夏族歲時祭儀與社會群體間的關係的初探：以向天湖部落爲例》。國立臺灣大學人類學研究所碩士論文。1987年。

劉斌雄等：《秀姑巒阿美族的社會組織》，中央研究院《民族學研究所專刊》之8（臺北：中央研究院民族學研究所）。1965年。

衛惠林：《賽夏族的氏族組織與地域社會》，《臺灣文獻》37（3／4）。1956年。

Bell, Catherine：*Ritual Theory, Ritual Practice*（Oxford：Oxford

University Press).1992.

Ferrell, Raleigh: *Paiwan Dictionary* (Canberra: The Australian National University).1982.

Leach, Edmund: *A Discussion on Ritualization of Behaviour in Animals and Man*, Philosophical Transactions of the Royal Society of London, Series B, No.772 Vol.251.1966.

Levi-Strauss, Claude: *Tristes Tropiques*, English translation (Massachusetts: The Murray Printing Company).1973 〔1955〕

——————: *Totemism*, English translation (U. S. A.: Beacon Press).1963〔1963〕

——————: *Structural Anthropology* (New York: Basic Books, Inc.).1963.

Marcus, George E. and Michael M.Fischer: *Anthropology as Cultural Critique* (Chicago: University of Chicago Press). 1986.

Ricoeur, Paul: *From Text to Action: Essays in Hermenevtics, II*, English translation (Illinois: North Western University Press).1991〔1986〕

Schechner, Richard and Willa Appel, eds.: *By Means of Performance: Intercultural Studies of Theatre and Ritual* (Cambridge: Cambridge University Press).1989.

Schroder, D.: "The Puyuma of Katipol (Taiwan) and Their

Religion", 《臺大考古人類學刊》29/30:11-39.1967.

Sperber, Dan: *Rethinking Symbolism* (Cambridge: Cambridge Unived to Press). 1975.

Tambiah, Stanley J.: *A Performance Approach to Ritual* (London: British Academy). 1981.

Turner, Victor: *The Forest of Symbols: Aspects of Ndembu Ritual* (Ithaca and London: Cornell University Press). 1967.

————: *The Drums of Affliction* (Oxford: Oxford University Press). 1968.

————: *Process, Performance and Pilgrimage: A Study in Comparative Symbology* (New Delhi: Concept Publishing Company). 1979.

————: *On the Edge of the Bush: Anthropology as Experience* (Arizona: The University of Arizona Press). 1985.

（本文原發表於1995年《民族學研究所集刊》79期）

五峰賽夏族矮人祭歌歌詞

前言

　　1986年筆者於賽夏族矮人祭開始前，到達北祭團所在地的新竹五峰，籌拍一部關於矮人祭的人類學紀錄片。當筆者拿著林衡立先生1956年發表的「賽夏族矮靈祭歌詞」參與賽夏族人練唱時，產生不少困擾。不僅在篇章的分段方式與順序上有出入，而且林衡立所翻譯的詞意，許多地方不易理解，特別是章節之間的意義聯結十分隱晦。可是無論如何，林衡立的文章讓我們對矮人祭歌的豐富性有所體認，筆者也產生進一步探究的濃厚興趣。

　　其實在林衡立之前，已有日本民族音樂學者黑澤隆朝對五峰賽夏族矮人祭歌做過採集與研究。黑澤於1943年前往上坪 sipaji 社採集賽夏歌謠，得到賽夏籍警員伊波仁太郎的協助，訪問他住在大隘社「通曉古今事」的父親伊波幸太郎（taro yuma）。黑澤將此父子謄寫給他的矮人祭歌詞記音與解釋予以轉載，並另外安排了五男四女到台北錄音室，錄每首祭歌的片段範例。可惜這次的錄音紀錄於戰亂中全部燒燬，只有壓成唱片的三首祭歌尚有保存。

　　林衡立的文章並沒有提及黑澤隆朝的研究，顯然並不知道黑澤文章已發表。林衡立記錄祭歌歌詞與意義時的主要報導人是當時已八十幾歲的 taro umao（由其長子 ivan taro 漢名趙興華協助），以及時值壯年的另一位趙姓族人 taimo malai。據筆者查詢結果，黑澤隆朝訪問的伊波幸太郎應該就是 taro umao，光復後取漢名趙明政。伊波仁太郎是他的次子 ubai taro（趙旺華）。在五峰賽夏族社會中，趙姓（tawtawazay）是政軍方面的領導。taro umao 便是一位領袖人物，與外界時有接觸，他年老時將權力讓給 malai kale，也就是林衡立訪問的 taimo malai 之父。可是我們知道賽夏族矮人祭歌的傳承姓氏是朱姓（tition），而黑澤隆朝並沒有向矮人祭歌傳承姓氏的長老請教祭歌的歌詞與涵義；林衡立雖然訪問了一位朱姓報導人 atao tabəh，但是此人通曉祭歌詞意的父親 tabəh kale 在他年幼時便去世，未將詞意傳給他。林衡立詞意解釋方面基本上是參酌趙姓報導人的說法。

　　筆者發現，目前五峰賽夏族少數幾位會唱全部祭歌的族人皆是向 bonai kale（漢名朱耀宗）學習。1920年出生的朱耀宗是 tition（朱姓）的嫡系（另有養子系統）傳人，他從小便從父親 kale ubai 處習得祭歌（kale ubai 之父 ubai kale 是 tabəh kale 之長兄），他的父親並為他解釋過詞意。他說：「五峰賽夏族有一段時間，只有我一個人會唱祭歌」。經過長期的瞭解與溝通，朱耀宗（bonai kale）願意將他所瞭解的祭歌意義告知筆者。可是筆者深深感覺到，除了祭歌歌詞意義有必要重新記錄、詮釋之外，整套祭歌歌詞與歌譜也應重新記音與記譜，以補過去研究之不足。尤其當筆者將黑澤隆朝、林衡立紀錄的祭歌與朱耀宗傳授的祭歌作初步比對之

後，更深信朱姓嫡系傳承的祭歌可以提供較深刻的意義。在祭歌的分段順序以及較細膩的演唱規則方面，朱耀宗的報導與林衡立的記載有不少出入。本以爲朱耀宗比林衡立的報導人年幼，可能在傳習上有所漏失，但是與更早的黑澤資料比對，反而發現與朱耀宗所分的章節吻合。最明顯的是林衡立誤將曲調不同的兩首歌：ka papabalay（共四節）與 boeLoe′（共三節）視爲同一首歌（papabalay），並認爲此歌有七節；而朱耀宗傳授的第十一首歌 binbinlayən（共二節）以三種曲調演唱相同的二節歌詞，林衡立則誤認爲三首不同的歌（ biLbiLlrajun、kaphaohaoi、kakeioa）。另外送矮人歸去部份的歌，黑澤隆朝的記錄則不及朱耀宗與林衡立記錄的版本完整，漏了最後兩首 korkoroy 與 mataLa no siboLok，又把反覆唱法與曲調完全不同的送行歌（ papa′oʃa）與緩行歌（ aLibih）視爲同一首歌。還有第五首歌 alim 有六節，黑澤只記錄了四節。如此看來，反而是目前五峰矮人祭歌的傳人朱耀宗唱的段落較爲正確完整，重新記錄五峰矮人祭歌的歌詞與歌譜有其重要性。

筆者最想瞭解的是矮人祭歌歌詞的意義，以及整體矮人祭儀歌舞展現出的賽夏族文化意義（這個部份會在另篇文章中分析）。可是在進入意義分析之前，希望先將朱耀宗傳承的祭歌，根據他的唸唱與解釋作一翔實的紀錄。這份工作非筆者一人之力所能完成，於是於1988年12月至1989年1月間，邀請對賽夏族語言曾做過研究的李壬癸師，同往五峰做矮人祭歌的探錄。在朱耀宗夫婦、朱逢祿夫婦、錢火榮與朱志敏等熱心協助下，我們又邀了幾位族人在朱耀宗領唱下，錄了每首歌和每個變化曲調的第一節。之後，請朱耀宗唸

每首歌的歌詞，由李壬癸師記音。歌詞的意義由錢火榮、朱金妹（朱耀宗妻）、朱逢祿等翻譯說明。歸後，將採錄的祭歌錄音帶交給謝俊逢先生記譜。黑澤隆朝、林衡立等的報告都只挑了幾首歌作譜，也沒有指出有的歌像 aLim 就包含了三個調子，每兩節換一個調；而 binbinlayən 的兩節歌詞配上不同的虛字，以三種曲調表現。此外，以往的研究皆未將矮人祭歌每首歌的虛字變化作記錄說明。矮人祭歌的虛字部份變化多，唱的時間又長，與反覆規律不同的句子的旋律相結合，如不加以標示，學習者不容易掌握。

　　本文的前言、歌詞譯註、虛字記錄由胡台麗負責。歌詞意義完全按照朱耀宗的解釋，如此可以呈現朱家祭歌傳承者的理解。他說，並不能瞭解每字、每句的意思，他的父親教他時便是如此。因此文中凡以括號標記者，表示是某句或某詞的大意。朱耀宗無法解釋的部份，則以問號或空白表示。李壬癸師同意本文引用他的歌詞記音，他將另文（1993）發表對祭歌語音、構詞、句法之分析，至於詞意記載方面，他則傾向自行取捨、交互使用林衡立與朱耀宗的解釋。本文的歌詞與虛字語音記錄以唱音為準，筆者又於1992年矮人祭期間，請朱耀宗錄唱全套祭歌，並據以校訂唱音，以利祭歌的研習傳承。歌譜部份謝俊逢先生負責記錄與說明。祭歌歌詞涉及的植物，筆者於1993年夏請植物攝影專家陳月霞女士前往五峰，在錢火榮、趙健福帶領下進行攝影和標本採集。採集之標本請植物學博士陳玉峰先生鑑定，以學名與賽夏語對照。本文矮人祭歌的標題順序、節數、句型反覆規則，以及與林衡立記錄的對照，列表如下，供讀者參酌。

矮人祭歌章節對照

標題	節數	句型反覆規則	林衡立記錄對照
1.raraol	4	1212/233/344	Ⅰ raraol
2.roLi′	3	1212/2323/3434	Ⅱ role
3.ka papabalay	4	1212/233/344	Ⅲ papabarai
4.boeLoe′	3	1212/233/344	Ⅲ papabarai
5.′æLim	6	1212/233/344	Ⅳ kamkamasirib
6.hiyowaro′	2	1212/233/344	Ⅹ kapamaama
7.waLowaLɔn	2	1212/233/344	Ⅷ wauwauŋ
8.′æ′œngəL	1	1212/2323/3434	Ⅸ a′uŋu
9.′əkəy	1	1212/233/344	Ⅺ u′kui
10.kaptiloloL	1	1212/233/344	Ⅻ kaptiroro
11.binbinlayən	2	1212/233/344	Ⅴ bilbilrajun
			Ⅵ kaphaohaoi
			Ⅶ kakjo′a
12.papa′oʃa	1	1212/2323/3434	ⅩⅢ papaosa
13.′alibih	1	1212/233/344	ⅩⅣ kakisibirex
14.korkoroy	2	12/23/34	ⅩⅤ kakisikurukurui
15.mataLa no ʃiboLok	1	12/23/34	ⅩⅥ kapatara no siburok

賽夏語記音說明

此說明係引自李壬癸先生的著作（1992）。賽夏語可依其地理分布分為兩個方言群——大隘（新竹五峰）和東河（苗栗南庄）。兩者間的語音差異不大，其語音系統可以下列的國際音標符號表

示。括號表示代用符號。

㈠音韻系統：

輔音

	雙唇	舌尖	齦顎	舌根	喉音
塞音	p	t		k	ʔ (ʼ)
鼻音	m	n		ŋ(ng)	
擦音		s	ʃ(S)	h	
	β(b)	z			
邊音		l			
顫音		r			
半元音	w		j(y)		

元音：

i		o	
œ(oe)		ə(e)	
æ(ae)		a	

㈡發音與語音符號說明：

(1)p，t，k 都是不送氣的清塞音，在字尾通常都不解阻（unrealsed）。p，t，k 在後面跟著喉擦音時，會與之合併發為送氣音。

(2)m，n，ŋ 是常見的帶音鼻音，其中舌根鼻音，西方學界的慣例是採用英語的拼音方式改用 ng 代表。

(3)舌尖擦音兩方言的發音有差異：大陸讀為舌尖擦音 s，z；東河讀為齒間擦音 θ，ð。

(4)半元音的國際音標是 w，j，依英語的書寫習慣分別寫作 w、y。

(5)賽夏語有六個元音 i，œ，o，ə，æ，a。為書寫方便，œ，可以記為 oe，ə 可記為 e，æ 則記為 ae。若進一步簡化符號系統，不分 a 與 æ，o 與 œ，那麼賽夏語也就只使用四個元音符號 i，u，e，a 了。後圓唇元音的實際音值接近中元音 o，而不是高元音 u，所以記為 o 相當合適。

附記：矮人祭歌中尚保存閃音 L，在日常賽夏語言中已消失。不過，唱祭歌時有的閃音 L 也省略了。

五峰賽夏族矮人祭歌（maLətol ka paʃtaˊay）歌詞

（朱耀宗 bonai a kale 主唱並解說，胡台麗記詞意及虛字，李壬癸記音，陳玉峰植物名鑑定）

1.raraol ＜1212/233/344反覆＞
招請

i

kaLina(aəa)piˊ ka laroˊ(oi)	以 laro(柿子樹)①為題
講起　　　　　　　柿	
taraol(o)ila kokoˊ(oi)	已招請矮人
我們招請了　矮人	

_____

①laro，台東柿 Diospyros oldhamii，喬木。

kaLina(ə)pi′ ka laro′(oi)

taraol(oa)ila koko′(oi waowai)

taraol(aoa)ila koko′(oi)

waLi′ ta(ə)pakoʃaLo′(oi)　　　　　來，供奉食物
來　我們　　供奉食物
waLi′ ta(ə)pakoʃaLo′(oi waowai)

waLi′ ta(aəa)pakoʃaLo′(oi)
ka tatimæ′ ka roLo′(oi)　　　　　用 roLo 魚做菜②
　　　菜　　　魚
ka tatimæ′ ka roLo′(oi waowai)

ka tati(aia)mæ′ ka roLo′(oi)

yaʃo′ka(ə)pinapœ′œ′(oi)　　　　　如此結芒草約期③
如此　　　結芒草約期
yaʃo′ka(ə)pinapœ′œ′(oi waowai)

---

②roLo 魚紅白色相間，是矮人最喜歡吃的食物，也最喜歡此二色，只有矮人祭 paʃta′ay 以 roLo 為供品。

③papœ′œ′ 是矮人交代的事，凡是結芒草的人，矮人會保護。過去賽夏族人與矮人共同生活時，如賽夏族生病，矮人會以芒草醫治賽夏人，如同一種巫術。paʃta′ay 開始前南北二祭團相會，結芒草約期，矮人會隨之而至。paʃta′ay 期間被矮人處罰者也要結芒草來解救。

ii

kaLinapi´ ka raLa´ 以 raLa´(楓樹)④爲題
講起　　　楓樹

yakoila maLaʃa´ (矮人)我不知道
我　　　不知

ʃi´oʃəng ka Ləmozæ´ (你們)用芒草打結了⑤
　打結　　白茅⑥

waLi´raol konga´œnga´ 來，任意(經由各處)招請
來　　招請　　隨便

yami´ i naka roʃa´ 我們二人
我們　　　　二

ila ta´ay ki toway ta´ay 和 toway 來了
來(矮男名)(矮女名)

waLi´ makabowala´ 沿河而來
來　　沿河

ka bowala´ ´iʃikay 經 ʃikay 河
　河　　　地名

patiLə´ tobatobay 腿痠疲彎曲
作……狀　　腿痠

kaLihikor ka´ œway 以黃籐⑦作杖
　拐杖　　黃籐

---

④raLa，林衡立（1956）解爲楓香，賽夏長老指認爲台灣紅榨楓。

⑤賽夏人雖已告知，有的矮人們不知道 papœ´œ´結芒草約期開始了。

⑥Ləmozæ´，白茅 Imperata cylindrica。矮人祭期間實際上用的草是œ´
　so´（芒 Miscanthus sinensis），但是歌詞中不直接稱œ´so´，而以
　Ləmozæ´這種類似的草代替。

⑦´œway，黃籐；省籐 Daemonorops margaritae。

iii

kaLinapi´ ka banaL	以 banaL 樹⑧爲題
yakoila malikaL	我筋疲力盡
我　　　　疲	
masəraəm ray ʃapa´	拖著腳步走過 ʃapa´草叢⑨
拖腳步　在　草名(赤車使者)	
´ini´oʃa´ panoraLan	還沒走到
還　　沒有走路	
´ini´oʃa´ Linori´an	還沒去開墾地
沒　去　　開墾的地	
sakitaʃo´ ka rinilang	看成熟的穀物
看　　　成熟穀子	

iv

kaLinapi´ ka ma´æw	以 ma´æw(山胡椒樹)⑩
山胡椒樹	爲題
tapaLo´ ʃibolangaw	採 ʃibolangaw（鬼針）⑪
採　　　草名	

---

⑧banaL 樹採摘的標本是香椿，但係外來植物。banaL 可能是台灣原產，形貌與香椿酷似的石茉莄。

⑨Sapa´，闊葉赤車使者 Elatostema edule，草本。

⑩ma? æw，山胡椒 Litsea cubeba，喬木。

⑪Sibolangaw，小白花鬼針 Bidens pilosa minor，草本。

ka pinapatilowaʃaw   在路上作標示
   作　路標

ʃiwaʃaw sa hərəLaw   發現路標
路標　　　發現

hərəLaw maibabaw   發現(路標)在高處
發現　　　在高處

2.roLiˊ〈1212/2323 反覆〉
　薊

i

kaLinapiˊ ka roLiˊ(o)   以 roLi(薊)⑫爲題
          薊

yako miriiriLiˊ(aəai)   我站起來
我　　　站起

kaLinapiˊ ka roLiˊ(o)

yako miriiriLiˊ(aəai hai yai i hai yaiyo waoiyai)

yako miriiriLiˊ(o)

---

⑫roLi，在五峰尚未採集到標本，但長老從圖片指認爲薊，葉片有
刺，屬草本，可能爲阿里山薊。

miriLi′ ka boLih(aəai)　　　　　　　站在那邊
站　　　　那邊
yako miriiriLi′(o)

miriLi′ ka boLih (aəai hai yai i hai yaiyo waoiyai)

miriLi′ ka boLih(o)

yako maLiyalakəm(aəai)　　　　　（不確定意思）
我
miriLi′(i) ka boLih(o)

yako maLiyalakəm(aəai hai yai i hai yaiyo waoiyai)

yako maLiyalakəm(o)
sila′(a)oLi ka tənœ′(aəai)　　　　　發了新芽⑬
發新芽　　　　　芽
yako maLiyalakəm(o)

sila′(a)oLi ka tənœ′(aəai hai yai i hai yaiyo waoiyai)

sila′(a)oLi ka tənœ′(o)

⑬意指 ʃaisiat 子孫增長。

ka tənœ´ ʃiboLok(waəai)　　　　　　ʃiboLok(台灣赤楊)⑭ 的芽
芽　　　台灣赤楊樹
sila´(a)oLi ka tənœ´(o)

ka tənœ´(ə) ʃiboLok(aəaihai yaii hai yaiyo waoiyai)

ka tənœ´(o) ʃiboLok(o)

ʃiLabaLi´ hœmaLok(waəai)　　　　　　隨風散播
颱風　　　散播
ka tənœ´(o) ʃiboLok(o)

ʃiLabaLi´ hœmaLok(aəai hai yai i hai yaiyo waoiyai)

ʃiLabaLi´ hœmaLok(o)

rima´ i pinaramoL(aəai)　　　　　　(不知字面意思)⑮

ʃiLabaLi´ homaLok(o)

rima´ i pinaramoL(aəai hai yai i hai yaiyo waoiyai)

---

⑭ʃiboLok，台灣赤楊(俗稱水流柯)Alnus japonica。
⑮意指賽夏人口蔓延，形成一個個聚落。

＊章節說明：此節以台灣赤楊樹 ʃiboLok 比喻賽夏族人，要如同
　　　　　 ʃiboLok 般快速繁衍，散佈各地。

ii

kaLinapi′ ka′ œway	以 œway(黃籘)為題
黃籘	
yami′ ′oka′ ʃoroway	我們沒有稻子
我們　沒　稻子	
kano′ ʃaraolanay	用什麼招待？
什麼　　　招待	
raol lohiy towanay	招請(矮人)嫂子
招請　　　大嫂	
kapaliya′ raLaway	(不清楚)
ila ta′ay ki toway	(矮人)ta′ay 和 toway
(矮男名)　(矮女名)	
mwaLi′ malalohæLi′	請來共遊
叫來　　　共遊	
riniy ʃakaLibalay	在此祭場地
在此　地名(祭場地)	

iii

kaLinapi´ ka bangaʃ
　　苦楝樹

以 bangaʃ(苦楝樹)⑯爲題

ka ´oral Lomaliyas
　雨水　　　捲(浪)

翻滾水波

Lomaliyas ʃiLataʃ
捲(浪)　工寮

水波捲起有如工寮

´aLayso´ pinahilaL
(不清楚)　　曬

曝曬

pinahilaL ka basaL
　曬　　　小米

曬小米⑰

pinatisə babaraL
　曬　乾

已曬乾了

riniy balibaliyan
在此　地名(不清楚)

在此 bali 之地

3. ka papabalay〈1212／233／344 反覆〉

i

kaLinapi´ ka(a) ´œway(ao)
　　黃籐

以 œway(黃籐)爲題

---

⑯bangaʃ，苦楝 Melia azedarach，喬木。

⑰小米的一種叫做 basaL，收成後要曬乾好好庫存，否則再受潮會對賽夏人有損害。

′ana′ilao′(o)　balay(ao)
怎樣 可不可以　不知會怎樣(被陷害)
kaLinpai′ ka′ œway(ao)

′ana′ilao′(o) balay(ao waowai)

′ana′ilao′(o) balay(ao)

maLinə′ ho(ə)wahoway(ao)　　　　　要慢慢地(你們不要衝動)
極　　　　慢慢地
maLinə′ ho(ə)wahoway(ao waowai)

maLinə′ ho(ə)wahoway(ao)

əkəy kamarəwaLay(ao)　　　　　(落水)成為鬼魂
鬼魂　　(不太清楚)
əkəy kama(ə)rəwaLay(ao waowai)

əkəy kama(ə)rəwaLay(ao)

iminami′(ə) na roway(ao)　　　　(應該)如稻穀般照顧⑱
　小心　　稻(ta′ay語)

───────────

⑱也含你們如此做收成會不好之意。

ʹiminamiʹ(ə) na roway(ao waowai)

ʹiminamiʹna roway(ao)

ʹiminamiʹ(ə) na pazay(ao)   (應該)如稻穀般照顧
   小心   稻(ʃaisiat 語)
ʹiminamiʹ(ə) na pazay(ao waowai)

＊章節說明：這首歌是矮人對賽夏人的訓示，分四節敘述。此節涵
       義爲——我們（矮人）內心忐忑不安，不知會被
       ʃaisiat 人如何陷害。你們要慢慢地，不要衝動。爲何
       不像稻穀般將我們好好照顧，卻害我們落水成爲鬼
       魂。

ii

kaLinapiʹ ka ʹœway   以ʹœway(黃籐)爲題
     黃籐
ʹiyamoʃaʹ iʹoLolay   你們像小孩一樣
你們   小孩
waLiʹ tapakahoway   來！友善相處
來   友善

tapaLo´ ´araway	取香楠木爲柴火⑲
探　　香楠	
ka papilə´əLəʃay	煮多是浪費
別 煮　　浪費	
towalək pilə´aʃay	煮食要適量
煮食　　適量	
ʃiLa´æwhæy komaʃay	過量會損害
變　損害　過量	

＊章節説明：此節爲矮人訓誡賽夏人不可浪費食糧。

iii

kaLinapi´ ka raLa´	以 raLa(楓樹)爲題
楓	
matiboʃiboʃiya´	長了(可吃的)根莖
茅草根莖(可食用)	
ray Ləməzæ´	在白茅根部
在　白茅	
waLi´ tapatiroʃa´	來分食
來　　　分	
patihiyahiya´	(不清楚)

---

⑲paʃta´ay 迎矮人，給矮人吃的米糕一定用香楠木爲柴蒸煮。´araway，香楠 Machilaus Zuihoensis。

＊章節說明：此節爲矮人訓誡賽夏人要助人，即使只有一點點食物
也要與人分食。

iv

kaLinapi´ ka baLaʃi´　　　　　　以 baLaʃi´(山漆樹)⑳ 爲題
　　　　山漆

tapawaləwaləʃi´　　　　　　　　看見腳印

´œhiLi´in ka waləʃi´　　　　　　循著足跡
　循　　　　足跡

´iLomasə´ naboʃi´　　　　　　　抖動(水珠)
抖動(水)

´iminami´ na sani´　　　　　　　小心水獺(會咬人)
小心　水獺

＊章節說明：此節爲矮人訓誡賽夏人要小心水獺 sani 這種會咬人
的動物。sani 也可能指的是夏姓養的靈性動物 soro，
不能隨便看，如不小心會出問題。

4. bœLœ´〈1212/233/344 反覆〉
矢竹

i

（yaiya）

---

⑳baLaʃi´, 山漆 Rhus succedaneda, 喬木。

kaLinapi′ ka bœLœ′(iyowai)　　　　　以 bœLœ′(矢竹)㉑爲題
　　　　箭竹

Lomayap(a) ka piyœpiyœ′(iyowai)　　小鳥飛走了㉒
　飛　　　　　　小鳥

(yai)kaLinapi′ ka bœLœ′(iyowai)

Lomayap(a) kapiyœpiyœ′(iyowai waowai)

(yai)Lomayap kapiyœpiyœ′ (iyowai)

Lomayap ′itaLoʃibœ′(iyowai)　　　　　（飛走了）
飛

Lomayap(a) ′itaLoʃibœ′(iyowai waowai)

(yai) Lomayap′ itaLoʃ ibœ′(iyowai)

yatao′ (o)ʃibœ′ ′iboyœ′(iyowai)　　　（我們要好好照顧，不可欺負）㉓

yatao′(o)ʃibœ′ ′iboyœ′(iyowai waowai)

(yai) yatao′ ʃibœ′ ′iboyœ′(iyowai)

㉑bœLœ′，台灣矢竹 Arundinaria Kunishii。
㉒小鳥飛走比喻女子出嫁。
㉓意指要善待求婚者。

yatao′ ′ima ′imarə′(iyowai)　　　　　(從小要照顧)

yatao′(o)′ima′ imarə′(iyowai waowai)

(yai) yatao′ ′ima′ imarə′(iyowai)

yaLima′ roʃo′ kapito′(iyowai)　　　　攜手做親家㉔
　攜手　　　　　做親家
yaLima′(ə)roʃo′ kapito′(iyowai waowai)

(yai) yaLima′ roʃo′ kapito′(iyowai)

yapito′(oə) yoroLorok(iyowai)　　　　(不要吝嗇)㉕

yapito′(oə) yoroLorok(iyowai waowai)

＊章節說明：此首歌是矮人對賽夏人的訓示，分三節敘述。

ii

kaLinapi′ ka′ æLim　　　　　　以 æLim(桃李樹)㉖爲題
桃李樹

㉔意指婚事雙方要友善。
㉕意指成親後不要吝嗇。
㉖æLim，桃李類 Prunus salicina。

ya´abin ka batibatiw   不加選擇，見 batiw（山萵苣）㉗
遍採(不挑選)山萵苣   便採

ya ka batiw ma´æLiw   山萵苣(未煮)已枯乾了㉘
     山萵苣   乾枯

yaʃoʃaʃabit yakin   我沒有菜了
           我

yaʃo´a ka minamabain   你懶惰
你   懶惰

yamabain malitakil   懶得揹籠子
偷懶   揹籠

yamali´a´aa´airi´iring   讓它斜掛一邊
掛一邊   傾倒

＊章節說明：此節為矮人勸勉賽夏婦女不可偷懶。

iii

kaLinapi´ ka ´œway   以´œway(黃籐)為題
       黃籐
yaka´alolay baʃay   穀物未熟(就離開)，變成野草
   未熟的作物   野草

㉗batiw，山萵苣 Lactuca indica，草本。
㉘指主婦懶惰不煮菜，任其枯乾。

yamaLimaLin ´aʃay　　　　　　　如此這般，東做西做
如此這般　　　東做西做

yamaLino´ sa´ ´æwhæy　　　　　　如此這般，沒有結果
如此這般　　　　　壞

ya´æwhæy ʃoka ´oLoʃay　　　　　虛耗光陰，一無所獲
　壞　　　　　無收成

5. ´æLim〈1212／233／344 反覆〉(´æLim 六節，三個曲調：
　1.2／3.4／5.6)
　桃李樹

　　　　　　　　　　　　　i

kaLinapi´ ka(ə) ´æLim(o)　　　　以´æLim(桃李樹)爲題
　　　　桃李樹

kamaʃikama(ə)ʃiriL(o)　　　　　巡視開墾地
　　　巡視

KaLinapi´ ka(ə) ´æLim(o)

kamaʃikama(ə)ʃiriL(o waowai)

kamaʃikama(ə)ʃiriL(o)

ʃomiriL ka wa (ə)waral(o)　　　　往返巡視
巡行

ʃomiriL ka wa (ə)waral(o waowai)

ʃomiriL ka wa (ə)waral(o)

ʃomiriL ʹiya(ə)təran(o)　　　　　　沿邊界巡勘
巡行　　　田界處
ʃomiriL ʹiya(ə)təran(o waowai)

ʃomiriL ʹiya(ə)təran(o)

ʹi pinakooʹa(ə)wanan(o)　　　　　（初步開墾的地）

ʹi pinakooʹa(aə)wanan(o waowai)

ʹi pinakooʹa(ə)anan(o)

ʹi pinakooʹLa(ə)baLan(o)　　　　（陽光下完成開墾的地）

ʹi pinakooʹLa(ə)baLan(o waowai)

ʹi pinakooʹLa(ə)baLan(o)

romilang ka raə(aə)nəʃan(o)　　　稻穗成熟

romilang ka raə(aə)nəʃan(o waowai)

romilang ka raə(aə)nəʃan(o)

romilang tiʃ(aə)ə´ aʃay(o)　　　　　完全熟了
　　　　完全　　熟
romilang tiʃ(aə)ə´ aʃay(o waowai)

＊章節說明：此節意指矮人將偷懶者帶到勤奮耕作者處巡看，使之
　　有所改進。

ii

kaLinapi´ ka banaL　　　　　　　以 banaL 樹爲題

piapia´ ka liwan　　　　　　　　　聽到水聲，成爲汪洋
　　　　汪洋大海
´aLoʃizæah ka langa´　　　　　　　（如不聽訓誨，心中要有所
　　　　　　　　　　　　　　　　準備）
manaʃibœ´´iwasal　　　　　　　　（你們會）爲旋渦捲走

wasal liwaliwal　　　　　　　　　被旋渦包圍

haLəpən paLiloway　　　　　　　　任水擺佈

hinibœhi´´œway　　　　　　　　　什麼都看不見了

iii

kaLina(ə)piˊ ka raLaˊ(owa hi yai yao)　　　以 raLa(楓樹)爲題
　　　楓樹

Lomayap(ə)ka raLongaˊ(owa hi hai yao)　　蟲飛了㉔
飛　　　　　一種蟲

kaLina(ə)piˊ ka raLaˊ(owa hi hai yao)

Lomayap(ə)ka raLongaˊ(owa i yai yo wai hiyo wai rowai)

Lomayap(ə)ka raLongaˊ(owa hi hai yao)

maʃəkət ʃaLitataˊ(owa hi hai yao)　　　(小米會勻稱生長)
　　　　小米

maʃəkət ʃaLitataˊ(owa i yai yowai hiyo wai rowai)

maʃəkət ʃaLitataˊ(owa hi haiyao)

ka tataˊ(ə)nibaLayaˊ(owa hihai yao)　　　(小米會有收成)
　　小米

ka tataˊ(ə)nibaLayaˊ(owai yai yo wai hi yo wai rowai)

ka tataˊ(ə)nibaLayaˊ(owa hi hai yao)

———————

㉔指小米播種灑出去如同蟲飛走。

ʃitokœh maraLoka'(owa hi hai yao)　　播出去就不見了
播種　　變沒有
ʃitokœh maraLoka'(owa i yai yo wai hi yo wai rowai)

ʃitokœh maraLoka'(owa hi hai yao)

mara Loka' 'iLima'(owa hi hai yao)　　種子離手就消失了
沒　　手
mara Loka' 'iLima'(owai yai yo wai hi yo wai rowai)

mara Loka' 'iLima'(owa hi hai yao)

'iLima' 'ilalokama'(owa hi hai yao)　　在掌上不見
手　　　掌
'iLima' 'ilalokama'(owa i yai yo wai hi yo wai rowai)

'iLima' 'ilalokama'(owa hi hai yao)

howay ka sinobiya'(owa hi hai yao)　　（結穗後很興奮）

howay ka sinobiya'(owa i yai yo wai hi yo wai rowai)

howay ka sinobiya'(owa hi hai yao)

ka ʃinəraratərat(owa hi hai yao)　　　　(長得很均勻)

ka ʃinəraratərat(owa i yai yo wai hi yo wai rowai)

ka ʃinəraratərat(owa hi hai yao)

ʃiratrat maʃiyæ′(owa hi hai yao)　　　　(爲此而高興)
　　　高興
ʃiratrat maʃiyæ′(owa i yai yo wai hi yo wairowai)
　　　高興

iv

kaLinapi′ ka bangaʃ　　　　　　以 bangaʃ(苦楝樹)爲題
　　苦楝樹
Lomongaʃ ka waʃiwaʃ　　　　　聽見蟲鳴聲
　鳴　　　(擬聲)
mabazæ′ tinəzəkas　　　　　(一動都飛走)

maLoza′ ingaʃngaʃ　　　　　只聞水聲
　　水聲
maLoza′ itaLolaʃ　　　　　(我們怎麼還能工作?)

v

KaLinapi′ ka laro′(hia hi yai hai yao)　　　以 laro(柿子樹)爲題
　　　　　柿

pongoLah Lito′(hia hi hai yao)　　　山枇杷樹㉚開花
　　花　　山枇杷樹

kaLinapi′ ka laro′(hia hi yai hai yao)

pongoLah Lito′(hia hi yai hai yao yai)

pongoLah Lito′(hia hi yai hai yao)

towanay niʃo′(hia hi hai yao)　　　　你的大嫂
　　大嫂　你

towanay niʃo′(hia hi yai hai yao yai)

towanay niʃo′(hia hi yai hai yao)

ʃilihiL mangiro′(hia hi hai yao)　　　　失足跌倒
失足　　跌倒

ʃilihiL mangiro′(hia hi yai hai yao yai)

ʃilihiL mangiro′(hia hi yai hai yao)

㉚Lito′，山枇杷 Eriobotrya deflexa。

mangiro´i hariyo´(hia hi hai yao)　　　落入旋渦
跌倒　　渦流
mangiro´i hariyo´(hia hi yai hai yao yai)

mangiro´i hariyo´(hia hi yai hai yao)

ʃikakaL Loko´(hia hi hai yao)　　　織布機發聲
發聲　　織布機
ʃikakaL Loko´(hia hi yai hai yao yai)

ʃikakaL Loko´(hia hi yai hai yao)

ʃikakaLo´pœ´œ´(hia hi hai yao)　　　膝蓋作響
作響　　　膝蓋
ʃikakaLo´pœ´œ´(hia hi yai hai yao yai)

　＊章節說明：此節涵義是——如果不是嫂嫂說（樹斷）是膝蓋作
　　　　　　　響，使大家失去警覺，我們（矮人）不會被害落
　　　　　　　水。

vi

kaLinapi´ ka ma´æw　　　　　　以 ma´æw(山胡椒樹)為題
　　　山胡椒樹
ka ʃai´minopaLaw

lailai ʃəmongaw
　　發聲
ʃəmongaw i libabaw
　　　上面
ʃikamaləmaləraw

minalita tokowaw

kiləbənən ka koraw

＊章節說明：此節涵義──你們要往山中耕作，要在乾晴的天氣工
　　作。如在乾燥土地耕作會有聲響，要好好工作才有收
　　穫。你們砍斷樹橋使我們落水而死，我們雖死，你們
　　仍要好自為之。

6. hiyowaro′〈1212/233/344 反覆〉

i

(o)kaLinapi′ ka laro′(ai yai ya oai)　　以 laro(柿子樹)為題
　　柿子樹

(o)yako hi(a)yowaro'(ai yai ya oai)　　　我的名字叫'aro'㉛
　我
(o)kaLinapi 'ka laro'(ai yai ya oai)

(o)yako hi(a)yowaro'(ai yai ya oai oyo)

(o)yako hiyowaro'(aiyai ya oai)

'oʃa' 'alayən(əə)rayno'(ai yai ya oai)　　　從那裡開始？
去　　開始　　　從何處
'oʃa' 'alayən(əə)rayno'(ai yai ya oai oyo)

'oʃa' 'alayən rayno'(ai yai ya oai)

'oʃa' 'alayən(əə)'ibito(ai yai ya oai)　　　到那裡爲止？
去　　　　　到……爲止
'oʃa' 'alayən(əə)'ibito(ai yai ya oai oyo)

㉛賽夏 tition(朱姓)第一位祖先名叫'aro'，娶由天而降之女 yoæw（雷
biwa)爲媳。開墾土地時 yoæw 要'aro'置三樣耕具，便可立即墾好。
yoæw 不能觸摸煮鍋，可是'aro'逼她摸鍋子，一摸人就消失了，只見
芭蕉樹。paʃta'ay 時朱家的祖先也隨矮人歸來。據傳'aro'原先爲瞎
眼，yoæw 來世間，摸他身體和臉，就復明了。

´oʃa´ ´alayən ´ibito(ai yai ya oai)

(o)wani lamo´(əə)´a´omo´(ai yai ya oai)　　　鐮刀，番刀，斧頭
　鐮刀　番刀　　斧頭
(o)wani lamo´(əə)´a´omo´(ai yai ya oai oyo)

(o)wani lamo´ ´a´omo´(ai yai ya oai)

´oka´ raLama´ ka taLomo´(ai yai ya oai)　　　(人)不見了，只見芭蕉樹㉜
沒有　　　　芭蕉樹
´oka´ raLama´ ka taLomo´(ai yai ya oai oyo)

´oka´ raLama´ ka taLomo´(ai yai ya oai)

(o)ʃiyamama´ raLayo´(ai yai ya oai)　　　芭蕉葉遮住，(人)消失了
　芭蕉葉遮住　　消失
(o)ʃiyamama´ raLayo´(ai yai ya oai oyo)

ii

kaLinapi´ ka ma´æw　　　　以 ma´æw(山胡椒樹)爲題
　　山胡椒樹
yako hi yo´æw ´œmaw　　　　我是 yo´æw´œmaw
我　　(人名)

㉜talomo´´，台灣芭蕉 Musa formosana。

ʃitiniko' ra'ao maw　　　　　　　　（我冤枉地死）

ʃitiniko' 'imaraw　　　　　　　　　（好像用箭一射就消失）
好好地　用箭射

ʃimari'in 'itaLaʃaraw　　　　　　　（娶回來活活弄死）
娶　　　活活地

'aLoʃizæh ka baboriaw　　　　　　（本可輕鬆工作）

7. waLowaLon〈1212/233/344 反覆〉

i

（waihai yao）kaLinapi' ka bongoL　　以 bongoL（山豬肉樹）㉝爲題
　　　　　　山豬肉樹

（waihai yao）ʃai homilohilom　　　（我們被害落水而死）

（waihai yao）kaLinapi' ka bongoL

（waihai yao）ʃai homilohilom（wai hai yao hiyai hiyai）

（waihai yao）ʃai homilohilom

（waihai yao）taboloe' ka ni waLon　　（看看你們是否要拋棄我們矮人）
　　　　　　拋棄

㉝bongoL，山豬肉 Meliosma rhoifolia，喬木。

(waihai yao)taboloœ′ ka ni waʟon (wai hai yao hiyai hiyai)

(waihai yao)taboloœ′ ka ni waʟon

(waihai yao)moʃa′ila′ inimon　　　　　（去你們的地方）
　　　　去　　　你們

(waihai yao)moʃa′ila′ inimon(wai hai yao hiyai hiyai)

(waihai yao)moʃa′ila′ inimon

(waihai yao)moʃa′ patənamolimoʟ　　（一聲不響地走了）
　　　　去

(waihai yao)moʃa′ patənamolimoʟ(wai hai yao hiyai hiyai)

(waihai yao)moʃa′ patənamolimoʟ

(waihai yao)paʟə′ alo ′iʃo′on　　　「你們要憐顧(我們)」
　　　　憐顧　　　你們

(waihai yao)paʟə′ alo′ iʃo′on(wai hai yao hiyai hiyai)

(waihai yao)paʟə′ alo′ iʃo′on

(waihai yao)′iʃo′on waʟowaʟon㉞　　「你們『矮人』」
　　　　你們　　　「矮人」

(waihai yao)′iʃo′on waʟowaʟon(wai hai yao hiyai hiyai)

㉞waʟowaʟon 在此係指矮人全體。

ii

kaLinapi′ ka bongoL　　　　　　　以 bongoL(山豬肉樹)為題
　　山豬肉樹

ray ʃaka′ koLokoLol　　　　　　　(我們走到取名為「山」的樹橋上)
　　「山」

ʃitiLil ray koLol　　　　　　　　(從「山」橋落下，好像被吊著一
　　　　　　　　　　　　　　　　樣)

吊下　從「山」

ray ʃaka′ LomahoroL　　　　　　(過去的事有沒有忘記？)

manaLowa′ ′iʃo′on　　　　　　　「你們眷念(我們)」
你們

′iʃo′on waLowaLon　　　　　　　「你們『矮人』」
你們　「矮人」

8.′æ′œngəL　〈1212／2323 反覆〉
　酸籐

i

△(owai yaiyo) kaLinapi′ ka raLəm　以 raLəm㉟為題
(o)

────────

　㉟raLəm 為一種石壁生出的植物，未採集到標本，無法鑑定。

△Lomayap ka ′æ′œngəL(o)　　　　æ′œngəL(酸籐)㊱
　飛　　　酸籐　　　　　　　　　果子裂開，內絮飄飛
(owai yaiyo)kaLinapi′ ka raLəm(o)

Lomayap ka ′æ′œngəL(o owai yai i yo wai i yo wai i yo wai)

(owai yaiyo)Lomayap ka ′æ′œngəL(o)

△Lomayap mabəLəbəL(o)
　飛
(owai yaiyo)Lomayap ka ′æ′œngəL(o)

Lomayap mabəLəbəL(o owai yai i yo wai i yo wai i yo wai)

(owai yaiyo)Lomayap mabəLəbəL(o)

△rima ray rinəməL(o)

(owai yaiyo)Lomayap mabəLəbəL(o)

rima ray rinəməL(o owai yai i yo wai i yo wai i yo wai)

————————

㊱æ′œngəL，酸籐 Ecdysanthera rosea。

(owai yaiyo)rima ray rinəməL(o)

△rima ʃi′paʃahatəl(o)

(owai yaiyo)rima ray rinəməL(o)

rima ʃi′paʃahatəl(o owai yai i yo wai i yo wai i yo wai)

(owai yaiyo)rima ʃi′paʃahatəl(o)

△ʃihatəl ka rəmərəm(o)

(owai yaiyo)rima ʃi′paʃahatəl(o)

ʃihatəl ka rəmərəm(o owai yai i yo wai i yo wai i yo wai)

(owai yaiyo)ʃihatəl ka rəmərəm(o)

△ray ʃaka′ mahaləm(o)

(owai yaiyo)ʃihatəl ka rəmərəm(o)

ray ʃaka′ mahaləm(o owai yai i yo wai i yo wai i yo wai)

（owai yaiyo）ray ʃakaˊ mahaləm（o）

△mahaləm masəhaləm（o）

（owai yaiyo）ray ʃakaˊ mahaləm（o）

mahaləm masəhaləm（o owai yai i yo wai i yo wai i yo wai）

* 章節說明：此節涵義是──æˊœngəL 酸籐茂盛成長，果實裂開
內絮飄飛。我們矮人好像來到黑暗處，看不見了。
你們不要忘記我們訓誨教導之事，否則會再起衝
突。

9.ˊəkəy〈1212/233/344 反覆〉

i	
（waəai）əkəy kaLinapiˊ ka bongoL 山豬肉樹	以 bongoL（山豬肉樹）爲題
（yaiya əwai）əkəy ʃəraowaˊol	我們（矮人與賽夏祖先）聚集在一起

（yaiya əwai）əkəy kaLinapiˊ ka bongoL

（yaiya əwai）əkəy ʃəraowaˊol（yai ya əai o yoo）

（yaiya əwai）əkəy ʃəraowaˊol

(yaiya əwai) əkəy raol limaʃiboL   在 ʃiboL 河處會合㊲
       （河名）

(yaiya əwai) əkəy raol limaʃiboL（yai ya əai o yoo）

(yaiya əwai) əkəy raol limaʃiboL

(yaiya əwai) əkəy raLalob kapœhœl   用 kapœhœl（鹽膚木）㊳樹
       架橋   鹽膚木   架橋

(yaiya əwai) əkəy raLalob kapœhœl（yai ya əai o yoo）

(yaiya əwai) əkəy raLalob kapœhœl

(yaiya əwai) əkəy katisəsasəLbong   交叉結合

(yaiya əwai) əkəy katisəsasəLbong（yai ya əai o yoo）

(yaiya əwai) əkəy katisəsasəLbong

(yaiya əwai) əkəy ka ʃakirongirong   （必須架橋才不怕水）

㊲ʃiboL 河在臺北淡水附近。據傳矮人很早時期在 ʃʃ 河地區舉行 paʃta'
ay，賽夏人要以鹽膚木架橋，經過 ʃiboL 河前去參加。後來賽夏人移
居五峰時，矮人已住在對岸的山洞中了。

㊳kapœhœl，羅氏鹽膚木 Rhus Semialata roxburghiana。

(yaiya əwai) əkəy ka ʃakirongirong (yai ya əai o yo)

(yaiya əwai) əkəy ka ʃakirongirong

(yaiya əwai) əkəy ʹiʃoʹon waLowaLon   你們「矮人」㊴
                你們　waLon 們
(yaiya əwai) əkəy ʹiʃoʹon waLowaLon (yai ya əai o yoo)

＊章節說明：ʹəkəy 指令人恐懼的矮人靈魂。此節回憶以往矮人與
　　賽夏族人的交往。

10.kaptiloloL〈1212/233/344 反覆〉

                        i
(iyaoi iyaoi)kaLinapiʹ ka bongoL(i)   以 bongoL(山豬肉樹)為題
                山豬肉樹
(iyaoi iyaoi)ʹila matiloloL(i)   (你會織布)
                織布的道具
(iyaoi iyaoi)kaLinapiʹ ka bongoL(i)

(iyaoi iyaoi)ʹila matiloloL(i iyaoi iyaoi yaoi)

───────────

　㊴意思是──還好有你們矮人指導。

(iyaoi iyaoi)′ila matiloloL(i)

(iyaoi iyaoi)tiloloL nitayaL(i)　　　　（精於織布）

(iyaoi iyaoi)tioloL nitayaL(i iyaoi iyaoi yaoi)

(iyaoi iyaoi)tiloloL nitayaL(i)

(iyaoi iyaoi)tayaLo′ banəban(i)　　　　（織色鮮豔）

(iyaoi iyaoi)tayaLo′ banəban(i iyaoi iyaoi yaoi)

(iyaoi iyaoi)tayaLo′ banəban(i)

(iyaoi iyaoi)raLiyarL tinonan(i)　　　　（可指導織布）

(iyaoi iyaoi)raLiyarL tinonan(i iyaoi iyaoi yaoi)

(iyaoi iyaoi)raLiyarL tinonan(i)

(iyaoi iyaoi)tinon ʃinihoLan(i)　　　　（紋樣美麗）

(iyaoi iyaoi)tinon ʃinihoLan(i iyaoi iyaoi yaoi)

(iyaoi iyaoi)tinon ʃinihoLan(i)

(iyaoi iyaoi)ʃiyao′ maraLam(i)　　　　（熟能生巧）

(iyaoi iyaoi)ʃiyao′ maraLam(i iyaoi iyaoi yaoi)

(iyaoi iyaoi)ʃiyao′maraLam(i)

(iyaoi iyaoi)maraLam maLobaLang(i)　　　（擅織花紋）

(iyaoi iyaoi)maraLam maLobaLang(i iyaoi iyaoi yaoi)

(iyaoi iyaoi)maraLam maLobaLang(i)

(iyaoi iyaoi)maLo′kahokahoyan(i)　　（有如樹枝交錯）

(iyaoi iyaoi)maLo′ kahokahoyan(i iyaoi iyaoi yaoi)

(iyaoi iyaoi)maLo′ kahokahoyan(i)

(iyaoi iyaoi) tinibotibonan(i)　　　（織紋精細）

(iyaoi iyaoi) tinibotibonan (i iyaoi iyaoi yaoi)

(iyaoi iyaoi) tinibotibonan (i)

(iyaoi iyaoi) ʃiyaLoˊ maLəngəL(i)　　　（你最高明）

(iyaoi iyaoi) ʃiyaLoˊ maLəngəL(i iyaoi iyaoi yaoi)

11. binbinlayən 〈1212／233／344 反覆〉
假赤楊樹

i-A（第一調）

(oi yaoi) kaLinapiˊ ka raLəm　　　　　以 raLəm 爲題

(haoi yai yaoi) ka binəbinəlayən　　　binəbinəlayən（假赤楊樹）⑩
　　　　　假赤楊

(haoi yai yaoi)kaLinapiˊka raLəm

(haoi yai yaoi)ka binəbinəlayən (haoi yai yaoi yaoi salisali)

(oi yaoi) ka binəbinəlayən

(haoi yai yaoi)ka pinatakəraLan　　　（路危不危險？）
　　　　　路

---

⑩binbinlayən，假赤楊 Alniphyllum pterospermum。

(haoi yai yaoi)ka pinatakəraLan (haoi yai yaoi yaoi salisali)

(oi yaoi) ka pinatakəraLan

(haoi yai yaoi) niʃo′ ′ara′araʃən　　　（你帶她出去）

(haoi yai yaoi) niʃo′ ′ara′araʃən (haoi yai yaoi yaoi salisali)

(oi yaoi)niʃo′ ′ara′araʃən

(haoi yai yaoi)′araʃən i binələng　　　（帶到牆角）

(haoi yai yaoi)′araʃən i binələng (haoi yaoi yaoi salisali)

(oi yaoi)′araʃən(i) binələng

(haoi yai yaoi) parahiyahiya′ən　　　（任你處置）

(haoi yai yaoi) parahiyahiya′ən (haoi yaoi yaoi salisali)

(oi yaoi) parahiyahiya′ən

(haoi yai yaoi) niʃo′ palalaʃoron　　　（你將她佔有）

(haoi yai yaoi) niʃo' palalaʃoron (haoi yaoi yaoi salisali)

(oi yaoi) niʃo' palalaʃoron

(haoi yai yaoi) niʃiyao' ra nonak　　　　　（據爲己用）

(haoi yai yaoi) niʃiyao' ra nonak (haoi yaoi yaoi salisali)

(oi yaoi) niʃiyao' ranonak

(haoi yai yaoi) niʃiyao' maLəngəL　　　　（你自己照顧）

(haoi yai yaoi)niʃiyao' maLəngəL(haoi yaoi yaoi salisali)

＊章節說明：此首歌的一、二兩節描述的是一個傳說。據說過去賽
　　　　夏只有四個男子，每天到山上工作，返家發現飯已煮
　　　　好。原來是一個啞女，以手語告知，她的父親要她來
　　　　此煮飯。男子把口水給女孩吃，她便開口說話。此四
　　　　男子共同以此女爲妻，生一女子，給其中第二男爲
　　　　妻；此人與妻生一女，再給第三男爲妻；第三男與妻
　　　　再生一女，給第四男爲妻。原來只有四個男子，如此
　　　　結婚後變爲八個人。不清楚爲何唱此歌要分三個調。
　　　　有一說：唱 binbinlayəm 第一個調時是說明賽夏出生
　　　　之地（Maya， Boon 從大霸尖山下來繁衍子孫之

事）。唱第二個調是說明近親要防止結婚。唱第三個
調是聊天歡樂性質。

i-B(第二調)

(yaoi―i yaoi)kaLinapi´ ka raLəm

(yaoi―i yaoi)ka binbinlayən

(yaoi―i yaoi)kaLinapi´ ka raLəm

(yaoi―i yaoi)ka binbinlayən(yaoi i yaoi yaoi ʃaʃawai)

(yaoi―i yaoi)ka binbinlayən

(yaoi―i yaoi)ka pinatakəraLan

(yaoi―i yaoi)ka pinatakəraLan(yaoi i yaoi yaoi ʃaʃawai)

(yaoi―i yaoi)ka pinatakəraLan

(yaoi―i yaoi)niʃo´ ´ara´araʃən

(yaoi―i yaoi)niʃo´ ´ara´araʃən(yaoi i yaoi yaoi ʃaʃawai)

(yaoi―i yaoi)niʃo´ ´ara´araʃən

(yaoi―i yaoi)´araʃən(i)binələng

(yaoi―i yaoi)´araʃən(i)binələng(yaoi i yaoi yaoiʃaʃawai)

(yaoi―i yaoi)´araʃən(i)binələng

(yaoi―i yaoi)parahiyahiya´ən

(yaoi―i yaoi)parahiyahiya´ən(yaoi i yaoi yaoi ʃaʃʃ)

(yaoi―i yaoi)parahiyahiya´ən

(yaoi―i yaoi)niʃo´ pararaʃoron

(yaoi―i yaoi)niʃo´ pararaʃoron(yaoi i yaoi yaoi ʃaʃawai)

(yaoi―i yaoi)niʃo´ pararaʃoron

（yaoi─i yaoi）niʃiyaoʹ raʹnonak

（yaoi─i yaoi）niʃiyaoʹ raʹnonak（yaoi i yaoi yaoi ʃʃawai）

（yaoi─i yaoi）niʃiyaoʹ raʹnonak

（yaoi─i yaoi）niʃiyaoʹ maLəngəL

（yaoi─i yaoi）niʃiyaoʹ maLəngəL（yaoi i yaoi yaoi ʃʃawai）

i-C（第三調）

（aiyo aiyo）kaLinapiʹ ka raLəm

（aiyo aiyo）ka binbinlayən

（aiyo aiyo）kaLinapiʹ ka raLəm

（aiyo aiyo）ka binbinlayən（aiyo aiyo alawai）

（aiyo aiyo）ka binbinlayən

（aiyo aiyo）ka pinatakəraLan

（aiyo aiyo）ka pinatakəraLan（aiyo aiyo alawai）

（aiyo aiyo）ka pinatakəraLan

（aiyo aiyo）niʃoʹ ʹaraʹaraʃən

（aiyo aiyo）niʃoʹ ʹaraʹaraʃən（aiyo aiyo alawai）

（aiyo aiyo）niʃoʹ ʹaraʹaraʃən

（aiyo aiyo）ʹaraʃən（i）binələng

（aiyo aiyo）ʹaraʃən（i）binələng（aiyo aiyo alawai）

（aiyo aiyo）ʹaraʃən（i）binələng

（aiyo aiyo）parahiyahiyaʹən

（aiyo aiyo）parahiyahiyaʹən（aiyo aiyo alawai）

（aiyo aiyo）parahiyahiyaʹən

（aiyo aiyo）niʃoˊ pararaʃoron

（aiyo aiyo）niʃoˊ pararaʃoron（aiyo aiyo alawai）

（aiyo aiyo）niʃoˊ pararaʃoron

（aiyo aiyo）niʃiyaoˊ raˊnonak

（aiyo aiyo）niʃiyaoˊ raˊnonak（aiyo aiyo alawai）

（aiyo aiyo）niʃiyaoˊ raˊnonak

（aiyo aiyo）niʃiyaoˊ maLəngəL

（aiyo aiyo）niʃiyaoˊ maLəngəL（aiyo aiyo alawai）

ii

kaLinapiˊ ka banaL   以 banaL 樹爲題

ka pongowahoˊ ˊaʃar   （我們賽夏的出生地，如同魚
    花   魚腥草   腥草 aʃar 開那麼多花）

pongowahoˊ ʃaLalaʃar   （魚腥草開花了）
    花   魚腥草

ʃaLalaʃar liʃəbər

liʃəbəz ˊikinowat   （挑選出好的花）

ka pinaoˊ ratorat   （排置成堆）
       聚集

ka pinaoˊ ʃaʃəpat   （四朵變成八朵）
     （成倍）四

niʃiyao′ nanonak　　　　　　　　　　（都是自己的）

12. papa′oʃa′〈1212/2323 反覆〉

送行

kaLinapi′ ka raLa′(o)　　　　　　　　以 raLa(楓樹)為題
　　　　　　楓

ʃizahila′ oʃa′(o)　　　　　　　　　　結束了，可以走了！
　結束　去

kaLinapi′ ka raLa′(o)
　　　　　　　楓

ʃizahila′ oʃa′(o ho la liyo oli yo)

ʃizahila′ oʃa′(o)

′oʃa′ pakobaLala′(o)　　　　　　　沿河歸去
　去　　　沿河

ʃizahila′ oʃa(o)

′oʃa′ pakobaLala′(o ho la liyo oli yo)

′oʃa′ pakobaLala′(o)

ka bowala′′ ′iʃikay(o)　　　　　　沿 ʃikay 河
　　河　　　（地名）

´oʃa´ pakobaLala´(o)

ka bowala´ ´iʃikay(o ho la liyo oli yo)

ka bowala´ ´iʃikay(o)

ka ʃibil kaLoza´(o)   以 Loza 爲糧

ka bowala´ ´iʃikay(o)

ka ʃibil kaLoza´(o ho la liyo oli yo)

ka ʃibil kaLoza´(o)

ka tatimæ´ ka tola´(o)   以鰻魚作菜
　菜　　　　鰻
ka ʃibil kaLoza´(o)

ka tatimæ´ ka tola´(o ho la liyo oli yo)

13.´alibih〈1212/233/344 反覆〉
　緩行

kaLina(ǝa)pi ´ka raLa´(oi)   以 raLa(楓樹)爲題
　　　　　楓

kaʃao′(əo)ila rima′(oi)　　　　　　吃完再走
　　　　去
kaLina(əa)pi′ka raLa′(oi)

kaʃao(əo)ila rima′(oi waowai)

kaʃao(aoa)ila rima′(oi)

rimama′(aə)ka bowala′(oi)　　　　沿河而去
　　去　　　　　河
rimama′ka bowala′(oi waowai)

rimama′(aəa)ka bowala′(oi)

ka bowa(ə)la′ ′iʃikay(oi)　　　　經 ʃikay 的河
　　　　河
ka bowa(ə)la′ ′iʃikay(oi waowai)

ka bowa(ə)la′ ′iʃikay(oi)

patiLə′(aə)tobatobay(oi)　　　　腿痠疲而彎曲
　　　　　腿痠
patiLə′(aə)tobatobay(oi waowai)

patiLə´(aə)tobatobay(o´i)

kaLihikor ka ´œeway(oi)　　　　　以黃籐作杖

杖　　　　　黃籐

kaLihikor ka ´œeway(oi waowai)

＊章節說明：alibih 爲「緩行」之意，要年紀大的矮人慢慢走，年
　　輕的可以先回去。

14. korkoroy〈12/23/34 反覆〉

i

kaLinapi´ ka ´æLim(owai yai yo)　　　以´æLim(桃李樹)爲題

桃李樹

kawaʃaw ka ´aliling　　　　　　注意，不要無精打彩

注意　　　無精打彩　　　　　（以防別人設陷阱）

　　　(owai i i yo hi ya hi ya i yo wai

　　　　i i yo hi ya hi ya i yo wai)

kawaʃaw ka ´aliling(owai yai yo)

´a´oliʃi´ nikiLiw　　　　　　　　如心情不好，不要勉強去

　　　(owai i i yo hi ya hi ya i yo wai　（免得發生意外）

　　　　i i yo hi ya hi ya i yo wai)

´a´oliʃi´ nikiLiw(owai yai yo)

ʃoka′ minamabain　　　　　　　　要看是否累了(就不要去了)
　懶(累)
　　　(owai i i yo hi ya hi ya i yo wai
　　　　i i yo hi ya hi ya i yo wai)

＊章節說明：此首歌是在山上砍 ʃiboLok（台灣赤楊）時唱的。留
　　　　　在祭場者也對前去砍樹者唱此歌。矮人也同去砍樹，
　　　　　唱此歌要砍樹者和矮人小心、注意。

ii

kaLinapi′ ka raLa′　　　　　　　以 raLa(楓樹)爲題
　　楓
kawaʃaw ka Ləmozæ′　　　　　　注意，要先綁芒草

′a′oliʃi′ nəkəla′　　　　　　　　注意，如太累不要參加

ʃoka′ minakaraya′　　　　　　　注意，赤楊樹是由上面下來
上方

15. mataLa no ʃiboLok(komin no ʃiboLok)〈12/23/34 反覆〉
　　等待赤楊樹　　　　　(砍赤楊樹)
kaLinapi′ ka raLa′(owai yai yao)　　以 raLa(楓樹)爲題
　　楓

yao´ mataLa´(komin)no ʃiboLok　　　　　等待 ʃiboLok(赤楊樹)
　等　　　　　　　台灣赤楊
　　　　　(owai i i yo hi ya hi ya i yo wai
　　　　　　i i yo hi ya hi ya i yo wai)
mataLa´(komin)no ʃiboLok(owai yai yao)

waLi´ila ʃiboLok　　　　　　　　　ʃiboLok(赤楊樹)來了
　　　　　(owai i i yo hi ya hi ya i yo wai
　　　　　　i i yo hi ya hi ya i yo wai)

waLi´ila ʃiboLok(owai yai yao)
hiya´ila matikot　　　　　　　　　誰怕 ʃiboLok(赤楊樹)？
　誰　　怕
　　　　　(owai i i yo hi ya hi ya i yo wai
　　　　　　i i yo hi ya hi ya i yo wai)
hiya´ila matikot(owai yai yao)

matikot no ʃiboLok
　怕　　　台灣赤楊
　　　　　(owai i i yo hi ya hi ya i yo wai
　　　　　　i i yo hi ya hi ya i yo wai)

*章節說明：送別矮人之日，在祭場等待者見到砍伐的 ʃiboLok
　　　　　（台灣赤楊）到來，唱出「等赤楊樹之歌」；砍樹

歸來者對唱「砍赤楊樹之歌」，曲調完全相同。

參考書目

小川尙義、淺井惠倫：《原語による台灣高砂族傳說集》。（台北帝國大學語言學研究室。日本刀江書院重刊）。1935年。

李壬癸：《台灣南島語言的語音符號系統》。（教育部教育研究委員會）。1992年。

———：《賽夏族矮人祭歌詞重探》。（中研院史語所集刊第六十四本）。1993年。

林衡立：〈賽夏族矮靈祭歌詞〉，中央研究院《民族學研究所集刊》2：31-107。1956年。

黑澤隆朝：《高砂族の音樂》，昭和49年度藝術祭參加。（民族所藏黃耀榮譯稿）1943年。

（本文原發表於1993年《民族學研究所資料彙編》第8期，原標題爲〈五峰賽夏族矮人祭歌的詞與譜〉，其中譜部份由謝俊逢先生負責，本書未收入。）

台灣原住民族的祭典儀式：
現況評估

　　台灣原住民族除了日據時代文化特徵便已不彰顯，漢化程度相當深的平埔諸族外，一般來說分為阿美、泰雅、排灣、布農、卑南、魯凱、鄒、賽夏、雅美（達悟）等九族，總人口數約32萬，分佈於30個山地鄉及26個平地鄉鎮。在語言上皆屬南島語系的台灣原住民族之社會結構與祭典儀式有相當的變異性，但也有某些類似的特性。

　　日本學者古野清人於《高砂族の祭儀生活》一書中指出，在他從事民族學調查的1930年代初期，台灣島上的「高砂族」仍保持著相當純粹的固有文化，宗教祭儀與現實生活緊密結合。農業是他們經濟生活的核心，而祈求作物豐收的農耕祭儀在皇民化運動未急速推動之前十分隆重奢華，例如布農族一年中出現近百日祭儀活動之現象，族人並相信如觸犯了祭儀期間的禁忌會導致作物歉收，使全部落陷入生存危機。此外，祭祀組織、男子會所、年齡階級等與戰爭、獵首等相關，將敵人的首級充當生命及豐收的源泉①。

　　今日我們再來檢視台灣島上這些南島語系族群的祭典儀式時發

①古野清人，《高砂族の祭儀生活》（東京：三省堂，1945）。

現，1930年代以後在數波強大外力的衝擊之下，祭典儀式無論在形
式或內涵上皆有巨大的變動。有的族群原有祭儀不僅面目全非，甚
至蕩然無存；有的則作了相當程度的轉化與復振。本文所作的台灣
原住民族祭典儀式之評估研究將分成幾部份：首先簡要地敘述原有
祭典儀式的類型與特色，然後根據近期的田野研究報告與問卷調查
分析顯示祭典儀式變遷的現況並探討變遷的原因，最後對近年各族
群祭典儀式之發展狀況以及與外在社會的關係作一評估。

一、祭儀類型與特色

以往對於祭儀之研究大別為歲時祭儀、生命儀禮、巫醫與巫術
等三類。在此我嘗試將台灣原住民族的祭儀分為單一性生計活動祭
儀、聚落複合性大祭、特殊對象祭儀、生命儀禮、巫術與治療儀禮
等五類描述。

(一)單一性生計活動祭儀

係以某一類生計活動為主，舉行祭儀求其豐收。可再分為農耕
祭儀、狩獵祭儀與漁撈祭儀三項。

1.台灣原住民族的農耕儀禮有一共通而凸顯的特色，亦即以粟
作儀禮為中心②。其他地區的南島語族有別種根莖作物的儀禮，但
很少像台灣原住民族這般呈現如此一致的粟祭儀文化。從粟播種到

---

②馬淵東一，〈粟をめぐる高砂族の農耕儀禮〉（高砂族有關粟的農耕
儀禮），《馬淵東一著作集》，第3卷第2部，1974。

收割有一連串的傳統農耕祭儀，但有的族群如布農族特別重視播種
祭儀（過去曾長達一個月，每天有活動或應守的禁忌）；有的族群
如鄒族十分強調粟收穫祭（homeyaya），向粟神祭禱。就連以芋
頭為主食的雅美族也以小米為神聖作物，只有粟祭儀而無芋祭儀。

　　2.狩獵祭儀對居住於山地的原住民族較重要。不過狩獵活動常
常是其他農耕或部落性祭儀的一部份，於祭儀開始前或結束時舉
行，是附帶性的儀式活動。各族群中以祈求獵獲物豐收為主要目的
之祭儀不多，最突出的恐怕是布農族的打耳祭（malatagia）。以往
在行打耳祭前要先出獵，出獵前祭司對獵具唸祝詞。狩獵歸，向獵
獲物行祭，再行豐獵儀式，由祭司或巫師領唱，求獵獲豐富。次日
行射鹿耳或羌耳儀禮③。

　　3.台灣島上南島民族之漁撈活動以阿美族最發達，其餘族群之
漁撈活動未發展成單一性祭儀，多與其他較大祭典配合。阿美族有
海祭，每年一次，包括河漁和海漁，由男子年齡階級主持，主祭者
以魚和米糕祭海神。台灣東南海上蘭嶼島的雅美族人則以漁撈為主
要生計活動，每年飛魚季開始有招飛魚之祭儀，男子進行為期近半
年的漁撈活動，婦女也在海濱從事魚蟹貝類的採集工作。雅美族是
台灣原住民族中唯一與海洋發生密切關係且發展出一套漁撈祭儀與
禁忌的民族。

---

③徐韶仁，〈布農族霧鹿聚落之祭儀〉，劉斌雄、胡台麗主持計畫報告
　書，《台灣土著祭儀及歌舞民俗活動之研究（續篇）》，民國78年。

㈡聚落複合性大祭

全聚落動員參與之祭儀活動，祭儀之內容包含多重項目，具有多重功能。再分為「年度轉換」複合性大祭以及不定期複合性大祭二項。

1.「年度轉換」複合性大祭：在粟收穫祭之後舉行，是「年」的跨越，年度定期性大祭。例如卑南族以猴祭、大獵祭為中心的連串祭儀，其中尚包含潔淨部落、除喪等活動；阿美族年祭 ilisin 之一連串祭儀，包括年齡階級活動及升級儀禮，魯凱族以往粟收穫後祭也有連串強調男子角色的祭儀和烤粟餅（watsabi）等活動。

2.不定期複合性大祭：可以鄒族的 mayasvi 祭典為代表。mayasvi 以往是在每年粟收穫祭後依據當年是否獵獲人頭、是否要整修會所、是否發生不幸災難或疾病而決定該年是否舉行及舉行的時間。mayasvi 連串祭儀包括道路祭、迎送天神及戰神儀式、男童登會所及成年禮等④。mayasvi 祭典晚近轉化為年度性的大祭。

㈢特殊對象祭儀

係以特殊祭祀對象例如神、祖靈、異靈、敵靈為主之祭儀。例如排灣族的五年祭以迎送祖靈為目的，祈求庇護賜福；泰雅族的祖靈祭往昔於小米收割入倉後舉行；賽夏族每年二次的祖靈由各姓氏祭團分別舉行；雅美族的祈年祭（miparos）向天神與死靈獻祭祈

---

④劉斌雄、胡台麗主持計畫報告書，《台灣土著祭儀及歌舞民俗活動之研究》（2冊），民國76年及78年。

豐年；賽夏族的矮人祭係以異族之靈矮靈爲祭祀對象，每兩年一次祈福驅禍。除雅美族以外台灣島上的原住民族以往皆有獵首之活動。獵首之動機相當複雜，各族有差異，不只爲復仇，至少在阿美、卑南、鄒、布農、排灣、泰雅等族含有農耕祭典之意味，獵首級可帶來豐收。獵首後有餵食敵首和祝禱慶祝等祭儀⑤。

㈣生命儀禮

台灣原住民在生命重要階段舉行的儀禮繁簡程度不一，擇其要者敘述如下：

1.嬰兒期儀禮：嬰兒出生後有命名禮。有的族群也有一些特殊的出生祈福儀禮，例如雅美族嬰兒出生後由嬰兒之父在室外用椰殼盛泉水，滴在嬰兒頭部，祝福嬰兒的生命如泉水般不止息。類似的流水象徵意象亦用於賽夏族嬰兒滿月後帶回母親娘家時，由母家兄弟爲嬰兒在戶外水流不斷處進行臉部貼草儀式，以祈求旺盛生長。排灣族嬰兒誕生後要擇日請女巫師行「成爲人子」儀禮，嬰兒成長期間要行成長儀禮，請女巫師唸經文祈求神祖協助嬰兒順遂成長。布農族爲出生嬰兒行掛項鍊儀禮，邀宴的最主要對象是嬰兒母族的男性成員，接受其祝福。魯凱族爲出生的長男長女舉行儀禮，宴請親友，在嬰兒胸前或背後掛葉片包裹的小米糕。鄒族在 mayasvi 祭典時將新生男嬰抱到集會所上面，將他介紹給天神與軍神，也接受母族的祝福。

2.成年儀禮：阿美、卑南、鄒族有部落性集體的男子成年儀

---

⑤同①。

禮。排灣族的成年禮是各家分別請女巫行祭儀，男子部分較繁複，
要準備獵具求獵事順遂。阿美、卑南的男子成年儀禮與年齡階級升
級及男子會所有關；鄒族則只有男子集會所而無年齡階級組織。泰
雅族雖無成年儀禮，但黥面和缺齒是成年的標誌，男子以往必須獵
過首，女子必須會織布才可黥面、缺齒。

　　3.婚禮：阿美、卑南族較盛行男子入贅女家的婚禮。阿美族由
女家向男家提親，婚禮時女家將聘禮送到男方。其餘各族則是聘禮
由男方致贈女方。排灣、魯凱婚禮的聘禮十分講究，貴族頭目家系
尤其豐盛。賽夏族婚後回娘家的儀式相當隆重，但多在子女成長後
舉行，備厚禮回娘家，祈求娘家祖先福佑出嫁女子之子女。

　　4.喪禮：台灣原住民族一般來說對於正常死亡和意外死亡者之
喪禮有不同的處理方式，前者較慎重，後者較草率。除雅美族對所
有死靈抱持相當程度之戒懼外，其餘諸族僅認為意外死亡者之靈會
成為惡靈。雅美族的喪禮對死靈有撫慰有驅除，對死者埋葬之墓地
極為恐懼不敢接近⑥。排灣、卑南、阿美等族的傳統喪葬儀式由巫
師主持。往昔各族大多行屈肢葬，室內葬則盛行於排灣、卑南、
鄒、泰雅等族。

(五)巫術與治療儀禮

　　台灣各原住民族巫師的共通角色是治病，行使一套治療儀禮。
不過有的族群巫師的職權更廣泛，擴及部落性的祭儀及生命儀禮。

---

　　⑥劉斌雄，〈蘭嶼雅美族喪葬的一例〉，《中研院民族學研究所集
　　　刊》，第8期，頁143-183，民國48年。

其中以排灣族巫師的職責範圍最大，包括部落性祭儀如收穫祭和五年祭部份祭儀，家庭與個人性的生命禮儀，以及治療儀禮。阿美族、卑南族的巫師僅略涉及部落性祭儀，但負責生命禮俗和治病儀禮。布農族有的聚落有公巫，主持聚落性除疫求雨等祭儀。其餘各族的巫師以治療工作為重。黑巫術則在卑南、布農較突出。

過去各族相信致病的原因為惡靈侵害或違反禁忌受神靈處罰，透過巫醫之祈求，施行治療儀式，可化解病因。各族巫師的養成過程與治病方式都不相同。排灣、卑南族的巫師大都是神選的（生病、作夢、昏迷時顯現神意，或排灣族有神珠出現），學習過程較長，學成後要贈送師傅厚禮，成為專業巫師。各族巫術巫醫的特色略述如下：

1.排灣族——巫師為女性，神擇時有祖孫相傳現象。拜師學習數月至數年後有一成巫儀式，極為隆重。女巫行儀禮的器物包括神珠、祭刀、桑樹葉、豬皮、豬骨、鐵片、葫蘆（占卜用）、巫術箱、祭盤等，並透過唸經、唱經向神祖靈禱求[7]。

2.卑南族——巫師多由女性擔任，另有男性任占卜師。女巫經神擇後拜師學習二、三年，成巫前要先測驗，唱唸經文邀神附身陷入昏迷狀態。正式成為女巫師時要舉行三天成巫儀式並蓋女巫屋、製作女巫袋。每年農曆三月女巫組織舉行慶巫會共三日，祭神明，換新巫袋，唱唸經文。巫師袋中行祭儀的用品包括小陶珠數串、銅

[7]吳燕和，〈排灣族東排灣群的巫醫與巫術〉，《中研院民族所集刊》，第20期，頁105-153，民國54年。

鈴、檳榔、裝石灰的小葫蘆、山刀等⑧。

3.阿美族——巫師男女皆可擔任,生病顯示神意拜師學巫,也有自願學巫者。以目前尚存的里漏社巫師為例,巫師們每年農曆九至十月舉行巫師祭儀,輪流在各巫師家門前舉行,跳舞祭個別奉的神。巫師治病時先以酒或薑汁噴病人,再以香蕉葉拂病人周身,以手按疼痛部位,以口吮之取「物」,求神靈和以往的巫師協助治病⑨。

4.布農族——巫師男女皆可。「師巫」要拜師學習,「夢巫」則不必。每年布農曆射耳之月於射耳祭後一日巫師集會,共五晝夜,師傅為所有參加者注入法力,法石粉末也混酒注入手臂內。巫師之巫具有巫石、法石、茅草、法草五種、法灰、響具、實用與象徵性武器等⑩。

5.魯凱族——巫師為女的,拜師習巫數月,必須神附體才能成巫。巫師行巫用小刀、乾豬皮、燒鐵屑⑪;也有用檳榔內置石灰、

---

⑧洪秀桂,〈南王卑南族女巫師〉,《考古人類學刊》,第39、40期,頁28-57,民國65年。

⑨唐美君,〈阿美族里漏社的巫師制度〉,《台灣研究》,第2期,頁33-46。

⑩丘其謙,〈布農族卡社群的巫術〉,《中研院民族所集刊》,第17期,頁73-94。

⑪陳奇祿,〈屏東霧台村民族學調查簡報〉,《考古人類學刊》,第2期,頁17-22,民國42年。

茗籐、鐵鍋片等⑫。

6.鄒族——巫師男女皆可，或在夢中受神感召或拜師學習。巫師手持草向神靈祈禱，再以草沾碗裡的水抖在患者手上，繼而擦患部即可。或者巫師手持茅草兩根，尖端夾貝片，在患者身上比劃⑬。

7.泰雅族——巫師多為女性，以往只要女子肯付出學巫報酬便可學習巫術。行巫時以圓細竹水平置於膝頭，上置玻璃管玉，如靜止則得吉兆，以手輕摑後唱經文，投以獸骨、粟或穀谷以答謝祖靈之冥示⑭。

8.賽夏族——巫師為女性，可付代價拜師學習半個月到一月可成。以菖蒲之根治病；也採用泰雅族的竹子與玻璃珠占卜；另有用刀、茅草、草莓葉刺惡靈，尚有水占，碗中置水以竹子豎其中聽其聲⑮。

9.雅美族——巫師男女皆有，文獻上幾乎未提及巫師。據筆者初步採訪得知巫師為可見天神或死靈者，人生病時找他，他可看出是那一種死靈致病。有神或鬼附其身助巫師驅除致病的死靈。有的

---

⑫謝繼昌，〈台東縣大南村魯凱族民族學調查簡報〉，《考古人類學刊》，第27期，頁29-34，民國55年。

⑬小島由道等，《番族慣習調查報告書〔鄒族〕》（台北：臨時台灣舊慣調查會，1918）。

⑭森丑之助編著，《台灣番族志》第一卷，（台北：臨時台灣舊慣調查會，1917）。

⑮小島由道等，《番族慣習調查報告書〔賽夏族〕》（台北：臨時台灣舊慣調查會，1917）。

巫師用刀或唸經文來驅除死靈。

二、各族群祭儀現況調查

　　民國75年至78年筆者與劉斌雄先生主持「台灣土著祭儀及歌舞民俗活動之研究」計畫，邀請研究人員進入七個不同族群中的特定聚落進行人類學田野工作，以求較細膩地瞭解祭典儀式在各該聚落中的變遷情況⑯。另外，我們附帶性地請學生訪員及助理在這些族群做有關祭儀活動的現況問卷調查。由於問卷調查訪員在每一部落停留的時間相當有限，記錄皆不夠周全完整，因此僅供研究人員參考之用，而未加以比較分析。然而在論述有關原住民祭儀變貌時，為了有較普遍性的瞭解，筆者初步翻閱、整理這批問卷調查資料，擇其較完整者作一歸納，有如下發現：

　　1.布農族的生計活動祭儀，南投縣信義鄉諸聚落全部消失。報導人陳述之消失原因包括日據末光復初小米轉作後消失，如豐丘村，或因1952年左右基督長老教會傳入後消失，如新鄉村、明德村。高雄縣桃園鄉幾乎全消失。少數仍種小米的家庭保持粟收穫祭儀如梅山村；打耳祭有時在競選縣長時會恢復如桃源村、勤和村。消失原因大多指出宗教傳入為主因（長老教會信徒較多），而復興、梅山等村因1968年後改種水稻使得粟祭儀消失。布農族原本就無聚落複合性大祭，而特殊對象祭儀中的敵首祭日據時便為官方禁

---

⑯中研院民族所，《台灣土著祭儀與歌舞民俗活動之研究現況調查問卷》，民國75年與77年。

止。生命儀禮方面多半教會化，其中嬰兒掛項鍊儀禮維持較多傳統特色，但由教會主辦。巫術與治療儀禮有資料的數個村落皆顯示因西洋宗教傳入而消失。

2.排灣族的生計活動祭儀中，只有收穫祭（masalut）在多數聚落中保存。例如泰武鄉的收穫祭大多保存，但有些加入競賽活動由村辦公處舉辦，有些則加入教會儀式；來義鄉的收穫祭皆保存，古樓等村尚行播種後儀禮；瑪家鄉、山地鄉、春日鄉和東部的達仁鄉（其中土坂村多項粟祭儀尚存）、大武鄉、太麻里鄉和部份金峰鄉的收穫祭尚存；獅子鄉多數消失（中心崙日據時日人禁止，光復後恢復，只有跳舞而無女巫獻祭）。滿州鄉、牡丹鄉全部消失（近年牡丹鄉有恢復收穫祭計畫，例如東源村恢復歌舞）。以祭祖靈為主的五年祭多數在日據時即為日本人禁止，目前尚存者有來義鄉的古樓、望嘉、南和等村、春日鄉的七佳、歸崇等村以及台東達仁鄉的土坂村。祭儀消失的原因多未記錄，僅春日鄉指出1954年左右長老教會傳入後許多祭儀消失，太麻里鄉多數聚落表示1951年左右教會傳入時五年祭消失。生命儀禮則傳統與教會形式並存。巫術與治療儀禮尚有若干保存。

3.阿美族生計活動祭儀中，與農耕有關者早在日據時代就多半消失。不過祈雨等祭儀則是光復後接受西方宗教而停止，目前僅少數聚落尚有部份保存，例如壽豐鄉水璉村有播種祭、入倉祭，必要時行祈雨祭、驅蟲祭；東河鄉泰源村仍有祈雨祭。海祭在某些部落像豐濱鄉豐濱、壽豐鄉水璉尚有舉行。狩獵祭日據時便因禁獵而消失。阿美族聚落複合性年度大祭 ilisin（某些聚落稱 kirumaan）目前在多數聚落中繼續舉行；有些曾因1950年代長老教傳入而消失，

後來再恢復，但內容加入教會儀式，例如豐濱鄉豐富、成功鎮宜灣和長濱鄉眞柄的 ilisin 便經過這樣的變遷。生命儀禮部份若干傳統成分與教會儀式皆存。巫術與治療儀禮尚保存的地區僅有水璉、東昌等極少數幾個聚落。

4.卑南族的生計活動祭儀有相當程度保存，像稻播種祭、收割祭等在寶桑、知本、建和、泰安、初鹿、利嘉等聚落仍舊舉行，七月粟（稻）收穫祭有幾個聚落（知本、南王、建和、初鹿、上檳榔）還保持。其中知本1958年曾因無人領導而消失，1966年由天主教推動而恢復；建和1949年因行政權移轉、知識份子反傳統而消失，1957年頭目等提倡而恢復；初鹿光復初期對政權移轉有懼心曾消失，1954年恢復。至於粟（稻）收穫祭消失的原因有的係受阿美習俗影響（寶桑），有的因極少人種小米且受漢人影響而放棄（泰安、利嘉），有的信教後形式大變（下檳榔）。聚落複合性年度轉換大祭「猴祭」與「大獵祭」等祭儀尚保存的聚落有南王、寶桑、建和、泰安、初鹿、利嘉（1958年曾消失，認爲落伍不符需要，1980年恢復，表示不忘本）、上檳榔（由教會決定日期）。下檳榔則因長老會極度排斥，猴祭消失；知本日據時便消失，因耗費甚大又發生過意外。生命儀禮方面成年禮寶桑、知本1956-1961年間因年輕人外出者衆而消失，1966年天主教提倡恢復，建和1949年因知識份子反傳統而消失，1957年恢復，南王、泰安、初鹿、利嘉尚保存，上檳榔及下檳榔消失。傳統婚禮大多改變，喪禮儀式保存較多（上檳榔、下檳榔多採教會儀式）。巫術與治療儀禮除男性竹占師多數不存外，女巫師還相當活躍（下檳榔除外），行各種儀禮。

5.魯凱族與生計相關的傳統祭儀幾乎消失殆盡，只有位於東部

與卑南族接壤的大南聚落（東興村）還舉行粟收穫祭。農耕儀禮消失的原因據各聚落之報導人所言皆是因為1950年代西洋宗教（主要為長老會，有的村落係循理會）傳入後反對傳統宗教祭儀之故。以往十分盛大的小米收穫後連串祭儀也同時消失。生命儀禮部份保存較多傳統儀禮，例如長男長女出生掛粟糕小包之儀禮、男孩家向女孩家示好之儀禮在霧台鄉好茶、大武、阿禮、佳暮等村仍存；婚禮傳統與教會儀式並存；喪禮則多半以教會儀式行之。巫術與治療儀禮於1950年代西洋宗教傳入後消失，只有台東大南村尚有少數儀禮（驅疫祭、平安祭）保存。

　　6.鄒族生計活動祭儀尚保存粟播種祭（miapo）與粟收穫祭（homeyaya）。漁獵祭儀原本就附著在粟祭儀之中，光復後小米收穫量減少，漁獵祭儀也消失。聚落複合性大祭是不定期舉行的mayasvi。此祭儀包含道路祭、敵首祭、幼兒初登會所禮、成年禮等，在有男子會所（kuba）的大社舉行。生命儀禮中的婚禮、喪禮傳統與教會儀式並存，初登會所與成年禮則包括於 mayasvi 祭儀中。巫術與治療儀禮尚存於達邦等部落。

　　7.賽夏族單一性生計活動祭儀中播種祭（pitaza）還相當程度保持。特殊對象祭儀尚存者有一年兩次的祖靈祭（pasvake）與兩年一次的矮人祭（pastaai），另有特殊姓氏負責的一些特殊祭儀如五峰夏姓主持的祈晴祭、南庄潘姓主持的祈天祭、趙姓主持的敵靈祭等。生命儀禮方面夾雜傳統、西洋宗教與漢人民間信仰的成分，婚禮與女兒回娘家習俗較傳統，掃墓活動受漢人影響。

　　前述七族祭儀活動現況係根據問卷調查歸納出來的一些現象。問卷未做到的兩族為雅美族與泰雅族。此二族的祭儀存續情形從近

期文字報告、筆者個人觀察，以及詢問與此二族有接觸的研究者，
得到這樣的印象：

雅美族——有關生計活動的祭儀包括粟祭與飛魚祭。粟祭有的
部落如紅頭、椰油曾停止近年又恢復。飛魚祭的招魚祭、餽贈祭、
終食祭等各聚落皆維持。另外年度開始祭天神與祖先的 miparos 祭
儀與房屋、大船落成儀禮全都保存，不過大船製作日益減少。巫師
與治療儀禮人數與範圍減少，但仍然存在。生命儀禮也大多依照傳
統行事。

泰雅族——生計活動的祭儀幾乎完全消失，只有極少數聚落的
某些家庭自行簡單的播種、收穫祭儀，但部落性農耕儀禮已不存
在。特殊對象祭儀中的祖靈祭在西洋宗教（主要是長老教）傳入後
普遍地停止舉辦，但有幾個聚落例如苗栗縣泰安鄉的象鼻、梅園、
士林村仍維持。象鼻村以同祖群和家戶為單位祭祖，梅園和士林則
是個別家庭行祖靈祭⑰。生命儀禮多半教會化，夾雜一些傳統分豬
肉等活動。巫師與治療儀禮於接受西洋宗教後所存無幾。

綜觀上述各族祭儀現存狀況，生計活動祭儀方面保存最多者為
卑南族（多數聚落保存部份稻作祭儀及粟收穫祭）、鄒族（粟播種
祭、收穫祭）、雅美族（飛魚祭與粟作祭儀）、賽夏族（播種祭及
祈晴祈雨祭）；其次為排灣族（半數以上聚落保存收穫祭）；幾乎
全部消失者為布農、阿美、魯凱、泰雅等族，不過其中阿美族有些

---

⑰泰雅族蔣若翰先生提供資料並參考王梅霞，《規範、信仰與實踐：一
　個泰雅族聚落的研究》，清華大學社會人類學研究所碩士論文，民國
　79年。

聚落保存海祭、祈雨祭，布農族少數聚落尚有打耳祭，魯凱族的大南聚落尚有粟作祭儀。聚落複合性祭儀方面則是原來便有此類祭儀的族群，除魯凱族的小米收穫後的複合性年祭消失外，其餘像阿美族的 ilisin 在大多數聚落仍保存，卑南族的猴祭與大獵祭等連串祭儀在多數聚落中繼續舉行（有些曾消失又恢復），鄒族的 mayasvi 大祭也還存在。特殊對象祭儀這一類別中獵首祭早在日據時消失，賽夏族的祖靈祭與矮人祭、雅美族的神祖靈祈年祭（miparos）尚保存，而排灣族的五年祭僅少數聚落保存，泰雅族的祖靈祭大多數聚落都停止舉行。生命儀禮方面以雅美族保存最多，卑南、賽夏次之，鄒、排灣、阿美的出生、成長及婚喪儀禮比教會化程度高的魯凱、布農、泰雅保存較多傳統成分。巫術與治療儀禮則以卑南族聚落施行情況較普遍，排灣次之，鄒、雅美又次之，其餘諸族似乎只有零星的存在。

　　各族群傳統祭典儀式保存的程度如果依據並不完整的調查資料作一排比，其順序如下：雅美最佳，卑南、賽夏、鄒族屬第二等，阿美、排灣第三等，魯凱、布農、泰雅第四等。

三、祭儀消失與轉變的原因

㈠1945年以前

　　本文提及的九個原住民族在清領台灣時期被漢人視為「生番」，以與漢化程度較深稱之為「熟番」的平埔諸族作一區分。台灣原住民族自從十七世紀以來與外來的族群接觸日益頻繁，愈來愈

多的原住民由「生」變爲「熟」，爲漢人及日本殖民統治的政經文
化體系所吸收，不僅放棄固有語言、宗教信仰、生命禮俗，連自我
族群的認同也喪失了。如今只有從台南西拉雅族殘餘的壺祭、南投
Pazeh 族和東部 Kavalan 族分布區採集到的一些歌謠殘篇中喚起我
們對曾經活躍於台灣平原總共九、十個文化殊異的「平埔」族群的
一絲追念之情。

　　十七世紀荷蘭與西班牙政府在台灣的殖民統治時代與居住於西
部平原的原住民族接觸。其時台灣約有十餘萬漢人與三萬多平埔族
人⑱。殖民者曾在平埔族中進行傳教工作並徵收特產和稅收，有相
當成效，但對居於離行政區較遠地區的原住民族則沒有什麼影響。
明鄭時期與原住民族的關係大致與荷蘭殖民時代相同。清領早期實
行番地保護政策，又在乾隆二年頒佈禁令不准漢民娶番婦，但其用
心不在維護原住民族的文化傳統，而是怕漢人與原住民聯合造反。
另方面清政府設立社學教導平埔諸族學習漢人文化，頒賜漢姓，要
求平埔族改用漢名。一直到光緒年間平埔諸族漢化程度已深，原有
語言、習俗多半消失，清廷才推動「開山撫番」政策，對「生番」
的管制教化較以前積極⑲

　　不過大體說來清領時期「生番」諸族的社會文化受外界影響不
大，語言與傳統祭典習俗皆保存。日據初期爲殖民統治需要，台灣

---

⑱中村孝志著，賴永祥、王瑞徵譯，〈荷蘭人對台灣原住民的教化〉，
　《南瀛文獻》，第3卷3、4期，頁1-20。
⑲詹素娟，《清代台灣平埔族與漢人關係之研究》，師範大學歷史研究
　所碩士論文，民國75年。

總督府成立「臨時台灣舊慣調查會」，其中「番族科」進行各族固有習俗的調查。由出版的調查報告書可知各族仍行傳統祭儀，獵首行動也時有所聞，甚至一位調查員在阿美族馬太安調查時遭七腳川社人馘首。有許多地區因「番情不穩」或「未歸順」使調查無法進行或草草了之⑳。從日據初到1930年，日本「討番及警備前進」行動共計69次，主要係針對較兇悍善武反抗性強的泰雅族、布農族、和一部份排灣族，而佐久間任總督時的「五年理番計畫」之目標也在於「以武力征服山地，迫番人屈從」㉑。不過直至1930年原住民社會確如日本學者所觀察的，尚保存著相當純粹的固有文化，宗教祭儀活動照常舉行。

可是1930年發生霧社事件，日本人以武力鎮壓。之後在新的理番政策下加強對原住民族內部的控制，最終目的在開發番地、採伐樟樹製樟腦、經營山林。1930年後日人有幾項措施對於原住民族的祭典儀式影響較深。其一是嚴禁獵首以及與獵首有關的祭儀像獵首祭和排灣族五年祭（泰武鄉報導人指出五年祭於1930年代被禁）。其二是強迫聚落往低處遷移（泰雅、布農、排灣變動最大）。一方面使得部落的政治和祭祀組織整合性降低，有些祭儀難以施行（例如有些泰雅族遷居聚落中原祭祀組織 gaga 受破壞，運作困難）；另方面因生態環境改變，再加上日人積極推動水田稻米耕作，迫使

---

⑳劉斌雄，〈日本學人之高山族研究〉，《中研院民族所集刊》，第40期，頁5-17。

㉑溫吉編譯，《台灣番政志》（台北：台灣省文獻委員會，民國46年）。

部份原住民放棄傳統粟作活動和祭儀（如信義鄉東埔和豐丘）。其三是日人擬改除原住民的「迷信」，禁止一些傳統習俗如室內葬、黥面、年節禁忌（如魯凱族的粟收穫後祭期間不能工作，會妨礙義務勞役工；禁止泰雅的「年」）尤其是日據末推行皇化運動，要求原住民祭拜天照大神，接受日人的信仰，同時阻止原住民信奉漢人和西洋宗教。可是皇民化運動推行的時間很短，一般性傳統祭儀在日本殖民統治結束後仍然存在或重新恢復。其四是操縱部落領袖之產生，使之接受殖民政府行政系統的指揮，例如日人在阿美族選任頭目、副頭目，破壞原有的祭司體制㉒，在魯凱族褫奪部落內推舉的祖靈屋祭司的職權㉓。

㈡1945年以後

　　從原住民祭儀現況調查問卷中我們得到報導人關於祭儀消失原因之回答。雖然這些答覆十分簡略，卻是最直覺的反應。歸納之後要以「西方宗教之傳入」被視為導致傳統祭儀消失與轉變之主因。其他原因包括政府「平地化」、「漢化」政策之執行，生態環境改變小米轉作等因素，概述如下。

　　1.西洋宗教之傳入

㉒黃宣衛，〈奇美阿美族的宗教變遷〉，瞿海源、章英華主編，《台灣社會與文化變遷》（下冊），中研院民族所專刊乙種第16號，民國64年。

㉓許功明，〈霧台鄉魯凱族豐年節比賽活動及其意義之探討〉，《思與言》，第25卷第5期，頁63-78，民國77年。

　　1945年到1960年西洋宗教傳入台灣各原住民社會之早先15年，造成皈依熱潮，有70％以上的原住民成爲教徒，其中以長老教與天主教教徒人數最多。1945-1952年長老教會的活動最積極，成效最大。1953-1956年天主教才投入大批入力到原住民居住地傳教，成果斐然，與長老教會平分秋色。1960-1970年教友增加人數減緩，1970年以後教會呈現負成長，但至今仍維持原住民總人口之半爲西洋教徒㉔。

　　問卷受訪者大多指出長老教會的傳入對傳統祭儀之消失影響較大。長老教會在傳教早期對於原住民族傳統宗教祭儀之包容程度低。天主教雖然在某些地區因傳教者個人行事與觀念有差異而產生一些較激烈的作法（譬如排灣族古樓村之天主教神父認爲五年祭若恢復，會有獵人頭行爲，因而告到法院）㉕，但整體來看相當能夠包容原有的祭儀，甚而協助某些傳統祭儀之恢復（例如在卑南知本社提倡恢復收穫祭和成年儀禮；在阿美族的宜灣、眞柄等聚落鼓勵因長老教傳入而禁止的年祭 ilisin 的恢復；在鄒族特富野協助恢復mayasvi 祭典；在排灣族土坂聚落主動參與五年祭活動等）。不過天主教傳教之初曾以發放救濟品等吸引原住民信教，許多信徒信仰不堅定，基本上仍具有濃厚的傳統信仰觀念。

　　問卷調查中布農族不少聚落皆指出長老教會傳入是導致有關小

㉔郭文般，《台灣光復後基督宗教在山地之發展》，台灣大學社會學研究所碩士論文，民國74年。

㉕胡台麗編導，《神祖之靈歸來：排灣族五年祭》（16釐米人類學紀錄片），中研院民族所，民國73年。

米和打獵等祭儀消失之主因（另有些聚落日據末光復初因小米轉作便停止粟作祭儀）。排灣族部分聚落表示長老教會傳入使收穫祭等消失。阿美族有些聚落最盛大的年祭 ilisin 於1950年代長老教會傳入後消失，例如成功鎮的宜灣聚落在長老教會傳入後禁止信徒喝酒和參加 ilisin 活動而由聖誕節活動取代，直到天主教傳入後對傳統祭儀不加排斥，恢復了 ilisin 歌舞活動，但加入天主教禮拜儀式㉖。另有些阿美族聚落長老教與天主教差不多同期傳入，前者禁止傳統祭儀，後者則採包容態度，例如阿美族大港口聚落「天主教仍舉辦豐年祭與成年禮」，基督教長老會認為舉行豐年祭 ilisin 是一種迷信，其意義是獵頭求豐收，是野蠻之行動，不准教徒參加或舉行 ilisin，也連帶停止成年禮㉗。卑南族聚落中傳統祭儀保存最少的是上檳榔與下檳榔，也恰巧是基督教長老教會信徒較多的聚落。下檳榔的報導人便認為猴祭、大獵祭之消失是因為長老教會極度排斥之故。魯凱族1953年長老教會傳入，小米收穫後祭烤粟餅（watsabi）等祭儀因教會禁止而消失。報導人告訴筆者「當時生病基督教能治好，基督教的神戰勝了我們原有的神」。一些激進的魯凱族基督徒有反傳統的行為，「日據時代末期傳統祭儀的若干遺存逐被這批新教徒洗劫殆盡，連家庭性質的祭祀行為也消失了蹤

㉖黃宣衛，〈阿美族宜灣聚落之祭儀〉，劉斌雄、胡台麗主持計畫報告書，《台灣土著祭儀及歌舞民俗活動之研究》，民國76年。
㉗阮昌銳，《大港口的阿美族》，中研院民族所專刊第18、19號，民國58年。

跡。」㉘鄒族則在基督教長老會傳入後吸收各姓氏長老入教，嚴格禁止傳統儀式的施行，甚而將特富野會所的神樹砍斷，樹心塞入食鹽，mayasvi 祭儀因此停止十餘年，直到1976年在天主教協助下重新栽種赤榕樹，恢復 mayasvi 祭典㉙。賽夏族無論是五峰或南庄皆是天主教信徒比基督教信徒人數超出甚多，因「天主教之傳教方式比較寬容，不禁止賽夏族奉行固有祭儀，基督教則對一切祖靈祭、矮靈祭與求晴祭完全禁止」，故較不受賽夏族人歡迎㉚。雅美族雖然傳統祭儀大多保持，但基督徒中據調查者有20％完全拒絕傳統祭祀行為，而以教會禮拜方式取代，其餘教徒大多是傳統信仰祭儀與教會儀禮並行㉛。泰雅族的研究發現光復之後基督教（長老會、真耶穌會）傳入，基督教的信仰取代了 waja（血族祭團）的一切信仰，小米播種及收穫祭廢除了，「上帝」觀念取代了「祖靈」的觀念㉜；不過因受政策性壓制，泰雅族的許多祭儀在日據時便已停止施行，泰雅聚落以信奉長老教者佔多數。尚保存若干傳統祭儀的苗

㉘同㉓。

㉙王嵩山，〈鄒族達邦與特富野聚落之祭儀〉，劉斌雄、胡台麗主持計畫報告書，《台灣土著祭儀及歌舞民俗活動之研究（續篇）》，民國78年。

㉚陳春欽，〈賽夏族的宗教及其社會功能〉，《中研院民族所集刊》，第26期，頁83-119。

㉛波爾尼特（郭建平），《雅美族禁忌文化的信仰觀研究》，玉山神學院畢業論文，民國77年。

㉜陳茂泰，〈從旱田到果園：道澤與卡田界農業經濟變遷的調適〉，《中研院民族所集刊》，第36期，頁11-33。

栗縣泰安鄉象鼻村則只有天主教與眞耶穌教，天主教甚而參與祖靈祭活動，在傳統祭儀之外加入教會儀式㉝。

2.政府的「平地化」、「漢化」政策

台灣省政府於民國40年訂定「台灣省山地人民生活改進運動辦法」（45年訂定「台灣省平地山胞生活改進運動辦法」），民國40年至43年爲此運動的第一階段，目標爲「改進山胞不合理生活及改革山地不良習俗，推行國語，改進衣著、飲食、居住、日常生活風俗習慣。」㉞這個辦法曾經過數次修訂，早期改進項目中包括「嚴禁女巫符咒治病」（45年平胞辦法四條二項）、「規定統一祭祀日期，倡導春節、清明節、端午節、中秋節等民族習俗節日之風尙」（49年辦法第五條三項）、「勸止穿戴古裝飾物」（45年平胞辦法4條2項）、「勸止抓食，吃飯要用碗筷」、「勸止裸體或半裸體之不良習慣」（40年辦法）等，對傳統祭儀、習俗加以干涉，要求漢化㉟。在執行此「生活改進運動」時又任由一些山地行政人員依本身對「迷信」、「不良習慣」之認知，以改良習俗爲名損毀山地祖先雕像等有神聖宗教意義與歷史價值之物品（排灣族報導人曾對筆者作如此報導）。又如南澳泰雅族的年祭 smaato 曾在日據時遭日人以「迷信」爲由禁止，光復之初部落自行恢復，但又在政府「生

㉝王梅霞，同註⑰。

㉞台灣省政府民政廳，《台灣省山地行政》，民國51年，頁14。

㉟李亦園主持計畫報告書，《山地行政政策之研究與評估》，民國72年。

活改進運動」推行之後再度放棄㊱。受到日本政府革除迷信惡習以及國民政府「平地化」、「漢化」的生活改進運動觀念之影響，一些原住民也對某些傳統祭儀與習俗產生反感而思廢除。例如問卷顯示卑南族建和的收穫祭與利嘉的大獵祭就曾在光復初期為當地人唾棄而停止舉行。

3. 生態環境之轉變

日據時代的強迫遷徙、授以水稻種植技術以及收繳槍枝，使得一些原先居於山地的聚落在西洋宗教傳入之前便已停止祭儀作物小米的種植，狩獵活動也大受限制，因此生計活動祭儀處於減縮和停擺的狀況。例如布農族東埔聚落，日據末因日本政府缺乏軍糧而強迫當地人種水稻，使得原有的歲時祭儀隨小米種植的停止而消失。又因為在1200公尺以下地區種水稻，瘧疾流行，傳統巫醫束手無策，因而使得帶著西醫治療法傳教的長老教會有成功發展的空間㊲。高雄縣桃源鄉復興村、梅山村的布農族報導人也表示1968年左右因停種小米，相關祭儀消失。不過小米的轉作或減產並沒有使所有原先有粟祭儀的族群停止與小米有關的農耕祭儀。譬如鄒族仍然保存小塊田地種植祭儀需要用的小米；賽夏族小米種植早就停止而改種水稻、陸稻，但其播種祭仍舊維持，仍用小米作儀式性的播

㊱李亦園等，《南澳泰雅人》（上冊），中研院民族所專刊甲種第五號，頁169，民國52年。

㊲黃應貴，〈東埔社的宗教變遷〉，《中研院民族所集刊》，第53期，頁105-132，民國72年；〈人的觀念與儀式：東埔社布農人的例子〉，《中研院民族所集刊》，第67期，頁177-212，民國78年。

種，後來連稻作都停止了，播種祭儀還繼續維持；卑南族也是稻作變成主要作物，但是七月的粟收穫祭並沒有因小米轉作而停止，族人依舊準備小米粥、小米酒作祭祀之用㊲。另外，狩獵活動在生計活動中扮演的角色已不重要，又有禁獵法令限制，祭儀即便維持也趨於簡化。

上述這些因素背後尚有台灣社會資本化、工業化發展趨勢推波助瀾，新生代為平地市鎮吸收，汲汲於追逐物質生活的滿足，而對原有祭儀、習俗與語言產生隔閡，並喪失興趣。

四、近期祭儀之發展特質與趨向

由前節的討論，我們可以看出台灣原住民社會許多祭儀之消失係受到外界優勢文化，包括日本殖民地文化、漢文化、西洋宗教等有意識、有組織地打壓。不論其理由是為「革除迷信惡習」或「改善生活」或「給予救贖」，都相當程度地流露出這些外來文化的優越心態，貶損原住民族的文化自尊。原住民族與外界對抗，武力上的挫敗、經濟力的薄弱、政治上自治權的喪失、醫療科技水準的落後等連帶地讓某些人懷疑是否自己神明祖先之庇佑能力有問題，沒有必要再做祭儀向之祈求。也許有人認為祭儀之放棄是出於原住民自由的選擇，是原有文化體系為適應環境變遷而作的自然淘汰，可是如果進一步檢視，這「自由」與「自然」中含有甚多不自由、不自然成分，弱勢者可作的選擇十分有限。我們觀察近期祭儀的發展

㊲同註④。

特質與趨勢，仍然發現一些外力在影響著原住民族的祭典儀式，某些導向或許有正面鼓舞原住民文化創生之作用，某些則可能會產生不良的後果。

㈠集體性「豐年祭」之凸顯

目前存留傳統祭儀質素較多的族群每年大多舉行所謂的「豐年祭」以號召同一聚落的人或更大區域範圍內的族人參與。外界印象中的「豐年祭」係與農作物收成有關的祭儀，可是我們瞭解其性質與內容之後發現，除了排灣族、卑南族、阿美族與鄒族尚存的粟收穫祭為歲時性農耕祭儀外，各族舉行的團體「豐年祭」大都不是直接祈慶豐收的生計活動祭儀。卑南族與鄒族並不以粟收穫祭為「豐年祭」，而是另有所指。「豐年祭」的譯名往往模糊化各族群祭儀的特性。不過各族群也在「豐年祭」這名稱的框架下努力將族群中最具整合性的祭儀加以凸顯，尤其是當許多傳統祭儀已經喪失的今日，留存下來的較大型祭儀在族人心目中具有特殊象徵意義。

目前若干族突出的代表祭儀大多屬於我歸類的「聚落複合性祭儀」與「特殊對象祭儀」，例如阿美族的 ilisin（年祭），卑南族的 magayao 與 magamagayao（猴祭與大獵祭），鄒族的 mayasvi（道路祭與獵首祭），賽夏族的 paʃta'ay（矮人祭）等；而一些傳統團體性祭儀已喪失的族群近年來也在創造或試圖恢復集體性「豐年祭」。

㈡表演比賽性祭典之產生

有些原來傳統團體性祭儀已消失或淡化的族群每年仍然在特定

時間維持某種形式的聚落性「豐年祭」活動,以運動會或晚會取代原有的祭儀活動,例如霧台鄉魯凱族的「豐年祭」運動會就行之有年,並選定在以往小米收穫後祭的期間內舉行㊴。最近幾年則出現傳統祭儀以表演比賽方式在新型「豐年祭」中呈現,試舉幾個例證來說明。

1987年8月14、15日,霧台鄉魯凱族為「豐年祭」增加了前所未有的表演比賽活動。此活動由鄉公所協辦,各村於村內先舉行運動會再辦豐年祭年節比賽活動,請審審委員到各村評審。表演活動各村不同,其內容為傳統祭儀歌舞活動,例如粟收穫後祭的出獵與烤粟餅儀式,女巫禳祓儀式、結婚儀式與歌舞等。各村村民皆穿傳統服飾參與此表演形式的「豐年節」,與以往只有運動會的「豐年節」相較,慶典意味濃厚得多。然而傳統祭儀中的宗教信仰早已為盛行的基督教所淹沒,表演的「祭儀」僅存於表演層面㊵。

1990年11月10-11日,苗栗縣泰安鄉泰雅族舉辦40餘年來第一次豐年祭活動。前文已經提及公布於各地的泰雅族1945年以後接受西洋宗教,所有傳統祭儀活動差不多皆銷聲匿跡。泰安鄉的若干聚落尚難能可貴地局部保存傳統祭儀,在當地熱心人士籌劃下創生了這一個全鄉「豐年祭」活動,希望透過傳統祭儀之再現增強族人對自身文化的認同與瞭解。這次「豐年祭」活動內容係經過規劃,由各村選定傳統祭儀中的某些項目進行排練,再於「豐年祭」期間於

㊴王長華,〈魯凱族好茶聚落之祭儀〉,劉斌雄、胡台麗主持計畫報告書,同㉖。

㊵同㉓。

泰安鄉汶水國小豐年祭場演出。祭儀活動包括：開墾祭、播種祭、狩獵祭、收割祭、祖靈祭、婚禮、舂米祭等㊶。各村的表演也有比賽性質，評定名次。

　　1991年1月20日高雄縣桃源鄉的布農族舉行豐年祭。據報載這是民國73年舉辦豐年祭後第二次舉辦。表演活動以打耳祭開場，其後有比賽項目，包括復興村的開墾祭、建山村的播種祭、樟山村的平安祭、勤和村的收穫祭、高中村的初吃祭、桃源村的出草祭、梅山村的平安祭、寶山村的狩獵祭等㊷。

　　上述魯凱族、泰雅族、布農族產生了以傳統祭儀活動之表演為主的新型「豐年祭」。此三族在傳統祭儀差不多皆消逝的今日於新型祭典活動中「表演傳統」，其意涵值得進一步推究。這些活動政府雖有鼓勵資助，族人自發性的組織和參與動機不容忽視。若與一些官方強力干預的「聯合豐年祭」比較，霧台魯凱族以村為自主性祭典單位、泰安鄉泰雅族族群內部發動且認真籌劃的儀式演出是較受族人歡迎和值得鼓勵的形式。

㈢官式「豐年祭」之推展

　　官式「豐年祭」係指以官方觀點和利益來主導或影響原住民族的祭典活動，其支配和干擾的程度有深淺不同。以往最常見的官方意識形態是希望「豐年祭」反映政府在山胞社會創造的「安和樂利」的景象，最好能載歌載舞表達對政府的德政，期待「豐年祭」

㊶《苗栗縣泰安鄉豐年祭活動簡介》，民國79年。
㊷《自立早報》，1991年1月21日。

帶著熱鬧歡愉的氣氛。此外，官式「豐年祭」免不了要有官員出席致詞，有民意代表或政黨候選人上「司令台」表示關懷並爲選舉造勢，以達到政治目的。官式「豐年祭」期望場面愈大愈好，時間愈能配合某些國定慶典活動或選舉活動愈好。官式「豐年祭」也儘量發動傳播媒體報導以帶動觀光熱潮。

筆者曾在不同的場合感受到官式「豐年祭」的氣氛。例如排灣族的「五年祭」1983年在土坂舉行時就曾出現「慶祝台灣光復節」的慶祝大會儀式；屏東來義鄉1984年五年祭期間的全鄉性表演活動中有位長官致詞「希望三民主義統一中國」；1989年鄒族在特富野舉行 mayasvi 祭典時爲遷就省主席之來臨而一再改變祭儀時間，而鄉公所也一直希望把不定期舉辦的 mayasvi 活動改爲每年固定日期舉辦的活動；1986年五峰鄉賽夏族舉行矮人祭期間鄉公所要求族人配合觀光民俗活動，令族人產生分身乏術以及可能觸犯矮人祭神聖性的困擾；1990年的矮人祭仍有類似活動，但賽夏族人未參與，而由五峰鄉的泰雅族人擔任表演，可是矮人祭歌舞活動中間官員及民意代表的連續致詞破壞了祭場的莊嚴性並對祭歌產生干擾；1990年屏東縣排灣族聯合豐年祭爲選舉造勢的意義大於慶典的意義；花蓮縣的阿美族聯合豐年祭常對聚落性的 ilisin 祭儀造成妨礙，官方主導的味道很濃。凡此種種並非從關心原住民文化之傳承爲出發點，而受官方偏頗的意識形態左右的「豐年祭」現象令人憂慮、痛心。

㈣祭儀與觀光結合

隨著國際與國內觀光旅遊活動的擴展，民間商業團體與政府機構日益體認到「原始」、「特異」、「多樣」的台灣原住民族祭儀

活動具觀光的價值，應予以櫥窗化供觀光客欣賞。民間大力投資了日月潭「九族文化村」，政府也設立了屏東瑪家「山地文化園區」，吸引觀光客參觀台灣原住民族建築等設施與安排好的歌舞祭儀表演。平心而論，這些大型的「文化村」、「文化園區」在增進觀光客對原住民族的瞭解方面並非全無貢獻，但是在觀念和作法上離智識性觀光的標準還有很大的距離。「九族文化村」內原住民傳統建築物的復建做得比「山地文化園區」嚴謹周詳，但是此二處皆是徒有硬體而軟體不足。「九族文化村」以商業收益著眼，只要能滿足觀光客聲光之娛便可，並不十分注重原住民文化之宣介。因此，我們在名為「九族文化村」內看到極度歐式的宮殿庭園設計，讓觀光客置身於西歐「文明」的異文化與台灣「原始」的異文化對比中，體會兩種神秘的、夢幻的趣味。「台灣山地文化園區」當初在規劃時是要建立一個具有國際水準的戶外博物館，特別強調園區必須設立研究部門與管理部門以避免過分的商業化。結果省政府並不認同「研究設計組」是文化園區發展之所需，無論從組織規程和實際作法上來評量，園區著重的是「展示表演」和門票收入，背離了戶外博物館的設計理念而往商業經營路向發展，無暇充實文化、社教之功能與內涵㊸。另一個政府新近設立的機構是交通部觀光局東部海岸風景特定區管理處（東管處），據聞有一些研究、保存、補助原住民族祭儀活動的計畫。寄望它能規範觀光旅遊活動並尊重當地族群文化自主發展，否則若將原住民文化視為觀光牟利的資

㊸胡台麗，〈台灣山地文化園區的角色定位問題〉，《中國民族學通訊》，第27期，頁58-60。民國79年。

源，任何的研究、補助、保存都將失去意義。

此外，原住民社區本身在觀光政策導引下有將祭典活動觀光化以增加當地居民收入之構想與作為。日月潭的邵族是1945年後受到觀光潮流衝擊最烈的族群。民國50年開始觀光客潮湧而至，而日本觀光客之進入導致價值觀之改變，如今族中女子有將近一半（三、四十人）嫁至日本㊹。邵族目前的8月「豐年祭」成為邵族僅存的傳統，1990年擴大舉行的「豐年祭」中有些邵族人興起舉辦豐年祭招攬觀光客的商業點子㊺。筆者曾參加1990年蘭嶼雅美族椰油村有史以來排場最大的「豐年祭」。事實上這是椰油村傳統粟收穫祭的重現，因為全村在退輔會新近歸還的農地上種植小米有了收成。雅美族人1960年以來長期目睹外來資本設立的觀光飯店、藝品店等從觀光客獲取巨額利潤，族人卻飽受觀光之害而只獲得施捨性的小惠。椰油村的「豐年祭」在當地知識份子規劃下將所有傳統有代表性的歌舞以節目方式演出，主辦單位也要求擬拍照、錄影的觀光客繳攝影費。主其事者原先的構想是以這筆收入作為椰油社區青年會及供應觀光客表演節目的「文化村」之基金，結果老人家反對，十餘萬收入由參與活動的村人均分。至少，祭儀歌舞活動可以成為觀光資源已為雅美族人所體認，有些年輕人也亟思爭取到主動權為當地族人帶來經濟上的利益。可是由椰油村「豐年祭」的結果來看，縱使吸引到觀光客（此次由於颱風觀光客大減），獲利最大的仍是

㊹阿媽，〈在觀光與文明間擺盪的祭典〉，《獵人文化》，第1卷第5期，民國79年。

㊺劉桂蘭，〈文明的追尋與文化的悼念〉，《獵人文化》，同㊹。

提供食宿的外資觀光飯店、旅行社與航空公司等。如果這樣不平等的觀光結構不予以改變，雅美人永遠是觀光文化下的犧牲者，會成為另一個邵族，而觀光化的祭儀將成為空洞的軀殼。

(五)西洋宗教與傳統祭儀融合

當西洋宗教傳入原住民社會，傳道者在說明神與魔鬼觀念時無可避免地會借用各族群原來信仰體系中有關神、祖先、鬼魂等名詞與概念，例如泰雅族原無「神」只有祖靈（rutux）的概念，傳教者則強調造物神就是最早的 rutux[46]；排灣族原有生命創造者 naqmati 的觀念，於是「神」就翻成 naqmati；布農族只有模糊的「天」dehanin 的概念，基督教傳教者將「神」譯為 dehanin，但也因此強化、改變了 dehanin 的原有的意義[47]。由此看來西洋宗教雖採借傳統概念以求傳教易於為當地人接受，但最終還是試圖將傳統信仰轉化為西洋宗教概念。在祭儀方面我們也發現同樣的情形。前文已提過天主教對傳統祭儀較寬容，但在支持傳統祭儀的恢復時或以天主教禮拜取代原有的祭拜儀式，或將儀式作合乎天主教教義的解釋，例如鄒族天主堂的原住民神父就把族人沾豬血獻天神的儀式解釋成「豬血象徵每個人所犯的罪過，把豬血擦到樹葉上代表天神已將人的罪過贖去」，而「贖罪」很顯然是西洋宗教概念，並不存在於鄒族原有祭儀的意義中[48]。

---

[46]王梅霞，同[17]。

[47]黃應貴，〈人的觀念與儀式〉，同[34]。

[48]邱淑華，〈瑪雅斯利：鄒族的年祭〉，《戶外生活》，民國70年。

　　早先長老教等基督教派傳道都嚴格禁止傳統宗教性較濃厚的祭儀之施行，對於宗教性較淡的某些生命儀禮則較寬容。前文也舉例說明長老教在禁絕傳統祭儀時有些舉動相當專斷粗暴，令原住民一方面希望借西洋宗教之力改善生活或治癒疾病，另方面則飽受排拒傳統神明祖先及祭儀可能招致責罰的心靈折磨。祭儀之消失使得祭儀中包含的許多族群累積的文化精粹與智慧也隨之遭否定掩埋。西洋宗教與原住民社會之接觸無可否認地提供不少物質與精神上的支柱，但也磨滅了若干族群文化的特色與認同標誌。過去基督教會中的原住民知識份子很少敢正面對此提出質疑、批評，但也日漸感受到傳統祭儀文化有其珍貴之處。近年來長老教會作風有些改變，較能容忍教友參與傳統祭儀（只要不參加祭拜部份），也支持傳統祭儀的表演活動，可是其態度還是十分矛盾曖昧，誠如一位傳教士對我說的：「人心很軟弱，怕又會恢復傳統信仰」。但整個趨勢是西洋宗教尋求與傳統祭儀融合之道，使傳統祭儀教會化卻不失傳統特色。

㈥祭儀歌舞活動之研究與展演

　　1986年台灣省政府民政廳「為維護台灣土著固有文化，整理各族群祭儀與歌舞等民俗，並配合山地文化園區開幕後之研究與展示」，委託中央研究院民族學研究所劉斌雄先生與筆者規劃主持祭儀歌舞之研究。連續兩年的計畫內容包括收集彙編各族祭儀與歌舞之文獻資料、各族選定最具代表性之祭儀歌舞活動作詳盡紀錄分析，並拍攝錄製幻燈片、錄音帶、錄影帶供研究與展示之用。研究結果共彙編了28冊文獻資料、撰寫兩本研究報告、剪接完成七支各

一個鐘頭長度之實況錄影帶、出版一卷歌謠錄音帶、並贊助國立藝術學院舞蹈系師生於76年作「宜灣阿美族豐年祭」之舞台展演。

此研究也建議政府輔導各族群祭儀歌舞活動時⑴應以協助保存、發揚各族群文化為目標，要防止祭儀歌舞淪為商業觀光的工具；⑵協助各族群減輕外來政治、經濟、宗教的壓力，讓各族成員發揮自主、自發性，賦予傳統祭儀歌舞新的生命；⑶有系統地整理、採集各族群的祭儀歌舞資料，建立文字與聲音影像的整套資料檔⑲。參與此計畫於藝術學院舞蹈系任教的平珩女士除了與其他研究人員配合，將舞蹈作舞譜紀錄與分析外，並將研究資料搬到課堂上，教導受現代舞訓練的學生學習、體會，進一步演出原住民祭儀歌舞文化。演出時不僅是舞步歌聲的重現，同時企圖展現歌舞在該社會文化脈絡中的意義。這是第一次漢族舞蹈工作者謙卑地學習並以原音呈現原住民族歌舞，對族群間文化之相互學習起示範作用。不過原住民族祭儀歌舞的舞台化如處理不當也會產生不良的副作用。此外，學術界近年有人類學紀錄片的拍攝，透過影像的傳播，增加社會大眾對原住民祭典儀式的瞭解⑳。

1990年，國家劇院與音樂廳主辦「原住民族樂舞系列（壹）——阿美篇」，由奇美阿美族人將他們的歌舞在舞台上演出。這活動之前也有原住民族本身在舞台上演出歌舞的活動，例如

---

⑲同④。

⑳例如：胡台麗編導，《神祖之靈歸來：排灣族五年祭》，同㉖；胡台麗、李道明編導，《矮人祭之歌》（16釐米人類學紀錄片），中研院民族所出品，民國77年。

徐瀛洲先生曾在文建會支助下請布農族人將傳統歌舞整理後在國內及國外公開展演。1988年此一「中華民國山地傳統音樂舞蹈團」便在台北作了幾場演出。1990年9月由明立國先生製作的阿美族樂舞在國家劇院演出則有象徵性意義,表示原住民歌舞也可登大雅之堂,受到國人的重視。可是原住民知識份子提出了這樣的質疑:參觀者有無建立細膩文化的心理準備?是否在教育學習過程中養成公平對待原住民族的人文態度?是否祭儀歌舞表演正好提供了相異於台灣社會的浪漫空間?並認為祭典文物的參觀雖具有某種程度文化涵養的可能,卻不是原住民族所最需要的,更重要的是「將台灣這塊土地共生的族群歷史、文化編入現行教育教材內」[51]。另外,熱心人士在推動舞台演出活動時要注意,一些含有神聖意味的原住民祭儀歌舞,例如賽夏族矮人祭並不能隨意由原住民本身在祭儀之外的時間地點演出,不僅犯了禁忌可能危害全族的幸福。畢竟「原住民祭典事實上是部落性的活動而非表演給外人觀賞的」[52],「離了土地隨時吟唱的祭曲歌謠,已失去了祭典儀式背後的內容與生命力」[53],「當豐年祭精彩而動人的歌舞呈現時,原住民自信而驕傲的精神煥發著族人對故鄉的向心力」[54],「任何民族的文化傳承、創造是不可能假他人之手而竟其功的,……只有自己覺醒起來承擔

[51]《原報》,第六期,民國79年。
[52]瓦歷斯‧尤幹,〈原住民文化與祭典〉,《原報》,同[51]。
[53]同[45]。
[54]《獵人文化》,第3期,頁21,民國79年。

文化重建工程，才能舞出一片原住民未來的天空！」⑤這些原住民自身產生的反省與呼籲，是使原住民祭典儀式有意義地存續下去最值得珍惜的動力。

（本文原發表於1991年文建會出版之〈中華民國文化發展之評估與展望〉）

---

⑤同⑤。

排灣族鼻笛、口笛現況調查[*]

一、調查背景

關於臺灣原住民樂器的文獻記載一致指出：以往比較普遍分布於各族的是口簧琴、弓琴、鼻笛與口笛，以及數種形式的鈴、舂打小米的杵臼、竹筒與木琴等。可是時代的變遷，這些樂器的傳承都處於危機狀況，有限的一些尚會演奏這些樂器的長者也在日益凋零中。如果不盡速加以調查、記錄，鼓勵下一代傳習，很快就會在台灣社會中銷聲匿跡。我們將針對排灣族鼻笛、口笛的保存現況作一調查。

鼻笛方面，清朝文獻像《裨海記遊》（1697）、《番社采風圖

[*] 本篇章係根據文建會委託的「排灣族鼻笛、口笛技藝保存與傳習規劃案」報告節縮改寫而成。胡台麗是此計畫主持人，負責研究規劃與資料分析撰寫；年秀玲是助理，負責排灣語翻譯與訪談錄整理。在訪問過程中，柯惠譯協助古樓村部份翻譯，陳明光協助三地村與賽嘉村的翻譯，特此說明並致謝。

考》（1744）便記載平埔族男子使用鼻笛求偶，其音「高下清濁中
節度」。但平埔族的鼻笛似乎都是單支，而無雙管鼻笛的記載。日
據初年出版的《蕃族調查報告書》（1913-21）敘述「將鼻子附著
在竹節所穿之孔出氣，鼻笛聲非常低沈，像幽靈般竊竊私語。吹奏
此笛沒有不燃起戀情的。」伊能嘉矩（1907）很早就發現鼻笛通行
於鄒族、排灣族和魯凱族之男子。竹中重雄所寫的〈臺灣番族樂器
考〉（1933）及〈高砂族の音樂〉（1936）中提及鼻笛是台灣原住
民樂器中唯一可以發出複音的樂器，雖然南洋地區也有鼻笛，但是
雙管鼻笛則是極爲稀有。鄒族（簡仔霧蕃）出現一支兩個指孔一支
三個指孔的雙管鼻笛，於粟收穫後第四天開始吹奏，直到粟收穫季
結束爲止。平時不吹奏，怕會招神怒，造成暴風雨和歉收。鄒族
（四社蕃）於喪事時吹單管鼻笛，平時不使用。布農族也有部分地
區使用鼻笛。

　　民族音樂學者黑澤隆朝在日據末期所做的調查顯示，過去曾使
用過鼻笛的布農、泰雅（南澳）、賽夏（南庄）、卑南（利家與知
本）都已無人會吹奏，只在鄒族發現一位老人會以雙管鼻笛中的一
管吹奏。魯凱族僅剩少數村落使用鼻笛，必須是具出草經驗的勇士
才能吹奏。排灣族尚有幾個村落保存鼻笛，使用者多爲頭目和勇武
之士。呂炳川於1960年做田野調查時發現，鼻笛除排灣族和魯凱族
以外已成歷史。排灣族和魯凱族的鼻笛以雙管爲多，其中一管有指
孔，一管無指孔，爲直吹的縱笛。我們如今若要從事鼻笛保存現況
調查，最好從排灣族著手，以魯凱族爲輔。

　　口笛方面，清代文獻很少提及。伊能嘉矩（1907）說台灣原住
民各族都有男子用口吹奏的縱笛，而阿美族、卑南族和鄒族除縱笛

外還有橫笛。竹中重雄（1933）則認為縱口笛為雅美、布農、鄒以
外的族群所使用。泰雅族只有頭目或有勢力的男子在和獵首有關的
協議及獵首歸家時可以吹奏縱口笛。黑澤隆朝1943年做田野調查時
泰雅族已無獵首之風，所以過去的縱口笛也改為娛樂用的樂器。縱
口笛非布農族和鄒族的傳統樂器。阿美族田浦社的縱口笛用於出草
時，大浦社則用於祝宴時。卑南族的縱口笛在居喪悲哀時使用，但
黑澤隆朝調查時已無人吹奏。縱口笛保存使用較普遍的是排灣族和
魯凱族。據黑澤的記載，排灣、魯凱許多村落認為，縱口笛以前必
須要出過草的人才能使用，而屏東三地鄉有些村落的男子則吹奏口
笛交女友和排解孤寂。呂炳川（1974）注意到部份排灣族（Raval
系統）有雙管式的縱口笛。由於排灣族口笛保存的情況似乎比較樂
觀，我們做口笛調查便也以排灣族為主，俾便與排灣族鼻笛保存現
況作一比較。

　　所有台灣原住民鼻笛、口笛的著作中要以黑澤隆朝的《高砂族
の音樂》（1973）最為詳盡。黑澤隆朝曾委託排灣族、魯凱族各地
的駐警，協助全面調查鼻笛和口笛的保存情形。黑澤隆朝的資料顯
示鼻笛與口笛普遍存在於西部和東部的排灣族及魯凱族。雖然黑澤
將一些排灣族的部落誤置於魯凱族，魯凱族誤置於排灣族，仍然是
十分寶貴的資訊。

　　我們參考黑澤隆朝的資料，決定向所有排灣族及魯凱族所在地
的鄉公所民政課和各村村長寄發問卷，請他們告知會吹奏鼻笛和口
笛的人才。我們一共寄出九十一份問卷，給屏東縣八個鄉、五十五
位村長，台東縣四個鄉、十八位村長，高雄縣茂林鄉三位村長，以
及十五鄉民政課長。凡是沒有回覆問卷的，皆以電話訪問。同時也

透過一些長老教會傳道人，打聽鼻笛、口笛技藝人才。我們據此建立了一份排灣族鼻笛和口笛技藝人才名單。魯凱族僅有霧台鄉好茶村、茂林鄉多納村，以及瑪家鄉三和村有一些回音。名單上排灣族的鼻笛、口笛人才分布於三地門、瑪家、泰武和來義等四個鄉，共十二個村落（見圖一）。1995年8月到11月，我們進入田野作實地調查訪問。對每一位會吹奏鼻笛或口笛的受訪者，我們除了建立個人基本資料（鄉／村、姓名、年齡），並就以下項目進行訪問：私有笛子的形制、學習簡歷、口笛與鼻笛的稱謂、製作材料與方法、吹奏場合與目的、吹奏者的資格、吹奏曲調、笛聲的表現、笛子相關傳說等。我們一共訪問了三十位鼻笛與口笛人才。本文將部分訪談記錄整理發表，主要在釐清鼻笛、口笛的傳承系統、文化功能與保存現況。關於鼻笛、口笛呈現的文化感情、美感經驗以及相關傳說的意涵將另文討論分析。

二、現存吹奏者分布地區

據我們所做的「排灣族鼻笛、口笛現況調查」，現今會吹奏鼻笛者僅分布於北排灣 Vutsul 系統的瑪家鄉（排灣村、涼山村為主）和泰武鄉（平和村、泰武村為主）以及南排灣的牡丹鄉（東源村）。東排灣已無人會吹奏。口笛吹奏者分布於北排灣 Raval 系統的三地門鄉（大社村、德文村、賽嘉村）和 Vutsul 系統的三地門鄉（三地村）、瑪家鄉（北葉村、排灣村、三和村）、泰武鄉（武潭村）、來義鄉（古樓村、南和村）和南排灣的牡丹鄉（東源村）。東排灣也無人會吹奏（見下表）。魯凱族則有原霧台鄉好茶

村遷移到瑪家鄉三和村（南村）的移民，以及高雄縣茂林鄉多納村有幾位還會吹奏口笛。

排灣族鼻笛、口笛人才分布地區，1995

鄉/村		鼻笛、口笛人數	鼻笛人數	口笛人數
三地門鄉	/大社村	2		2
	/德文村	5		5
	/賽嘉村	3		3
	/三地村	1		1
瑪家鄉	/瑪家村	1	1	
	/北葉村	1	1	1
	/涼山村	1	1	
	/排灣村	2	2	2
	/三和村(北村)	2(排灣)		2(排灣)
	/三和村(南村)	2(魯凱)		2(魯凱)
泰武鄉	/泰武村	1	1	
	/平和村	3	3	
	/武潭村	1		1
來義鄉	/古樓村	2		2
	/南和村	1		1
牡丹鄉	/東源村	2	2	2
總計		30	11	24

排灣族鼻笛、口笛人才分佈圖·1995

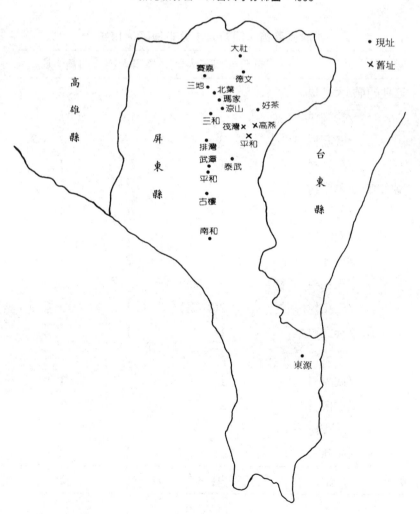

三、鼻笛吹奏人才訪談錄

我們共訪問了九位鼻笛吹奏者，依照下列「現存鼻笛人才名錄」順序逐一叙述。

現存鼻笛人才名錄：

姓名	鄉/村	單/雙管	出生年(訪問時年齡)	性別	族別	備註
1.郭榮長(gilgilau Amulil)	泰武鄉/泰武村(kuraluts)	雙	1915年80歲	男	排灣	
2.蔣忠信(rhemaliz Tjuvelerem)	/平和村(piuma)	雙	1931年64歲	男	排灣	
3.鄭尾葉(tsamak Paqalius)	/平和村	雙	1929年66歲	男	排灣	
4.謝水能(gilegilau Pavalius)	/平和村	雙	1950年45歲	男	排灣	
5.李秀吉(tsemeresai Paliuz)	瑪家鄉/涼山村(uakaba)	雙	1918年77歲	男	排灣	原為平和村人
6.金賢仁(legeai Tjaududu)	/排灣村(paiuan)	雙	1928年67歲	男	排灣	
7.童春發(masegeseg Zengrhurh)	/瑪家村(makazaiazaia)	雙	1946年49歲	男	排灣	
8.高玉珠(sauniau Tjuveleven)	牡丹鄉/東源村(tugin)	雙	1968年27歲	女	排灣	老師為 sujaru 原為德文村人。
9.董文禮(saurhu Tjapai)	/東源村	雙	1970年25歲	男	排灣	祖父 sujaru 原為德文村人。

1.郭榮長（gilgilau 家名：Amulil）

泰武鄉／泰武村（kuraluts）

1915年生，訪問時八十一歲

◎私有笛子的形制

雙管鼻笛（raringedan），其中一管三孔，一管無孔。穿圓洞

的無塞吹口。竹製。長度約爲五十六公分。

◎學習簡歷

我大概是在二十歲時開始學習鼻笛，當時父親要求我學習。鼻笛是只有貴族才有資格吹奏，而我是 Kadrangian 家（泰武村的頭目）的人。父親告訴我說：「鼻笛若沒有人可以承繼，很可惜！」於是我就開始學習鼻笛。父親留給我一支鼻笛，我使用了很久的時間，最後還是壞掉了。後來我自己又重新做了一支。

◎口笛、鼻笛的稱謂

縱笛——pakuraru，單管。

鼻笛 ——raringedan，雙管。

雙管鼻笛其中有孔的那一管就好像 tsemikem，在說話。

◎製作材料與方法

竹子——鼻笛是用 aumaumak（竹子的名稱）的竹子製作。

雕刻——鼻笛上的花紋並沒有因爲身分的不同而有所不同。自己心裡想刻什麼就刻什麼。我的鼻笛上的雕刻花紋是我自己想像的圖案。

穿孔——用火燒過的鐵條來穿孔。指孔之間的距離一定，可用手做大概的衡量。

指孔數——口笛是看製作者自己想穿幾個孔就穿幾個孔。而鼻笛則是三個孔。

★自己會製作鼻笛。

◎吹奏場合與目的

有人去世時可以吹奏笛子，爲的是要安慰喪家家屬。但是只有頭目及頭目之親屬去世才可以吹奏鼻笛，平民則不可以吹奏鼻笛。

又，剛死亡時不可以吹奏鼻笛，要等到埋葬了之後，而且必須去頭
目的家裡才可以吹奏。要吹多久由自己決定，我通常是將整首曲子
吹完之後結束。

　　還有鼻笛也是年輕男士在深夜為叫醒已睡覺的女朋友時使用的
樂器。但是結婚的時候不可以吹奏。

　　年輕人平常會到 tsakale〔年輕人聚集之所〕吹奏鼻笛。

　　◎吹奏者之資格

　　口笛──pakuraru，任何男子都可以吹奏。

　　鼻笛──raringedan，有資格限制。只有貴族的男子才可以吹
奏。

　　◎吹奏曲調

　　有一個完整的曲調。

　　◎笛聲的表現

　　必須吹得令人有哀思之感。

2. 蔣忠信（rhemariz 家名：Tjuvelerem）

　　泰武鄉／平和村（piuma）

　　民國二十年生，訪問時六十四歲。

　　◎私有笛子的形制

　　雙管鼻笛（raringedan）、其中一管三孔，一管無孔。有圓
洞、無塞吹口的鼻笛，亦有改良為如同口笛之有塞吹口的鼻笛。竹
製。長度約為五十二公分。

　　◎學習簡歷

　　我大概是在十四歲左右開始學習吹奏鼻笛，有一位大約六十歲

的老人家——tsemeresai（家名：Ruruge）教導我的，不過他已經
過世。當然我是和我的朋友——傅信德（legeai）一起學習。年輕
的時候雖然只是覺得好玩，但也一直期盼 tsemeresai 爲我們製作笛
子。當時他只告訴我們吹奏技巧，並在一旁聽我們所吹出來的音的
對、錯。我不記得到底花了多久的時間學會，我也不知道必須要吹
到怎樣的程度才算會。直到我成爲年輕人，開始談戀愛，開始吹給
其他人以及一些老人家聽，他們覺得吹得很好，很有味道，認爲鼻
笛就是這樣吹奏，此時的我也才眞的認爲自己會吹，吹得不錯。

雙管鼻笛之所以比較少，因爲在日據時代日本人未來之前，雙
管鼻笛不是一般人可以吹奏的，只有貴族才能吹。一般平民不能隨
便使用。而單管口笛則無限制，任何人都可以吹奏。我屬於頭目家
系，也是末代祭師。

我一開始都是用鼻笛來吹奏，後來因爲我的鼻子不好，我才開
始用嘴巴來吹奏鼻笛。

◎口笛、鼻笛的稱謂

口笛——pakuraru，單管。三個孔，較細。

鼻笛——raringedan，雙管。三個孔。

雙管鼻笛其中無孔的一管稱作 zemangrhau，意思就是指一個
音一直維持一個音調，不會有抖音，也不會改變。有孔的一支叫做
tsemiketsikem，在說話。

平和村的說法是雙管鼻笛從前就有。若說是用嘴巴吹奏的笛
子，那就是只有一根的 pakuraru。口笛的吹口是有塞吹口，而鼻笛
的吹口則是在竹節中間穿圓洞的無塞吹口。

鼻笛和口笛是從以前就有的樂器。但是因爲鼻笛爲雙管笛，比

較好聽，所以較爲大家所喜愛和重視。

◎製作材料與方法

竹子——製作笛子的竹子要在冬天採比較好，十一、二月之間最好。但也不可以隨意地採，必須是要適合的竹子才可以。竹子有很多種，有 navunavuk，有 aumaumak，有 katseva 三種。太粗的竹子也不可以拿來作鼻笛。可以製作鼻笛的竹子有 lumailumai，aumaumak，katseva 三個種類。navunavuk 也可以作鼻笛，但是若太粗的竹子就不適合做笛子。

笛子的木塞——木塞叫做 puluk。是用一種不會太軟也不會太硬也不會爛掉的樹來做塞子。這種樹的名稱叫 vus。

指孔穿孔法——口笛、鼻笛的穿孔法都是斜穿。指孔斜穿、直穿的不同之處是吹奏出來的笛聲會有所不同。我之所以用這樣的方式穿孔，是因爲以前的老人家也是用這樣的方式穿孔。這樣的穿孔方式才會抓到原住民的音。年紀較大的老人家若聽到用直穿法穿孔的笛聲，他們可能會覺得比較沒有感情。直穿的穿法可能是受到漢人的影響。

指孔數——各部落可能都不一樣。我們平和村只有三孔，即使是穿四孔最後一個孔也沒有用。平和村唱的歌曲和鼻笛吹出來的音是完全不一樣的，平和村的鼻笛是不能吹奏歌曲的。貴族使用的鼻笛有雕百步蛇紋。

★本身會製作口笛、鼻笛。

◎吹奏場合與目的

雙管鼻笛有幾個場合可使用，一爲追求異性談戀愛，一爲守喪期間。

　　如果我們不會哭時，鼻笛聲可以代表吹奏者的哭聲。以前我們有一個習俗，如果有頭目去世，大概有十天的期間都不可以做事，去田裡工作也視爲禁忌。但是在這段期間吹奏鼻笛是爲了安慰大家的心情。鼻笛聲也代表我們的哀思之感。

　　我們的口笛、鼻笛是不可以配歌的。若有人去世而自己心中有些哀思就可以吹奏鼻笛。想吹多久、或者一直重複吹都隨個人之意。人一死亡我們便可以去死者家裡吹鼻笛。即使死者已埋葬，若自己心裡仍有哀思之感，這樣還是可以吹奏鼻笛。可以在喪家的家裡面或外面吹奏，沒有規定必須該在何處吹奏。但是平民死亡不可以去吹鼻笛，那是貴族所不允許的。

　　用特定的調子唱述神話故事時也可以在一旁吹奏鼻笛。

　　◎吹奏者之資格

　　口笛——男子都可以吹奏。

　　鼻笛——一定要貴族男子才可以吹奏。

　　神話裡只有提到鼻笛，並沒有提起口笛。以前平民不可以吹奏鼻笛，只能吹單管口笛。鼻笛是很高尚，是貴族的東西。

　　以前專門前去殺敵人的勇士、英雄才可以吹奏口笛，而且一定都是平民。口笛算是英雄的表徵。平常他想吹就可以吹，他也可以拿去追女朋友。也沒有什麼特別的限制。

　　◎吹奏曲調

　　我吹奏的曲調有三段。有中音、高音、低音。

　　在平和村鼻笛的曲調只有一種，有人去世所吹奏的曲調和平常去找女朋友時所吹奏的曲調是一樣的。

　　◎笛聲的表現

鼻笛是我們原住民的樂器，所以我覺得吹得好聽要吹出原住民的音調。以前學鼻笛時老人家告訴我，什麼樣音調是對的，我就學什麼音調。吹奏者所吹奏出來的笛聲，能抓住原住民的心者，才算是好聽。如果我們隨便嗚哇嗚哇地亂吹，就沒有什麼意思了。

老人家喜歡聽聽使他們有哀思之感（tarimuzau）的音調，他們聽了會說：啊，吹得真是令人想哭啊！因為這樣的音調才是我們原住民的音調。現在的老人家也都喜歡年輕人唱古老的歌曲，因為古調才是他們所習慣的、所喜歡的。

老人家覺得鼻笛的聲音最好聽。因為有兩種聲音彼此交錯。口笛也很好聽，但因為口笛只有單管，所以只有一種旋律，比較單調。

◎笛子的相關傳說

有個傳說故事提到了一點點有關鼻笛的事情。內容大概是講 kulelele 為追求 muakakai，常常在 muakakai 的家門外吹奏鼻笛。muakakai 為了要隱藏她的美貌，一直待在屋裡不出來。kulelele 就在外面吹鼻笛給 muakakai 聽。

老人家說百步蛇的聲音很像鼻笛的聲音。我曾聽過百步蛇的聲音，百步蛇的聲音是 kelikelit 地發出長長的聲音。有人說百步蛇突出的鼻子很像鼻笛，百步蛇的聲音或許是從鼻子發出來的，但是我也不是很清楚。百步蛇的聲音很像鼻笛的這種說法可能是因為我們人類有鼻笛，也可能是排灣族人為了加重百步蛇的重要性，才有這種說法的。即使百步蛇突出來的鼻子只有一根，大家仍說百步蛇的鼻子很像鼻笛。

3. 鄭尾葉（tsamak 家名：Paqalius）

泰武鄉／平和村（piuma）

1929年生，訪問時六十六歲。

◎私有笛子的形制

雙管鼻笛（raringedan）其中一管三孔，一管為無孔。有塞吹口，竹製。

◎學習簡歷

我是在十幾年前就開始學習吹奏鼻笛。我常常出去參加團體舞蹈比賽，在一次才藝比賽中，我看見一位吹奏鼻笛者，雖吹奏得不太好，卻得到裁判們的青睞。回家之後，我就嘗試做鼻笛，並試著吹奏，也憑著過去的記憶回想鼻笛的聲音，就這樣一吹，吹了十幾年，也慢慢地吹出了一些味道。

直到現在我仍然常有機會去表演鼻笛吹奏或者參加才藝比賽。

◎口笛、鼻笛的稱謂

口笛——pakuraru，單管。

鼻笛——raringedan，雙管。

雙管鼻笛有孔的一管叫 qivuivu，是在說話的意思。無孔的一管叫 zemangrhau，是配合的意思。雙管統稱叫 raringedan。排灣族唱歌也會有同樣的情形，有一個人主唱，其他人則是配音。領唱者就是在說話。唱歌時，若沒有 zemangrhau 的配合，唱歌就不好聽。

◎製作材料與方法

竹子——竹子有很多種，有 lumailumai，navunavuk，katseva

三種。lumailumai 和 katseva 比較適合做笛子。navunavuk 太粗、太大不太合適。tseva 就是懸崖的意思，而長在懸崖的竹子，就叫 katseva。lumailumai 是種植的竹子。採竹子時不可以隨便拿竹子，必須是在多風之處、深山裡的竹子比較好。竹節較短的也可以做，只是音會比較高，這樣就比較沒有 raringedan 的味道。十一月到一月間適合採竹子，因竹子在冬眠，不再生長，竹子比較緊而且乾燥，也不會生蟲。

★自己會製作鼻笛、口笛。

◎吹奏場合與目的

鼻笛的聲音代表吹奏者的哭聲。鼻笛可以用在交女友時，結婚時也可以吹奏，頭目死亡時吹奏鼻笛則是表達對死者的思念。

貴族人家的孩子交往，很適合使用鼻笛。譬如大家聚在一起唱歌，唱累了，此時就可以拿起鼻笛來吹奏。或者一個男孩子喜歡上一個女孩子，想要去她們家探訪，男孩子便可以在前往女孩家的路上邊走邊吹鼻笛，當靠近她家門口時就不再吹奏。這就好像現代的吉他，似乎在告訴對方：我來了。但是如果女方不喜歡我們，我們吹得再好再努力，對方也不會開門。我們不必開口說話，這鼻笛聲就代表了我們的心聲。女孩子通常都知道外面的吹奏者，因為每一個人吹奏鼻笛的聲音不一樣，風格也都不同。

若有平民去世應該可以使用口笛。口笛較沒有限制，不管是否有人死亡皆可以使用。而鼻笛則必須是頭目死亡才可使用的。但是平常沒事、無聊時，一般人還是可以吹奏鼻笛。

◎吹奏者之資格

口笛——是平民而且是勇士使用。

鼻笛——則爲貴族使用。以前只有頭目可以吹鼻笛。

以前只有貴族可以吹奏鼻笛，而且必須是男孩子。女孩子不可以吹奏。和獵人頭有關係的是口笛，因爲口笛是勇士所使用的笛子。

◎吹奏曲調

追求女朋友或者服喪期間所吹的曲調是一樣的。

每個男子吹的曲調都會有些不同，氣的長短也不同。

◎笛聲的表現

吹鼻笛時，必須要吹得似乎有抖音會比較好聽，聽起來像在哭泣一般。吹得越悲哀越好。老人家如果走在路上聽到有人吹著鼻笛，有的人眞的會流淚，他們通常會說：好令人懷念的鼻笛聲啊！鼻笛的聲音很像百步蛇的聲音，百步蛇「吹」的聲音便是如此。好的鼻笛聲聽起來如同在很遠的地方吹奏一般，會有迴響。

4.謝水能（gilegilau 家名：Pavalius）

泰武鄉／平和村（piuma）

1950年生，訪問時四十五歲。

◎私有笛子的形制

雙管鼻笛（raringedan），一管爲三孔，另一管爲無孔。有塞吹口。竹製。

◎學習簡歷

我差不多在五、六歲時就曾聽過老人家吹奏鼻笛，當時的笛聲我一直記在腦海中，直到我們搬到現在的平和村，再度聽到岳父（鄭尾葉）吹奏鼻笛，我才又開始練習吹奏，至今差不多吹奏有十

幾年了。

一開始我是用口笛來學習。學鼻笛必須先使用口笛吹奏鼻笛的音，等到吹得熟悉了，再配合另外一支，最後才正式吹奏雙管鼻笛。我的鼻笛是岳父教導的，岳父則是由他的岳父教導的，但是我們的吹法還是有些不同。學習鼻笛這麼久，我從未公開吹奏，可能是覺得自己吹得不好，所以都不敢露面，也不確定自己吹得是否正確。一直到今年的八月十二日教會的感恩節，我第一次公開吹奏，教會裡的人都嚇一跳，因為晚輩中就只有我一個會吹鼻笛。

我覺得學鼻笛很不容易，不僅要吹，頭腦也要思考，不是那麼簡單。至於氣，練久了就會控制，老人家之所以吹得好，就是他們會控制自己的氣。

◎口笛、鼻笛的稱謂

口笛——pakuraru，單管。

鼻笛——raringedan，雙管。

◎製作材料與方法

參照其岳父——鄭尾葉先生的說法。

竹子之厚度越薄越好。指孔之間的距離有一定，不能太近也不能太遠。

貴族頭目的鼻笛有雕刻，以前不喜歡讓平民觸摸。

◎吹奏場合與目的

自己或者他人悲哀、寂寞時都可以吹奏鼻笛。因為鼻笛的聲音就是哭的聲音。有人去世或者感覺孤獨時，可以吹奏鼻笛來安慰自己。我自己有時候吹奏時會感動流淚。

以前追女友時和頭目死亡時可以吹奏鼻笛。

◎吹奏者之資格

參照鄭尾葉先生之說法

◎吹奏曲調

服喪期間和追女朋友時所吹的曲調是一樣的。

◎笛聲的表現

參照鄭尾葉先生之說法。

鼻聲似哭聲，音有點像百步蛇，別的蛇不會「吹」。吹時肺活量要足，氣愈長愈好，要慢慢吹。

5. 李秀吉（tsemeresai 家名：Paliuz）

瑪家鄉／涼山村（uakaba）

1918年生，訪問時七十七歲。原為平和村的人，大約於民國四十年時遷移至現今的涼山村。

◎私有笛子之形制

雙管鼻笛（raringedan），一管為三孔，另一管為無孔。圓洞吹口、無塞。竹製。有雕刻花紋。長度約為四十二公分。

單管口笛（pakuraru），指孔數為三孔，有塞吹口。竹製。長度約為四十二公分。

◎學習簡歷

我大概是三十四歲開始學習吹奏鼻笛。當時伯父有一位瑪家村的朋友，他有一支鼻笛，他來我們家時，我就將他的鼻笛拿來看一看並吹奏之，覺得不錯，自己就製作鼻笛來吹奏。這位伯父的名字叫做 danan（家名：Palimudai），他已經去世了。我碰到 danan 時，他大概六十幾歲，他並沒有正式的教導我如何吹奏，我只是看

過他的笛子，後來自己也試著做、試著摸索。我曾聽過平和村的
dipung（家名：Salilan）和 laleqeran（家名：Kazangilan）吹奏鼻
笛。所以我吹奏鼻笛的曲調有些是憑著以前的記憶，有一些是後來
自己所想像而成的曲調。我一直重複地練習吹奏，直到現在我便有
自己的一套吹法。但是我不會吹奏指孔數太多的笛子，我只會吹奏
三個孔的笛子。

以前我所看過的鼻笛都沒有雕刻，我自己因為喜歡雕刻，所以
我便在自己的鼻笛上刻一些我自己喜歡的圖案。

◎口笛、鼻笛的稱謂

口笛——一支稱作 pakuraru。

鼻笛——兩支稱作 raringedan。

雙管鼻笛其中有孔的一管是在 qivuvu（在說話），所以稱作
tsemiketsikem（主旋律）。這一管笛若沒有手指配合移動，吹出
來的音就不會好聽，就不會說話。

無孔的一管是稱做 zemangrau。zemangrau 的意思是配合著地
發聲。如果沒有這一管來配合，聲音也不會很好聽。

排灣族的歌也有人在 tsemiketsikem，有人在 zemangrau，就像
i-na-la-i-na 的歌是一樣的道理。唱歌時一為主唱，一為音階較高的
陪著唱，而且是同時唱。這樣的唱法便是 tsemiketsikem。

◎製作材料與方法

竹子——必須是山上的竹子。這種竹子叫做 lumailumai。

指孔間的距離——必須要等距。

雕刻——雕刻的圖案是我自己想像的。有一些花紋是在一個萬
安村人的菸斗上看到的圖案，我覺得很好看，我就將之雕在鼻笛

上。而蛇紋則是我自己想的。以前的人都沒有雕刻,所以也沒有特別規定只有貴族才可以雕刻。

指孔之穿孔法——笛子穿洞方式是直插的,但有一點點斜。

指孔數——口笛有三孔、四孔、六孔的都有。而鼻笛只有三孔。

雙管笛可以綁在一起。但是也可以不綁,單手各拿一支也可以吹奏。

★自己會製作口笛、鼻笛。

◎吹奏場合與目的

鼻笛和口笛什麼時候吹奏都可以。只要心裡頭有一些心事或者是懷念一些人,吹一吹鼻笛,心情就會比較紓解。

如果有人去世,吹鼻笛不是禁忌。鼻笛聲可以說是我們的哭聲,所以有人去世雖然不可以唱歌,期間差不多有一個月不能唱歌,但是卻可以使用鼻笛。雖然鼻笛好像是頭目所屬之物,但是不管是一般人或者頭目去世都可以吹奏鼻笛。至於口笛可不可以使用,我就不清楚了。口笛是勇士榮譽的象徵,也就是英雄之象徵。所謂的勇士就是曾獵首或者獵獲過動物的人。

去女朋友家裡探訪時,可以帶著鼻笛到女孩子家裡。吹奏鼻笛時要站在距她家稍遠的地方會比較好聽。當然也可以用口笛追女朋友,但是鼻笛比較好聽。其實也沒有什麼差別,如果口笛的孔多一點,也會很好聽。結婚的時候吹鼻笛,會讓我們的女朋友哭泣。我們慢慢的吹奏,女孩子就會有哀思之感。

◎吹奏者之資格

習俗上是說鼻笛只有貴族才可以吹奏,一般人不可以吹,而口

笛只有勇士才可以吹奏。不過後來都沒有什麼限制，任何人（男子）都可以吹奏鼻笛或者口笛。以前平和村有一個叫 qibun（家名：Paqaulam）的人，他沒有殺過人頭但是仍然可以吹奏口笛。

◎吹奏曲調

一種曲調。

◎笛聲的表現

吹鼻笛要吹得好，每一個人的看法都不一樣，是聽者才知道吹奏者吹得好不好。我覺得吹出來的聲音會抖動，聽起來似乎在哭的聲音才好聽。而且要有哀思之感。

◎笛子相關傳說

以前聽過有關鼻笛的神話傳說，就是 kulelele 吹著鼻笛的故事。

聽說百步蛇有鼻笛 raringedan。如果這支 raringedan 稍稍一碰到，牠就會死掉。就好像蝸牛有兩根突出的東西一般，但是百步蛇是在鼻子上長出了長長一根尖尖的東西，也不是舌頭。這根 raringedan 會響，會 del-del-del 地響，百步蛇都是靠這根東西在發聲。我不曉得鼻笛的聲音是不是模仿百步蛇的聲音。但是牠的聲音 del-del-del 地很像鼻笛的聲音。

口笛的聲音不會像百步蛇的聲音。口笛的聲音只有一管在發聲，不會 del-del-del 地響。鼻笛從創始就是雙管，雙管吹出來的聲音才會像百步蛇的聲音。這是因為兩根鼻笛吹出來的氣會在尾端處交會，才會有 del-del-del 的聲音。

以前平和村人是不抓蛇的，近代有人買蛇，人們才開始抓。

6.金賢仁（legeai 家名：Tjaududu）

瑪家鄉／排灣村（paiuan）

1928年生，訪問時六十七歲。

◎私有笛子的形制

單管口笛（kuraru）兩支，一支指孔為六孔或五孔，有塞吹口。吹時只用四個孔。竹製。長度約四十公分。另一支也為六孔，有塞吹口，鋁管製。長度約為四十八公分。

雙管鼻笛（raringedan），一管為五孔，一管為無孔。吹時只用了三～四孔。有塞吹口。竹子製作。長度約為五十公分。

◎學習簡歷

我十八歲時開始學習鼻笛。當時聽到別人吹笛子，我覺得很好聽，回家之後就做一個笛子。記憶比較深刻的是一個老人家——legeal（家名：Pasalad）所吹奏的曲調，但他已經去世了。我覺得笛子為排灣族文化，若流失會很可惜，所以我就將笛子從舊筏灣帶下來（1974），一直吹奏至今。

口笛——kuraru，單管

鼻笛——raringedan，雙管

◎製作材料與方法

鼻笛是一定要用 katseva 的竹子來製作。而口笛是 lumailumai。生長在懸崖的竹子就叫 katseva。lumailumai 是種植的，且會隨意生長的。我自己製作的單管竹笛是 katseva。

◎吹奏場合與目的

鼻笛是專門追求女孩子時所使用的樂器。

◎吹奏者之資格

口笛──不是一般人可以吹奏的。必須是頭目及勇士才能吹奏。所謂的勇士就是曾經出草、刺球的人。而且只有男孩子可以吹奏。

鼻笛──任何人（男子）都可以吹奏，是年輕人的樂器，是專門用來追求女孩子的樂器。

◎吹奏曲調

一個曲調。

◎笛聲的表現

百步蛇的聲音就是鼻笛的聲音。我們一開始吹奏鼻笛的聲音，就好像百步蛇發出的崗！崗！崗！的聲音，後段吹奏的曲調則是我們模仿百步蛇的聲音。

一般吹奏時，心裡都會想著女朋友、家人、以前被獵首的人。以前在舊部落當我們吹奏著鼻笛時，百步蛇會出現並且站立起來聽鼻笛聲。

◎笛子的相關傳說

不清楚。但有聽過 kulelele 吹奏鼻笛追求 muakakai 的神話故事。

7. 童春發（masegseg 家名：Zengrhurh）。

瑪家鄉／瑪家村（makazaiazaia）

1946年生，訪問時四十九歲。

◎私有笛子的形制

我使用過的鼻笛為包天水先生（三地村人）之鼻笛。該鼻笛是

雙管鼻笛，一管有三孔、一管為無孔。吹口為圓洞，無塞。我自己沒有笛子。

◎學習簡歷

音樂對我而言不是只有興趣而已，我總覺得我應該在音樂上做一些什麼。排灣人從小就生長在一個充滿音樂的環境裡。譬如大約在傍晚時分，山上工作結束，此時我們都可以聽到群山的歌聲此起彼落，也可以彼此對唱，這樣的感覺很好，是排灣族文化跟音樂息息相關的例證。

早年前我看見包天水先生（pasulan 家名：Pakedavai）吹奏鼻笛，使我非常感動。我非常喜歡聽鼻笛，鼻笛的旋律有重聲，一為主旋律、一為低音。我一個晚上就學會吹鼻笛。包天水吹的調子很長，我記不得了，我所吹奏的是一首歌的曲調。後來我跟包天水先生借鼻笛到美國各地吹奏鼻笛。回來之後就還給他。這支笛子是代代傳下的傳家寶，目前由他女兒保管，聲音非常清脆、好聽。

◎口笛、鼻笛的稱謂

縱笛──pakuraru，單管。

鼻笛──raringedan，雙管。

◎製作材料與方法

據包天水先生之說法：

竹子──必須是在高山乾燥處而且通風、陽光充足地方的竹子，這樣的竹子吹起來才會很響亮。

◎吹奏場合與目的

鼻笛有傳訊、找女朋友的作用。以前的老人家只要聽到笛聲，就知道吹奏者，也可以知道吹奏者所傳遞的訊息。

吹奏鼻笛與獵首、喪事沒有什麼關係。

◎吹奏者之資格

只有男孩子可以吹奏、使用。吹奏出來的功力可以代表吹奏者的能力及藝術上的表現。吹奏者沒有其他的限制，就好像現在的年輕人都可以吹口琴、彈吉他一樣。

◎吹奏曲調

會吹奏二個曲調。

◎笛聲的表現

排灣族在音樂的表現中，哀傷的感覺是很強烈的。

8. 高玉珠（sauniau 家名：Tjuvleven）

牡丹鄉／東源村（tugin）

1968年生，訪問時二十七歲。

◎私有笛子的形制

雙管鼻笛，一管指孔五個，另一管無孔。為圓洞、無塞吹口。師傅施余金城（sujaru）製作。竹製。

雙管口笛，一管指孔五個，另一管無孔。有塞吹口。竹製、水管製各有一支。施余金城製作。

◎學習簡歷

師傅 sujaru 早年由德文遷賽嘉，再來到東源村。我在二十二、二十三歲時接觸 sujaru。1990年進入玉山神學院的音樂系後，一年級下學期就去找 sujaru，請他收我為徒。他說本想傳給孫子，但孫子不是很有興趣學。他有兩支鼻笛，把其中一支送給我。1991年有人提供經費，玉山神學院就請原住民藝人來校教授。sujaru 在玉山

神學院一個月，他覺得太冷，身體不太好。當時有為他錄音，做訪問。音樂系學生必修，神學系學生選修，後來持續性地學鼻笛和口笛的只有我一個。陳明光學會口笛。鼻笛一個月內可以學會，要常常吹，但吹久會頭昏。本身是排灣人，較瞭解這民族，比較容易學。我學習時以音為主，指法也與師傅完全一樣。

◎口笛、鼻笛之名稱

口笛——paringed，老師 sujaru 這樣說。

鼻笛——老師 sujaru 未提 raringedan，只說是 pakuraru 是通稱。

◎製作材料與方法

竹子很難找，可以用橡膠水管或鋁管取代。用鋁管吹的音不錯。但不似竹子般那麼純。

師傅 sujaru 說他用別人給他的竹子做笛子，自己種的可能不直。師傅 sujaru 做笛子時如發現走音，他會再重做一個，儘量做一個符合想要的音。

★自己沒有嘗試做過一支笛子。

◎吹奏場合與目的

師傅 sujaru 很少談鼻笛，他的父親教他吹鼻笛，以前也是藝人。鼻笛以前是有功績（獵首）的人可以吹。口笛比較通俗，沒提到要有功績的人吹，是男子用來談戀愛時吹的。鼻笛是被禁忌的，不能隨便吹，似乎比較有靈氣，感覺上談戀愛不吹。師傅未提談戀愛可不可以吹鼻笛。

◎吹奏者之資格

鼻笛和口笛皆男子吹奏。鼻笛以前要有功績的人才可以吹，口

笛較普及。

我是女孩子，族人看到我吹很驚訝，後來知道我是音樂系的，可接受。

◎吹奏曲調

師傅 sujaru 吹口笛和鼻笛的傳統調子基本上很類似，他常常吹的有一首。他吹鼻笛和口笛時好像會固定吹兩種調子，我只學其中一個調子。

sujaru 吹口笛時，有時會比較自由地吹其他的曲調。我演奏時大都是即興，以傳統的民謠的音階來吹。我在教會禮拜會用口笛吹前後奏，表演時才吹鼻笛。

◎笛聲的表現

鼻笛比較淒涼，陰沈沈的。師傅 sujaru 喜歡吹粗、長的笛子，音色低沈。sujaru 說吹奏時要有感情，吹奏者的心要和笛音融合，感情要出來。有人說以前的人失戀時吹奏會比較好聽。我覺得吹時最好用學聲樂的腹部加上口腔（上顎），比較有韻味。

9. 董文禮（saurhu 家名：Tjapai）

牡丹鄉／東源村（tugin）

民國五十九年生，訪問時二十五歲。

◎私有笛子的形制

雙管鼻笛（raringedan），其中一管為五孔、一管為無孔。圓洞吹口，無塞。較粗。竹製。長度大約為四十八公分。

雙管口笛（paringed），其中一管五孔、一管為無孔。有塞吹口。竹製。長度約為四十五公分。

單管口笛（paringed），指孔為五孔。有塞吹口。竹製。長度約為四十五公分。

笛子皆為其外公施余金城（sujaru）先生製作。

◎學習簡歷

我自己因為有興趣吹笛子，所以差不多在國中一年級時就開始跟外公學習。我回東源老家時，外公會拿出笛子來敎我。我的學習方式是和外公彼此面對面，然後我跟著他吹，他的手指怎麼移動，我就怎麼移。可惜我並不常回去。但是我對外公吹奏的曲調還有些印象。

外公剛開始是敎我用嘴巴吹奏，他說用鼻子難度比較高。我先學習用嘴巴吹奏，懂了旋律之後，再用鼻子吹奏。我也曾用鼻子吹奏，但是那時候我的氣還不足，吹得不好。外公吹奏的旋律中，中間有一段很低沉，好像在哭泣一般會突然變調。我只能抓到一點點味道，但是吹得不完整。

◎口笛、鼻笛之名稱

口笛——單、雙管都叫 paringed。

鼻笛——raringedan，雙管。

◎製作材料與方法

竹子——竹子是有季節性的，冬天才能採。冬天的竹子較不容易蛀蟲。

指孔之距離——笛子之指孔距離都有固定，以手指節來測量。

口笛之塞子——口笛的木塞是直接塞下去。塞子也有它一定的弧度。

鼻笛之圓孔穿洞——用傳統之鑽木器具穿孔。

　　鼻笛之吹口處穿洞之後，必須使之發出聲音。若還是不能吹出聲音，就必須將吹口處後端的地方削得有點凹進去，一直削到可以吹出聲音爲止。

　　雕刻——外公雕刻的方向爲橫向雕刻，這樣竹絲才不容易被撥掉。

　　★自己尚未嘗試做過笛子。

　　◎吹奏場合與目的

　　以前是爲追求女孩子用的。大部分會在傍晚或者是在夜深時刻吹奏。印象中鼻笛的調子和口笛的調子是不一樣的。雖然都是五孔的，但是口笛吹到後面尾音可以很長，而鼻笛是吹不出來的。

　　◎吹奏者之資格

　　外公沒有提起須是怎樣身分的人才可以吹奏。

　　頭目和平民之間的雕刻紋樣沒有什麼差別。

　　◎吹奏曲調

　　口笛、鼻笛各有一個曲調。

　　◎笛聲的表現

　　吹奏的時候必須要有哀怨的情感，吹奏出來的聲音要像人悲傷時的啜泣聲，像是沒有希望的哭聲。中間有一段比較低沈的曲調，但是我不太記得，我覺得那一段很好聽。那個聲音很低，又不能吹得太用力。笛聲的高低是跟吹出來的氣的大小有關。氣吹得越多，音就越高。

四、口笛吹奏人才訪談錄

會吹奏口笛的人數比鼻笛吹奏者多。我們共訪問了二十四位，依下列「現存口笛人才名錄」的順序逐一描述。

現存口笛人才名錄：

姓名	鄉/村	單/雙管	出生年(訪問時年齡)	性別	族別	備註
1.許坤仲 (pairhang Pavavalung)	三地門鄉/大社村 (parhidraian)	雙	1935年 60歲	男	排灣	
2.許志光 (gitan Pavavalung)	/大社村	雙	1964年 31	男	排灣	
3.劉惠紅 (diatu Rhulajeng)	/德文村 (tjukuvul)	單/雙	1942年 53歲	男	排灣	
4.林石張 (tjivurangan Tjaugadu)	/德文村	單/雙	1942年 53歲	男	排灣	
5.呂秀雄 (tsamak Livangrhau)	/德文村	單	1941年 54歲	男	排灣	
6.杜明達 (palipeli Tulalep)	/德文村	單	1931年 64歲	男	排灣	
7.蔡清吉 (pali Madalak)	/德文村	單/雙	1947年 48歲	男	排灣	
8.董明文 (laugia Tjavelengan)	/賽嘉村 (tjailaiking)	雙	1939年 56歲	男	排灣	
9.涂文祥 (uriu Kaviangan)	/賽嘉村	雙	1938年 57歲	男	排灣	
10.高重義 (lavusuk Tjalivadan)	/賽嘉村	雙	1952年 43歲	男	排灣	
11.朱夏年 (tjivurangan Varilan)	/三地村 (timur)	單	1918年 77歲	男	排灣	
12.陳明光 (gilegilau Ralangal)	瑪家鄉/北葉村 (masirij)	雙	1967年 28歲	男	排灣	老師 sujaru 原德文村人
13.曾春吉 (ulas Tjalivadan)	/三和北村 (iziutsi)	單	1934年 61歲	男	排灣	原為德文村人

14.湯九如 (kulele Tjuvelerem)	/三和北村	單	1936年 59歲	男	排灣	原爲三地村人
15.盧鄰標 (pangtjedr Tjumalarats)	/三和南村	單	1909年 86歲	男	魯凱	原爲好茶村人
16.徐建寶 (sangurupu Patjalinuk)	/三和南村	單	1921年 74歲	男	魯凱	原爲好茶村人
17.李正 (tsegav Tjarhulaiaz)	/排灣村 (paiuan)	單	1937年 58歲	男	排灣	
18.金賢仁 (legeai Tjaududu)	/排灣村	單	1928年 67歲	男	排灣	
19.呂清池 (liaqulu Patsasau)	泰武鄉/武潭村 (qapudan)	單	1923年 72歲	男	排灣	
20.邱善吉 (tsujui Tjakisuvung)	來義鄉/古樓村 (kulalau)	單	1935年 60歲	男	排灣	
21.蔣幸一 (kapitjuan Tjapalai)	/古樓村	單	1931年 64歲	男	排灣	
22.蔡國良 (kapang Tariu)	/南和村 (pailus)	單	1930年 65歲	男	排灣	原爲古樓村人
23.高玉珠 (sauniau Tjuveleven)	牡丹鄉/東源村 (tugin)	雙	1968年 27歲	女	排灣	老師 sajaru 原 爲德文村人
24.董文禮 (saurhu Tjapai)	/東源村	雙	1970年 25歲	男	排灣	祖父 sujaru 原 爲德文村人

1. 許坤仲（pairhang 家名：Pavavalung）

三地門鄉 \ 大社村（parhidraian）

1935年生，訪問時六十歲。

◎私有笛子的形制

雙管口笛（paringed）一管爲五孔，另一管爲無孔。有塞吹口。竹子製作。長度約爲四十八公分。

◎學習簡歷

我十八歲時開始學習雙管口笛。我父親也會吹笛子，在父親年輕的時代去找女朋友時，他們都會帶著笛子前去，所以到我們這一代時，我們同樣也帶著笛子去探訪女朋友。但是當時父親並沒有敎

我如何吹奏雙管口笛，我只是常聽父親吹奏的旋律，之後靠自己摸索學會。製作雙管口笛也是一樣，我只是模仿父親的完成品，一開始完全就是由自己來做。

我年輕時有很多人學習雙管口笛，但是很少人像我一樣，一直持續吹到我這樣的年紀。大部份的人結了婚就不再吹奏。我很喜歡吹奏雙管口笛，所以結婚之後我還是一直繼續在家中吹，而且我覺得這可作為我年輕時代的紀念。直到現在如果有一些地方有辦活動或者有一群人在玩樂、聊天，我便會帶著雙管口笛前去吹奏，老人家都會很喜歡聽雙管笛的聲音。

◎口笛、鼻笛的稱謂

口笛——單管、雙管都稱為 paringed

鼻笛——raringedan。

雙管口笛不管是單管、雙管都可以稱為 paringed。以前也有放在鼻子的雙管鼻笛，比雙管口笛還粗稱做 raringedan。以前用嘴巴吹奏的雙管笛叫做 paringed，雙管鼻笛稱做 raringedan，後來因為比較難找到兩根較粗的竹子，只要是雙管笛都可稱為 raringedan。單管且用嘴巴吹奏的笛子，才是真正叫做 paringed。

◎製作材料與方法

竹子——只要是深山的竹子都可以拿來作口笛、鼻笛。竹子沒有特別的名字，就是稱做 qau（竹）。竹子拿回家之後需先放著等它乾，之後才能做，若未乾就拿來做笛子很容易就裂開。之後，再烘烤之，使顏色有些黑黑的，這樣就會呈現原始的顏色，竹子也會變得很漂亮。

塞孔——中間的塞子是用樹質較硬的 kashu（樹的一種）做

的，軟的木材不合適。塞子裡面並沒有放金屬片或者其他東西，就只有木材。只要是硬的木材都可以做塞子。

★自己會製作笛子

◎吹奏場合與目的

以前男孩子去女孩子家探訪時，男孩子大多會先在外面吹奏笛子，吹奏了一段時間，對方的父母便會請男孩子進去家裡面坐下。男士們雖然都沒有開口，但是這個笛子就好像在為他們說話、唱歌、打招呼一般，也可以表示個人之喜樂。雙管口笛不是只有找女朋友的時候才可以使用，跟朋友（男的朋友）玩耍、聊天的時候也可以使用。

另外一個用處是如果心中有害怕或者不悅之事，吹吹口笛，可以使心情好轉。口笛聲也可以使人解除疲勞。笛聲有非常深沉的意義，笛聲所表達出來的聲音可以安慰人到骨子裡。有時即使是已睡著的人，一聽到笛聲便會醒來仔細聆聽。

若有人去世，當天不可吹奏笛子也不可以唱歌。過了幾天就可以吹奏笛子，而唱歌差不多要一個多月以後才可以唱。吹奏雙管口笛沒有什麼特別的意思，但可以慰藉人心。

◎吹奏者之資格

鼻笛必須是出過草的人才有資格吹奏。但是也有不會出草卻會吹奏的人。至於口笛就沒有聽說過必須要出過草才可以吹奏。男子吹奏。

◎吹奏曲調

我所吹奏的曲調有兩段。第一段一開始吹奏時要將指孔全都打開，而且全部的指孔都必須用到。第二段在吹奏時，其中一孔（從

笛子之首端算下來第四孔）都不打開，以其他四孔做變化。這樣子
會比較好聽。

◎笛聲的表現

paringed 的曲調並沒有一定的規範來指定哭泣時、死亡時或者
結婚時的曲調。paringed 就只有一個曲調。吹奏好聽的人可以使心
情煩悶者解憂；遭遇災難者心情得到慰藉。

雙管口笛聲音和人的哭聲不一樣。另外有一種較短（雙管口笛
的三分之一短）的一根笛子（也叫 paringed）吹出來的聲音才比較
像哭聲。

◎笛子的相關傳說

我知道的傳說並不是真的有關於雙管口笛的神話傳說。只是
kulelele、muakakai 的故事中有提起 paringed。故事中提到 kulelele
帶著口笛追求 muakakai。但是我並不記得故事的完整內容。

2.許志光（gitan 家名：Pavavalung）

三地門鄉／大社村（parirhaian）

1964年生，訪問時三十一歲。花蓮玉山神學院畢業。

◎私有笛子的形制

雙管口笛（paringed）一管為五孔，一管為無孔。有塞吹口。
竹製。（父親——許坤仲先生製作之笛子）。長度大約為四十八公
分左右。

◎學習簡歷

我在玉山神學院的二年級時開始學習雙管口笛，練習的時間斷
斷續續大概有兩年。以前就曾聽父親（許坤仲）吹過，但是以前總

認為那是過去的東西，現代該有現代的音樂來取代。所以過去我並不認為排灣族的東西是好的、是美的，我只認為那是過去的。直到我去神學院，我重新調整我自己，我看我的皮膚和我流的血，後來我才發現這個國家教育出了問題，政治、社會出了問題，所謂的人民平等出了問題。調整之後，我認為要抓住自己的方法必須是從音樂、從歌開始著手。我覺得歌曲、音樂是屬於儀式、感情這個層面的。後來為了使音樂融入到我自己的皮膚、血脈裡，我想必須要瞭解排灣族的音樂。之後當我再聽父親吹奏雙管口笛，我覺得這個音樂應該可以帶到教會崇拜裡，所以我就藉著學校寒暑假到各教會訪問的機會，將雙管口笛帶到教會的禮拜裡。

父親告訴我學習口笛沒有秘訣，多看多吹多聽，憑個人的感受去吹奏，自然而然就會吹奏。但是就我學習過程，我發現我們年輕一代的人學吹口笛，好像我們只學如何壓、怎麼吹氣，我們比較少去體驗、去感覺、去進入音樂的生命跟內涵。可能是沒有英雄事蹟，所以吹不出那種感覺。

◎口笛、鼻笛的稱謂

口笛──單、雙管都叫 paringed。

鼻笛──raringedan。

◎製作材料與方法

────根據父親（許坤仲）的作法────

笛子之長度──笛子之長度，可能是按照自己手的長度（五指張開從大拇指間到小拇指間的長度）的兩次半到三次。

竹子的選擇──必須找有太陽照射的竹子，曬到太陽的竹子會比較結實。而山谷地方的竹子較潮濕，竹子比較嫩，比較不適合做

笛子。採來之後的竹子通常是濕的,會先將竹子放在爐灶上用火燻烤。竹子若是歪的,必須將歪的竹子先用火烤一烤,再用濕布壓緊弄直,慢慢地將竹子弄直。以前的弓箭就是這樣做成的。

指孔和指孔間的距離——雖說是大概的距離,但是也有一個衡量的標準。其大概的標準是從笛子之尾端至倒數第一個指孔間的距離,大概是一個手掌寬。指孔和指孔之距離是一個食指之指節。

吹口背後之洞——此處為最重要的秘訣,就是其背後之孔的距離,從吹口處到此孔的距離為一個中指寬(橫放)之距離。

吹口之塞子——用一種稱做 alapan 的木頭製作塞子。alapan 是較硬的木頭,像杵就是用 alapan 做的。做塞子的樹材除了可以用 alapan,也可以用 valangatju(樹的名稱)。puluq 就是塞子的意思。

穿孔——早期大都是用鐵條燒火穿孔。

★尚未親自試做笛子

◎吹奏場合與目的

——參考其父親許坤仲先生的說法——

老人家認為吹奏笛子是能力的表現。譬如說我聽某個人吹口笛,我覺得不滿意,通常會說:「唉!你是怎麼吹的?」這句話表示吹奏者的氣(nasi)根本不夠。氣就是 nasi。為什麼要講 nasi 可能也有它的意義。以前的束腰精神,就是在鍛鍊一個人應對自然的能力。

◎吹奏者之資格

參考其父親許坤仲先生之說法。

◎吹奏曲調

一種曲調。

◎笛聲的表現

吹奏出來的笛聲有古樸、哀怨之感是比較為老人家所喜歡。排灣族喜歡悲哀的笛聲可能是跟民族性有關。其實從排灣族的歌曲裡面也可以看到這樣的情形。譬如說我們常常可以在排灣族的歌詞裡聽到：「我是個最不好的人，就好像是頭飾裡面最尾端、最不起眼的東西怎麼可能會被你看上」等等，有很多這樣的歌。

3. 劉惠紅（diatu 家名：Rhulajeng）

三地門鄉／德文村（tjukuvul）三鄰，kazadan 聚落

1942年生，訪問時五十三歲。

◎私有笛子的形制

雙管口笛（paringed），其中一管為五孔，一管為無孔。有塞吹口。竹製。長度為四十六公分左右。

單管口笛（paringed），指孔為五孔。有塞吹口。水管製。長度約為四十八公分左右。

◎學習簡歷

我大概是在十六、十七歲時看著老人家學習的，以前雖沒有老師，但是可以常常看到老人家吹奏口笛，當時自己可以多看、多聽，甚至自己製作笛子。沒有人會教導你手要怎樣按，怎麼移動，全都必須靠自己摸索、研究。熟悉之後再吹給別人聽，人家若覺得好聽，那麼就表示你已經抓住笛子的曲調。

我以前吹過鼻笛，但是現在已經沒有氣了，如果氣夠的話，吹鼻笛會很好聽。

◎口笛、鼻笛的稱謂

口笛——單、雙管都叫 paringed。這兩支沒有特別的專有名詞，其分別的稱呼法爲一支的 paringed、兩支的 paringed。

雙管鼻笛——paringed。

◎製作材料與方法

竹子——製作笛子的竹子必須是位在山頂上或者位在懸崖的竹子。山谷地方的竹子不適合製作笛子。那種竹子稱做 kaqauwan（眞竹子之意）。

笛子之長度與指孔間之距離——笛子有一定的長度。吹口後面的洞口到笛子頂端之距離是一個指頭的寬度。最後一個孔至笛子尾端的距離是四個指頭寬。如果覺得自己的氣還很足夠，此距離就可以做得稍微長一些，吹起來的曲調會比較順暢，而且會有尾聲。每一個指孔之間的距離是兩個指頭寬。吹口和吹口後面的洞必須要對齊。製作口笛其實很難。笛子若有一點點破裂，就不會有聲音。

★自己會製作笛子。

◎吹奏場合與目的

口笛是在追求女朋友時使用的樂器，晚上去女朋友家裡探訪時，就可以帶著笛子去。以前到了晚上大家都會把門關起來，所以男孩子去找女朋友時，我們通常會先在房子外面吹奏笛子，請求女孩子開門。如果對方喜歡我們，不久便會開門，不喜歡我們就不會開門。

以前不可以在白天吹笛子，是禁忌。必須在傍晚或者深夜才可以吹。paringed 是和哭有所關係的樂器，所以當有人去世時，雖不能聊天、唱歌，但是可以吹奏 paringed。

◎吹奏者之資格

任何男子都可以吹奏。

笛子上面的花紋沒有頭目、庶民之分，完全依個人本事來雕刻。只要有興趣就可以製作或吹奏。

paringed 跟獵首無關。當你獵了人頭回來，將會有一首專屬於你的歌，這首歌代表了你的榮耀、你的名譽。

◎吹奏曲調

每一個人所設計的曲調都不一樣，而我有我自己的方法。

思念女友時——吹奏一個曲調。

前去女友家探訪：

將要靠近女友的家——一個曲調。在告訴對方：我要過去了。

到了女方家門口時——吹奏一個曲調。

若有和女友談話將要離開時——吹奏一個曲調。曲調的內容似乎在告訴對方：我要走了，我不會忘記剛剛我們談話的內容。

對方若沒有開門——吹奏一個曲調。此時一開始吹奏笛子時要將所有的孔都打開然後又全都按著。就好像對方不喜歡你、沒有為你開門一般。

還有雖然對方有開門，但是我們可以感覺到對方並不是很喜歡我們時——吹奏一個曲調。

◎笛聲的表現

雙管口笛的聲音要吹得清楚、吹得很長，吹得令人想哭比較好聽。

◎笛子的相關傳說

有一對戀人，彼此非常相愛。後來女孩子去世了。過了很久，

這個男孩子仍然想念他已去世的女朋友，就在山上過夜。他因為想念女友就拿起他的 paringed 來吹奏，藉著吹奏笛子來紓解對女友的思念。這個已變成女鬼的女友聽見了他的笛聲，就靠近他。當她越靠近他，他就聽見穿著傳統衣服的鈴鐺聲。他一停止吹奏，女孩子也停止腳步；他一吹奏，她就走得越靠近。最後這個女友繞過山上的小屋走到門口，想靠近聽他的笛聲。等她來到門外時，男孩子就想開門看看這人會是誰？他認為應該是他的好朋友。但他一開門就看見他的女友，他馬上就昏倒了。這個女孩就將這男孩一起帶走。這個男孩子最後也死了。於是他們從此就在一起。這個故事就是說這對戀人在世雖不能在一起，但是死後終究可以在一起。故事中的男孩子是 makulele，女孩子是 wakai。

4. 林石張（tjivulangan 家名：Tjaugatu）

三地門鄉＼德文村（tjukuvul）十鄰，pangupangul 聚落1942年生，訪問時五十三歲。

◎私有笛子的形制

雙管口笛（paringed），一管為五孔，一管為無孔，有塞吹口，竹製。

◎學習簡歷

我是在十八歲左右開始跟一位五十幾歲的老人家學習吹奏笛子，這位老人已經去世了。我一開始是學單管口笛，差不多吹了一年多之後，才開始吹奏雙管口笛。當時吹口笛的年輕人並不多，製作笛子的人也很少。

◎口笛、鼻笛之名稱

縱笛——單、雙皆稱為 paringed。

鼻笛——raringedan。

◎製作材料與方法

竹子——不可以隨便拿，必須要找山上的竹子。雙管笛只能在無孔的那一管笛子上雕刻紋樣。單管口笛上面可雕刻。

★自己會製作笛子。

◎吹奏場合與目的

笛子除了去女朋友家探訪時可以吹奏之外，亦可在有人死亡時吹奏之。譬如有人死亡，女孩子們在哭，我們可以在旁邊吹奏笛子。而這時所吹奏的並不是為了追女朋友而吹的，而是代表吹奏者的哭聲。可是像我們這個年齡的人，已經不會這種以前的習俗了，我們只用在追求女朋友，或去女友家探訪時才使用笛子。

去找女朋友和去喪家時所吹奏的曲調是不一樣的。夜晚和傍晚所吹的調子也不一樣。唱歌時亦可以用口笛來伴奏。

◎吹奏者之資格

我以前沒有聽說過獵過人頭者才可以吹奏笛子。吹奏笛子沒有資格限制，誰都可以吹奏。男子吹奏。

◎吹奏的曲調

三個曲調。

第一個為探訪女朋友時之曲調。

第二個曲調彷彿是在唱述神話故事一般。

第三個曲調則是一首歌曲。大家在聊天談話或者找女朋友時都可以用。

◎笛聲的表現

　　我覺得笛子吹奏得好聽，是聽起來要有 samiring 的感覺。也就是說吹奏出來的笛聲讓人覺得寓意很深（makjalad）、很遠（makatsaja）。但是不管是吹奏笛子或者唱歌跳舞，若是心情浮躁、精神不專注，就吹不出、唱不出 samiring 的感覺。又譬如說一個男孩子並沒有真心想追求一個女孩子，那麼他所吹奏出來的笛聲就不會有 samiring（深情）的感覺。

　　單管、雙管口笛都可以吹出 samiring 的感覺，有沒有 samiring 的感覺主要是看吹奏者的心理、態度。家中若有人死亡或者心中有所憂慮，此時可以吹奏笛子，將心中的感覺藉著笛子表達出來，使心情紓解。

　　◎笛子的相關傳說

　　有一對父子，在種小米季節時，他們必須要到田裡去趕小鳥、看顧小米田。但是每當父親吩咐兒子去做一些事情，這個兒子總是說：等一下我要去田間小屋（為看守小米所搭建的小屋）而不做父親所吩咐的事情。到了中午，父親就很生氣地對他說：「你怎麼回事，已經中午了，你什麼事都沒有做」。於是兒子就去挑水。這時在家的父親為了要氣他的兒子，就將兒子的笛子當柴燒了。因為笛子並沒有燒盡，當兒子回到家時，看見了笛子的殘骸，他非常難過，心想：為什麼爸爸要這樣對待我？他就拿了父親的 vuka（小鐵刀）到芋頭田裡去，將 vuka 插在芋頭堆中。在他離家前，他請母親轉告父親，要父親去芋頭田裡除草，那時母親並不知道兒子心中難過。之後，父親前去田裡欲掀開蓋著葉子的芋頭，結果一打開，先前兒子所插的 vuka 就變成百步蛇，而將父親咬死了。

　　之後，兒子走到別的部落，他每走到一個部落就問頭目是誰？

他到第一個部落問到了頭目叫做 makulelelele，他就將 makulelelele 給殺了。到了下一個部落，他又將第二個部落的頭目 sapulengan 給殺了。於是其他村落的人都想殺他，但是沒有人可以傷得了他。據說他的力量很大，即使左手邊有一百人，右手邊有一百人，他照樣可以打敗他們。最後，他又到了一個部落，問了一個正在玩耍的小朋友當地頭目為誰？小朋友回答說是 wakai。而這位 wakai 就是他所喜歡的人，但是最終兩人並沒有結合。後來他碰到一位很老的老人，這位年輕人就拿長矛請這位老人將自己殺了。於是這老人就把他殺掉。終於，他也和父親一樣死掉了。

5. 呂秀雄（tsamak 家名：Livangrhau）

三地門鄉＼德文村（tjukuvul）九鄰，cepucepu 聚落

1941年生，訪問時五十四歲。

◎私有笛子的形制

單管口笛（paringed），指孔五孔，有塞吹口，竹子製作，林石張先生製作。

◎學習簡歷

我常在和朋友喝酒的場合中，聽他們吹奏笛子，我覺得笛聲很好聽，就跟他們學習，偶爾拿起笛子來吹奏。直到現在學習口笛還不到一年。我現在還在學單管口笛的階段，等到比較熟悉了，再學習雙管口笛。

◎口笛、鼻笛之名稱

口笛——單、雙口管都稱之為 paringed。

鼻笛——raringedan。

◎吹奏曲調

一個曲調。

6.杜明達（palipeli 家名：Tulalep）

三地門鄉＼德文村（tjukuvul）三鄰，salaili 聚落

1931年生，訪問時六十四歲。

◎私有笛子的形制

單管口笛（paringed），指孔五孔，有塞吹口，竹子製作。

◎學習簡歷

我七歲就開始學習吹奏口笛，當時希望吹奏笛子，能夠娶到漂亮的小姐。我年紀很大了，但是我在德文村並沒有看過有人吹奏鼻笛。

◎口笛、鼻笛之名稱

口笛──單、雙口管都稱之為 paringed。

鼻笛──raringedan。

◎製作材料與方法

參考林石張先生之說法。

頭目的笛子上才能雕刻蛇紋，平民的笛子上可以刻其他花紋。

◎吹奏者之資格

沒有什麼資格限制，也沒有聽說過必須獵過人頭的人才可以吹奏笛子。

◎吹奏曲調

一個曲調。

7. 蔡清吉（pali 家名：Madalak）

三地門鄉／德文村（Tjukuvul）九鄰，cepucepu 聚落。

1947年生，訪問時四十八歲。

◎私人笛子的形制

雙管口笛（paringed），其中一管為五孔，一管為無孔。有塞吹口。水管製。

◎學習簡歷

我所學的口笛是我伯父教我的，伯父也將自己的名字（pali）給我。他以前在德文吹口笛是有名的。當時他希望我學習，所以送我一支單管口笛。外面一般的笛子可以有 do，re，mi，fa，so，la，si，do 的音階，而這種只有五個孔的笛子很難確定其音階。想要把口笛的音抓住，完全要憑學習者每天吹奏的記憶力，把音記到腦子以後，再慢慢去摸索手的變化和移動。如果有標準音階我們一定可以很快地學會。但是這種五個指孔的笛子，除非把它的音調抓準，並配合學習手的位置，而且不斷的練習才能夠抓到音。我想最難的就是這個部份。

伯父一開始是教我單管口笛的音調。伯父去世以後，我時常看到人家吹雙管笛，我自己也想試吹雙管笛的味道，於是請朋友做雙管口笛，然後自己練習、摸索。雙管口笛和單管口笛的不同之處，只是雙管口笛比單管口笛多一個配音。雙管口笛我大概花半年就知道可以如何應用。

◎口笛、鼻笛的稱謂

口笛——單管：paringed 雙管：raringedan

伯父說：我有嘴巴，爲什麼要用鼻子去吹呢？除非嘴巴受傷，才會用鼻子吹。或者有需要表演時可以勉強使用鼻子來吹奏。如果到人家家裡去，用鼻子吹奏會不好意思，好像沒有禮貌。

◎製作材料與方法

自己曾做過笛子但是沒有比前輩們做得好。所以大都請朋友幫忙製作。

◎吹奏場合與目的

老人家很喜歡聽笛聲。口笛通常可以在家裡吹奏，也可以帶出去找女朋友。深夜因爲不好意思直接叫人家開門，所以我們可以在女孩子家的周圍吹一吹，意思就是請問對方：妳家大門可不可以打開，我可不可以進去。但到了我這個年齡已經很少人用口笛追求女朋友了。大部份的人是用口琴來追女朋友。

伯父雖曾經說過，有人過世時，吹奏口笛有安慰喪家的作用。但是我沒有在守喪期間看過有人吹奏口笛。

◎吹奏者之資格

沒有特殊的資格限制。只要有興趣，任何人（男子）都可以吹。

◎吹奏曲調

口笛、鼻笛所吹的曲調是完全一樣的。但是也並沒有一個規定的曲調。這是個人的音樂創作，各人有各人的吹法，並不完全相同。

◎笛聲的表現

笛聲吹得好聽是很難拿捏的。因爲每一個人的吹法都不同。我覺得是吹的氣很長、吹得有連續、吹得很沉緩（ na semegaluan ）、

可以打動人心的笛聲比較好聽。若是吹得沒有感動人心，那就沒有用了。

也有人說笛聲像哭的感覺，但不是眞的哭，而是比較有孤獨、哀怨的感覺。

8. 董明文（Iaugia 家名：Tjavelengan）

三地門鄉／賽嘉村（tjailaking）

1939年生，訪問時五十六歲。原爲德文村人，五十三年遷移至賽嘉村。

◎私有笛子的形制

雙管口笛（paringed），其中一管爲五孔、另一管無孔。有塞吹口。水管製。

◎學習簡歷

我小時候看過雙管口笛，但是我沒有吹過，直到施余金城（sujaru）從德文搬來賽嘉村，我才有機會向他學習。但是我還是不太會吹，我差不多五十歲時，一位兄長——Iaugia 開始敎導我，我也才開始正式學習，但他去世後我就沒有機會吹奏。直到最近才又開始學習製作笛子。所以說我是在最近一年才眞正的吹奏並製作口笛。至於製作笛子，也是模仿他所做的笛子。

我自己不會吹鼻笛，只會吹雙管口笛、口琴。但是以前聽過老人家吹奏鼻笛。吹奏時需要停止呼吸。鼻笛的吹口也是有塞吹口，指孔也是五孔。其意義、曲調也和口笛相同，只是音色不同，聲音比較粗。

學習吹奏笛子若認眞學習花半年的時間應該可以稍稍吹出味道

來。我的學習經驗是必須先熟悉口笛的音調，再慢慢地吹找出每一個音的位置，並加以練習。

以前當我獨自吹奏笛子時，會令我想起以前女朋友不喜歡我的往事，我有時候會哭。但我結婚之後，就不再想起過去的事情，只會想起現在自己家庭的清寒。有時候只是因為想吹而吹，心中不會有什麼其他的想法。

◎口笛、鼻笛之名稱

口笛——paringed，雙管、單管稱呼都一樣。

鼻笛——raringedan，雙管。比口笛較長、較粗且雙管、用鼻子吹奏。

◎製作材料與方法

我曾用竹子來製作笛子，但是後來笛子不見了，我就用水管替代。不過竹子還是比較好聽。

竹子——必須是要在深山、野生的竹子。

★自己會製作笛子。

◎吹奏場合與目的

paringed 是晚上時吹奏的樂器，如果我們去找女朋友時，我們可以吹奏口笛叫醒對方，若對方不喜歡、不接納我們時，我們可以到稍微遠一點的地方吹奏笛子，女孩子聽了心裡會難過、不忍心，過不久她仍會叫我們進門。進門之後就不再吹奏笛子，便開始談話、唱歌。如果女方喜歡我們，而當我們要離開之時，我們可以在門外再吹奏一次，讓女孩留下好印象。前去女友家和將要離開女友家所吹奏曲調是一樣的。

鼻笛的吹奏場合，和口琴、弓琴、口簧都一樣是為了找女朋友

時吹奏的。自己有心事或者感到寂寞之時，可以吹奏笛子，藉著笛子抒發自己的心情。

一般結婚的場合沒有吹奏笛子，但是到了晚上有一群人談話、聊天時，這時就可以吹奏笛子。但是若有人去世時不可以帶著笛子去吹奏。

◎吹奏者之資格

不管大人小孩，任何人都可以吹。也沒有頭目、庶民之分。雕刻也無限制。但是根據以前老人家的說法：必須是出過草的人才有資格吹奏鼻笛。

◎吹奏曲調

曲調的多少看個人的本事。功力好的人可以吹好幾種。我自己會吹奏三個曲調。每一次都有順序地吹奏三個曲調。

第一段意義是說「唉唷！小姐你今天去那裡玩耍、去那裡工作？」

第二段意義是「我要離開了，請不要忘記我。」

第三段意義是「因為我的家境清寒，所以你大概不會喜歡、接納我的。」

◎笛聲的表現

鼻笛聽起來很古樸（samiring）。口笛聽起來像年輕人的聲音。samiring 的感覺就好像是當我們遠望一座山時，心中所產生的孤寂之感，這感覺即是 samiring 之感。又譬如雷雨過後、微光出現，天空中現出一道彩虹，這樣的情境就是 na semamiring。感覺很美麗、很悠遠、很淒美，腦海中總有揮之不去的感覺，這就是 samiring。如果我們聽見一個年輕人吹奏笛子，覺得很好聽，我們

可以說這個人、這個笛聲很 samiring。吹奏者的心情若沒有孤寂之感，就不會吹出好聽的笛聲，就吹不出 na samiring 的感覺、韻味。

在老家德文村很少人會比較吹奏口笛和吹奏鼻笛那個較厲害。但是大部份的人比較喜歡聽口笛聲，不會喜歡用鼻笛。

笛子的聲音很像人的哭聲，但是跟有人去世時哭的調子與女兒結婚為道別時而哭的調子是不一樣的。

◎笛子的相關傳說

鼻笛似乎比口笛出現得早，但是我並不清楚原因。有關於雙管口笛的傳說我曾聽老人家說過一些，後來我想老人家的意思是說：鼻笛、口笛如兄弟一般，鼻笛是哥哥，口笛是弟弟。而且，我想可能是因為會吹鼻笛的人本來就比較少，他們去世之後，後來的人就模仿製作鼻笛，但是他們改為用嘴巴來吹。實際上我不知道雙管口笛是從那裡來的，但是我想口笛是從大社那裡開始。因為我的記憶中德文村也是後來才有口笛的。

9. 涂文祥（uriu 家名：Kaviangan）

三地門鄉／賽嘉村（tjailaiking）

1938年生，訪問時五十七歲。原為德文村的人，後來遷移至賽嘉村。

◎私有笛子的形制

雙管口笛（paringed）一管為五孔，一管為無孔，有塞吹口，水管製。

◎學習簡歷

　　我不太記得是什麼時候開始學的，我的叔父（爸爸的弟弟：sujaru 施余金城先生）以前會吹笛子，我常聽他吹奏，但是我一直都沒有機會正式學習，直到最近我才開始和一些好朋友一起學習。但是我還是不確定我吹得到底正不正確。我們賽嘉村的老人常常聚在一起吹口笛、口琴。我們也想正式組織一個團體，讓老人家有機會正式地吹奏笛子，但是我們還不知道該從何做起，該如何做。

　　我年輕時並沒有用笛子或者口琴追求女朋友。年紀比我大一些的人才有用口笛或者口琴追求女朋友。我則是用唱歌的方式找女朋友的。

　　◎口笛、鼻笛之名稱

　　口笛——paringed，雙管。

　　鼻笛——raringedan，雙管。

　　單管口笛較單調，好像是在獨自哭泣。雙管口笛有另一個配音，就好像兩個好朋友在一起唱歌或一起哭泣，聽起來會比較好聽。

　　◎製作材料與方法

　　竹子——深山裡的竹子比較適合製作笛子。但賽嘉村附近沒有合適的竹子，水管因爲容易找，一般水電行便可以買到，所以我就用水管來做笛子。老人家說竹子的聲音比較好聽。

　　指孔的最後一孔到笛子尾端的距離是四隻手指寬的距離。

　　指孔間的距離——我覺得指孔間距離之長短是視個人手指長短來決定。我自己的手指不是很長，所以我做的笛子，其指孔間的距離也不是很長。

　　塞子——任何樹枝都可以做，但是我是用 kalavas 樹做的。

鼻笛的粗細是看個人之喜好來決定。

★自己會製作笛子。

◎吹奏場合與目的

雙管笛主要是追求女朋友時使用的樂器。跳山地舞時也可以帶著笛子，在休息之時吹奏給大家聽。但是有人去世時不能吹奏笛子。因為笛子主要是找女朋友才吹奏的。

◎吹奏者之資格

任何人都可以吹奏。男子吹奏。

◎吹奏曲調

吹奏一個曲調。

在我的記憶中，叔父吹奏口笛和鼻笛的調子是一樣。我所吹奏的曲調與有人去世時哭的調子、結婚時哭的調子都滿像的。

◎笛聲的表現

笛聲要聽起來會使人有哀痛（ na qemaulian ）、孤寂的感覺。排灣族很喜歡這樣的感覺。譬如說我們吹奏笛子給女朋友聽，她會一直回想笛聲，這樣的感覺就是 na qemaulian，好像是「意猶未盡」的感覺一般，也就是說男朋友或者女朋友的一舉一動縈繞在心頭上。從我們的舞蹈、歌曲就可以瞭解到我們排灣族比較喜歡安靜的、平穩的舞蹈和哀痛的歌曲。

10.高重義（ Iavusuk 家名：Tjalivadan ）

三地門鄉／賽嘉村（ tjailaiking ）

1952年生，訪問時四十三歲。原為安坡村（ anbaka ）人，民國六十五年因為結婚從妻居遷至賽嘉村。

◎私有笛子的形制

雙管口笛（paringed），一管為五孔，另一管為無孔。吹口為斜面、有塞吹口，水管製作（根據製作者之說法：斜面之吹口比較好吹）。

◎學習簡歷

我學習吹笛子是因為我本身喜歡音樂。後來又因為認識了董明文先生，就慢慢跟他學習。我學習不到兩年，也沒有經常練習，只是閒暇之餘就會找董明文先生學習。當時是覺得好玩，常看大家吹笛子，我也跟著一起隨便吹吹。我學習的方式是先熟悉笛子的音調，再請教董明文手指之指法。當他在吹奏時，我就在旁邊看，他的手指怎麼移，我的手指就怎麼移動，但是真的要花很久的時間才能稍微吹出味道來。

◎口笛、鼻笛之名稱

口笛——paringed，雙管。

鼻笛——raringedan，雙管。

◎製作材料與方法

我曾做過竹製口笛。一般厚度太厚的竹子不適合做口笛，最近山上的竹子都枯乾，竹子也不好找，所以我現在大多是用水管製作雙管口笛。我第一次製作笛子是模仿別人完成品，所以笛子之長度、指孔間之距離都是模仿的。雖然做了不少笛子，但是，我還未做過比較滿意的雙管口笛。

★自己會製作笛子。

◎吹奏場合與目的

聽老人家說笛子是晚上找女朋友時用的樂器。但是在我這個時

代，我們大都是用吉他去找女朋友的。當時我們也會在外面彈一彈
吉他，屋子裡面的人聽到了，就會叫我們進去。但是我們那時大多
是彈奏流行歌曲。

◎吹奏者之資格

沒有什麼規定。男子吹奏。

◎吹奏曲調

一個曲調。董明文一個曲調有三段，但是我只學了兩段。

◎笛聲的表現

笛聲比起其他樂器會有 samiring 的感覺。晚上吹起來比較好
聽。吹笛子比較有古老的味道。如果在有迴音的地方吹奏起來會更
好聽。

11.朱夏年（tjivurangan　家名：Varilan）

三地門鄉／三地村（timur）

1918年生，訪問時七十八歲。

◎私有笛子的形制

單管口笛（paringed），指孔為五孔。有塞吹口。竹製。長度
大約四十五公分。

◎學習簡歷

十八歲左右父親開始教我吹奏口笛，父親也會吹比較難的雙管
鼻笛，但是他只教了很短的時間就去世了。我現在用的笛子就是父
親做的笛子，我一直都保留著，因為我把它當作是對父親的一個紀
念。我曾經在屏東縣參加過比賽，但是並沒有得獎。

◎口笛、鼻笛的稱謂

口笛——kuraru，單管。

鼻笛——paringed。

單管稱做 kuraru，雙管稱做 paringed。

◎吹奏場合與目的

晚上去女朋友家探訪時可以吹奏口笛、鼻笛。意思是為了要叫醒對方並告訴對方：我們來了。到了女方家門口時，仍然可以繼續吹奏，但是要吹得比較小聲。白天想念對方時可以使用，但晚上去看她時帶著笛子去吹，那時的感覺會比較好，以前跳山地舞時，我們也會帶著笛子前去吹奏。

在三地村若有人過世，不可以吹奏笛子。

◎吹奏者之資格

單管口笛、雙管鼻笛任何人（男子）都可以吹奏。沒有特別的資格限制。吹奏笛子和身分階級沒有關係。頭上的羽毛裝飾才和頭目有關係。

至於雕刻，喜歡雕刻的人都喜歡在笛子上雕刻。同樣地，雕刻的圖案也沒有分頭目或者庶民之圖案。

◎吹奏曲調

有一個曲調。

◎笛聲的表現

單管口笛、雙管鼻笛吹的調子有些不同。我們可以吹出我們喜歡的歌曲，聽起來都會很好聽。老人家好像說過吹雙管鼻笛比較好聽。而且一定是比較難。

12.陳明光（gilegilau 家名：Ralangal）。

瑪家鄉／北葉村（masirij）

1967年生，訪問時二十八歲。原為瑪家村人，後遷移至北葉村。花蓮玉山神學院畢業。

◎私有笛子的形制

雙管口笛（paringed），一管為五孔，另一管為無孔。水管製作（其師施余金城先生製作）。長度大約為五十二公分。

◎學習簡歷

我在玉山神學院三年級時接觸原住民樂器，當時學校開了一門課名稱為「原住民樂器」。授課老師為莊春榮先生，老師先教我們太魯閣的樂器：木琴、口簧琴。後來修這門課的學生也發起了找回自己族群樂器的行動。暑假一群排灣族的學生就回部落找人學習。那時透過其他同學介紹得知 vuvu sujaru（施余金城）有吹奏鼻笛、雙管口笛的才藝。幾位同學、老師和我一起去找他，並請他來玉神授課。

大約在四年前（1991年），玉山神學院安排一些老人家來擔任駐校藝人，先前有太魯閣族的老人，教授太魯閣族的樂器。而後請 vuvu sujaru 來教授排灣族之樂器——口笛、鼻笛，有興趣的學生皆可以來修這堂課。他的教導方式是採一對一的教授方式。當時他已經幫我們做好笛子。去修這堂課的人就只有我和高玉珠。那時 vuvu 各送一支笛子給我和高玉珠，他送給我較粗的笛子，送高玉珠較細的笛子。他說男孩子氣較多，吹粗的比較好。我因為沒有鼻笛，所以就沒有學習吹奏鼻笛。印象中 vuvu sujaru 的身體不好，

又因學校離家鄉太遠，他可能有些孤單，所以他在學校只教兩個月就回去了。他在學校教課期間，我專程拜訪他，並做他的個人專輯。專輯裡有他講神話故事、吹奏單、雙管口笛、鼻笛及唱古調的曲子。在這之前我也曾受到伊誕（許志光）的影響，我在學校看到他的雙管笛，常會拿起來隨便吹吹，他畢業以後我就自己學習了。

我吹奏的調子和許坤仲先生是一樣的，我雖然是排灣族Vutsul 系統的人，但是所學習的曲調是 Raval 系統的。

★本計畫訪談期間陳明光到平和村購買鼻笛，開始吹奏，並於1995年八月瑪家鄉笛子比賽中得到冠軍。

◎口笛、鼻笛的稱謂

口笛——kuraru，單管。

鼻笛——raringedan，雙管。

◎製作材料與方法

兩根竹子配在一起時，無孔之笛子及有孔之笛子（需完全封閉）吹出來的音必須要一樣。

★自己尚未嘗試作口笛。

◎吹奏場合與目的

一般來說吹奏雙管口笛是為傳達愛意。據我的推測，我想失戀的人才吹奏笛子。因為男孩子吹奏雙管笛，為的是要讓女生感動，為了請求她開門。如果女生不喜歡的話，就不會開窗戶、不理會他。如果女孩子開窗戶的話，表示她有這個心。可是我在想這可能是失戀時才吹奏的，是他從內心所表達的失戀心境。吹奏笛子也表示哭聲，我想老人家所說的哭，也是表達內心的哀怨和感傷。

◎吹奏者之資格

鼻笛——一般人不能吹奏，只有勇士才能吹鼻笛。至於是不是只有頭目家才可以吹奏鼻笛，我並不清楚。

雙管口笛——是不是任何人可以吹，我不是很清楚。

◎吹奏曲調

會吹奏一個曲調。

◎笛聲的表現

指法和氣很重要，要配合好才可以吹出圓滑音。

各部落的曲調都不太一樣。施余金城（vuvu sujaru）是德文村的人，是屬於 Raval 系統的。Vutsul 系統就不一樣了，像瑪家、舊筏灣都是屬於 Vutsul，是不同支系。

◎笛子的相關傳說

——根據老師施余金城（sujaru）之說法——

有一個家庭有父親、母親及兩個兄弟。一天，母親叫他們去河流捕魚。媽媽在家裡打小米準備做小米糕，作為他們這幾天捕魚的便當。到了傍晚他們回來了，父母親就收拾整理他們所收穫的成果，然後要他們去女朋友家裡玩一玩。

隔天他們要出發之前，爸媽交代他們袋子裡的便當那一份是哥哥的，那一份是弟弟的。到了中午要吃中餐時，他們雖然都吃同樣的小米糕，但是打開來時哥哥的小米糕裡頭包的餡都是蟑螂及一些不乾淨的東西，而弟弟的小米糕裡頭包的餡都是魚、蝦。哥哥剛開始覺得沒有什麼，結果吃第二個、第三個都一樣。這樣的情形連續三天，到了第三天的中午，哥哥咬一口，發現還是一樣，此時大哥已經沒有心情捕魚。於是他就對弟弟說：「我要回去了。」回家後哥哥就問媽媽：「為什麼我吃的東西會是這樣的？」媽媽回答說：

「有什麼不一樣，還不都一樣」他就很難過地說：「哎呀！原來父母親是這樣對待我！這樣的不喜歡我啊！」

那天他去一個稱做"kureng"的山坡地，那裡是他常吹雙管口笛的地方。他在那裡哭泣，為父母親這樣的嫌棄他而難過。到了夜晚，他回家收拾行李時被弟弟發現，弟弟知道哥哥要離開，不願意和哥哥分開。到了清晨哥哥要離開時，弟弟就跟在哥哥後面。哥哥知道弟弟跟來，就對弟弟說：「你趕快回去吧！不然爸媽怎麼辦？」弟弟不願意回去，哥哥因為年紀大，跑得比較快，就躲了起來，弟弟跟在後面哭，後來哥哥不忍心，出來跟弟弟說：「你怎麼搞的，叫你回去你都不聽話，那爸媽怎麼辦？」弟弟回答說：「不，哥哥，我一定要跟你去。」哥哥又說：「你怎麼都不聽話啊！」之後哥哥又躲了起來，跑了很遠之後，哥哥還是擺脫不了弟弟，最後哥哥只好妥協地對弟弟說：「好吧！那一起走吧！有什麼辦法呢？」於是這兩個兄弟，一直走，一直走，走得很疲憊。弟弟就對哥哥說：「哥哥，我們在這裡停下來休息吧！」後來他們就變成兩座山，這兩座山一座較大，一座較小，大的是哥哥，小的便是弟弟。雙管口笛有孔的笛聲是哥哥的哭聲，而無孔的笛聲是弟弟在旁陪著哥哥的哭聲，這就是有關他們的故事。

13. 曾春吉（ulas 家名：Tjalivadan）

瑪家鄉／三和村（iziutsi）

1934年生，訪問時六十一歲。原為德文村人，後來遷移至三和村。

◎私有笛子的形制

單管口笛（paringed），指孔數爲五孔，有塞吹口。水管製。長度大約爲四十八公分。

◎學習簡歷

我年輕的時候就開始吹笛子，大多是看老人家吹奏，自己慢慢地學習。我也做過竹製的笛子。

◎口笛、鼻笛的稱謂

口笛──一根、兩根的都叫 paringed

鼻笛──raringedan

◎製作材料與方法

paringed 要使用一支或者兩支，是依個人的喜好來決定。兩支之所以好聽，是因爲有另一支做配音。

竹子──必須是在深山，自然生長而非種植的 kaqaw（眞竹子之意）的竹子。以多風的時期採來的竹子比較響亮。竹製的聲音是比水管製的聲音好聽，但是竹子很容易裂開，而塑膠管比較好找，又不怕摔，所以我現在幾乎都用水管來做笛子。

塞子──沒有特別要用什麼樹來做，什麼樹都可以。塞子要削得彎一點。口笛、鼻笛的吹口都一樣是用塞子的，我沒有看過吹口爲中間穿洞的。吹口的洞其大小不一定，而且好不好吹不是洞的大小的問題，主要看塞子做得好不好。

◎吹奏場合與目的

以前德文村之所以會有那麼多人會吹，是因爲以前原住民部落周遭都是敵人。晚上年輕人都會在村子四周防守，並發出笛聲，其目的是爲了要讓部落的人知道，年輕人爲防止敵人入侵都還醒著並護衛著整個部落。笛子不是隨時隨地都可以吹奏的，吹奏笛子的時

間差不多是在深夜十二點左右。

部落中若有人去世，不可以唱歌，不可以大聲說話，也不可以嘻笑。守喪期間，有很多人會在深夜吹笛子，希望喪家不會害怕。以前德文村聚落與聚落間的距離很遠，所以去喪家陪伴的人很早就回去。此時若欲安慰喪家，我們可以在靠近他們家的地方，吹笛子給他們聽，讓他們知道有人在安慰他們。但是，若是自己的親屬去世，在埋葬以前是不可以吹奏笛子的。

以前通常都會在 tsatsaval——就好像現在的活動中心——吹奏笛子，也可以在村子裡吹。在村子裡吹笛子大都是為了追求女朋友，聽到笛聲的女孩子通常知道是誰在吹笛子。如果一個男孩在女孩子家門前吹奏笛子，而吹奏者是她所喜歡的人，她就會醒來甚至會開門請他進來。如果並不是她喜歡的人，她便會繼續睡覺，不予理會。但是當我們進屋之後，就不再吹笛子。

◎吹奏者之資格

鼻笛——沒有資格限制，只要有氣的人，任何人都可以吹。

口笛——也沒有資格限制。但是不可以隨便亂吹，大部分都是在十一、二點的時候才吹的。

◎吹奏曲調

會吹奏一個曲調。

每一個人的吹法都不一樣。我的吹法只有一個曲調是追求女朋友時候吹奏的曲子，其他人也許吹奏更多的曲調。探訪女朋友或者在有人去世欲安慰別人所吹奏的曲調都是用一個調子。

在結婚的場合，我沒有看過有人吹奏笛子。也不曾見過有人用鼻笛、口笛伴奏歌曲。據我所知鼻笛和口笛的調子一樣。但

paringed 可以吹出歌曲。

◎笛聲的表現

一般人會覺得口笛聲很好聽，但是鼻笛若吹得好的話，比較令人懷想過去，比較感動人心。通常我們聽到有人吹鼻笛或者是口笛，也不知道為什麼我們的心裡就會有一種很傷感的情緒。

◎笛子的相關傳說

——曾春吉之妻（lavets 家名：Tjalivadan）唱述之傳說故事——

這是 ma kulelelele（弟）和 ma sapulengan（兄）的故事。他們的媽媽是 wakai，媽媽喜歡 kulelelele 而不喜歡 sapulengan。通常不管 sapulengan 做什麼事，媽媽都不喜歡。媽媽煮東西也都煮好的東西給 kulelelele，煮不好的東西給 sapulengan，甚至煮的東西裡面都放一些蟑螂的排泄物等等。sapulengan 非常的難過，媽媽對他和弟弟的待遇差別太大。不僅如此，連漂亮的小姐媽媽都說是 kulelelele 的，而比較醜的小姐則說是 sapulengan 的。

一天 sanpulengan 出去打獵，他的口笛被媽媽燒掉了。等到他打獵回來，知道他的口笛燒毀，他很難過就自殺了。

有一個女子她的名字也叫 wakai。她原是 sapulengan 的女朋友。sapulengan 去世之後，kulelelele 就想娶她。但是 wakai 喜歡的人是 sapulengan，不是 kulelelele，即使 kulelelele 前來看她，她都不願看他一眼，都待在自己的房間裡不出來。wakai 的母親責罵她，叫她不要這樣對待 kulelelele。但是她說：我喜歡的男朋友既然死了，我也要跟著死。

14.湯九如（kulele 家名：Tjuvelerem）

瑪家鄉／三和村（iziutsi）

1936年生，訪問時五十九歲。原爲三地村人，後來遷移至現今之瑪家鄉三和村之北村。

◎私有笛子的形制

單管口笛（kuraru），指孔數爲五孔。有塞吹口。水管製。長度約爲四十一公分。

◎學習簡歷

我學習口笛才兩年多，我是跟一個八十幾歲快九十歲的老人家——tsamak（家名：Sukinalim）學習的。他也是從三地村搬來三和村的。他通常會在晚上吃飽以後吹奏笛子。聽到笛聲，使我想起過去在三地村常常可以聽到年輕人、老人家吹奏笛子。於是我向這位老人家學習，他就用我現在用的笛子教我，我通常坐在他旁邊看他、聽他怎麼吹。然後自己慢慢學習、回想，差不多了，就自己試著吹吹看。

◎口笛、鼻笛的稱謂

口笛——單管：kuraru。

鼻笛——paringed，雙管。

◎製作材料與方法

竹子——最好是生長在深山、背風又有微微陽光照射的竹子，吹起來比較好聽。

鼻笛的作法和口笛一樣，只是鼻笛的吹口是中間穿圓洞，口笛則是有木塞。記憶中的鼻笛比口笛粗一點，指孔數同樣爲五個孔。

吹奏的曲調也一樣。

◎吹奏場合與目的

過去年輕人要拜訪自己的朋友或者女朋友時會帶著口笛。將要抵達對方家門時，可以慢慢地走過去並輕輕的吹奏，有時晚上對方雖然已經睡覺，但往往會將門打開。但是當我成為年輕人時，大多數人都以口琴替代口笛。

◎吹奏者之資格

只要有興趣，不分老少，任何人皆可吹奏。男子吹奏。

◎吹奏曲調

一個曲調。

◎笛聲的表現

我覺得吹笛子吹得好聽是要吹清楚，而且吹出來的曲調有一點令人心痛、有哀思感覺。口笛就只有一個曲調，三地門鄉各部落的曲調都差不多。瑪家鄉、泰武鄉大概有一點相似。我吹奏的曲調是三地門鄉的曲調。

15.盧鄰標（pangtjedr 家名：Tjumalarats）魯凱族

瑪家鄉/三和村（iziutsi）

1909年生，訪問時八十六歲。原為好茶村人，後來遷移至瑪家鄉三和村的南村。

◎私有笛子的形制

單管口笛（kuraru）指孔為三孔、吹口為現代之口笛，笛身為水管製作（其姪子徐建寶製作）。長度大約四十五公分。年輕時會吹鼻笛，現年紀大以口吹，仍是鼻笛的吹法。

◎學習簡歷

我大約於十五歲左右開始學習吹奏笛子。年輕的時候會吹鼻笛，但是現在氣不足，不太能吹了。日據時代曾經去台北表演吹奏口笛。

◎口笛、鼻笛的稱謂

口笛——kuraru，單管。五個指孔或者四至六個指孔。

鼻笛——purari，雙管。三個指孔。

◎吹奏者之資格

在我年輕時，必須是出過草的人才有資格吹奏口笛、鼻笛。但是現在已沒有任何限制。

◎吹奏曲調

一種曲調。

16.徐建寶（sangulupu 家名：Patjalinuk）魯凱族

瑪家鄉／三和村（iziutsi）

1921年生，訪問時七十四歲。原為好茶村人，後來遷移至現今瑪家鄉三和村的南村。

◎私有笛子的形制

單管口笛（kuraru）二支，指孔數各為五孔或六個孔。有塞吹口。一為水管製、一為鋁管製。長度各為大約四十三公分左右。

◎學習簡歷

我在十五歲的學生時代正式學習口笛。當時是向 pangtjedr——盧鄰標學習的。我自己常常練習吹奏，慢慢地也就學會了。

我曾製作有雕刻的竹笛，但是已經損壞。因為竹子不好找，所

以我後來都只用水管做的笛子。日據時代我也曾去台北表演吹奏單管口笛。

◎口笛、鼻笛的稱謂

口笛——kuraru，單管

鼻笛——purari，雙管。

◎製作材料與方法

指孔數——有三個孔，有五個孔，也有六個孔的。

竹子——必須是要靠近水邊，聽得到水聲的竹子。用這樣的竹子製作笛子，吹起來才會好聽。這種竹子的名稱是 deladel，也有 vurugu。我以前的笛子是用 deladel 做的。我是從阿里山採來的。那是一支很好的笛子。

口笛的吹口——從以前就是中間塞著木頭的。

鼻笛的吹口——則是中間穿洞的。

★會自製笛子

◎吹奏場合與目的

笛子是用在追求女朋友、跳山地舞時所使用的樂器。

◎吹奏者之資格

過去口笛、鼻笛都必須是出過草的人才可以吹奏。我雖沒有出過草，但是因為現在已不限制，所以我也可以吹奏。但是若是在跳山地舞的場合，就必須是出過草的人才可以吹奏。以前沒有出草經驗的人，不可以拿著笛子到處吹。若老人家看到會斥責你，並要求你去拿人頭來。但是在我年輕的時代，就沒有這樣的限制了。

◎吹奏曲調

一種曲調。

◎笛聲的表現

如果吹奏得好，有些老人家聽了受感動，會掉眼淚。

17. 李正（tsegav 家名：Tjarhulaiaz）

瑪家鄉／排灣村（paiuan）

1937年生，訪問時五十八歲。原為高燕（padain）部落的人，後遷移至現今之排灣村，為 padain 部落之大頭目。

◎私有笛子的形制

單管口笛（kuraru），指孔為六孔或五孔、有塞吹口。竹製。長度大約四十八公分。

◎學習簡歷

民國四十幾年，我大約二十歲時，我的伯父 pukiqian（家名：Karavaian）——爸爸的表弟教我吹奏單管口笛。那時 padain 部落有兩、三個人會吹。伯父那時大概七十多歲。他家距離我家很近，所以我可以常常聽到他吹的笛聲。有時我即使在很遠的地方，都會坐下來聽他吹笛子。有時也會到他家裡聽他吹笛子。

以前我也吹過鼻笛，但是現在氣不夠了，吹得不好。

現在我常到外面表演吹奏單管口笛。

◎口笛、鼻笛的稱謂

口笛——kuraru 單管，六孔（或五孔）。

雙管鼻笛——raringedan，雙管，四孔，也有五孔，最後一個洞可用可不用。

製作六孔的笛子，最上面的孔一直按著不開，最後一個孔則是不按。五孔的則是最後一個不按。

　　四孔鼻笛也是第一個孔按著不使用，只使用其他的三個指孔。過去的人使用鼻子來吹奏而不用嘴巴，一定有其意義存在，但是我不是很清楚。以前看過的鼻笛是有塞吹口。

　　◎製作材料與方法

　　竹子——鼻笛是用 lumailumai 的竹子製作的。

　　指孔數——我們 padain 部落都是六個指孔。我之所以穿六個孔，是因為以前老人家就是這樣做，只是在吹奏時只使用了四孔或者五孔，若六孔都使用的話，那就很像漢人的笛聲而不像原住民的笛聲。

　　而鼻笛的粗細是依個人氣之長短來做決定。而我個人覺得細的笛子比較可以抓到我需要的音。所以我通常都做比較細的笛子。

　　◎吹奏場合與目的

　　在五年祭的場合必須是部落中有地位的人才可以吹奏笛子。有一個稱做 tsakal（年輕人聚會的地方）的地方，是年輕男子常常聚在一起吹奏笛子的地方。但是平常也可以在家裡吹奏。

　　豐年祭時也可以吹笛子。如果說有事情必須要商量、有聚會之時，總是會在那樣的場合吹奏笛子。

　　如果有人去世，不能吹奏口笛或者鼻笛，是禁忌。在村子裡也不能唱歌。但是有人帶著獵物要去安慰喪家，那時便可以吹笛子。

　　◎吹奏者之資格

　　若不是勇士、沒有刺球、沒有出草或者沒有獵過許多獵物的人就不可以吹奏口笛、鼻笛這兩種樂器。但是頭目即使沒有出草也可以吹奏，因為頭目是掌管、帶領大家的人。

　　現在已沒有任何限制，任何人都可以吹奏。

◎吹奏曲調

只有一種曲調。口笛、鼻笛的曲調都一樣。

◎笛聲的表現

我們在吹笛子時，通常會想著我們過去的遭遇、曾經遭遇的重大事件或者思念親人。也可能會想起祖先，祖先們曾經遭遇到的困難，想到自己家境清寒等，諸多事情湧上心頭。所以吹出來的笛聲會令人有所哀思。

以前吹奏鼻笛時，百步蛇會出現並探出頭來聽鼻笛聲，因為鼻笛跟百步蛇的聲音很像。

18. 金賢仁（Iegeai 家名：Tjaududu）

瑪家鄉／排灣村（paiuan）

參照鼻笛部份說明

19. 呂清池（Iiaqulu 家名：Patsasau）

泰武鄉／武潭村（qapedan）

1923年生，訪問時七十二歲。民國四十四年（三十歲左右）從舊武潭搬下來，搬到現今之武潭村。

◎私有笛子的形制

單管口笛（kuraru），指孔為六孔，有塞吹口，水管製作。

◎學習簡歷

以前我還年輕時自己就很想學吹笛子，所以常常拿著父親的笛子自己隨意地練習吹奏。直到大約十八歲左右父親就開始教我，他曾送給我一個笛子，但是被小孩子弄壞了。於是我自己又重新做了

笛子。前後做了不少笛子，但是都壞掉了，只剩下我最近為了參加比賽應急所做的口笛（水管製作）。

在我年輕時大概只有我在吹笛子，當時出去玩都會帶著笛子，邊走邊吹奏笛子。而其他吹奏的人大多是老人家，現在也大多去世了。

在我的記憶裡似乎沒有人會吹鼻笛。父親那個時代有沒有人會吹奏，我就不知道了。我曾經想要學習吹奏鼻笛，但是覺得人都這麼老了，於是就放棄了。

◎口笛、鼻笛的稱謂

口笛——kuraru，單管，六孔。

鼻笛——raringedan，雙管。

◎製作材料與方法

竹子——製作笛子必須採深山的竹子才可以，竹子的名稱是lumailumai。當然也可以用其他的竹子來製作笛子，但是製作出來笛聲比較不響亮。竹子雖然不好找，但是也不是隨便亂找的。以前舊平和有很多竹子，但是竹林都被破壞了。

★本人會製作笛子。

◎吹奏場合與目的

通常和朋友出去玩或者從山上回來時都可以吹奏笛子，吹奏笛子也可以解除疲勞。年輕時通常在晚餐過後，就帶著笛子前去女朋友家探訪。有人結婚的期間，到晚上一群人在玩耍、聊天時就可以將笛子拿出來吹奏。

但是若有人去世時，不可以吹奏笛子。

◎吹奏者之資格

吹奏笛子並沒有資格上的規定。不管是否為頭目都可以吹奏。也沒有聽過只有出草過的人才可以吹奏。只要會吹，任何人都可以吹奏。男子吹奏。

◎吹奏曲調

有二個曲調。第一個是從山上回來時的曲調，另一個是晚上去找女朋友時吹的曲調。吹奏的曲調有部分學自父親，但大多是我自己想像、研究的曲調，我和父親吹奏的曲調不太一樣。

◎笛聲的表現

笛聲聽起來有哀思之感（rhemamulu，tarimuzau）的都可說是吹奏得很好聽。笛聲也像人的哭聲，會使人流眼淚。如果心中有心事或者對女友、對父母有些憂心，吹奏笛子就可以解憂。吹奏笛子也會令我們想起祖先。

◎笛子的相關傳說

鼻笛有傳說故事。故事大概就是說 kulelelele 從田裡回來，就會在房子外面的石椅上吹奏鼻笛。但是我已經不太記得全部內容。口笛也是很早以前就有的樂器，但是沒有比鼻笛早。

20.邱善吉（tsujui 家名：Tjakisuvung）

來義鄉／古樓村（kulalau）

1935年生，訪問時六十歲。

◎私有笛子的形制

單管口笛（raringedan），指孔為七孔，有塞吹口。竹製。長度大約三十五公分。

◎學習簡歷

我大概是在十九歲時跟古樓村的老人家學的。

◎口笛、鼻笛的稱謂

口笛——raringedan，單管。

口笛應該是稱做 raringedan，而不是 kuraru。kuraru 不知道是從那裡借來的話。古樓村從以前就稱單管口笛爲 raringedan。

我們這個部落沒有用鼻子吹奏，我也沒有聽過有人吹奏鼻笛。

◎製作材料與方法

指孔數——有七個指孔數。第七個指孔是爲了使笛聲有曲折才穿孔的。我們若將第七孔塞住的話，笛聲就會扁扁的，不好聽。如果第七個洞開得較大時，笛聲會很大聲，但是也很費力。前面幾個洞沒有特別的名字。笛聲就是憑其他六個洞的變化，而發出美妙的聲音。

竹子——必須是 kaqauan 的竹子。笛子裡面如果有即使像頭髮一般細的東西，笛聲就會受影響。

雕刻——以前的笛子大部分都有雕刻。圖案大都是蛇紋。非頭目者也可以雕刻，圖案無限制。

★自己會製作笛子。

◎吹奏場合與目的

口笛是用來追女朋友的樂器。以前去女朋友家吹奏口笛時，即使未看見吹奏者，她們也可以從笛聲知道吹奏者爲何許人。男孩子欲前往女朋友家，可以單獨前去，也可以很多人一起去。但是到了女孩子家門口不會馬上進去，會先坐在外面的石椅隨意地吹奏口笛，女孩子請我們進去之後，我們才進入屋內。笛子可隨意配歌。

可以獨奏或者一起合奏。

◎吹奏者之資格

沒有資格限制，任何人都可以吹奏。男子吹奏。

◎吹奏曲調

欲前往女友家時——吹奏一個曲調。

將要回家時——吹奏一個曲調。

若不要去採訪時——吹奏一個曲調，好讓對方知道。

口笛亦可以配合歌聲。

◎笛聲的表現

口笛吹得好聽是要看吹奏者情感、情緒的表達。吹的氣很長、吹得出很悲哀的感覺會比較令人感動。笛子的聲音就好像哭的聲音一般。追女朋友表達哭的聲音，可說是自己心情的表露，也可說是讓對方知道我們的愛意。

◎笛子的相關傳說

沒有和笛子有直接關聯的傳說。但是根據老人家的說法，當我們採竹子，發現竹節裡面會有水，那麼這一節竹子就不好拿來製作笛子。因爲老人家說，竹子裡面的水，是逝去者所遺留下來的眼淚。通常裡面有水的竹子，即使作成笛子也不會發出聲音。

21.蔣幸一（kapitjuan 家名：Tjapalai）

來義鄉／古樓村（kulalau）

1931年生，訪問時六十四歲。

◎私有笛子的形制

單管口笛（kuraru），七個指孔，有塞吹口。竹製、水管製各

有一支。

◎學習簡歷

父母在我很小的時候就離異，所以我從小就感覺到自己很孤獨，也覺得自己似乎沒有兄弟姊妹一般。後來漸漸長大，我的父親覺得我可以學習笛子來紓解心中的難過和孤獨。就在我大約十四、十五歲時，父親便開始教我吹奏笛子，直到十八歲時才稍稍吹出些味道。當時我的爸爸是拿著我的手指教導我如何移動手指。吹笛子必須要有相當大的氣，而且在手指還有柔軟度時來學習會比較好。學習吹奏笛子得先記得聲音，再注意手指的移動。

以前有很多親戚都離開古樓遷移至南和、台東，只留下少部份親戚在古樓，每當想念遷移離開的親戚，我就會拿起笛子來吹奏。後來因為工作忙碌，也只能在閒暇之餘拿起笛子來吹奏。

我雖是一個獵人，但是我不會講粗話，或者很大聲說話，也不會逞強鬥狠。這可能是跟我會吹笛子有關係吧。

◎口笛、鼻笛之名稱

口笛——raringedan，kuraru 都可以說。

在古樓 raringedan 與 kuraru 完全一樣。單管口笛也可以當成鼻笛，年輕時肺活量大時可以用鼻子吹，但只用一支。

◎製作材料與方法

塞子——必須要非常光滑，只要有一點點東西塞住，笛子的聲音就不夠響亮。必須要用一種稱做 vus 的樹或用粗粗的茅草根來做塞子。吹口之洞口越小越好，吹起來比較不會費力氣。最下端一個洞不用，可以調聲音粗細，風會從最後一個洞出來。指孔間的距離——必須要長、而且等距。

　　竹子——有陽光、陰涼地方的竹子都可以做成笛子。必須要選擇節與節間很遠，很直的竹子。採來之後可以曬乾、烘乾，但是最好是自然乾，比較不會變音。

　　★會自製笛子。

　　◎吹奏場合與目的

　　使用笛子第一個情況是用在我們對女孩子有所愛戀或者失戀，為表達情感時所吹奏的樂器。笛子也是一個訊號，男孩子若要找女朋友時，可以在路途中吹奏笛子，讓女孩子先在家裡有所準備。第二個情況是在有人去世時可以吹奏。

　　若有人剛死不能到他家中吹，只有在死了一段時間後會懷念（mapaula）以往的親友的情況等才可以吹奏。

　　◎吹奏者之資格

　　男子皆可吹奏。

　　◎吹奏曲調

　　如果父母去世感覺悲傷或者感覺孤獨之時可以吹奏一個曲調。我很久沒有吹了，所以也不敢說會吹幾種曲調。不過真正的排灣曲調只有一個。

　　◎笛聲的表現

　　老人家曾說過笛聲就好像是人的哭聲。而每一個人表現方法都不一樣。最好的笛音是能完全表達哭的聲音，令人感動。吹奏時儘量感覺女友不瞭解我的真情，男子是很自卑地在吹。有什麼樣的心情會吹什麼樣的音。

　　◎笛子的相關傳說

　　參照邱善吉先生之說法。老人家說製作笛子的竹子 kaqauan 中

的水是眼淚，是死去祖先的眼淚。只有在 kaqauan 中有水，其他竹子要裂開後水才能進入。一根 kaqauan 中可能會有一、二個竹節有水，從外表看不出來。

22.蔡國良（kapang 家名：Tariu）

來義鄉／南和村（pailus）

1930年生，訪問時六十五歲。原爲古樓村人，因爲結婚而遷至南和村。

◎私有笛子的形制

單管口笛（raringedan），指孔七孔，有塞吹口。水管製。長約四十公分。

◎學習簡歷

我大約是在十四歲左右跟父親學習吹奏口笛。當時父親只告訴我口笛可以用來追求女朋友，他說：我們去女朋友家探訪時，如果先讓女孩子聽到笛聲，女孩子可能比較願意開門；將要離去時，再度吹奏笛子可使女孩子覺得捨不得並思念我們。後來我就要求父親爲我做一支笛子。我本身很喜歡笛子、口琴，所以每當我去山上時，我都會帶著笛子、口琴，在休息之時便隨意地輪流吹奏。

◎口笛、鼻笛的稱謂

口笛——raringedan，單管。

單管口笛之稱呼雖然都可以稱做 raringedan、pakuraru，但是以前在古樓村都只有 raringedan 的稱呼。

◎製作材料與方法

竹子——製作笛子的竹子大部分爲 kaqauan（眞的竹子之

意），因為竹節比較長，厚度較薄，聲音比較響亮。雖然不需要在特別的時節採竹子，但是必須要找細一點並在陰涼的地方的竹子，太大太粗的竹子都不適合。

塞子——其實笛子做好之後，好不好聽主要決定於吹口之塞子。塞子必須要用較軟的木頭，一種稱作 vus 的樹來製作。

雕刻——只要有才能雕刻的人，皆可以在笛子上做雕刻。

★自己會製作笛子

◎吹奏場合與目的

單管口笛是去探訪女朋友時所使用的樂器。當我們抵達女友家時，我們通常會坐在女友家外面石椅上吹奏口笛，好像告訴對方我們來了。當他們讓我們進門之後，就不再吹奏。我總是一直重複吹奏我所會的曲調，這就好像是在向對方說話、比喻。結婚時大多是唱歌，比較沒有人會拿笛子來吹奏。但是有人去世卻可以吹奏口笛。

◎吹奏者之資格

任何人皆可以吹奏。男子吹奏。

◎吹奏曲調

要前去女友家時——吹奏一個曲調。

快到女友家時——吹奏一個曲調。

抵達她家門口時——吹奏一個速度較快、較尖細的曲調。

要離開時——再吹奏一個曲調。和將要前去時的曲調是相同的。

離開女友家較遠時，給別人聽的——吹奏一個曲調。

自己抵達家裡將要睡覺之時——吹奏一個曲調。

◎笛聲的表現

吹奏好聽是氣很長,可以把音拉得很長,吹得令人傷感、且吹得有曲折。

23.高玉珠(sauniau 家名:Tjuveleven)

牡丹鄉／東源村(tugin)

(參造鼻笛部份說明)

24.董文禮(saurhu 家名:Tjapai)

牡丹鄉／東源村(tugin)

(參造鼻笛部份說明)

五、吹奏表現評估

我們總共訪問了三十位鼻笛、口笛吹奏者。其中有幾位既會吹鼻笛也會吹口笛。年齡最大的八十五歲,最小的二十五歲。五十歲以上是日據時代出生的,共有二十二位;五十歲以下台灣光復後出生的有八位。鼻笛方面會吹奏的人數有十一位,但因吹鼻笛較費氣,年紀大的都面臨氣息不足的問題。年紀輕的則在音調、技巧的掌握和情感的表達方面較弱。會吹奏口笛的有二十四位,由於較不費氣,所以一般來說,能表現得較好的人數較多(見下表)。

排灣族鼻笛、口笛人才年齡分布，1995

年齡	出生年	鼻笛、口笛人數	鼻笛人數	口笛人數
20－29	1975－1976	3	3	3
30－39	1965－1956	1		1
40－49	1955－1946	4	2	2
50－59	1945－1936	7	1	7
60－69	1935－1926	9	3	7
70－79	1925－1916	4	1	3
80－	1915－	2	1	1
總數		30	11	24

　　所有這些尚會吹奏鼻笛、口笛者都能說出吹奏時應該表現怎樣的情感。他們要表現具有哀傷和思念（tarimuzau/mapaula）感覺的音調。好的笛聲要如同哭聲，能夠感動人，令人流淚。吹奏時氣要足，要長，要緩慢，最好有抖顫的音，如同抽泣。由他們喜愛的笛聲表現可知，這種哀思之情和幽遠古樸的美感是排灣文化極為強調的。

　　北排灣 Vutsul 系統的雙管鼻笛（raringedan）的吹奏者中，泰武鄉的郭榮長（gilgilau. Amulil）原本吹得相當好，屬頭目家系，青年期便練習鼻笛。我十年前為郭榮長錄過音，但他受訪時已八十歲，體弱多病，吹奏鼻笛的氣息已很微弱。平和村的蔣忠信（rhemariz. Tjuvelerem）也是自青少年便學習鼻笛，屬頭目系統，對於鼻笛的情感與技巧表現掌握得很好，只是有鼻竇炎，受訪時正

在治療中。由平和村遷往涼山村的李秀吉（tsemeresai.Paliuz）從
三十四歲起練習吹奏，如今已七十七歲，氣息顯得不足。平和村的
鄭尾葉（tsamak.Paqaliuss）練習雙管鼻笛有十年歷史，近些年如
他所說的「慢慢吹出了一些味道」，常參加比賽，但氣息也不是很
充足。鄭尾葉的女婿謝水能（gilgilau.Pavalius）已向岳父學習雙管
鼻笛近十年，直到今年才敢在村中公開演奏。謝水能正值壯年，氣
息較充足，但情感和技巧表現需要更多磨練。瑪家鄉排灣村的金賢
仁（legeai.Tjaududu）會吹雙管鼻笛和單管口笛，氣息也夠。排灣
村的李正（tsegav.Tjarhulaiaz）會吹雙管鼻笛，但氣不足，他最常
吹也吹得極好的是單管口笛。上述五位：蔣忠信（rhemariz.
Tjuvelerem）、李秀吉（tsemeresai.Paliuz）、鄭尾葉（tsamak.
Paqalius）、謝水能（gilgiau. Pavalius）、金賢仁（legeai.
Tjaududu）是目前雙管鼻笛吹奏表現較佳者，也都有傳承意願。

　　北排灣 Vutsul 系統的單管口笛（kuraru）吹奏表現較突出的
是泰武鄉排灣村的高燕部落（padain）頭目李正（tsegav.
Tjarhulaiaz），同村的筏灣部落的金賢仁（legeai. Tjaududu）吹奏
得也不錯。另有泰武鄉武潭村的呂清池（liaqulu Patsasau）會以兩
個曲調吹奏單管口笛。這三位都願意傳授單管口笛。

　　中排灣 Vutsul 系統的單管口笛（raringedan）則以來義鄉古樓
村的邱善吉（tsujui. Tjakisuvung）和南和村的蔡國良（kapang.
Tariu）的吹奏表現最好。不過邱善吉受訪時身體狀況不穩定，氣
息嫌不足。蔡國良的吹奏則感情豐沛，技巧高超。古樓村的蔣幸一
（kapitjuan. Tjapalai）早年吹得很好，如今則氣息不足。他們三
位都願意傳授單管口笛。

北排灣 Raval 系統的雙管／單管口笛（paringed）吹奏表現優良者較多。三地鄉大社村的許坤仲（pairhang. Pavavalung）吹奏的兩段傳統曲調十分動聽，技巧掌握得很好。德文村的林石張（tjivurangan. Tjaugadu）吹的三個曲調極有特色和感情，同村的劉惠紅（diatu. Rhulajeng）會吹五、六個追求女友的曲調。由德文遷居三和村的曾春吉（ulas. Tjalivadan）會吹一個曲調，但吹奏時氣已不太足。賽嘉村（由德文分出）的董明文（laugiya. Tjavelengan）五十多歲才學吹口笛，最近一年加強練習，成果不錯；同村的涂文祥（uriu. Kaviangan）早期常聽叔父施余金城（sujaru. Mavaliu）吹雙管口笛，但未正式學。最近與村中好友聚在一起練習，已吹得很有味道。施余金城去年去世，他日據時由德文遷賽嘉再遷牡丹鄉東源村，雙管口笛與雙管鼻笛都吹得很好。晚年曾應邀到玉山神學院音樂系教一個月，當時在玉神就讀的陳明光（瑪家鄉北葉村人）跟 sujaru 學雙管口笛，已吹得相當有水準，另一位在玉神音樂系就讀的高玉珠（sauniau. Tjuveleven）與 sujaru 同為東源村人，學會了雙管鼻笛和雙管口笛，常有機會公開演奏。年輕一代還有一位許志光（gitan. Pavavalung）是許坤仲（pailang. Pavavalung）之子，也已吹得不錯。這八位也都有傳授的意願，年輕人有的謙虛地表示願意做年長者的助教。

六、傳授系統與文化意涵

當我們進一步辨析這些尚會吹奏鼻笛、口笛者的師承部落源流時，發現了以雙管鼻笛和雙管口笛為主的兩個系統。雙管鼻笛以北

排灣 Vutsul 系統的和平村（包括遷往瑪家鄉涼山村者）會吹奏的人數最多，再就是被視為排灣 Vutsul 系統發源村落，而舊部落與舊平和相鄰的高燕（padain，現屬瑪家鄉排灣村）與筏灣（supaiwan，現為瑪家鄉排灣村），以及包含由筏灣分出之頭目家系的泰武鄉泰武村。換言之，北排灣 Vutsul 系統的古老村落：平和、高燕與筏灣可能是排灣族雙管鼻笛的中心。這個系統稱雙管鼻笛為 raringedan，另外也存在著單管口笛，稱為 kuraru（或 pakuraru）。平和村會吹奏雙管鼻笛者指出，以往雙管鼻笛只有頭目家男子可以使用，也唯有頭目家男子追求女友，以及頭目去世時才能吹奏雙管鼻笛。他們說以前雙管鼻笛是很高貴的樂器，一般人不可以觸摸。後來才漸漸開放讓平民吹奏，可是平民的鼻笛不能雕刻，只有貴族的雙管鼻笛上可以雕刻百步蛇紋樣。平和村及排灣村的報導者認為具貴族祖先地位的百步蛇鼻端有一突起，也會「吹鼻笛」，而鼻笛的聲音與百步蛇發的聲音類似。此外，在流傳的古老故事（mirimiringan）中也提到雙管鼻笛 raringedan。往昔平和村男子都嚮往吹奏雙管鼻笛 raringedan，平和村民也都比較喜歡聽鼻笛的聲音。而目前平和村的吹奏者也僅有在身體不適、鼻息不夠時才以口吹奏雙管笛。鼻笛雙管中的一管有指孔（大多為三孔，或開四、五孔但只用三、四孔），吹出主旋律，如同在「說話」；另一管無孔，吹出單一的配音。雙管鼻笛的頂端吹口應該是在竹結上穿圓洞（平和村有人為省氣而改為木塞吹口）。鼻笛的曲調基本上只有一個，可用高、中、低音吹奏。吹奏者雖然都儘量模仿傳統的曲調，但各人吹出的調子和表現方式會有差異。

　　北排灣雙管鼻笛系統中使用的單管口笛 pakuraru（或 kuraru）

的竹管較鼻笛細,指孔數可多達五、六個。單管口笛早期平民中要獵過首的勇士才能吹奏(頭目則不受此限制),但不像雙管鼻笛必須頭目身分才能吹奏。不過,後來無論是鼻笛或口笛平民男子都可以吹奏,經常於追求女友時使用。青年男子晚上在女友家外面吹奏,以笛聲代表內心想表達的話語,喚醒已入眠的女友。在雙管鼻笛的系統中一般人會給予鼻笛吹奏較高的評價,這也反映於鄉公所舉辦的笛子比賽中。一位吹奏者說:會吹鼻笛的很容易就取得冠軍。

　　相對於 Vutsul 系統的雙管鼻笛,我們在北排灣的 Raval 系統普遍見到雙管口笛 paringed。目前雙管口笛的吹奏者居住於三地門鄉大社村、德文村、賽嘉村,還包括由德文遷往牡丹鄉東源村的 sujaru 傳授的徒弟(住北葉村和東源村)。這個系統雙管口笛和單管口笛都稱為 paringed,可是吹奏者的最大目標都是雙管口笛,認為比較有韻味。雙管口笛的竹管比較細,一管有五個指孔,另一管無孔,吹口有木塞,吹奏的傳統曲調是固定的,有一至五個曲調,視個人功力而定。北排灣的 Raval 系統以大社為最古老的發源部落,德文則混合大社系統和來自魯凱族霧台已排灣化的移民,賽嘉是由德文分出的村落。雙管口笛 paringed 的吹奏者都表示吹奏者的資格沒有限制,是以前追求女子時使用的樂器。男子夜間前往女家探訪會在女家屋外吹奏口笛,如女方喜歡該男子,會開門讓他進入聊天、唱歌。有些人表示當村人死亡時可吹奏口笛安慰喪家。還有就是男子孤寂憂悶或與朋友聊天聚會時可吹口笛以紓解心情。

　　在 Raval 雙管及單管口笛系統中也存在比較粗的雙管鼻笛,叫做 raringedan,與雙管口笛相同,一管五個指孔,一管無孔,但吹

口穿圓洞。目前 Raval 系統村落中已無人會吹奏雙管鼻笛（只有由德文遷往牡丹鄉東源村的 sujaru 的學生會吹），可是他們都知道雙管鼻笛 raringedan 往昔必須是獵過首的勇士才能吹奏，口笛 paringed 的吹奏則無此限制。北排灣 Raval 系統的人並不認為雙管鼻笛比雙管口笛優越，反而給予雙管／單管口笛很高的評價，並能講述關於雙管／單管口笛 paringed 的古老傳說故事（mirimiringan）。

除了上述兩個北排灣鼻笛、口笛傳承系統，另有單管五孔口笛（pakuraru 或 kuraru）系統存在於北排灣 Vutsul 支系中，以高燕村（padain，現併入排灣村）和筏灣村（sepaiuan，現為排灣村）為代表。此系統中口笛雖有五孔（有時開六個孔，但吹時最上面的孔按著不開），可是使用時最後一孔不按。單管五孔口笛早期頭目之外，平民中必需是獵過首的勇士才能吹奏。此口笛常用以追求女友，或追思祖先。我們還發現中排灣來義鄉古樓村及由古樓分出的南和村只有單管七孔口笛的傳統，稱單管口笛為 raringedan（後來也採用 pakuraru 的稱呼）。七個孔中吹奏時最後一個指孔不用。此地單管口笛吹奏者沒有身分限制，吹奏的主要目的是追求女友和自我消遣解憂。黑澤隆朝也記載來義鄉來義村有單管口笛，稱為 raringedan，可見中排灣以來義鄉為主，有一個只吹奏單管七孔口笛 raringedan 的系統。

我們在魯凱族已找不到會吹奏鼻笛者，但從魯凱族好茶村民口中得知，傳統使用的雙管鼻笛叫做 purari，其形制與北排灣 Vutsul 系統的雙管鼻笛相同，一管有三個指孔，另一管無指孔，吹奏的傳統曲調也與平和村類似，以高、中、低三種音調表現。霧台鄉魯凱

族也有比較細短的單管口笛,與 Vutsul 系統一樣稱為 kuraru,有四～六個指孔。好茶村人指出以往無論是雙管鼻笛或單管口笛都必須是出草獵過人頭的勇士或者是貴族大頭目等特殊身分的人才能吹奏,也只有貴族頭目家的喪事可以吹雙管鼻笛 purari。雙管鼻笛上有雕刻百步蛇紋或人頭紋。過去男子夜間找女友和黃昏閒暇時會吹奏雙管鼻笛和單管口笛。目前口笛只有遷往瑪家鄉三和村的好茶移民會吹奏。另外,魯凱族下三社群的多納村還有人會吹奏雙管／單管口笛,稱之為 purai。多納村的 purai 和北排灣 Raval 系統的雙管／單管口笛 paringed 構造完全相同,旋律也類似,可能是因為自古便有大社頭目與多納頭目通婚,兩村來往密切之故。

七、排灣族鼻笛、口笛的特殊性

排灣族鼻笛、口笛若從世界民族音樂與本土民族文化的觀點分析,究竟有何特殊性?先就鼻笛來說,文獻資料提到鼻笛主要是太平洋中波里尼西亞與馬來西亞許多島嶼上的原住民使用的樂器。台灣原住民屬於這個系統,使用鼻笛似乎不足為奇。可是,我們發現台灣以外地區使用的大多是單管鼻笛。Richard M. Moyle 在〈波里尼西亞的鼻笛〉(1990)一文中指出西部波里尼西亞以 Fiji 為主要鼻笛類型代表,還包括 Tonga、Samoa、Niue、Uvea 與 Futuna,以及東部波里尼西亞的 Tahiti、Marquesas、Hawaii 等島嶼的鼻笛都是單管的,以一個鼻孔吹奏。他說波里尼西亞地區很明顯地沒有雙管笛的存在(只有十九世紀有人在 Niue 收藏了一支每管有一個指孔的雙管鼻笛),而單管鼻笛目前也只有在少數二、三

個島嶼尚有人吹奏。黑澤隆朝引述的 Curt Sacks 資料記載在西太平洋的 Carolin 群島、菲律賓和婆羅洲等地有鼻笛，但其中提到 Fiji 有雙管鼻笛，與 Richard M. Moyle 的報導牴觸。泛文化比較資料檔（Human Relations Area File）顯示大洋洲的 Truk 族和婆羅洲東邊的 Celebes 島也有單管鼻笛。台灣原住民族像布農族和卑南族過去也有使用單管鼻笛，而雙管鼻笛則存在於鄒族、阿美族、排灣族與魯凱族。目前已失傳的鄒族、阿美族雙管鼻笛，據記載兩個管都有指孔（黑澤隆朝1973、呂炳川1982），只有排灣族和魯凱族的雙管鼻笛的一管有指孔，另一管無指孔。台灣排灣族極可能是當今世界上唯一會以雙管鼻笛吹奏的民族。排灣族雙管鼻笛的保存傳續因而在世界民族音樂中具有獨特而重要的地位。

排灣族為何要以鼻子吹奏？為何要以雙管吹奏？又為何一管有指孔一管無指孔？我們在田野訪問的過程中聽到好幾位鼻笛吹奏者提到鼻笛的聲音很像百步蛇的聲音，甚至指出所有蛇中只有百步蛇的鼻子前端有突出部分，很像鼻笛，而百步蛇也會「吹鼻笛」。這種說法很引人注意，因為我們知道百步蛇在排灣族文化中有相當於「神明祖先」的地位，某些地區也有排灣族貴族頭目是百步蛇所生的傳說。平和村民未改信基督教前便認為百步蛇是頭目生命的創始者，也是村人生命的護衛者。鼻笛以鼻子吹奏，而且仿神聖的百步蛇聲音吹奏，這樣的聯結可以啟發我們思考像鼻笛這樣的民族樂器產生的源由和具有的深層文化意義。排灣族視鼻笛為十分高尚而且必須是頭目身分的男子才能吹奏的樂器，可能是受「會吹鼻笛」的尊貴的百步蛇影響。

排灣族和魯凱族的雙管鼻笛皆一管有指孔、一管無指孔，或許

與社會結構和文化情感有關。排灣族鼻笛吹奏者說有指孔的一管
「在說話」（tsemiktsikem），無孔的一管維持同樣的音與之配
合。他們指出就像排灣族唱歌一樣，有一人唱主旋律，同時有其他
人唱另一調為他配音，感覺這樣才好聽。我們知道排灣族和魯凱族
的頭目身分極為特殊，是村落的領導者和發號施令的人，而頭目的
屬民都一致與他配合，如同頭目的配音。也許這樣的社會結構影響
排灣族和魯凱族增加一支無指孔的吹管，來陪伴「在說話」的一支
鼻笛。其他社會雖然也發現僅一管有孔的雙管或多管樂器，但無孔
管和有孔管結合的雙管竹笛在排灣族和魯凱族可能具有的特殊文化
意義極耐人尋味。

　　就口笛來說，世界各地皆有分布，但雙管口笛遠比單管口笛稀
少。世界樂器百科全書（1976）中記載墨西哥有黏土做的雙管口
笛，東歐捷克的斯洛伐克、南斯拉夫與羅馬尼亞有木製的雙管口
笛，可是卻無竹製雙管口笛的描述。太平洋波里尼西亞島嶼發現的
竹口笛都是單管的。新幾內亞東部高地的原住民族 Sambia 發現一
支長的「男」口笛套住一支短的「女」口笛的雙管形式，在
Gilbert Herdt（1981）的民族誌中有十分精彩的文化意義分析。排
灣族 Raval 系統一管五個指孔一管無孔的雙管竹製口笛，在波里尼
西亞系統和世界民族樂器中都有十分獨特的地位，與雙管鼻笛相輝
映。

　　排灣族 Raval 系統的雙管及單管口笛和中排灣的單管口笛主要
是男子追求女友和自我排遣憂悶時使用；北排灣 Vutsul 系統的單
管口笛以往則必需是獵首英雄或具頭目身分的男子才能使用。

　　排灣族過去無論是鼻笛或口笛都是男子的樂器，男子可藉以發

抒內心的情感，可用以打動女子的心，或肯定自己特殊的勇士或頭
目身分。鼻笛和口笛很能適切表達排灣族男女所注重的哀思情感及
古樸幽遠的美感，吹奏時雙管氣流交會或單管最後一個指孔不用，
都會加強音波震顫、氣流迴盪的效果，令人泫然欲泣，哀思不已。
對排灣族而言，鼻笛和口笛無可置疑的是最重要的民族樂器。可是
排灣族的鼻笛和口笛在經過劇烈的社會變遷後，面臨傳續的危機。
可慶幸的是，鼻笛與口笛在排灣族的幾個重要文化傳承系統中目前
仍以多樣形式存在，是臺灣文化獨特而珍貴的寶藏，其保存與傳習
是刻不容緩的工作。

參考書目

竹中重雄：〈台灣蕃族樂器考〉，《台灣時報》162-164期。1933
　　　年。
————：〈台灣高砂族の音樂〉，《台灣教育》413-414。1936
　　　年。
伊能嘉矩：〈台灣土蕃の歌謠と固有樂器〉，《東京人類學會雜
　　　誌》252。1907年。
佐山融吉：《蕃族調查報告書》（台北：臨時台灣舊慣調查會）。
　　　1913-1921年。
呂炳川：〈台灣土著族之樂器〉，《東海民族音樂學報》第一期。
　　　1972年。
————：《台灣土著族音樂》（台北：百科文化）。1982年。
郁永河：《裨海紀遊》（台灣銀行經濟研究室再版，台灣文獻叢刊

44）。1697年。

《番社采風圖考》：台灣銀行經濟研究室再版，台灣文獻叢刊67。
1744年。

黑澤隆朝：《台灣高砂族の音樂》（雄山閣）。1973年。

Diagram Visual Information Ltd.：*Musical Instruments of the World*（New York）.1976.

Fr. Joseph Lenherr SMB：" The Musical Instruments of the Taiwan Aborigines " *Bulletin of the Institute of Ethnology*, No.23, p.109-128.1967.

Gilbert Herdt：*Guardians of the flutes*.（Chicago：University of Chicago press）.1981.

Richard M. Moyle：" The Polynesian Nose Flute " *World of Music*, 32:1, p.29-48.1990.

（本文原發表於1996年民族學研究所資料彙編11：1-79）

鼻笛吹奏者

郭榮長
（gilgilau Amulil）
泰武鄉泰武村

雙管鼻笛
郭榮長
（gilgilau Amulil）製
泰武鄉泰武村

蔣忠信
（rhemaliz Tjuvelerem）
泰武鄉和平村

鄭尾葉
（tsamak Paqalius）
泰武鄉平和村

雙管鼻笛
蔣忠信
（rhemaliz Tjuvlerem）製
泰武鄉平和村

謝水能
（gilgilau Paqalius）
泰武鄉平和村

鼻笛吹奏者

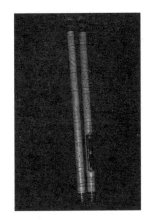

李秀吉
（tsemeresai Paliuz）
瑪家鄉涼山村

雙管鼻笛
李秀吉
（tsemeresai Paliuz）製
瑪家鄉涼山村

金賢仁
（legeai Tjaududu）
瑪家鄉排灣村

高玉珠
（sauniau Tjuvleven）
牡丹鄉東源村

雙管鼻笛／單管口笛
金賢仁
（legeai Tjaududu）製
瑪家鄉排灣村

董文禮
（saurhu Tjapai）
牡丹鄉東源村

口笛吹奏者

許坤仲
（pairhang Pavavalung）
三地門鄉大社村

許志光
（qitan Pavavalung）
三地門鄉大社村

劉惠紅
（diatu Rhulatjen）
三地門鄉德文村

林石張
（tjivurangan Tjaugatu）
三地門鄉德文村

呂秀雄
（tsamak Livangrhau）
三地門鄉德文村

杜明達
（palipeli Tulalep）
三地門鄉德文村

口笛吹奏者

蔡清吉
（pali Madalak）
三地門鄉德文村

董明文
（laugia Tjavelengan）
三地門鄉賽嘉村

涂文祥
（uriun Kaviangan）
三地門鄉賽嘉村

高重義
（lavusuk Tjalivadan）
三地門鄉賽嘉村

朱夏年
（tjivurangan Varilan）
三地門鄉山地村

陳明光
（gilegilau Ralangal）
瑪家鄉北葉村

口笛吹奏者

曾春吉
（ulas Tjalivadan）
瑪家鄉三和村北村

湯九如
（kulele Tjuvlerem）
瑪家鄉三和村北村

盧鄰標
（pangtjedr Tjumalarats）
瑪家鄉三和村南村

徐建寶
（sangurupu Patjalinuk）
瑪家鄉三和村南村

李正
（tsegav Tjarhulaiaz）
瑪家鄉排灣村

金賢仁
（legeai Tjaududu）
瑪家鄉排灣村

口笛吹奏者

呂清池
（liaqulu Patsasau）
泰武鄉武潭村

邱善吉
（tsujui Tjakisuvung）
來義鄉古樓村

蔣幸一
（kapitjuan Tjapalai）
來義鄉古樓村

蔡國良
（kapang Tariu）
來義鄉南和村

高玉珠
（sauniau Tjuvleven）
牡丹鄉東源村

董文禮
（saurhu Tjapai）
牡丹鄉東源村

單管口笛
朱夏年
（tjivurangan Varilan）製
三地門鄉三地村

單管口笛　竹／鋁管
李正
（tsegav Tjarhulaiaz）製
瑪家鄉排灣村

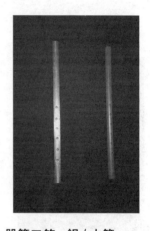

單管口笛　鋁／水管
徐建寶
（sangurupu Patjalinuk）製
瑪家鄉三和村南村

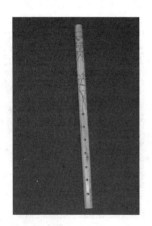

單管口笛
邱善吉
（tsujui Tjakisuvung）製
來義鄉古樓村

單管口笛
蔣幸一
（kapitjuan Tjapalai）製
來義鄉古樓村

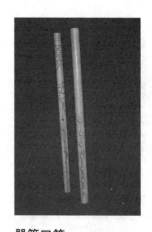

單管口笛
竹管
來義鄉古樓村邱善吉製
水管
來義鄉南和村蔡國良製

五峰賽夏族矮人祭主祭朱耀宗
（bonai kale）夫婦。

朱耀宗的妻子在最後一日清晨送矮人歸去前分芒草給歌舞隊成員。

中立歌唱者爲五峰賽夏族年輕一輩中最會唱矮人祭歌的朱志敏
（uvai），旁邊兩人爲「原舞者」團員斯乃決與阿忠。

研究者胡台麗與賽夏長老anomi，亦即共飲一碗酒。

排灣古樓村五年祭時勇士們在祭屋前跳獵首舞。

右立者爲排灣古樓村的女祭muakai，左立者爲古樓村最會唱
傳統歌的lavu。

「原舞者」在台北木柵老泉劇場演出五年祭歌舞。

排灣古樓村的小學生演出「原舞者」教導的古樓傳統童謠歌舞。

「原舞者」的成員於紐約演出後合影。

「原舞者」在紐約林肯中心前廣場的演出獲得紐約時報舞評的
讚揚。

「原舞者」演出卑南族的傳統年祭歌舞。

「原舞者」應邀參加比利時的國際藝術節，遊街時載歌載舞。

卑南族民歌作家陸森寶（中立戴帽者）與南王村的媽媽小姐們
合影。

陸森寶（Baliwakəs）在卑南族南王村的集會場合中唱歌。

陸森寶夫婦在田園中工作。

陸森寶（右立者）與女
婿陳光榮在少年會所
前合影。

文化真實與展演：賽夏、排灣經驗

序　幕

　　這些年來我致力於探究賽夏族矮人祭與排灣族五年祭歌舞祭儀所呈現的文化意義（1995，1997）。在研究的過程中因緣際會，參與策劃了將原住民真實世界中的祭儀歌舞轉化為舞台展演的工作。原本單一的研究者身分因此複雜化了，同時扮演展演媒介者與編排者的角色，也因此獲得前所未有的「展演」經驗。

　　過去在強調人類學是科學的年代中，一個人類學者在田野參與觀察時總是小心翼翼地讓自己的「參與」不至於涉入、影響該社會原有的運作；他儘量保持客觀觀察者的身分，避免作主觀的判斷；他總是在被研究者的身邊聽、看、紀錄，而不覺得需要主動採取什麼舉動。如果有的研究者在某個社會積極刻意地做了什麼改變其現況的行動，其學術正當性常被懷疑，甚至背負違反人類學倫理的罪名。像這樣客觀不涉入的田野研究態度照理說是最安全的，但在科學典範崩解後也受到挑戰。

　　1991年到1996年我義務擔任「原舞者文化藝術團」的研習與演

出策劃。「原舞者」是一個由台灣原住民不同族群年輕人組成的歌舞演藝團體,透過田野學習與舞台演出將原住民文化內涵傳達給觀眾(胡台麗,1994)。我為什麼要媒介「原舞者」這個原住民文化藝術團體進入我所熟悉的田野,學習並演出該社會的祭儀歌舞?簡言之,我參與「原舞者」學習與展演策劃編排工作是懷抱著以下的實踐動機:解嚴後的台灣雖然本土意識與原住民意識抬頭,但所面臨的現實狀況是一般人,包括原住民年輕一代對原住民文化欠缺瞭解、原住民社會祭儀歌舞的傳承發生危機、而原住民社會較以往更頻繁地面對如何對外「展演」自身文化以及族群接觸與溝通的問題。我希望透過舞台「展演」具藝術感染力的形式,將研究獲致的理解傳達給一般大眾,讓他們受到「展演」感動後,自然而然地對原住民文化產生尊重之心與關愛之情;我也期盼經由認真田野學習而導致的展演本身能感動原住民演出者以及當地的原住民,讓他們透過「展演」這面鏡子,對原住民文化的優美產生新的體認,因而增強自尊與自信,致力於文化的傳承。

當我成為展演事件的發動者並扮演積極的媒介角色時,內心一直存在很大的矛盾與壓力。我清楚瞭解田野的複雜性,「展演事件」的任何環節如果處理不當,將會產生難以解決的後遺症,甚至破壞研究者多年來辛苦建立的關係與信譽。我一旦捲入,完全沒辦法不承擔責任。簡直是冒險之至的舉動,聰明理智的研究者是絕對不會如此介入的。

在我所參與策劃的幾個「原舞者」研習與展演實例中,我捲入最深、最難脫離關係的是賽夏族五峰矮人祭歌舞以及排灣族古樓五年祭和其他傳統樂舞的學習與演出。由於賽夏矮人祭與排灣古樓五

年祭都是該族群社會極爲重視的神聖祭典，其中的歌舞在平時皆不能隨意唱跳，因此一個外來團體若想學習和展演矮人祭或五年祭歌舞，必將衝撞到該社會最神聖不可侵犯的部份，可以預期會遭到許多困難和質疑。學術實踐的理想儘管崇高，但「展演」如果不能得到當地人的同意與支持，所有的美意會落空甚至對當地社會造成傷害。因此在媒介「原舞者」進入賽夏五峰與排灣古樓聚落學習歌舞祭儀時，我一再強調學習與演出都要先徵詢當地人的意見，能夠學習並不保證能夠演出。

　　「原舞者」在賽夏和排灣的展演經驗促使我更直接而尖銳地面對「文化真實」的問題。我驚異地發現「展演」如同催化劑，將該文化強調的一些基本價值、以及對「文化真實」的看法更清楚地激發出來。何謂文化真實？展演的目的是否在反映文化真實？能否反映或凸顯了怎樣的文化真實？舞台展演所呈現的真實與現實生活中的祭儀歌舞有怎樣的關聯性？「展演」對當地社會有何意義？當展演的構想付諸實踐時，這類問題隨之浮現。

　　在舞台展演轉化的過程中，我深刻體會到不同文化對展演的真實有不同的看法與詮釋，這影響了研究者、媒介者、演出者與該族群的互動關係。同樣是面對神聖祭儀歌舞的展演問題，我們在賽夏族經驗到「交融性」的文化真實，亦即真實與展演、我群與他群的界線模糊；但是在排灣族經歷的則是「區隔性」的文化真實，其主要特色是真實與展演、我群與他群的界線清晰。作爲一個研究者、演出媒介與編排者，我在整個情境中無法置身事外，常常主動或被動地對自身和接觸的文化作許多反思。一些焦慮、痛苦或歡欣、感動的經歷在反芻後都變成知己知彼的珍貴素材，我將坦誠地

在本文中呈現，以文字作另一種文化展演。

　　自從 Milton Singer（1972）提出「文化展演」（cultural performances）的概念並以之作爲觀察的單位以來，不少學者企圖透過「文化展演」進入所研究的文化的核心，觸及該文化的基本價值與對「眞實」的看法。無論是眞實生活中的祭儀或舞臺化的祭儀展演，都是文化展演的重要分析單位。Victor Turner 更進一步指出：「展演類型」不只是反映（reflect）社會體系或文化形貌，它也具有反射的（reflexive）和交互的（reciprocal）作用，讓人們意識到自身生存的性質與意義（1987:22）。R. Bauman 與 C. Briggs（1990）則認爲展演提供一個對互動過程作批評性反射之框架（frame）。藉著「展演事件」的描述分析，我嘗試「反映」、「反射」自身以及我所接觸的排灣族與賽夏族社會，並從互動、實踐中揭示其處於變遷中的「文化眞實」。

第一幕：賽夏經驗

一

　　在賽夏族我發覺有一種奇異的感染力量，讓外人在進入該文化情境後被化爲其中的一份子，受其情感、信仰、思想的約制，很難維持「外人」的身分。我與五峰賽夏族的接觸從1986年矮人祭歌練唱時開始。所有認識的人都很自然地以主祭朱耀宗（bonai a kale）爲我取的賽夏名字 maya 來稱呼我。多年來，在我花了許多工夫熟悉矮人祭歌的曲調、詞意與祭儀脈絡之後，對於這套結構完整、詩

意盎然、涵義深刻的祭歌讚嘆不已，成為極其熱心的祭歌擁護者，惟恐它在台灣社會中銷聲匿跡。每次參與矮人祭典連續三晚的歌舞活動中，我最關心的是祭場中的歌聲能不能順利地接續下去。我和五峰北祭團屈指可數的那幾位會正確領唱祭歌的賽夏族人建立了親密的情誼。例如朱姓祭歌傳人朱耀宗（bonai a kale）不厭其煩地為我逐句解釋祭歌詞意，年輕一輩中最會唱祭歌的朱志敏（ubai a taimo）與我情同姊弟，另外像擅唱祭歌的錢火榮（ubai a ite）、勤於整理歌詞鼓勵族人練唱的朱逢祿（takio a ubai）是我倚賴甚深的長輩。可是我完全沒有把握「原舞者」可以學習和展演矮人祭歌舞。

1991年10月，南庄、五峰南北兩祭團相會結芒草約期，開始練唱矮人祭歌。我向五峰祭典委員會負責人詢問可不可以帶「原舞者」團員參與他們的練唱。祭典開始前兩星期我接到電話，表示同意「原舞者」去練唱。於是十位「原舞者」團員上山後，一方面參加夜間輪流在族人家中舉行的祭歌練唱，另方面連續幾個白天向傳承矮人祭歌祭儀的朱姓嫡系傳人朱耀宗學習祭歌。五峰目前會唱矮人祭歌者大多是朱耀宗的徒弟。他們學唱前按照傳統要做口傳pamәmә儀式：朱耀宗拿一杯水，含一口水在嘴中，再嘴對嘴把水傳到學習者的口中；或把水吐回杯內，將芒草結放在上面，再給學徒喝，藉此把詞曲傳給對方。「原舞者」向朱耀宗學習祭歌前先由他的妻子朱金妹（lalao a atao）為他們在額頭或手臂綁芒草結，然後按照賽夏口傳祭歌傳統，請朱耀宗喝一口水，再由團員輪流傳喝沾了他口水的那杯水。

團員們拿著由李壬癸記音、我記詞意與虛字、謝俊逢記譜的矮

人祭歌資料（胡台麗、謝俊逢1993），隨著朱耀宗的歌聲習唱，並將之錄音、錄影。矮人祭典開始後連續三晚團員們儘量把握機會，進入歌舞祭場實際體會。要學會十五首矮人祭歌（共三十四節、二百二十九句、十七種變換曲調、三種反覆句型）談何容易？「原舞者」初學時我建議他們專攻一兩首最常唱的祭歌（例如第二首 roLi 和較輕快的第十一首 binbinlayən），再每人分配練一首歌，至少曲調要學會，要能跟著複唱。賽夏長老對這十位外來的原住民年輕人兩個星期認真學唱祭歌的成果留下很深刻的印象。我則幻想著擁有美好歌喉的「原舞者」團員學會整套祭歌後再返回矮人祭場助唱，並激勵更多賽夏年輕人習唱的景象。

二

　　學習矮人祭歌是一回事，但是賽夏族人究竟能不能同意「原舞者」作舞台展演呢？由五峰賽夏族各姓氏推選代表組成的祭典委員會是我徵詢的對象。當時的主任委員朱振武和副主任委員朱逢祿都表示由 maya 協助「原舞者」展演矮人祭歌舞是宣揚賽夏文化，他們都願意支持，族人如果有反對意見他們會幫忙說明溝通。「原舞者」團員於是積極練習背誦高難度的矮人祭整套祭歌（全套唱完要四個多小時）。我對團員強調傳承背誦整套祭歌的重要性，不能只為了展演而片段地練唱。1993年6月26日在祭典委員會安排下「原舞者」與各姓氏代表聚會，正式提出展演之事，徵詢他們的意見。各姓氏代表的初步反應是如果要作展演，不能夠唱整套矮人祭歌，不能是矮人祭（paʃta′ay）。他們要求我對如何展演作進一步說明。我說「原舞者」的展演不可能唱整套矮人祭歌，在編排組合後

每首歌只會選取一個段落展演，舞台兩邊會有植物幻燈片和字幕說明，是藉著演出介紹賽夏矮人祭，而不是做矮人祭。他們接受了我的說法，接下來我要按照賽夏習俗作道歉化解的儀式（hemaon）。

這時主祭朱耀宗的妻子表示我應該先徵求朱家主祭的同意再進行矮人祭歌中提及的植物的採集。我立即爲前幾天的行爲認錯，願意在各姓代表面前再做一次道歉化解的儀式。事情是這樣的：我對矮人祭歌中提到的二十七種植物很好奇，很想目睹它們的形貌、查明它們植物學上的名稱，並帶「原舞者」的團員認識這些植物，讓他們唱祭歌時產生與賽夏自然環境相聯結的感情；同時也想在舞台展演時運用祭歌中的植物幻燈作背景烘托。我於是請植物攝影家陳月霞加入，在賽夏族人錢火榮和趙建福引領下拍攝並採集矮人祭歌中的植物。在採集過程中，當我們走在舊矮人祭場的山路上尋找箭竹時，錢火榮說他聽到靈鳥 sisil 的叫聲先出現在左邊，再飛到右邊啼叫，是不好的訊息，返回後我們必須給朱家主祭贖金（sinaməl），做道歉化解的儀式。當主祭朱耀宗夫婦看到我們採集的植物時臉色都變了，我這才切身體會到祭歌中的植物非比尋常，不能隨意採集。他們說矮人祭歌中的植物是屬於矮人的，必須朱家授權才可以採擷。我當時便做了道歉化解儀式。

在賽夏做田野時，特別是矮人祭期間，道歉化解儀式（hemaon）反覆不斷地出現。道歉化解的方式是由犯錯的一方帶一瓶酒有時附加豬肉（較嚴重、冒犯了神靈的過失要給賠罪的錢 sinamel，亦即給神靈錢幣或傳統的貝珠 sile 以化解罪過），在說明事由表達歉意之後，對方如果接受，便把致歉者敬的酒喝下，再讓

致歉者喝一些，或二人共飲一杯酒（anomi），藉喝下的酒將冒犯的過失化解。賽夏族人相信如果得罪了神靈或得罪了人（此人會向神靈裏報要求給予對方責罰）而不道歉化解，會遭到神靈的處罰。我發覺罪與罰以及道歉化解是賽夏文化極普遍而重要的元素，而在矮人祭中又格外凸顯。矮人祭期間朱家主祭代表 koko ta´ay（矮人等老前輩）在祭屋接受參與祭典者給予的賠罪金 sinaməl（投入一個盒子中，由祭典委員會保管），為他們所犯的得罪矮人的錯失道歉。主祭本人犯錯時也同樣要以酒和賠罪金與各姓氏代表共飲，道歉化解。

在此次事件之前，我曾經接受過賽夏族人向我道歉。1990年矮人祭結束，我在錢家祭屋前擺設的感謝朱家酒宴中歌舞，突然有一位賽夏男子帶來的外族女友強逼我喝酒，我一迴避，她就在我面前摔碗，我當時愣在那裡，感覺受到很大委屈。錢家主人連忙倒一杯酒來向我道歉，其家人也一個接一個來道歉敬酒，我不能不與他們共飲（如不接受道歉化解，對方會受神靈處罰），終於嚐到生平第一次醉酒的滋味。1991年我前往南庄蓬萊參加祈天祭。進行錄影之前也買了一瓶酒，在各姓代表前請長老朱新欽替我說話，表達歉意：本來不應該來錄影的，但為了讓後代認識賽夏的傳統文化，請賽夏的 tatini（過世與在世的老前輩）准許我這樣做。說完後我倒酒給各姓長老喝，最後我也喝一點，表示大家都有共飲，可以把我冒犯的過失（halai）化解掉。

我看多了賽夏社會中這套賠罪儀式，知道應該如何為採集矮人祭植物以及打算展演矮人祭歌舞所引起的冒犯過失做道歉化解的儀式。我先買了一瓶米酒，倒在大碗裡，盛起一碗遞交給朱家總主祭

朱耀宗；另外，拿幾百元作為賠罪金 sinaməl，向他解釋採集植物和演出的事，請求諒解。朱耀宗手拿著那碗酒向矮人等老前輩稟告（humapus），說完話朱耀宗的妻子就將酒拿到邊上向東方祭獻。我再盛一碗酒給主祭和各姓代表傳喝。他們喝時說這是 maya 給的酒，再傳回給我喝。另外主祭從我們給的賠罪金之中抽出二十元買酒給「原舞者」團員喝，要讓他們演出一切順利。賠罪金是屬於矮人的，要交給祭典委員會保管，並不屬於主祭。這整個過程中值得玩味的是，他們並沒有把外族人從賽夏的禮規習俗中區隔出去。我在做道歉儀式時感覺自己是賽夏的一份子，跨越了族群的界線。

我又提出是否可以委請他們製作歌舞演出時要用的祭帽（kilakil）和臀鈴（tapangsan）的問題。他們說主祭朱家不可以做，但可以請別的姓氏做。聽說上屆矮人祭結束時國立自然科學博物館要收購祭帽（kilakil），主祭朱耀宗將用過的祭帽整理之後賣出，遭到族人的批評，結果拿了一千元交給祭典委員會作為賠罪金。可是原先答應為「原舞者」演出做祭帽的高家與做臀鈴的夏家後來仍然不敢做，怕觸犯矮人，便由「原舞者」團員自己製作。

正式演出前再請主祭夫婦和各姓代表到台北看排演，又做了一次道歉化解儀式。主祭朱耀宗說這樣做不是為他們而是對演出者好，以免遭到神靈責罰。主祭一再叮嚀演出時不能用真的代表矮人的台灣赤楊（ʃiboLok）做道具。我又詢問南庄南祭團的主祭朱阿良，「原舞者」演出是否要得到南祭團的同意，需不需要前去南庄做道歉化解儀式？他的答覆是：只要五峰同意就可以了。

三

　　「原舞者」於1994年4月16、17日在台北國家劇院正式演出「矮人的叮嚀：賽夏族矮人祭歌舞」。我負責擬定演出架構，寫了一個演出「腳本」，根據我對矮人祭歌舞內涵的理解和詮釋，將整套祭歌的一些片段串連起來。在「原舞者」團員渾然忘我的歌聲舞影中，以燈光、植物幻燈片和字幕解說，把矮人等老前輩的哀怨心聲、懇切叮嚀以及賽夏族人愛怨交織的情感表達出來。「原舞者」自製的臀鈴上繫著傳統的竹管，而儘量不用現代賽夏人採用的改良式鋼管，讓舞台上持續的臀鈴伴奏聲不至於掩蓋歌聲。服裝則是買棉線染色，再請北賽夏族中唯一會織傳統花紋的母女三人手織完成，較具有古樸的質感。「原舞者」花了幾個月的時間訓練一批原住民大專生參與演出，也教導一些大專山地服務隊的漢人學生學會其中兩三首祭歌，由他們在演出前為入場觀眾綁芒草，並協助觀眾看歌詞，隨著台上的團員練習第二首祭歌 roLi，逐漸進入矮人祭歌的結構、音調、與字幕傳送的矮人祭傳說情境中。之後，大幕才慢慢開啓，團員推臼而出，在舂米聲中眾人面東肅立唱出「招請之歌」raraol。歌聲將止時，一束燈光代表太陽光從斜前方射向舞台。……下半場接近尾聲時演出取回、折斷「台灣赤楊」（聽從主祭指示用其他樹取代）的送別歌舞，然後「原舞者」團員由劇院內唱跳到劇院外廣場，此時漢人大專學生加入歌舞圈。觀眾也隨之到室外，感受接近露天矮人祭場歌舞的氣氛。整個演出雖然是模仿矮人祭，但以經過設計過的舞台展演形式企圖打動觀眾。舞台的演出不論室內或室外，是刻意製造出來的另一種「真實」，絕對不是部

落中矮人祭的翻版。「原舞者」為南北兩祭團的代表各租了一輛遊覽車，請他們到台北觀賞演出。滿場的觀眾對「原舞者」的演出報以熱烈的回應，有許多賽夏代表感動、感傷得流淚，並且慚愧地說本族年輕人大都不會唱祭歌。後來「原舞者」又在新竹演一場，讓更多賽夏族人免費觀賞。「展演」似乎圓滿完成，可是半年以後無法預料的不幸事件發生了。

1994年10月，芒草開花時節，南北兩祭團再度會面結芒草約期（papu'e）。當天我有事沒去，事後得知那天南庄長老問道：「原舞者」演出有沒有得到五峰同意？朱耀宗夫婦回答說：「不知道」，也不承認拿過「原舞者」的賠罪金 sinaməl。但沒多久朱耀宗便改口說可能有拿，他的長子也說有看到「原舞者」給的 sinaməl。接著朱家長老朱秀春（yomin）和我的結拜弟弟朱志敏（ubai）趕緊代替朱耀宗把賠罪金 sinaməl 拿出來，交給南庄的姓氏代表（南庄並沒有接受替代的錢）。南庄方面表示五峰內部的事由五峰內部解決，他們沒有意見。但是後來不知怎的，主祭朱耀宗的妻子忽然說演出時舞台上好像有使用台灣赤楊，眾人頓時激動起來。另外有人問起演出門票與錄音帶收入的問題，不知道「原舞者」有沒有以矮人祭歌舞牟利。

我聽到這事的立即反應是：主祭朱耀宗夫婦如果不承認拿了賠罪金 sinaməl，又說舞台上出現台灣赤楊，是陷「原舞者」和我於不義，他們要負責。隔了沒幾天，電話中傳來不幸的消息：朱耀宗的妻子去世了。

出殯前一天我前往五峰，在路上遇見祭典委員會主任委員朱振武和錢火榮先生。他們都認為：朱耀宗夫婦沒有把賠罪金 sinaməl

拿出來,是朱耀宗妻子死亡的主要原因。錢火榮問我演出時有沒有
用台灣赤楊。我說既然主祭有交代不能用,怎麼會用?據他解釋,
朱耀宗夫婦長久以來一直覺得其他人都把責任推給他們,而那天否
認拿了「原舞者」賠罪金也是為了不願承擔責任。他又說結芒草約
期(papu′e)那天晚上,朱耀宗妻子與一位酒醉的族人衝突
(papu′e之後不可吵架),第二天早上族人開會推選這屆矮人祭主
祭時朱耀宗夫婦也缺席(矮人祭的事他們怎麼可以不管?),就在
同一天,朱耀宗妻子突然倒地,送醫幾天後不治而死。

　　我到達喪家看望朱耀宗,他認為妻子的死因是與酒醉者吵架之
故,因此要求對方賠罪,但那人不肯。他又說不記得有沒有拿「原
舞者」的賠罪金。無論如何,看到年老的 bonai a kale 因演出的事
承擔壓力,並喪失了老伴,我有很深的「我不殺伯仁,伯仁因我而
死」的哀傷和歉意。朱秀春想安慰我:「有人說 maya 這次害了賽
夏,但我們大多數人不會這樣說。」

　　1994年矮人祭典開始,與朱耀宗同屬於朱家嫡系的長老朱新欽
(tahes a taro)找我,要我陪同朱家為朱耀宗沒有拿出賠罪金一事
向其他姓氏道歉。因為此事的源頭是我和「原舞者」,朱家和「原
舞者」便各買了一瓶酒,朱新欽代表朱耀宗把酒和賠罪金拿給其他
各姓的代表,向他們道歉。酒傳給各姓代表喝,再倒給朱家和我及
「原舞者」團員喝,算是化解了這整個展演事件的錯失。

　　長老朱新欽對我解釋:「原舞者」演出如果沒有事先做化解和
稟告儀式,若發生不幸事故,會怪罪演出者。可是如果「原舞者」
做過化解和稟告儀式,朱家主祭也代表矮人等老前輩接受了賠罪
金、答應了展演之事,若發生不幸,朱家就要承擔所有責任。他認

為朱耀宗夫婦只要在結芒草約期之日把「原舞者」給的賠罪金拿出，承認答應演出便沒事了。可是他們一聽南庄方面問起，以為要責怪他們，心中怕負責任而未承認，結果受到處罰。

矮人祭開始前一個禮拜，南北兩祭團在南庄河邊相會時主祭朱耀宗請人把「原舞者」給的賠罪金拿去，南庄接受了。當時朱秀春還說：「maya 跟我們相處這麼久，不會不知道賽夏風俗，一定是經過稟告、獲得同意後才敢演出。」雖然我在五峰遇見的賽夏族人都說這次發生事情不能怪我，但是我對朱耀宗和其子女仍然感到抱歉。矮人祭傍晚，我買了一瓶酒來到他們家，見到朱耀宗的長子坐在門口。他說並沒有怪罪我的意思，雖然有人說他的父親把祭歌都給別人了，但是他為父親辯解說：maya 整理這些資料，讓年輕人瞭解意思、學唱祭歌，有什麼不好呢？他的一席話讓我心頭頓感寬慰。他喝了一杯我帶去的酒，又倒了一杯給我喝，完成了化解儀式。我後來在祭屋找到容顏憔悴的朱耀宗，我淚流滿面地蹲跪在他面前，倒一小杯酒給他，他喝了，再給我喝，接受了我帶歉意的安慰。

我發現五峰祭場中增加了不少開始苦練祭歌的賽夏年輕人，而「原舞者」團員在祭場中守住分寸，不領唱只助唱。長老們說這次矮人祭有「原舞者」助唱，歌聲沒斷過，矮人等老前輩聽了一定很高興，因為都沒有下雨。可是我也聽說南庄有些人不明原委，認為「原舞者」的展演害賽夏長輩去世，對我很不諒解。

四

「原舞者」和我的賽夏經驗反映和反射了什麼？置身其中時我

的情緒經歷很大的波折。但我並不以為研究者應該隱藏情緒，而是要有能力看清自身所處的情境。賽夏展演事件的經歷更加強我對賽夏文化「疊影」現象的體認，亦即不同人物的影像重疊，但仍維持各自的特色，而不是疊合後將對方取代（胡台麗，1995）。我們所接觸的賽夏世界的「真實」與我們社會的「真實」不同。朱姓主祭不只是賽夏朱家的長老，他同時也代表矮人等老前輩，與他們「疊影」；我們所見到的台灣赤楊等植物也不只是植物，而是矮人等老前輩的直接代表，未經掌管矮人祭的朱家授權，不得任意摘取；「外人」如同「矮人」，一旦與賽夏發生接觸，就被賽夏納入他們的系統，使得「外人」也與「自己人」疊合，難以截然劃分界線。換言之，「原舞者」展演所觸碰到的賽夏「文化真實」並不是人與神靈、人與植物、己群與他群清晰劃分的「真實」，而是一種「交融性」的文化真實。

　　作為一個「外人」，我透過「原舞者」展演事件與五峰賽夏族有了更直接而緊密的聯繫，親身體驗該社會的「文化真實」。在連續的道歉化解儀式中，我逐漸瞭解向朱家主祭敬酒和給賠罪金就是向矮人等老前輩道歉，請求同意和諒解。朱家主祭一旦收了賠罪金並做了稟告儀式，就等於是矮人等老前輩已答應要求展演之事，朱家也要為此「展演」之事負責。但承擔矮人祭的朱姓與其他各姓氏也形成一個相互依存的體系，任何決定必須得到其他各姓的支持與同意。我們面對交涉的不是「單一」的人，而是人與神靈的「疊影」。「展演」事件凸顯了一個看似矛盾的現象：「外人」要展演賽夏歌舞祭儀應該要得到朱家的同意，如不經同意而展演，演出者會受到神靈處罰；但是「外人」如果徵求賽夏主祭和各姓的同意，

就如同把「展演」的責任強加在他們身上，「外人」不再是不相干的外人，而成爲賽夏的一部份。

「外人」的混融角色還可以從實際的賽夏祭儀歌舞中看出。當「外人」前往參加矮人祭，進入賽夏族人眞實「展演」歌舞祭儀的矮人祭場時，他自然而然地會跟隨賽夏族人到主祭屋繳納賠償金（sinaməl），讓朱家爲他在額頭或手臂綁上芒草，並被告知「不可說不信矮人等冒犯的詞語、不可與人爭吵、不可三心二意」等賽夏人遵守的戒規，否則「一樣會受到矮人懲罰，昏死過去」。每晚矮人祭歌舞開始後，祭典委員會人員在較晚的時間會宣布開放讓「外人」進場共舞。當朱家主祭第二天子夜站在祭場中米臼上訓話時也一定會說：我們不要分客家人（mutu）、其他原住民（saipapas）、閩南人（kamtjoulan），要誠心參加這個祭典，不要認爲賽夏的規定（kaspungan）是騙人的。最後一天送矮人歸，族人「演出」非常戲劇化的跳折台灣赤楊場景後，朱家會拿米糕出來分給賽夏人和外來的觀眾。從這些眞實祭儀的「展演」看來，「外人」是賽夏文化設計的一部份，並沒有截然劃分、摒除於外。

我原先以爲徵求賽夏各姓同意只是一種尊重對方的行爲，但後來我終於體會到主祭朱耀宗所說的「做道歉化解儀式是爲你們好」的意思。朱新欽對我說：「其實朱耀宗最好是不要管演出之事，裝作不知道，就像南庄的主祭朱阿良一樣。」可是因爲是他熟識的maya要協助「原舞者」做這件事，他便慨然承擔了這樣的責任。在不幸事件發生後，即使五峰賽夏族人和主祭沒有怪罪我，而我也可以說主祭妻子之死只是突發的高血壓，但是在理解了現象所蘊含的意義之後，我卻難逃「強加責任予信任我的人」的自責。

　　另外賽夏族人強調舞台上絕對不能出現代表矮人的台灣赤楊，族人也不願隨意親自為「原舞者」製作舞帽和臀鈴。我意識到矮人祭重要象徵物的真品如果出現在舞台，雖然是「外人」在表演矮人祭，會使得舞台轉化為如同矮人祭場的神聖場所。這再度顯示賽夏族某些植物或器物不是「單一」的「物」，而是與神靈相疊，難以清楚地區隔界線。

　　賽夏族人自身有沒有對外展演過矮人祭歌舞？五峰賽夏族人告知：南庄曾經到台北演出矮人祭歌舞，但並沒有先告知五峰。表演回來後不到一個月，有兩位長老去世。五峰報導人認為必須稟告雙方的神靈祖先等老前輩（tatini）後，族人才能外出展演。鄭依憶的報告記載（1987）「民國七十三年，南庄鄉的賽夏族人在鄉公所家政人員的籌劃下突破傳統以矮人祭的歌舞重新安排，參加北區的山地傳統歌舞比賽獲冠軍，使族人得到一種肯定與信心，也才同意鄉公所出面輔導祭典事宜，並成立臨時的祭典籌備會。」雖然有外界要求展演矮人祭歌舞的誘因與壓力，但因演出導致長老去世的不幸結果，南庄賽夏族人從此不再外出展演矮人祭歌舞。五峰方面也曾經到屏東的山地文化園區表演矮人祭歌舞。演出時突然下雨（表示矮人等老前輩生氣了），主祭朱耀宗趕緊向矮人等神靈祭告，雨就停了。次年矮人祭結芒草約期（papu'e）時五峰有給南庄賠罪金（sinaməl），告知對方曾去表演之事，請求諒解。牽涉到矮人祭，賽夏族南北兩祭團也不能截然劃分，會彼此牽連影響。從展演事件可看出賽夏族的「文化真實」在許多方面呈現交融的性質。

　　我在賽夏族經歷的強烈情緒仔細分析起來也是受賽夏文化影響的賽夏式的情緒。賽夏族有一個詞 mahowis／pa'mahowis，具有悲

傷、怨憤、得罪、孤獨等涵義。他們說曾經幫助賽夏豐收、教賽夏祭歌但後來被賽夏設計陷害的矮人具有 mahowis 的心情；曾經助賽夏開墾農地、帶給他們小米種子的雷女後來被逼迫摸煮飯鍋而消逝（陳春欽，1966），也是帶著 mahowis 的心情，而他們的心聲在矮人祭午夜全族立正唱出的最神聖的一首祭歌 waowaon 中吐露（胡台麗，1995）。那首歌必定由與雷女、矮人「疊影」的朱家主唱，哀怨悽惻，引人落淚。雷女和矮人影像相疊，在歌詞中訴說：「我們被害而死，你們是不是要拋棄 waowaon，一聲不響地走了？有沒有忘記過去的事？」再變換為賽夏人的語氣唱道：「你們 waowaon 要憐顧、眷念我們。」（胡台麗、謝俊逢：1993：26-28）。得罪人或被人得罪都會產生哀傷、怨憤的情緒，於是賽夏文化就設計了道歉化解儀式（hemaon），讓不好的情緒和緊繃的情勢得以紓解。我在整個「展演事件」中也經歷了 mahowis 的情緒，最後也是藉著 hemaon 來化解。在那樣的情境中我感覺自己已變成賽夏族人，同時也和「矮人」、「雷女」這些賽夏文化記憶中重要的「外人」結合，感受到他們的心情。我也突然領悟：矮人祭反覆不斷具有哀傷基調的祭儀歌舞可以說是在表達和紓解這樣的情緒，構成矮人祭「展演」最動人的質素，以求取族群的延續與和諧。

第二幕：排灣經驗

「原舞者」的排灣族團員 kui 寫道（古峪，1996）：

> 1994年10月，「原舞者」南下屏東，參與屏東縣來義鄉古樓
> 村遷村後第七屆五年祖靈祭（maleveq），開始採集、整
> 理、學習排灣族的樂舞。在胡台麗老師和翻譯人柯惠譯女士
> 帶領協助下，團員從最基本的記音、練習發音及每首歌舞的
> 唱法、跳法、歌詞意義到古樓樂舞文化的背景意涵，都必須
> 下一番工夫；對族群身分不同的「原舞者」團員而言，這
> 漫長的過程已不只是學習、演出而已，它更是一種銘心刻
> 骨的經驗。

對我而言，前述的賽夏展演經驗已經是「刻骨銘心」。如今帶
「原舞者」進入另一個我接觸六、七年的田野：排灣古樓村，內心
負擔之重可想而知。在古樓村學習童謠、催眠曲、逗搖幼兒曲、情
歌、歡聚歌舞等雖然要克服很多困難，但都不會產生什麼問題。最
可能引起爭議的還是那些平時不能隨便唱的祭典歌曲，例如五年祭
的 iaqu 歌曲（其中又以男祭師在正祭開始之日唱的五句神靈之歌
最為神聖）、女祭師唱唸的祭儀經語、小米收穫祭快結束時唱的
muakai lamulitan，和頭目揹婚禮時唱的歌。

排灣族最盛大的迎接祖靈歸來的五年祭（maleveq）在古樓村
有完整的保存（胡台麗，1997）。排灣族五年祭祭儀歌舞在現實生
活中的「展演」與賽夏族不同，是以單一村落為單位，亦即各個村

落自成一個體系，與外界作清楚的劃分。在古樓村每隔五年，從該年小米收穫祭（masarut）展開五年祭的準備工作起，到次年送祖靈（pusau）祭儀為止，村人這段期間唱的歌每句之後要加尾詞 i-a-qu-la-i-a-i，是對祖先的隆重呼喚。iaqu 因此成為五年祭的特殊歌曲，只有這段期間可唱。村人唱 iaqu 時可以自由編詞，其內容主要有兩類：一類與祖先相關，唱出懷念祖先以及向祖先祈求的詞句；另一類與獵獲物有關，誇耀獵到人頭與野獸。iaqu 的調子有好幾種，坐著唱時一種調子，跳舞時一種調子，而最神聖的 iaqu 曲調是五年祭以小米梗燃煙招請祖靈歸來之日，在古樓祭屋（rhusivauan）前和在刺球場以竹竿刺籐球之前由男祭師唱出的五句神靈之歌（senai nua tsemas）。歌詞有固定不變的五句，每唱完一句眾人以普通坐唱的 iaqu 曲調複唱，等男祭師一唱完最後一句提及男祭師始祖 tjagarhaus 的歌詞，就高喊獵得敵首的呼聲 u---dri-a-pu----puq，以及獵得野獸的呼聲 u----，眾勇士再應和 iea---。這五句神靈之歌的歌詞包含祭儀創始祖、被獵首者、女祭師與男祭師之祖的名字，請他們帶來獵首、獵獸、五穀種苗等各種福運。五年祭期間在祭屋前男士唱跳獵首歌舞（zemian）、婦女加入唱跳 iaqu 的歌舞（dremaian）、眾人複唱神靈之歌的 iaqu、以及在刺球場坐架刺球時，凡是與古樓村系統不相干的外人都不能參與，而且「外人」（包括外村人）被阻擋進入祭屋和刺球場中。這些都呈現與賽夏祭典不同的對待「外人」的方式。我也很想知道：古樓排灣族人對於外人學習和展演他們神聖的祭典歌舞會有怎樣的反應？

「原舞者」團員學習古樓五年祭 iaqu 歌曲時，一方面請參與五年祭研究的柯惠譯（tjinuai Kaleradan）根據我們拍攝的祭儀實

況錄影帶將歌詞作初步記音，另方面請男祭師 tasmak 和擅長唱歌
的 lamerh 協助校定、翻譯不固定的由個人編唱的 iaqu 歌詞和獵首
歌，以及固定的五句 iaqu 神靈之歌。男祭師用唸的而避免唱出神
靈之歌的五句 iaqu 歌詞，但他並沒有表示「原舞者」不可以學唱
iaqu，也沒有為「原舞者」做任何傳習儀式。至於個人編唱的 iaqu
歌曲，由於「原舞者」學習的期間是在次年送祖靈祭之前，教唱者
仍然可以自由地唱 iaqu。可是如果自己並沒有獵過某些數量的獸
類，教唱的 lamerh 會拒絕按照錄影帶中別人的歌詞複唱。他很清
楚地區辨什麼是屬於他自己的「真實」，在編歌詞炫耀獵獸功績
時，他不能假扮別人的角色。在排灣族，每個人是單一的影像，而
不像賽夏族形成「疊影」現象。排灣族只有女祭師在做祭儀唱經
（marada）時會有神靈附身的現象，但是經語很清楚地區分為唸
經（tjautjau）和唱經（rada）兩部份，唸經時女祭師絕對是清醒
的，唱經時會以神靈的語氣敘述。古樓的男祭師雖然在祭儀中唱出
五年祭的五句神靈之歌，但是他只是人間的男祭師，並不具備與神
靈界溝通的能力，也不是任何祖神的代言人。這與賽夏的矮人祭主
祭在言行歌唱之際同時具有賽夏朱家主祭和矮人等老前輩的重疊身
分不同。這也牽涉到排灣人對「文化真實」的看法。

　　當研究者（吳燕和，1983；胡台麗，1997）接觸排灣族的口傳
資料時，注意到他們對真實與虛構有清楚的區辨，有兩個名詞代表
兩個觀念。一個是 tjautsiker，是祖先代代相傳可追溯來源的真實
人物的傳說，具有歷史的性質，聽與講的人都很認真，相信這些都
是真的。另一個概念 mirimiringan 雖然也是代代相傳下來的事，
但內容人物的來源不清楚，常可作超乎尋常的變化。聽與講的人都

知道這是人造的故事，是虛構的，帶有寓言性、戲謔性與消遣性，述說時可以憑口才增刪發揮。但對於排灣族這種「區隔性」的文化真實，一直要等到經歷了「原舞者」學習和演出的過程後才有較深刻的體會。

二

「原舞者」花了許多時間學習古樓排灣族童謠。等自己學會之後再編教材，利用古樓國小課外活動母語教學的時間教給古樓的小朋友。我原先的構想是希望藉舞台展演，將排灣族的神祖與後代子孫間的緊密相連的哀思情感，以及村落族人生命成長過程中蘊含的悠遠綿密情思表現出來：排灣人在村落出生後經過女祭師做「成為人子的祭儀」，才將創造者的孩子承接為人間父母的孩子；再在祖先傳下的古調和多種形式的催眠曲、逗搖幼兒的歌調和童謠中成長；然後經過笛聲訴情、情歌對唱的青少年期而後結婚繁衍後代；並參與小米收穫祭與最盛大的五年祖靈祭，與好的祖先在同一條路上相會，合而為一，祈求他們賜予福運。

可是有些歌的採集並不容易。當我們請女祭師 laerep 唱頭目家揹婚禮歌時，她只肯唸固定的六句歌詞，而不願唱出曲調。她說頭目揹婚禮歌的曲調類似男祭師在五年祭唱的神靈之歌，她平時如果唱了會遭受神靈處罰。即使在頭目婚禮場合，新娘必須是貞潔的處女才可以唱，而近年合乎這樣條件的越來越少。「外人」在平時如果想聽、想學神聖的祭儀歌曲，在排灣族並沒有賽夏的道歉稟告儀式可以依循。女祭師雖然與我們很熟了，還是不能唱頭目揹婚禮歌。同樣的，祭儀的唸經與唱經我們雖然錄了許多，但是如果不是

真正想拜師成爲女祭師，任何人很難請求女祭師正式教導唱唸經語。平時研究者主要根據實際做祭儀時的錄影資料先整理記音。再請女祭師說明講解經語。至於小米收穫祭快結束時在頭目家唱的 muakai lamulitan，女祭師比較願意唱，沒有那麼嚴格的規定。不過女祭師 laerep 敘述她有一次到來義國中參加傳統歌謠比賽時唱了 muakai lamulitan，「結果被別人罵得要命，但唱之前我有先祭告。」可是不具女祭師身分的村人在比賽時唱這首歌似乎沒有關係，沒有村人阻止。由此可見，演出者在現實生活中是否真的是負責唱神聖祭儀歌曲的女祭師或男祭師，關係著他們是否可以正式教唱，或本身在舞台展演這些神聖的祭歌。「原舞者」借助錄影帶學會了五年祭男祭師唱的五句神靈之歌，也可以靠錄影帶學唸經與唱經，但是他們能不能公開展演？

　「原舞者」學習的後期由於長期合作的義務製作人突然宣佈退出，團員學習的進度也不理想，我對原來計畫中的國家劇院演出經費、演出品質與文宣推廣產生疑慮，害怕無法將排灣古樓優美的文化作理想的呈現，愧對村人和自己所屬的人類學界，於是也決定退出國家劇院的大型展演計畫，讓團員就他們能力所及另作規劃。可是後來聽說他們在全省一些校園作小型示範展演之後，還是要按照原先構想請古樓國小學童參加演出，而地點是在偏僻的木柵山區老泉戶外劇場。這樣的發展讓我不能不爲古樓孩童來台北的安全憂心。不久又聽說團員打算到古樓村作一場回饋展演，我更是寢食難安了。在古樓村內唱五年祭的 iaqu 歌曲，尤其是那首神靈之歌會不會發生什麼難以收拾的狀況？在木柵演出前約一個月，我覺得自己還是無法逃脫責任置身事外，便又捲入擬定展演架構、撰寫說

明、反覆排練、以及與古樓村互動的繁忙工作中。

　　至今難忘正式演出前夜，「原舞者」團員與十餘位古樓國小的學童點著蠟燭，在木柵山上老泉劇場簡單搭蓋的排練場作最後彩排的景象。那時篷外下著大雨，山路泥濘，誰也沒把握第二天是否會天晴，能否在戶外舞台演出。到底為什麼要這麼辛苦地學習和展演原住民祭儀歌舞的問題在我心底翻騰。如果演出不必考慮觀眾、燈光與音響（山上沒有電，需架設發電機）和票房等因素，其實我還滿喜歡背景盛開著白色油桐花的老泉劇場舞台。只要在林間找一些木材，升起裊裊炊煙，排灣族強調的哀思之情（mapaura/tarimutjav）就會隨著氣拖得長長的曲折古調在山野中迴盪。結果雨過天青，5月17到19三晚的台北演出在提心弔膽中獲得滿場觀眾的掌聲，算是圓滿結束。但是收入是遠遠不敷製作的支出，可說是虧血本在演出。接下來要面對的是返回古樓村的展演。

三

　　有賽夏族展演的經驗在先，「原舞者」展演排灣樂舞前自然要先徵求古樓人的同意。負責排灣計畫資料整理以及部落聯繫工作的「原舞者」排灣族團員 kui 告訴我：他們在古樓村長（也是五年祭的助祭）家中徵詢意見時，女祭師 laerep 和男祭師 tsamak 等人都到了，但是沒找到頭目。「原舞者」問展演之事需不需要向排灣神明祖先祭告。村長說「原舞者」是一個演出團體，只是表演（kipatsuar/papatsun/pakatadrid）而已，目的在宣揚古樓村的文化，演出應該沒問題，也不需要祭告，祭告反而讓祖先注意，以為要發生什麼事情。他們也知道「原舞者」要唱五年祭 iaqu 歌調，包括

那首神靈之歌，但沒人提出異議。可是那天並沒有提到回古樓村展演的事。

在外地展演若沒有問題，但是「原舞者」在古樓村內唱五年祭歌還是令我擔心，因為已過了可以唱五年祭歌的期限，更何況要唱那五句神靈之歌。針對這樣的問題我直接請教男祭師 tsamak。他覺得「原舞者」演出好像是小孩學唱歌，沒有必要祭告。但是如果是本村人外出表演五年祭歌舞，就要做向神祖之靈稟告的儀式（jemumal/patjumal）。例如1989年古樓村曾到瑪家鄉表演五年祭歌舞祭儀，女祭師有做用小米梗招請祖靈的動作，他本人也有唱神靈之歌的 iaqu，「表演前就必須為所有演出者做稟告儀式，祈願神靈祖先對我們的表演不要驚奇、不要訝異，這樣做是希望把我們的傳統讓後代瞭解。」男祭師 tsamak 說只有古樓人組隊外出表演時他才會唱神靈之歌的 iaqu。因為要唱這首歌，他必須先做祭告儀式。女祭師 laerep 也記得古樓村人曾到瑪家鄉展演五年祭，那天男祭師有唱神靈之歌（senai nua tsemas），「但是並沒有唱完五句。tsamak 按照自己的職分應該知道可以唱哪些，最後一句關於五年祭最重要祖神 tjagarhaus，他絕對不會唱。只有『原舞者』表演時五句全部都唱了。」男祭師 tsamak 重申：「原舞者」唱這首歌如同小孩表演，不必稟告。

我再將這問題請教古樓村長 tsutjui，他對我解釋：「原舞者」表演不用祭告，因為是外村的人學習表演，與本村人不同，可以說是另一件事。因此古樓人對外村人來演唱神靈之歌並不介意，只是很好奇、稱讚不同族群的人會唱古樓的歌。

但如果是本村的祭師到外面表演這首神靈之歌，一定要祭告，

不這樣做怕被神靈處罰，有時不是唱歌的人被處罰，而是他的子孫被處罰。村長唸了一遍祭告的詞句，與男祭師 tsamak 敘述的差不多：「我們的祖先、我們的雙親輩，請你們不要對後代幼苗所做的感到驚訝，因為我們害怕我們的習俗（kakudan）會消失」。

古樓村人並沒有告訴「原舞者」演出時不能用什麼道具。可是他們自己外出展演五年祭時則注意到所用的道具要和真的有所不同。例如最特殊的幾根刺球竹竿不能在表演中出現，竹竿的長度也不能像真的祭儀那樣長。有一次在屏東表演時將刺球竿加接一段，「結果神靈祖先有處罰我們。」另外在表演時像籐球的數目和種類也與真的祭典不同。有一次真實的五年祭刺球活動結束後，村人應邀到屏東參加表演比賽，有人把刺球場坐架的木材直接移到表演場，那時大家就為了這木材吵得非常厲害，因為重複使用了。

「原舞者」在古樓村展演前先由村長致詞：

> 感謝創造者 Naqemati，我們聚集在這裡主要是因為我們的祖先很早就創立了各種活動，由「原舞者」溯源真相演出。……大家都認同，古樓村是所有祭儀的創立發源地，我們還保存傳統的五年祭，並繼續傳承我們原有的祭典儀式，因此「原舞者」很喜歡本村，選擇古樓村為學習對象。很感謝「原舞者」的來臨，他們曾實際觀察我們古樓的祭典，並藉錄音、實況錄影資料學習，他們的演出如有錯誤，我們全村人都可以提出修正。……「原舞者」也曾派人到古樓國小教授童謠、童舞、童玩，我們的孩子都已學會，真是難得。古樓國小學生並到台北助演，我們在報上可以看到他們卓越的

表現。……「原舞者」就要將學習成果展演，讓所有族人觀賞，激發我們珍惜、保留傳統文化。……我們全村爲表示謝意，我代表族人贈送匾額和賀禮。

村長很清楚地把「原舞者」的展演詮釋爲學習、保存、發揚排灣古樓的眞實傳統文化。Tjiluvukan 家頭目 kalaikail 觀賞後對演出很滿意。我問她聽到神靈之歌時有何感覺，她說：會寒毛豎立，而古樓人外出演出時會先祭告。可是她也沒有把「原舞者」唱這首歌的事看得很嚴重。古樓展演那天下著傾盆大雨，大家在鄉公所前廣場搭蓋的布篷下演出和觀賞。排灣族與賽夏族不同，下雨並不代表神靈祖先生氣，而可能是祖先因感懷、喜悅或思念而流淚，具有哀思的美感。「原舞者」和古樓國小學童的展演得到村人的讚許，沒有人批評「原舞者」唱五年祭神靈之歌有什麼不妥，至今似乎沒有產生什麼不好的副作用。古樓村也有死亡等不幸事件發生，但沒有人把它與「原舞者」的展演聯想在一起。可是會唱五年祭歌的「原舞者」還是外人，不可能像在賽夏族一樣參與到實際的神聖祭儀中，與族人同歌共舞。

四

同樣是面對神聖祭儀歌舞學習和展演的問題，「原舞者」的排灣經驗與賽夏經驗明顯不同。我發現古樓村民對「展演事件」的反應其實反映的是他們的「文化眞實」。排灣古樓村所顯現的「文化眞實」具有「區隔性」，與賽夏的「交融性」形成對比。我前面已提到排灣族對代代相傳的口語傳說可清楚區分爲「眞實傳說」

（tjautsiker）與「虛構傳說」（mirimiringan）。他們對於具有歷史性質的「眞實傳說」格外重視，確信其中的人物事跡是眞的，傳述者不可以隨意改變。而祭儀經語以及有固定歌詞的神靈之歌比「眞實傳說」更眞實、更神聖、更具權威性。「虛構傳說」則是人用智慧編造的，具寓言性與教育性。像排灣族這樣淸楚地區分「眞實」與「虛構」在賽夏族是不存在的。排灣古樓村人面對眞實又神聖的神靈之歌的展演自然非常愼重。可是我們觀察到的是他們對本村人外出展演看得很嚴重，一定要先向神靈祖先作祭告稟報儀式；但對非古樓村人展演古樓極神聖的五年祭神靈之歌有意地將它置於古樓村之外的另一個範疇來處理，完全將之視爲外人學習及宣揚古樓文化的「表演」，不希望以「眞的」、具實質意義的古樓祭儀歌舞看待。對古樓村人來說，「村」（qinalan）是一個淸楚區分「己群」與「他群」、「眞實」與「虛構」的界線。

「村」（qinalan）的重要性在過去一些排灣族的文獻中雖有提及（石磊，1971；松澤原子，1976），但常在較大篇幅討論「家」或「團」等觀念時，「村」未受到充分的重視。我從古樓最盛大的五年祭的經語以及儀式活動中發現「村」是一個很凸顯的概念。古樓村人在祭儀中祈求獲得「獵物」（qimang／matsunan）。獵物的祈求可說是古樓五年祭的精髓，獵物中又以敵首最爲貴重。外村的人無論什麼族只要侵犯了古樓的土地與人，就是獵首的對象。古樓村有淸楚的村界（入口處有護衛柵欄）與屬於村的重要祭位。五年祭開始時要先爲「村」中所有重要祭位做遮護和增強力量的儀式，再爲村人的身體及靈魂做驅除邪穢和增強力量（papuruqem）的祭儀。古樓村人在言談中常常會提到「ta qalaqalan」，其用意在

強調：我們是同一村的人。有趣的是「qala」是敵人之意，「同一村人」指的是面對共同敵人的人。「同一村人」也可以稱爲「ta qinalanan」。村的護衛不只針對人間外村的仇敵，也針對神靈界的惡靈。五年祭時村人在村界內的刺球場中以象徵矛的竹竿刺球，祈求得到神靈界創造者與回到人間的善祖靈給予村人獵物等福運。這是古樓眞實五年祭儀歌舞的意義。

古樓村人害怕本村具有祭師身分的人如果在非祭典期間唱五年祭歌會讓神靈誤以爲眞。所以「原舞者」學習時男祭師不會重唱五年祭的神靈之歌。當完全由古樓村人組成的團體外出展演古樓文化時，男祭師做祭告後仍然不敢唱完整的神靈之歌，以與「眞的」五年祭有所區隔。可是外村人「展演」古樓五年祭歌時，即使全部唱都不可能變成「眞的」，如果事先正式祭告，反而太愼重了，可能弄假成眞。古樓排灣族五年祭強調的哀思情感（mapaura／paurauran）主要是指本村祖先與子孫因生死隔離而引起的難過思念的感覺，而不是像賽夏族的哀怨情感（mahowis）牽涉到本族與外族的糾纏矛盾關係。我在排灣族能夠有距離地欣賞哀思的美感，在賽夏族則爲哀怨的情緒所控制而難以自拔。在「原舞者」展演事件中，排灣古樓村人呈現了他們對「文化眞實」具區隔性的看法，給予我寶貴的比較與反思的機會。

尾　聲

本文呈現的是一個外來展演團體經過人類學者媒介，將原住民社會的祭儀歌舞轉化爲舞台展演的事件。這個「展演事件」雖然在

特定的社會變遷時空中由具有主觀意圖的外來者所發動，但由於碰觸到原住民社會的神聖祭儀歌舞，在轉化為舞台展演過程中反而為該文化原有的對「文化真實」的看法所框限（framed）。借用 Erving Goffman（1974）所提出的「框架」（frame）概念；五峰賽夏與古樓排灣在與外界接觸的「展演事件」中呈現不同的「文化真實」框架（frame）；賽夏具「交融性」的文化真實常把外人框入；排灣具「區隔性」的文化真實則把非本村人置於框架之外。

William Beeman（1993）在回顧人類學的展演研究時提到：近二十年社會科學與人文學進入「展演」（performance）領域是令人興奮的突破性發展，因為在真實時空中的動態展演形成文化材料，因此也影響材料的詮釋。「展演事件」本身所作的「文化展演」就如同 Milton Singer（1972）所說的具有「文化媒介」（cultural media）的意涵，可以表達和溝通文化的內容。「展演事件」雖然接近 Victor Turner（1974）所說的「社會劇」（social drama），但我同意 C. Geertz 對 V. Turner 以「社會劇」的幾個過程為基礎發展出來的儀式與展演分析的批評。Geertz（1983）認為「社會劇」以動態過程為主的研究取向忽視了文化的內容，亦即特定文化的認知、情感與價值的象徵體系。可是要如何透過「展演事件」來瞭解該原住民社會的「文化內容」？

Hastrup 與 Hervik 認為：在田野中客觀的經驗無法與主觀經驗區隔，而人類學知識的產生不只是以傳統的客觀理性的科學方法取得，也可從主觀直覺和實踐中獲取（1994）。人類學者純粹為人類學撰述分析目的而做的田野參與觀察，並不保證能發現該社會的「文化真實」。簡言之，我所謂的「文化真實」就是該社會的人對

自身、對他人以及對事物的認知方式,並包括價值之判斷與情感之歸屬。「文化真實」常是隱藏的,不遇到某些特殊情況例如衝撞到該社會的神聖領域、或捲入像在賽夏族經歷的道歉賠罪價值體系,「文化真實」不會清楚地對外來的研究者顯現。實踐式的參與提供發現「文化真實」的另一種可能性。在「展演事件」中我同時扮演了媒介者、行動者的角色,獲得不同於以往的經驗與體會,如果在論文撰述時以所謂的學術客觀理性標準將這樣的經驗過濾掉,剩下來的恐怕就是如同舞台展演的範型化「真實」了。

　　許多人包括觀眾、表演者與部落族人都以為「原舞者」經過田野學習而作的展演,是該原住民社會真實祭儀歌舞的翻版。沒錯,「原舞者」在學習時希望儘量能接近該族祭儀歌舞表現的原味與精神,可是舞台上的展演經過編排者與演出者的詮釋,所反映的是展演者建構出來的虛擬意境與範型化的「真實」。例如真正的矮人祭場的歌舞蓄積的是連續三晚到天明的賽夏族生命力,空氣中凝結著隨時可能撐不下去或得罪矮人等老前輩的焦慮情緒,矮人祭的歌聲在觀光客充斥的露天祭場中若有若無地飄浮著,旋轉遊走的舞圈在外來客加入後變得動盪不安,祭歌的詞意只存在於少數族人的記憶中無法傳遞……。到了轉化為舞台展演時,矮人祭歌舞濃縮、純化、視框化了。透過字幕解說與燈光及幻燈背景的烘托,舞台上展現的是經過刻意編排詮釋的矮人祭歌舞,以及表演者長期苦練的歌聲與動作。祭場中所有凌亂、不確定的元素在舞台上被消除了。純淨化的舞台集中於主題情感與內容的展現。劇院觀眾會說:「真好聽!真動人!」真實矮人祭場的觀光客卻說:「聽不清楚、也不瞭解族人在唱跳些什麼。」一位賽夏族的老人看了「原舞者」演出後

表示：「真的矮人祭歌舞能像這樣就好了。」我們可以說舞台上不可能完全複製該族群祭儀歌舞的「真實」。經過內容編排與舞臺設計，由專業展演者藉歌舞傳達的範型化賽夏族哀怨情感與排灣族哀思情感成為舞臺展演感動人的要素。

有些研究者像 Kapferer（1981）、Turner（1982）、Tambiah（1979）等將「展演」的概念用於分析真實生活中的祭儀，Turner（1990）並把生活中的儀式與舞臺戲劇視為延續體或連環體，著重其共有的中介性（liminality），而未把真實生活中的儀式「展演」與舞臺展演作明確劃分。像這樣將「展演」概念用於實際的祭典儀式分析是屬於 Clifford Geertz 所說的「類比」（analogy），以幫助辨別與詮釋人類的經驗。Geertz 認為近期人文社會科學在作類比時越來越偏向使用文化展演的設計，例如「戲劇」、「文本」、「遊戲」等而不以「神經機械學」等生理器官的操縱作類比（Clifford Geertz, 1983：22-23）。可是我覺得以「展演」概念作類比有一個危險，也就是當我們把實際生活中的儀式視為「展演」來分析時，極可能將該社會對「真實」與「展演」的看法掩蓋了（有些文化可以較清楚地區分真實與展演，有些則否），以至於無法發現不同文化所呈現的不同的「文化真實」。本文同時關注真實生活中類比式的祭儀歌舞「展演」與舞臺化的祭儀歌舞展演（包括當地人本身的展演與外來者的展演），以及前者轉化為後者的過程。在賽夏和排灣的「展演事件」中，我們發現了不同類型的「文化真實」。無論是賽夏「交融性」的文化真實或排灣「區隔性」的文化真實，所呈現的是當地人對「己群」與「他群」、「真實」與「表演」的不同認知與框限方式，直接影響外來展演者、媒介者與

當地人的關係。當然,這樣的「文化真實」不一定要由展演事件才能呈現,但由於「原舞者」展演事件觸及真正的而非類比的「展演」,所以能夠清楚地看出框限的範圍。

在五峰賽夏與古樓排灣,我先有觀察研究部落祭儀歌舞的經驗,然後再參與將實際祭儀歌舞轉化為舞臺展演的工作,因此經驗了兩種層次的「文化展演」。同樣面對將神聖祭儀歌舞轉為舞臺展演的問題,「原舞者」團員與我在賽夏族的學習和展演過程中為其「交融性」的文化真實所融入,必須遵循賽夏的道歉化解與稟告儀式,扮演較為投入、「內」「外」界線不分明的角色;在排灣族的學習與展演則為其「區隔性」的文化真實所區分,非古樓村人演出時不必先作祭告儀式,扮演較有距離的外來者角色。我們在賽夏族雖然以尊重的態度小心謹慎地處理展演事件,但是一旦發生不幸,在因果的論證中展演者不論是本族或外族都不能脫離關係。排灣族的經驗則讓我意識到由於兩個族群對「文化真實」有不同的認知,若展演後發生不幸事件,在排灣古樓村不至於將外來展演者視為肇禍的原因。對賽夏族而言,外人極可能因使用真實的神聖物或唱了整套祭歌而將舞臺轉變成真的神聖場域;但在排灣族,外人即使在舞臺上採用真的祭儀用品或唱完整的神聖祭歌也不可能將舞臺轉化為真的祭場(本村人如此做則會產生真的效果)。不過相對地「原舞者」的賽夏矮人祭歌舞演出,對五峰賽夏族實際的矮人祭歌舞有較大而直接的衝擊,「己群」與「他群」有交融的機會,表演者不但可以參加正式祭典助唱,而且激發不少賽夏年輕人苦練矮人祭歌。但「原舞者」的展演對排灣古樓的五年祭歌舞則看不到發生甚麼直接影響,「原舞者」團員不可能參與到真實的具神聖性的五年

祭歌舞祭儀活動中。不過我們看到古樓村人藉「原舞者」的舞臺演出更加增強自我的認同，強調本村歷史傳承的卓越性以與外村區隔。

　　類似性質的舞臺展演在排灣古樓與賽夏五峰卻產生如此不同的結果，這並不是外來參與者可以憑主觀意願控制的。如果不是經歷「原舞者」展演事件，我不會對這兩個社會的「己群」與「他群」、「真實」與「表演」的差異有這麼深刻的感受。人類學實踐式的參與，使得研究者與原住民社會產生特殊的交往關係。雙方在互動過程中所獲得的正面或負面經驗都很珍貴，應該在「文化真實」的脈絡中尋求理解與進行批評。

參考書目

古峪：〈Vuvu 之歌：關於排灣族古樓樂舞〉，《山海文化雙月刊》第13期。1996年。

石磊：《筏灣：一個排灣族的民族學田野調查報告》，中央研究院民族學研究所專刊之21。1971年。

吳燕和：〈台東太麻里溪流域的東排灣人〉，《中央研究院民族學研究所資料彙編》第7期。1983年。

松澤員子（張燕秋等譯）：〈東部排灣族之家族與親族──以 ta-djaran（一條路）之概念為中心〉，黃應貴編《台灣土著社會文化研究論文集》（台北：聯經出版事業公司），頁445-478。

───：〈東部パイクニ族の家族ヒ親族──ta-djaran（一つの

路）の概念を中心ヒしこ〉，原載於《國立民族學博物館研究報告》，1（3）505-536，昭和51年。 1976（1986）。

胡台麗：〈從田野到舞台：「原舞者」的學習與演出歷程〉，《原住民文化會議論文集》（台北：行政院文化建設委員會出版）。1994年。

───：〈賽夏矮人祭歌舞祭儀的「疊影」現象〉，《中央研究院民族學研究所集刊》第79期，頁1-61。1995年。

───：〈排灣古樓五年祭的「文本」與詮釋〉，徐正光、林美容編《人類學在台灣的發展》（台北：中央研究院民族學研究所出版）。1999年。

胡台麗、謝俊逢：〈五峰賽夏族矮人祭歌的詞與譜〉，《中央研究院民族學研究所資料彙編》8:1-77。1993年。

陳春欽：〈向天湖賽夏族的故事〉，《中央研究院民族學研究所集刊》21:157-195。1966年。

鄭依憶：《賽夏族歲時祭儀與社會群體間的關係的初探：以向天湖部落爲例》，國立台灣大學人類學研究所碩士論文。1987年。

Beeman, William O.：" The Anthropology of Theater and Spectacle ", *Annual Review of Anthropology*, 22:369-93.1993.

Bauman, Richard & Charles L.Briggs：" Poetics and Performance as Critical Perspectives on Language and Social Life ", *Annual Review of Anthropology*, 19:59-88.1990.

Geertz, Clifford： *Local Knowledge* ： *Further Essays in Interpretive Anthropology*. (Basic Books, Inc.) 1983.

Goffman, Erving： *Frame Analysis* (Harper & Row, Publishers, Inc.) 1974.

Hastrup, Kirsten & Peter Hervik： " Introduction " , in *Social Experience and Anthropological Knowledge*, Kirsten Hastrup & Peter Hervik, eds. , (London and New York ： Routledge) .1994.

Kapferer, B. ： *A Celebration of Demons* (Bloomington： Indiana University Press) .1981.

————： " Performance and the Structuring of Meaning and Experience " , in *The Anthropology of Experience*, Victor W. Turner and Edward M. Bruner, eds.1986. (Urbana and Chicago： University of Illinois Press) .

Singer, Milton： *When a Great Tradition Modernizes* ： *An Anthropological Approach to Indian Civilization* (Praeger Publishers Inc) .1972.

Schechner, Richard & Willa Appel, eds. ： *By Means of Performance* ： *Intercultural Studies of Theatre and Ritual* (Cambridge： Cambridge University Press) .1990.

Tambiah, S. J. ： *A Performative Approach to Ritual*, From The Proceedings of the British Academy, London, Volume 65, Oxford University Press.1979.

Turner, Victor： *The Ritual Process* (Chicago： Aldine) .1969.

———— : *Dramas, Fields, and Metaphors* : *Symbolic Action in Human Society* (Cornell University Press) . 1974.

———— : *Celebration* : *Studies in Festivity and Ritual* (Washington, DC : Smithsonian Inst. Press) . 1982.

———— : *From Ritual to Theatre and Back* (New York : Performing Arts Journal Publication) . 1986.

———— : *The Anthropology of Performance* (New York : PAJ Publication) . 1987.

———— : " Are There Universals of Performance in Myth, Ritual, and Drama ? " in *By Means of Performance* , Richard Schechner and Willa Appel, eds. , (Cambridge University Press) . 1990.

（ 本文原發表於1998年《 民族學研究集刊 》84：61-86 ）

備忘錄一
矮人的叮嚀：
寫於展演之前

聽說，2月27日賽夏族長老看完「原舞者」①在台大小劇場的排演後，回程車上談論著最好可以把原舞者的幾位女團員娶回去做媳婦。這時距離4月16、17日國家劇院正式演出的日期還有一個半月。

很急迫了，大家焦慮著到底「原舞者」的歌舞呈現能不能得到賽夏族人的認可？十位正式團員之外的原住民大專生能否趕上進度？大專「山地服務社」的同學能不能配合帶動觀眾參與學習的情緒？台灣社會大眾可不可以從原舞者的演出，體會賽夏族歌舞的精妙與豐富意涵？「原舞者」是否能激勵原住民青年珍惜並傳承自己的文化？

不要忘記！

台下燈光亮起，朱耀宗（bonai a kale）的滿頭銀髮十分搶眼。他露出笑容，伸出右手大拇指。我問前面兩排賽夏族代表：「原舞

---

① 「原舞者」相關報導，參見《表演藝術》第14期，1993年12月出版。

者唱的祭歌有沒有問題？」他們異口同聲回答：「沒有。」可是，排練的一些動作細節有問題。例如唱〈招請之歌〉raraol，在推滾米臼之前地上要先放置芒草結；第五首 æLim，舞圈一開一闔時兩個肩旗要緊跟著頭尾跑；唱完第七首「賽夏國歌」waLowaLon 的第一節，長老站臼上訓話完畢，米臼要推離現場；跳取台灣赤楊樹上綁的芒草結後要往後丟，叫一聲「pei！」他們邊指正，邊示範，原舞者一一修正。臨行前，他們提醒我要拿酒和一點錢告解（sinaməl）一下，「這樣做對你們好，對我們也好。」

「原舞者」團長懷劭·法努司倒了一杯酒，連同一百元鈔票放置在朱耀宗手上。朱姓（tition）是矮人祭歌祭儀的傳承姓氏，而 bonai a kale 是新竹五峰賽夏朱姓的嫡系傳人，目前五峰北祭團②會唱祭歌的都稱他為師，「原舞者」團員也是在矮人祭歌練唱期間③向他一首首學習。朱耀宗喝一口酒，再傳給其他姓氏代表，口中喃喃唸道 maya（我的賽夏名字）和「原舞者」請他們來看矮人祭歌舞排練的用意，並請矮人諒解、幫助原舞者的演出。這一百元會在今年的矮人祭之前放入給矮人（koko ta′ay）的告解盒中，如此我們大家都能得到平安與祝福。

最後，朱耀宗對原舞者團員說：「你們學會了祭歌，不要忘記！」

---

②目前賽夏族矮人祭主要由南、北兩祭團參與，南祭團以苗栗南庄為主，北祭團以新竹五峰為主。

③目前矮人祭每二年舉行一次，祭歌練唱期間大約在正式祭典開始前一個月。

不要忘記──不要忘記──矮人的叮嚀聲響起。朱耀宗講話的語氣、神態讓我感覺到就好像是矮人在說話一般。他真的是 koko ta′ay！在祭典中 koko ta′ay 透過朱姓主祭和祭歌傳達他的訓誨叮嚀。朱姓在矮人祭儀中的優勢主導地位是建立在他是最早學會整套矮人祭歌的姓氏。從朱耀宗對祭歌的解釋中，我發覺祭歌歌詞包含了矮人如泣如訴的哀情和為人處世的訓誨；賽夏族人則誠惶誠恐地招請和送別矮人，祈求矮人繼續照顧他們。

學唱祭歌

自從1986年到五峰賽夏族參與矮人祭並拍攝民族誌紀錄片《矮人祭之歌》後，我就被整套矮人祭歌與祭儀迷住了。這是我所接觸過的最難學、最奇特、最令我迴腸盪氣、泫然欲泣的一套歌。15首祭歌之難學，凡是學過的人都有很深的體會。就因為祭歌這麼難學，而整個賽夏族會唱整套祭歌的人屈指可數，大家才認為會唱的人是矮人特別揀選的，矮人賦予特殊的權柄。1992年的祭典前，「原舞者」隨族人練唱，發現每首歌的音調要抓準和分辨清楚十分困難。以他們豐富的學唱其他族歌曲的經驗，碰到這套祭歌時卻都瞠目結舌，很費力地記憶全套詩詞形式極為完整，全部以kaLinapi④開頭，後面接著某種植物且以該植物尾音押韻的祭歌。有幾位賽夏族的年輕人也非常投入，一個月左右的練唱時間幾乎每天都苦練。可是要記憶總共34節229句，而且句型以三種規則輾轉反覆，並加上變化多端虛字的15首祭歌談何容易？每次練唱都從傍

---

④kaLinapi 是起首語，意為提起……，說到……，

晚到深夜，全套唱完要費時四個多小時。

芒草開花，矮人歸來。連續幾個清晨，「原舞者」團員循著漫山遍野的芒草，來到主祭朱耀宗家的前院，先請他們夫婦為團員綁上芒草結再開始錄音、錄影，一首首習唱。我們也要求按照賽夏族學習祭歌的風俗做口傳（pamǝmǝ）的儀式，以往主祭會含一口水在口中，然後傳到要學習祭歌者的口中，口口相授，讓對方能傳接到這套矮人祭歌。現在的作法是朱耀宗先喝一口水，然後將他喝過的水傳給團員喝。賽夏族長老朱逢祿先生以中文發音記錄的歌詞，以及特別請語言學家李壬癸老師以國際音標詳細記錄，和我根據朱耀宗的說明整理的詞意與記錄的虛字，再加上民族音樂學者謝俊逢先生記錄的歌譜，幫助「原舞者」逐字逐句對照朱耀宗的唱法學習。團員們在筆記本上又附加了自己發明的符號，加強記憶。晚上則參與族人安排的在不同家庭中舉行的練唱。

祭典開始前，「原舞者」團員共同練會了第二首歌 roLi′ 和第十一首歌 binbinlayǝn。因為第一首〈招請之歌〉raraol 在練習時不能唱，所以第二首歌是練習時最先唱、最常唱，但也非常難唱的一首歌。十二首到十五首送別時唱的歌平時也不能練。第二到第十一首歌中，以第十一首歌最為輕快活潑，共二節，以三種曲調表現，是較容易學、最討人喜歡的一首歌。除第二和第十一首歌之外，團員每人分配主攻一首歌，結果發現他們選擇的歌都和各自的個性、音色、味道十分符合，唱起來格外起勁。祭典開始後，連續幾個晚上團員分上半夜、下半夜輪流到祭場參與學習，情況允許時則換上祭服加入舞隊唱跳。泰雅族的阿忠・瓦旦學得特別快。五峰賽夏族與泰雅族為鄰，語言有泰雅化的趨勢。阿忠可以直接和賽夏老人家

交談，他有一次很難過地跑來對我說，一位老媽媽和他聊天，告訴他年輕人差不多都不會唱祭歌、不會說賽夏族話了。他的感想是：「好可憐！」也激發他更加努力地習唱。

朱志敏（ubai）是賽夏族年輕一代中最擅長唱祭歌的一位，也是我第一次上山就結拜的乾弟弟。他是那麼真誠地接納、帶領「原舞者」團員學習祭歌，他也以同樣的熱心協助同族年輕人練唱。我在祭場上看到這些年輕人聯成一線，唱出動聽的祭歌，心想：這樣的聲音應該更響亮，而不是被時代的洪流淹沒，供人憑弔。研究人員花了心力整理的祭歌資料不能孤芳自賞，僅供學術討論。它最好能為原住民所用，也讓社會大眾瞭解、欣賞原住民文化，為它的存續盡一分力量。舞台呈現是一種傳達的方式。

植物押韻

賽夏族矮人祭歌舞適合搬到舞台上演出嗎？要如何呈現？「原舞者」開始學習矮人祭歌時就有這樣的心理準備：學會了不一定能夠演出。可是只要賽夏族人允許學習，就要盡心盡力把它學好，不是片段地學，而是要會背整套祭歌，完完全全地傳承下來。去年6月，「原舞者」上山向長老請示是否可以將矮人祭歌舞作舞台演出。各姓氏代表在朱逢祿先生家會合，聽我們說明演出的目的和方式。他們說不能夠像真正的矮人祭一樣唱所有的祭歌。我解釋在舞台上不可能做真正的矮人祭，真正的矮人祭還包括許多儀式，祭歌也分三、四天唱，並要遵守某些歌某些天不能唱的規則。舞台演出時我們會加以濃縮，向觀眾介紹賽夏族矮人祭歌舞的意義，絕對不是在做矮人祭。真正的矮人祭一定是在賽夏族原地按照傳統進行。

之後，朱耀宗拿「原舞者」準備的酒和錢向矮人稟告、獻祭（humapus），然後拿一碗酒給各姓氏長老傳喝。他們又從我們給矮人的錢中取出二十元買一瓶酒給「原舞者」團員喝，讓他們演出順利。那天的酒和錢同時為另一件事向矮人和賽夏長老道歉。

我必須認錯，沒有先徵求朱家同意，就邀請植物攝影家陳月霞在賽夏族人錢火榮和趙建福引領下拍攝並採集矮人祭歌中的植物。和祭歌相關的植物是矮人的，有其神聖性，必須朱家授權才能採集。在唱一首首祭歌時我就對這些植物充滿好奇，很想知道他們長得什麼樣子，也希望在呈現矮人祭歌舞時把植物象徵的涵義表達出來。

當矮人祭歌中提到的二十五種植物一一現身，心中的感動莫可言喻。它們就這麼活生生地立在賽夏族與矮人共同生活過的環境裡。沿曲折山徑走下溪谷，望見山枇杷樹（Lito）真的橫伸向矮人住的對岸的岩洞，堅韌的黃籐（oeway）帶著滿身的刺在林中攀爬，楓香（roLa）在祭場正中展顏，山胡椒（ma'æw）結了串串果粒隨手可摘……。二十五種植物中有十二種用來作為章節的押韻。朱耀宗表示一種植物可能代表一個姓氏，洪水退卻之後出現於賽夏的生長地，一直繁衍。可是這些植物大多具有容易摧折的特性，幸好其中有黃籐，賽夏族得以存續下去。祭歌和祭儀中屢次提到的台灣赤楊（ʃiboLok）雖然易斷，但同時也是能夠在惡劣環境中繁衍的植物，陳月霞一面為「原舞者」團員解說這些植物的特性，一面為他們與各人專攻的祭歌中植物合照。從此，他們唱這些祭歌時就多了一份與自然結合的親切感。這套祭歌包含了矮人與賽夏族人對生命之容易摧折的哀嘆，以及對生命存續繁衍的期盼。

賽夏與矮人和雷女的恩怨情結

　　祭歌中沒有唱到但是在整個矮人傳說中十分重要的一種植物是山棕（banban）。矮人是賽夏族的鄰人，曾經幫助賽夏族人作物豐收，教導歌唱祭儀，在作物收穫後共行矮人祭典。可是矮人行為不當，非禮賽夏婦女，觸怒賽夏族人而思報復， 將通往矮人居處的山枇杷樹橋砍斷一半。矮人坐橋上乘涼時，樹斷落水覆亡。倖存的兩個矮人 ta′ay 和 toway 將叮嚀訓誨編入歌詞，沿 ʃikay 河向東方而去時邊撕山棕葉邊說：你們（賽夏族）如果不遵從叮嚀教誨，農作物會歉收，全族會滅亡。幸好矮人存不忍之心，未將山棕葉全部撕裂，留下相連的葉梢，賽夏族因此保存了生機。

　　賽夏族人說山棕葉未撕裂前長得像芭蕉，而第六首祭歌 hiyowaro 描述了雷女（ yo′æw ）下凡成為賽夏族朱家的媳婦，以神奇力量幫助開墾土地之事。可是她被公公逼迫觸摸煮鍋，轟然一聲雷女消失，只見一株芭蕉樹立在那裡。另有傳說記載雷女的賽夏族名字是 waLowaLon，而 waLowaLon 是第七首被視為賽夏族「國歌」的主題，唱這首歌第一節時米臼要滾到祭場中間，全體族人肅立，手牽著手面向東方歌唱。朱耀宗把 waLowaLon 解釋為矮人，我以為是雷女與矮人重疊意象。二者都是賽夏族的恩人，幫助作物豐收。雷女將小米帶給賽夏族，矮人則和陸稻關係密切。但是雷女和矮人都被逼害而死，有極為複雜的恩怨情結。賽夏族人唱這首歌時拖著抖顫的尾音，令人產生掏心剖腹、無窮哀怨、無盡祈求之感。

　　日據時的採訪紀錄顯示賽夏族以往有收穫後祭和播種祭，是女

神koko教他們的。據推測女神koko就是將小米種子帶給賽夏族，幫助他們豐收的雷女。koko離去後賽夏族舉行收穫後祭時通知河對岸的矮人來參加。另方面矮人精於祭歌祭儀，舉行矮人祭時也邀請賽夏族人參加。發生矮人為賽夏族陷害落水覆亡之事後，劫後餘生的矮人教導賽夏族矮人祭的作法，賽夏族原先的收割後祭變成了矮人祭。有趣的是賽夏族歌曲中以kaLinapi加植物名起頭的歌還有播種歌和除草歌，更加深以小米耕作為主的雷女與幫助作物豐收的矮人的關聯，二者的影像在矮人祭歌祭儀中疊合。

歌如泣訴舞似蛇游

整套祭歌舞動的部分與肅立不動的部分都有深刻涵義。祭場中跳動的舞帽（kilakil或稱肩旗）就像撕裂的山棕葉片飄飛，上面綁的鈴鐺發出警示聲。臀鈴為祭歌伴奏，聲音敲擊著人心，如同矮人的反覆叮嚀。肩旗與臀鈴必須不斷搖動，讓姓氏族群的命脈持續。族人以接力的方式同心協力完成歌舞與伴奏的工作。第五首æLim舞隊開始跑步，頭尾在舞帽帶動下一開一闔。配合歌詞意思，朱耀宗說是作物成熟時矮人來臨，帶領偷懶的賽夏族人到勤奮耕作者的田地巡看，希望有所改進；而唱到第五首第三個調子時矮人哀訴從山枇杷樹橋跌入漩渦覆亡的往事，此時跑動的舞隊漩渦般地捲入捲出，歌聲則淒惻悲涼，賽夏長老錢火榮（ubai a ite）說他領唱這首歌時會落淚。我聽朱耀宗為「原舞者」錄此歌時也無法控制地淚流滿面。

有的族人告訴我舞隊像是一條百步蛇在游動，有時尾巴捲入，再伸展開來。百步蛇的賽夏語是mintatinian，而賽夏族人將活在

世間年紀很大的長輩、已死的長者以及像雷女、矮人等前輩都稱之為 tatini，mintatini 是老前輩。換言之，百步蛇形舞隊可以視為老前輩雷女、矮人等的象徵。如果隊形漂亮，歌唱得好，會讓老前輩高興，給予賽夏族人幸福。這套矮人祭歌舞不是為了娛樂，而是包含了矮人等老前輩的叮嚀訓誨和賽夏族人的虔誠祈求。送別部分的歌舞配合砍台灣赤楊 ʃiboLok，等待 ʃiboLok，跳取 ʃiboLok，然後將它折斷的過程，節奏加快，在反覆的送與留的「演出」中，矮人與賽夏族人的影像交疊。二者亦友亦敵，有懲罰也有賜福，有祈求也有毀滅，是生與死的拉鋸，像演戲卻又是再真實也不過的人生。代表矮人賜予福氣的台灣赤楊 ʃiboLok 是族人極力想爭取的，跳取它是得到幸福，折斷它是把不好的除去。可是它又像是代表曾欺侮賽夏族的矮人，折斷它如同把矮人坐的樹橋砍斷，將敵人毀滅。既容易摧折又容易繁衍的台灣赤楊 ʃiboLok 吐露了多少族群求生存的悲歡？

原舞者費心費力以求全

「原舞者」在舞台上呈現矮人祭歌舞時，希望能把矮人的叮嚀訓誨和賽夏族人戒懼祈福之情表達出來，祭歌中的植物也會藉幻燈片在適當時機顯現。另外，「原舞者」費了許多心力教導七、八所大專院校山地服務社的同學第二首和第十一首祭歌，希望他們在舞台演出前和演出後的廣場歌舞活動中帶動觀眾參與學習，不要只是冷冷地觀賞。大家必須開口試唱才會感受到祭歌的神妙。

值得特別一提的是「原舞者」這次演出的服裝與道具製作。賽夏族婦女原來也擅於織布，第十首祭歌 kaptiloloL 歌詞敘述的就是

精於織布之事，但唱這首歌時卻充滿了依依不捨的離情，「原舞者」的詩人作家阿道在主唱這首歌時韻味表達得非常好。賽夏族的婆婆maya a tabəh解釋詞意：矮人說我走後你們就不會織布了。如今北賽夏族只找到趙風秀鳳（baza a kale）和她教導的兩個女兒會織賽夏族的紋樣，他們目前住在阿里山鄒族聚落中。「原舞者」請徐韶仁女士（收藏研究原住民藝品者）幫忙選擇棉線，送到台東關山布農族李天送神父的工作坊那裡染色，再寄給阿里山賽夏族母女，完全以手工織出傳統服飾。原舞者團員親自爲每套衣服縫上珠子、鈕釦等飾物。至於歌舞演出所需的肩旗（kilakil）、臀鈴（tapangasan）、米臼等，原來想請賽夏族人製作，但是怕觸犯禁忌，經他們同意，由原舞者自行準備。泰雅族團員阿忠・瓦旦出力最大，還動員了他住在山上的父親協助。裝飾部分卑南族團員斯乃泱十分盡心。排演那天賽夏族人看後給予由衷的讚美。

這些天「原舞者」團員按照實際祭典的動感，以邊唱邊跳且有肩旗、臀鈴伴奏的形式錄了一整套約四個鐘頭長的祭歌作爲紀念。另外打算出一張節縮版包括矮人祭歌所有曲調的CD與錄音帶。團員們真的完全會背了，而且唱得很好聽。我告訴在苗栗南庄賽夏族南祭團做研究的鄭依憶，她驚訝地說：真厲害，他們一年中天天在練嗎？

對於我這個矮人祭歌迷來說，會唱整套祭歌的人都是我的偶像，「原舞者」團員全成了我的偶像。我也希望他們學會了不要忘記，而且謹記矮人的叮嚀做事情要有始有終，不可三心二意，要勤奮，要與人分享，要如照顧稻穀般彼此照顧，要如黃藤般堅韌。更重要的是每當賽夏族祭歌響起時要回到族裡助唱，鼓勵更多年輕人

傳承祭歌祭儀。

　　當然，「原舞者」團員中如果有人成了賽夏族媳婦或女婿，那是再好也不過的事，我一定要和他共飲一杯甜甜的米酒。來，anomi！⑤

　　　　　　（本文原發表於1994年《表演藝術雜誌》第18期）

---

　　⑤anomi 是賽夏族的一種飲酒方式，兩人嘴碰嘴共飲一杯酒。

備忘錄二
從 ulung tjavari 到 iaqu：
排灣古樓的古調與傳說

聽 vuvu（祖母輩）dravu 唱 ulung tjavari，我整個心神被牽往一個古老悠遠的境地，有些蒼茫，卻又那麼深沈舒緩，似有綿綿不絕的情意與思念流洩而出。據說這個調子在先祖建立古樓村落之前的一個聚落 kurasa 時就已流傳。若以 Qamulil 家可記憶的三十幾代估算，應有數百年甚至近千年的歷史。如今在古樓只有 dravu 能唱出遠古的韻味。

> ulung tjavari—
> tjavari la ta rinaul,
> na se vusam i vukid.
> （一株 tjavari，種子散播在林野。）

這首歌以這句開始，也以這句結束，應該是最原始而固定的歌詞。中間一直重複著同樣的曲調，任憑歌者將一句又一句歌詞編入。dravu 說一個很會編詞的人可以假想自己在古樓村中挨戶拜訪，用這個曲調將每一家的特性描述出來，或者敘述某家男子愛上

某家女子……。唱到一級頭目家名時，要在前面加"rianes"（一種橘子，皮厚，象徵尊貴的頭目）；提到二級頭目家名時，要在前面加"daraiap"（野橘，皮薄，代表次級的頭目貴族）；唱到一般家名時，要加"lavangas"（野草，象徵平民）。例如：

ulung tjavari——rianes ti sa Qamulil na veneqats tu leveleveqan.
（tjavari 啊！如同"rianes"般的 Qamulil 家創立了刺球祖靈祭。）
ulung tjavari——daraiap ti sa Tjakisuvung, sika rumal nu ti imaima anga.
（tjavari 啊！如同"daraiap"般的 Tjakisuvung 家受到眾人尊敬。）
ulung tjavari——lavangas ti sa Patjalaiurh, sika rumed ni sa Tjinurengan.
（tjavairi 啊！Tjinurengan 家的男子愛上如同"lavangas"般的 Patjalaiurh 家的女子。）
ulung tjavari——lavangas ti sa Tjakuravu, ma urau i kinavelengan.
（tjavari 啊！如同"lavangas"般的 Tjakuravu 家好像被遺忘了。）

　　tjavari 是什麼樣的植物？村人說它生長在深山裡，所有植物中它的葉子最香，快枯萎時更香，可是很難尋獲。tjavari 代表十分尊貴的女人，以往年輕男子在山林打獵時如見到 tjavari，會將葉子編成花環，再插上黃菊花（isip），送給頭目家的女子。在 ulung tjavari 的優美古調中，我想像著 tjavari 的種子在古樓村形成之前的 kurasa 時期就在林野中散播著，長出讓先祖 druluan（男）、rhugilingan（女）和他們的孩子們陶醉的芳香葉片！

　　不由得想起女祭師 laelep 對我們重複講述的古樓村起源傳說。
有一對夫妻 druluan 與 rhugilingan 由台灣東部（卑南族一帶）橫過
山脈，來到台灣南部，再往北走，抵達 kurasa 定居。他們生了一
女三男，但長女 alisu 不幸在年幼時就去世了，那時人間還沒有祭
儀可以處理喪葬。三個男孩長大後外出打獵，選擇在 kulalau 蓋房
子居住，並請父母也遷居 kulalau。可是他們的父母每次想搬遷
時，心愛的狗就一直趴在一株古樹的樹洞中不願走。兩位老夫妻對
兒子說，我們如果也離開，你們已死的大姐 alisu 會沒有伴，便決
定留在 kurasa，也死在 kurasa。

　　kurasa 是古樓先祖埋骨的所在地啊！ulung tjavari 歌詞勾起了
對 kurasa 的回憶，是至今唯一留存可溯及 kurasa 時的古調。可是
古樓村的真正創始者是三兄弟中的老大 drumetj，興建了古樓最早
的家屋，取名 Girhing。老二 lemej 後來蓋的家屋命名為 Qamulil，
老三 dravai 的家屋名是 Radan。據說在古樓時代才產生各種祭儀，
其中五年祭 maleveq 是最重要而盛大的村落性祭儀。五年祭期間我
們不斷聽到 iaqu 的曲調。

　　從1984年起我共參加過三屆屏東古樓村的五年祭，iaqu 的曲調
和刺球等祭儀活動同樣成為記憶中極深刻而動人的部分。古樓的
iaqu 有好幾種曲調。坐著唱時是一種調子，歌者可以自由編歌詞，
是五年祭期間最普遍聽到的一個曲調。男祭師迎接祖靈歸來時以一
種特殊的 iaqu 曲調主唱，歌詞是具有神聖性不能更改的五句神祖
之歌，眾人隨主祭複唱歌詞時則是使用坐著唱的 jaqu 調子。跳舞
時唱另一種 iaqu 曲調，這曲調在非五年祭期間唱出時頭尾不唱
iaqu 虛詞。 iaqu 是五年祭迎祖先歸來後直到次年送祖靈祭

（pusau）的一年中特別增加的曲調，無論唱什麼都應加唱 iaqu。
唱 iaqu 是為了取悅祖先，如同對祖先隆重的呼喚聲。五年祭 iaqu
的歌詞內容主要有兩類。一類與祖先相關，唱出懷念祖先及向祖先
祈求的詞句；另一類與獵獲物有關，誇耀獵到人頭和野獸。過了五
年祭期間，就禁止再唱 iaqu。

　　七十多歲的 dravu 端坐著唱了一首母親 lavari（曾身兼 Girhing
及 Qamulil 兩個重要家系的女祭師）教她的 iaqu，短短幾句觸及了
五年祭的起源傳說：

　　　i umaq ti sa lemej lemizau tu kavaian la.i—a—qu—i—a—i.
　　　（lemej 在家欣賞刺球竹竿"kavaian"。i—a—qu.）
　　　a vusam ni sa lemej lairiman vuruvurung. i—a—qu—i—a—i.
　　　（lemej 帶來了最尊貴的小米種子"lairiman"。i—a—qu.）
　　　sa lerem a Qamulil temuru tu puringau.i—a—qu—i—a—i.
　　　（Qamulil 家的 lerem 教導成為女祭師"puringau"。i—a—qu.）
　　　sa lemej tjagarhaus paraingan tjagarhaus. i—a—qu—i—a—i.
　　　（lemej 讓 tjagarhaus 擔任男祭司"paraingan"。i—a—qu.）
　　　sa lemej a Qamuli na patagil tu maleveq.i—a—qu—i—a—i.
　　　（Qamulil 家的 lemej 創立了五年祭"maleveq"。i—a—qu.）

　　古樓應該是五年祭 maleveq 起源地之一（文獻記載 padain 部
落有不同的五年祭起源傳說），Qamulil 家的 laelep 能夠講述世代
相傳的有關五年祭起源的「真實傳說」（tjautsiker），提到
Qamulil 家始祖 lemej 將祭儀帶到人間的經過：

　　最早在古樓定居的三兄弟中的老二 lemej 很喜歡雕刻。有一天他在雕刻刀鞘時把木屑用火點燃。此時神靈界（makarizeng）的 drengerh 正在曬衣服，見到山上有煙冒出，很好奇地想去一探究竟。drengerh 就找了一束小米梗，中間放木炭，再加一點肥豬肉，點火後順著小米梗的煙來到 lemej 的房子外面。lemej 發現屋外有東西震動，突然間顯現了一位女子。lemej 問她是從裡來的，drengerh 回答說我是從創造者 naqemati 那裡來的，叫做 drengerh，家名 Tuarivu。lemej 也報了自己的名字。drengerh 問道：「你們人間（katsauan）有什麼食糧？」lemej 告訴她有品質和產量不佳的芋頭（vasa）、地瓜葉（tjautjau）和小麥（rumai）。drengerh 說這些糧食作物在靈界有不同的名稱，而且種類更為豐富，要 lemej 三天後在太陽還沒上升時，點燃小麥梗（中間放木炭），順著煙到她那裡，她會在休息站等候。

　　第三天 lemej 依言行事，很奇妙地來到休息站，然後在 drengerh 帶領下來到她居住的地方。drengerh 為 lemej 準備小米、紅藜、樹豆，和優良的地瓜和芋頭種子，要 lemej 帶回人間在草木發芽的季節播種。另外又給了他兩份包括豬骨和桑葉的祭品，要他回家後先做兩個豬舍，把一份祭品放在東邊豬舍，一份放在西邊，三天後再去查看。lemej 點燃 drengerh 給他的一束小米梗返回人間，約定十天後順著另一束小米梗的煙重訪神靈界，參觀 maleveq（五年祭）。

　　lemej 照 drengerh 的指示建了豬舍，把祭品放入東西兩

邊。第三天去看時很驚訝地發現，東邊的豬骨等祭品化爲公豬，西邊的化爲母豬。到了第十天，lemej 如約在太陽升起前到達休息站。drengerh 安排一個人把 lemej 帶回她住的村落，剛好看到 maleveq 正式開始時上煙招請祖靈的祭儀（putsevul）。lemej 便留在那裡觀看學習 maleveq（五年祭）所有的祭儀，直到結束時的出獵祭（mavusuan）爲止。drengerh 又給 lemej 兩束小米梗，一束供燃燒返回人間之用，另一束是讓 lemej 五天後點燃重返神靈界，因爲那兒將舉行一個結婚儀禮（putsekel）。

五天後 lemej 在太陽還沒出來時就順著小米梗的煙來到神靈界。lemej 觀看了揹新娘的儀禮。新娘頭上蓋著「太陽的花布」，在揹新娘來回走五次前，新娘先哭，同時間於屋頂上刺殺一隻豬獻給太陽……婚禮後 drengerh 再和 lemej 約定十五天後回來神靈界參觀晉升女祭師的儀禮（sman puringau）。

lemej 第四次返回神靈界，drengerh 在休息站等他，告訴他晉升女祭師的儀禮一般人只能從遠處秘密地看。……lemej 看到神珠由天上掉下，晉升女祭師者繞著五層竹籃爬……。祭儀完畢，lemej 準備回人間。drengerh 挽留他，並對他說：「我們看中了你，所以讓你觀看學習這裡所有的祭儀。我和你已經認識了一段時間，今天眞是一個好日子！」lemej 不太明白 drengerh 的話，drengerh 便解釋她是從創造者 naqemati 那裡來的，是 naqemati 使他們有機會交往，並讓 lemej 親眼看到祭儀。drengerh 接著說：「我愛上了你，

就讓我們來吧！」於是用月桃蓆將 lemej 捲入，成為夫妻。

　　lemej 在 drengerh 處住了很久，生了四女一男。孩子們在母親村落成長，lemej 則往來於人間與神靈界。等子女長大以後，drengerh 就把大女兒 lerem、二女兒 saverh、三女兒 jengets 依序立為女祭師（puringau）。由於老三 tjagarhaus 是唯一的男孩，便立為永久性的男祭師（paraingan 或稱為 parhakalai）。drengerh 不想把小女兒 lian 也立為女祭師，只叫她作女祭師的助理，專門做點水淨化和濕潤土地的工作。drengerh 要 lemej 把子女們帶到人間，傳授在神靈界學到的祭儀。長女 lerem 成為古樓女祭師之首，留在古樓施行和傳授祭儀。其他三個女兒後來分別到白鷺、大谷、來義傳授祭儀和經語。

　　據說古樓的 maleveq 原來是每三年舉行一次，但有一次大頭目 Girhing 家有兩位兄弟，爭著要拿最高的祭竿 rivariv，結果在刺球場相互以短竿刺殺而死，從那時起接連有五年沒有舉辦 maleveq。lemej 在神靈界許久沒有見到人間以小米梗的煙招請，便返回人間。他得知刺球場受血跡汙染，於是要村人更換場地，改為每五年舉行一次與祖先相會的 maleveq——五年祭。

　　古樓五年祭迎接祖先歸來之日（mivung），村民聚集在獵首祭屋 Rhusivavan 前，男子先唱跳獵首勇士歌舞（zemian），婦女再加入舞圈，跳附加 iaqu 的歌舞（dremaian）。同時間女祭師在祭屋內做祭儀，然後到屋外點燃小米梗（內放炭與肥豬肉）招請祖靈。接著由男祭師領唱特殊曲調的五句 iaqu，刺球勇士們以坐唱時

的 iaqu 曲調複唱。之後到了刺球場，在拋刺籐球之前由男祭師再
領唱一遍這首屬於神祖之歌的 iaqu：

i vuaq anga itjen la lemej i Rarivuan.iaqu.

（在 Tuarivu 家的 lemej，我們相會的日子到了。iaqu。）

sa ne pa ki selangi la tjamadravai i Ladrek. iaqu.

（在 Ladrek 的 tjamadravai，請跟隨我們。iaqu。）

lidravu a su qau la dremedrem i Qadravai. iaqu.

（在 Qadravai 的 lerem，請來觀賞你的祭竿。iaqu。）

tja pa ki leveleveqan tjimudruran i Qaru. iaqu.

（在 Qaru 的仇敵 tjimudruran，請到刺球場觀賞你的祭竿。
iaqu。）

sa ne ka i tjavangi la tjagarhaus i vavau. iaqu.

（在上方高處的 tjagarhaus，請與我們同在。iaqu。）

u——dri—a—pu——puq.u——

（男祭師發出獵得敵首凱歸的呼喚聲。）

iea——

（眾勇士應和聲。）

　　人間祭儀的創始祖先 lemej、男祭師之祖 tjagarhaus 和女祭師
之祖 lerem 回來了！村中各家正常死亡的好祖先以及意外死亡成為
惡靈的祖先都回來了！連在 kurasa 最早逝世的 alisu 也回來了！古
樓在五年祭 maleveq 祖先返村的一年期間停止做喪葬祭儀，據說是
怕 alisu 嫉妒生氣，因為她死時人間還沒有祭儀。五年祭最主要的

意義是人間與神靈界的祖先相會，向 tjagarhaus 祈求獵物（敵首和
獸類）的豐盛，向 lemej 祈求糧食的豐收，並請這些祖神向創造者
naqemati 轉求，賜予人間子孫各種各樣的幸福。

　　祭師們做一連串祭儀來護衛村落、增強村人身體和靈魂的力
量，以防禦惡靈的侵害。村落土地、糧食和村人生命、財產的護衛
是五年祭極爲重要的目的，男祭師的角色格外凸顯，而男祭師之祖
tjagarhaus 成爲古樓五年祭最重要的一位祖神。在五年祭的刺球活
動中有 tjagarhaus 的專屬祭竿 gaus，是古樓五年祭唯一雕有百步蛇
紋的一支祭竿，以往由頭目指定的獵首勇士拿這根祭竿刺球。五年
祭開始，男祭師拋的第一個由女祭師做過祭儀的籐球是 lemej 的，
而刺球最後一天拋的最後一個最重要的籐球是 tjagarhaus 的，可以
爲刺中者和他的親戚帶來大好或大壞的運氣。次年在送祖靈歸去前
的小米收穫祭儀中，當女祭師唱經唱到 tjagarhaus 名字時，會加唱
五句 tjagarhaus 的 iaqu。

　　古樓村民與祖先重聚共歡的日子裡，iaqu 的歌聲在村中迴盪，
對祖先發出誠摯的呼求：

　　　i umaq a tja vuvu la tja ki pasualingai la.——iaqu——
　　　（祖先返家，我們向他們祈求。—iaqu—）
　　　qemauqaung la vuvu savid anga la vunavun.——iaqu——
　　　（祖先們爲後代幼苗的無知而悲傷哭泣。—iaqu—）

　　　　　　　（本文原發表於1995年《山海文化雙月刊》13：13-19）

從田野到舞台：
「原舞者」的學習與演出歷程

　　曾經陪「原舞者」走過創團時期艱苦歷程的吳錦發在編寫《原舞者：一個原住民舞團的成長記錄》一書（1993）時，把高雄草衙時期與台北新店時期作一劃分。目前「原舞者」的簡介中記載著：「原舞者」於1991年4月成立。可是從報導中我們發現這個團體的前身是1990年12月成立的「原舞群」。短短三年多期間，一個原住民歌舞演藝團體就經歷從「原舞群」到「原舞者」的改組，高雄草衙到台北新店的遷移，由瀕臨解散到被文建會選為「扶植國際表演團隊」，而且還有人為它編書留史，美國演出獲得《紐約時報》與《村聲》週報的舞評讚譽，遭遇不可謂不奇特。這到底反映了什麼？原住民歌舞演藝團體是在何種生態環境中孕生成長？它面臨什麼樣的問題？「原舞者」的經歷是一面鏡子。

　　在「原舞者」高雄草衙時期投注極大心力的另一位藝文界人士王家祥寫道（1991，〈行走大地之上的野生舞者〉）：

> 事實上，漢人眼中的山地歌舞，一直有它觀光商業的歷史發展，這種歷史的扭曲由來已久，連原住民本身多少也有無知的認同，沒有人敢輕易嘗試改變。另一種模式則是一紙政府

公文或者透過個人關係，集合全村部落的長者，本族的傳統
祭祀歌舞，到城市中心的廣場或舞台，配合節令演出，演完
也就解散了。……這樣的舞台形式沒有過去，也缺乏未來
……。

　　王家祥認爲「原舞者」本身組成的歷程便是重蹈一次清晰的
「山地歌舞」被剝削的固定模式，只不過他們向原住民社會的內部
毒素挑戰，打破了被剝削的架構。他認爲「原舞者」是一個艱苦行
走的野生原住民舞團，期盼能成爲堅持理念的專業舞團。

　　然而，在台灣的現實環境中要維持堅持理念的專業演藝團體談
何容易？更無法想像由政治經濟居於弱勢、文化語言不受重視的原
住民組成這樣一個演藝團體。如果是專業歌舞團體，最根本的問題
就是如何維持專職演出者的生活？現有的一些原住民歌舞表演團體
屬於業餘性質，基本上在某一族群的集居聚落中產生，由此族群中
對歌舞演出有興趣者任召集人，聚集一些族人，排練以本族歌舞爲
主的節目。外界邀請時便臨時通知族人參與，平時不常練習，節目
內容也很少更新。這類業餘性的演出團體經費有限，沒有固定的學
習與演出計畫，但同時也沒有維持團員生活的負擔。可是這類團體
的演出品質當然難以苛求。照理說他們在演出本族歌舞時可以表現
得很好，卻不盡然如此。主其事者未必有正確的演出概念，常常會
任意作一些編排以符合邀請者的娛樂品味，而演出者也未必是精於
本族歌舞的族人。雖然是完全由原住民本族人組成的歌舞團隊，所
呈現的不一定是該族的文化菁華。這類團隊的表現參差不齊，優劣
互見。觀眾大多抱著新奇看熱鬧的心態看他們的演出，不見得理

解；演出團體也極少下工夫準備資料，幫助觀眾瞭解演出的內容。

　　另外一些可以稱之為原住民專業歌舞表演團隊的，多附屬在觀光事業中，由經營者出資養一個表演團體，定時定點長年累月地演出，供觀光客欣賞。因為有招攬觀光客、娛樂觀光客的目的，經營者常會要求這個團隊的表演形式與內容要熱鬧刺激，是同樂會性質。只要觀光客喜歡，不必講究是否是原住民文化的適當表演方式。而且經營者多以注重利潤和時效，不願意投注研究和採集經費來充實其演出內涵。這類表演團體素質的提升只有寄望於經營者理念的改變。如果經營者由民營改為公營，有充足的公務預算，無須靠觀光收入來維持團員的生活與訓練經費，就比較能夠認真、踏實地學習和演出。可是有比較好的、不受觀光商業利益左右的發展空間，並不能保證學習與演出的順利與完善。一個有水準的原住民歌舞演藝團隊還必須有許多條件配合。公營單位附屬的團體極容易在沒有生存競爭壓力的環境中得過且過，不尋求發展與突破；演出的好壞通常未受評估，社會也沒有以專業的演藝團體的標準來要求。

　　「原舞者」的前身「原舞群」的誕生是台灣常態環境中的異態。它與前述兩類原住民歌舞演藝團體不同，既不是族群聚落內的業餘演出團體，也不是觀光事業固定場所的附屬演出團隊。其緣起是一家育樂公司要成立台灣少數民族文化歌舞團，目的在安排這個團到中國大陸巡迴演出。這家公司請一位原住民柯老師任召集人，在各族召集了一批對歌舞及到大陸演出有興趣的原住民年輕人，聚集在高雄前鎮草衙的山胞會館，請幾位原住民老師教導他們各族歌舞。這個集訓計畫要在三、四個月中完成。這期間柯老師邀請高雄地區一向關懷原住民的作家吳錦發去參觀，吳錦發在大受感動之

餘，熱心發動朋友捐款來支助。結果這位召集人把訓練經費與捐款都據爲私有，關心者和團員咬緊牙根，要在解散前完成一場演出，呈現努力的成果。這場高市文化中心的演出近二千位觀眾反應熱烈，團員找到了信心，找到了自尊，私下開會，經由投票，決定開除他們的「老師」，重組「原舞群」，「原舞者」隨後成立。（吳錦發，1991，〈我的愛、我的恨、我的掙扎〉）

「原舞群」時期有民間育樂公司的經費支持，有原住民擔任召集人組團，但經營管理系統產生問題，無法達到目的。團員重看那場演出時反應熱烈的錄影帶，都忍俊不住，因爲其中包含許多「山地歌舞」長年以來累積的觀光模式。不過令人印象深刻的是團員學了不少族的歌舞，他們短時間的吸納能力非常強。

再出發的「原舞者」憑藉的是吳錦發、王家祥等組成的「原舞者文化界後援會」的捐款和熱心者的義務協助，重新演練編排節目，並爭取杯水車薪的政府補助，展開爲期一個月，全台灣18場備極艱辛的巡迴演出。演出內容去蕪存菁，標示出「山水篇」的主題，只呈現海濱阿美族與山巔鄒族的歌舞。王家祥感慨地表示：

……在文建會淪爲「文化救濟院」的荒謬結構下……分給弱勢原住民的大餅只是十分之一，百分之一，有多少內部毒素想要分食。反而民間力量的覺醒伸援，是促使原舞者野生下去的主要原因。……原住民的舞蹈音樂是崛起於台灣土地的一種新的尊嚴，全台灣人民的尊嚴與希望象徵，本土文化復興的新力量（1991、7、7）。

一、田野採集學習的契機

　　我見到「原舞者」是在1991年7月，他們已完成18場巡迴演出，於台北國立藝術館再作一次呈現。吳錦發打電話來要我去看一看。另外，熟悉劇場工作且在巡迴期間義務投入「原舞者」行政與舞台工作的陳錦誠也熱切地希望我去關心一下。「原舞者」的演出內容與形式馬上讓我聯想起國立藝術學院學生曾經學習演出的阿美族與鄒族歌舞。1986年起到1989年止3年期間劉斌雄先生（當時為中研院民族所所長）與我接受台灣省政府民政廳委託，邀請好幾位研究人員及錄影工作者共同進行「台灣土著祭儀及歌舞民俗活動之研究」，音樂部份有林信來和錢善華之加入，舞蹈部分則由平珩（當時為國立藝術學院舞蹈系主任）負責研究並以舞譜記錄。第一期研究結束後平珩根據研究採集的資料，在參與此計畫的 Lifok（黃貴潮，宜灣阿美族人）協助下，敦聘宜灣族人教導學生年祭歌舞，於1987年5月作「宜灣阿美族豐年祭」之舞台展演。

　　藝術學院舞蹈系學生演出的宜灣阿美族年祭歌舞有別於以往原住民歌舞的展演形式。雖然演出者都不是原住民，但是他們在學習過程中，必須先瞭解歌舞在該原住民社會中的意義，而且在舞台上不僅是歌舞採編學習後的重現，也企圖一併展現社會結構與文化意義。此外，這些非原住民學生的歌舞演出比以往所見的一些「山地歌舞團」的表現更原住民。因為他們不借助錄音帶，而是親口唱出原住民歌曲，保持原來歌舞合一的形式。他們穿的服飾也是自己親手刺繡的。藝術學院的演出是學術研究、原住民參與、學院推廣、

舞台藝術的結合，希望改變一般人對原住民歌舞的刻板印象，也確實獲致相當的成功。藝術學院舞蹈系後來又在林懷民和平珩的推動下，邀請鄒族高英輝神父教導歌舞，也是以一整場的形式呈現一個族群一個聚落爲主的歌舞。「原舞者」巡迴的「山水篇」很明顯地受到藝術學院舞蹈系學生阿美族與鄒族演出的影響。阿美族部份以宜灣年祭歌舞爲主結構，再加上幾支附近村落的歌舞；鄒族部份則是根據鄒族早先由高英輝整編的形式，再經過武山勝的增刪，傳授給「原舞者」。「原舞者」山水篇的藝術指導是崔國強，他曾參與歌舞祭儀研究計畫的影像攝錄工作，對於藝術學院學生的演出形式必定印象深刻。

似曾相似的節目如今由「原舞者」不同族群組成的原住民團員演出，對我產生的衝擊性與發生的感動力卻是如此強大！這些歌舞眞的是屬於他們的！藝術學院的學生雖然努力學習，但是他們的聲音、他們的肢體動作和「原舞者」團員相比，馬上就看出差別。原住民族群間文化差異固然大，畢竟屬於同一體系，有相當的共通性。這些原住民團員受過漢化教育，但是一旦接觸原住民歌舞，似乎血液中的原住民本性都激發出來，呈現得非常自然，讓人產生回歸山林原野的感動。平珩、林懷民看了都很喜歡。

「山水篇」的演出固然好看，但是傳遞給觀眾的資訊卻很不清楚，團員也不瞭解自己在唱什麼跳什麼。儀式性的歌舞與一般性的歌舞混在一起，沒有說明。簡單列出的節目表錯誤與疏漏之處甚多。鄒族的送神曲竟然寫成迎神曲，而夾入的創作曲調與舞步也沒交代。「山水篇」演完以後要怎麼辦？吳錦發說已經筋疲力竭，撐不下去了。陳錦誠說團員一個個離去，「原舞者」面臨解散。與團

員會面後發現他們雖然有依依不捨之情，但沒有經費支援，沒有訓練計畫，一籌莫展。我覺得可惜，但又能怎樣？

　　有一天接到陳錦誠電話，要我出席一個由文建會主辦的全國基金會餐會。當時文建會主委郭為藩明白「原舞者」的困境，有心幫忙，請錦誠服務的學術交流基金會負責人吳靜吉演講，同時邀請「原舞者」團長懷劭‧法努司以及錦誠和我去說明。當場獲得奇美基金會的十萬元捐款，郭為藩也表示文建會這個最大的基金會要伸出援手。會後我和錦誠商量，提出田野採集與演出的計畫，竟然通過。「原舞者」絕處逢生，錦誠和我這兩名義工從此難以脫身；他在藝術行政與劇場事務方面協助「原舞者」，我則在研習策劃與演出架構和說明方面貢獻一分心。另外，平珩這位始作俑者當然也不能置身事外，擔任舞蹈顧問。團長懷劭有極高的歌舞天份，團員在他帶領下學習與排練節目，並作推廣工作。其他原舞者團員各有所長，各盡其能地為團的發展努力。行政工作人員漸次增加黃金鳳與排灣族的葉來珠。由高雄草衙遷來台北新店以後的「原舞者」具備了一個專業表演團隊的雛型，進入另一階段的奮鬥。在我看來，獲得田野採集和學習的經費是這個團得以更上層樓的契機。事實證明，經過田野參與學習的洗禮，團員在認知與內涵上有了很大的轉變，他們不只是演員，而是文化工作者，負起原住民文化傳承與傳播的艱鉅任務。

　　1991年「原舞者」一得到台南奇美基金會支援，團員便在花蓮阿美族奇美聚落舉行年祭時前去學習。此「奇美」非彼「奇美」，卻有這樣的巧合。奇美的年祭歌舞變成「原舞者」展現力與美的招牌節目之一。

1991年底得到文建會田野採集經費支援後,「原舞者」正式進入的田野是台東卑南族南王村。學習成果於1992年以「懷念年祭」為題在舞台展現,獲得該年度吳三連文藝獎舞蹈類獎,文建會並選為「扶植國際表演團隊」。1993年「懷念年祭」在13所大專院校演出,觀眾反應熱烈。

二、「懷念年祭」的學習與演出

卑南族南王村的年祭在每年年底到次年年初舉行,是卑南族傳統祭儀保存得最好的聚落,我們之前做「台灣土著祭儀歌舞調查」時南王村便是研究的主要聚點。南王村也是原舞者團員宋南綠的家鄉,他的舅舅、舅媽很會唱歌,團員們自己選定要以卑南南王為田野地點,我則從旁協助。

過去的資料雖然記載了不少南王年祭中的猴祭(basibas)與大獵祭(mangayao),但是對祭儀中歌舞的整理卻嫌凌亂與不足。「原舞者」進入南王田野之前閱讀了一些已發表的資料,有了初步背景的認識,可是歌舞的採集和意義的發掘還得靠自己的努力。

1991年12月底團員們先在村外的凱旋門聽到從山上狩獵歸來的勇士吟唱古謠 pairairao,又參與觀看了男子會所前的年祭歌舞,有極為特殊的古調為特異的蹲跳舞步伴唱。然後晚上隨晉升為青年 bangsaran 的男子到各家戶歌舞遊訪。正月初一又跟著老人到喪家唱 pairairao 為他們除喪。這期間「原舞者」邀請對本族文化與歌舞極有心得的陳光榮先生作初步解釋,錄音錄影之外各人並練習寫田野筆記。

　　卑南族傳統歌舞固然是學習的對象，「原舞者」也注意到南王村有一位去世不久留下許多作品的民歌作家陸森寶（Baliwakes）先生。陳光榮是陸森寶的女婿，很用心地收集了岳父的作品，還特別抄錄了陸森寶臨終前寫在白板上的一首與年祭相關的歌，可題名為「懷念年祭」。團員南綠的舅母曾修花女士又是陸森寶的得意學生，幾乎會唱所有陸森寶的歌曲。我很早就知道卑南族一些動聽的歌曲是陸森寶的創作。1988年傳來他逝世的消息，我曾向原住民團體建議為他開一個紀念音樂會，但是未引起興趣。「原舞者」經過一番探詢，從他的親友處得知他的一生經歷與創作歷程，並徵得他的妻子兒女之同意，學習和演出他的作品。我特別請陳光榮先生翻譯說明每首歌的創作背景和歌詞內容，再按年代和事件編選17首歌呈現。因此，「原舞者」的「懷念年祭」演出內容包括了傳統與現代兩部份。一方面介紹傳統年祭歌舞深刻的伴隨著年度更新、年齡階級晉升而作的吟咏歌舞；另一方面透過陸森寶的創作，認識了卑南南王聚落的發展軌跡，再以他的最後一首遺作「懷念年祭」中的懷想年祭、寄望年輕人不要忘記傳統習俗，作為兩部份主題的貫穿。

　　卑南族原是一個從妻居偏向母系傳承的社會。「原舞者」1992年3月份又參與觀察了婦女節慶日（mugamut），再請曾修花女士教導婦女吟唱的古調 emayaayam。年祭男子吟唱的古謠則定期邀請陳光榮、陳明男先生指導。團員不只要會唱，而且要瞭解這些歌曲的意思。古謠呈現的詩詞之美和深遠生動的意境，令團員和我沈醉。隨著「原舞者」向原住民老師學習，我獲益極大，對卑南族文化有了不同於以往的認識。我們又透過陳明男已過世母親留下的錄

音帶，習得一首幾乎已失傳的年祭大獵祭出草凱旋歌 rebaubau。長年以來被壓抑的出草文化在歌詞中英姿煥發地展現，「原舞者」在陳明男、曾修花指導下訂製獵裝，重塑凱歸的歌舞情景。「懷念年祭」的田野參與學習與課程教授給予「原舞者」團員全新的刺激與感受。

同樣是卑南族但生長在利嘉村的原舞者團員賴秀珍，在學習過程中獲得了一個卑南族名字斯乃決。她寫道：

> 今年年初原舞者到了台東南王村做卑南族的田野調查，我全程參與了，這是我第一次參加自己族群的祭典儀式，覺得好新鮮哦！我從不知自己的族群有這麼多優美的文化，幸好南王村保留了這些文化資產。⋯⋯讓我難過的是南王村年輕一代已完全被漢文化給侵蝕了，七、八十歲的老人已所剩無幾了，年輕一代再不覺醒，卑南文化很快就會在我們這一代流失。這次的田野，最大的收穫就是讓我在心靈上調適了過來，不再像從前會不好意思提自己是原住民，現在的我覺得做原住民是光榮的，因為它有那麼多美麗的文化資源，它所流傳下來的東西是祖先的智慧結晶，多美啊！

「原舞者」其他團員的卑南田野與歌舞學習經驗也都紛紛以「先祖的陶然和夢境」（阿美族阿道・巴辣夫）、「感動和感慨，更體驗出每一族的不同精神所在」（泰雅族悠汐・喜吉）、「用心記錄每一支歌舞的來源、背景和詞意，這與去年山水篇現學現賣有天壤之別」（團長懷劭・法努司）等來記述他們的感觸。可是在學

習過程中我也眼見他們遭到極大挫折。古謠的調子非常不容易掌握,更何況以他們的年紀要如何捕捉表達出蒼涼、悲壯的韻味?陸森寶的歌數量多,又全是陌生的卑南語,他們表示「記得腦袋都要裂了還記不起來」。其間的焦慮、辛苦非外人所能體會。專職團員只有九位,幾位就讀大專院校的原住民學生加入學習,排練初期生澀不堪,令人捏把冷汗。

排練的歌舞要搬上舞台,我期望的風格是真樸自然而且具有詮釋性和教育性。讓觀眾覺得好看固然重要,更重要的是要讓他們感覺有意義。古謠吟唱以往從未出現於原住民的歌舞演出節目中,可是卑南族這方面的表現很傑出,詞意很美,如果在字幕上把意思加以說明,觀眾應該能夠瞭解和欣賞。卑南年祭的歌舞反覆出現傳統的歌配以蹲跳舞步(temilatilao),可是每次重複都會為不同意義而變換部份歌詞。大致上視隊伍前端領跳者身分的變化而改變,例如為今年晉升青年者而唱、為喪家而唱、為讚揚勇士而唱、為領導者而唱。「原舞者」在舞台上演出時如果不把這些重複的特色以及意義表達清楚,觀眾無法領會其中包含的族群倫理與精神。「原舞者」的演出對象不只是熟悉卑南文化的族人,而是要介紹給對原住民歌舞文化十分生疏的普通民眾。節目整體的安排必須有主題、有層次、有字幕和節目內容解說。這樣的工作我們根據田野和課程收集的資料融會之後,加以編排。我的人類學訓練可以在這時候發揮功效。

「原舞者」的團員雖然學習卑南歌舞時儘量保持原貌,不加以修改,可是這並不意味著他們的演出沒有創造性。如何進入該族群的精神內裡和美感經驗,並藉聲音與肢體動作呈現出來是極艱難的

挑戰，就像是聲樂家演唱他人創作的歌或舞者重現別人編作的舞，都是在不改變其音符與動作的情況下作藝術性的詮釋與表現，也都被視為一種再創造。田野的過程與課程的學習幫助團員瞭解那個文化的內涵，以尊敬、虔誠之情加上辛勤的聲音與肢體的演練，努力表達該族群的真與美。團員可以藉此達到表演藝術的較高層次，他們的歌舞必須是有生命力、可以感動人，絕不是單純的模仿。舞台上的燈光、佈景、道具都是在幫助這樣真樸意境和文化意涵的呈現，而不是求各自的表現，否則會產生畫蛇添足的效果。整體架構的鋪陳、每支歌舞之間的聯結同樣在加強藝術性、詮釋性與教育性。原住民歌舞看似簡單，其實並不簡單，「原舞者」不能以輕率自娛娛人的態度處理。理想與現實之間會有差距，但「原舞者」在條件許可下要堅持理想。

「懷念年祭」的演出，陸森寶創作歌曲部份以呈現這位民歌作家的族群情懷與生活化的風格為主。舞步的添加依詞意和創作情境任團員發揮，但基本上不違反卑南族的基本肢體動作。樂器添加則請陸森寶的孫子陳建年協助。他認為祖父的歌很質樸，便以傳統的大鈴與小鈴為主，偶爾加上木板的敲擊與刮劃聲伴奏，整體感覺相當和諧，沒有喧賓奪主。「原舞者」也擺脫了只重視傳統歌舞的印象。

三、「年的跨越」的補充與整合

「原舞者」的義務製作人陳錦誠在他的上司——「學術交流基金會」吳靜吉的支持下，為「原舞者」的發展竭盡心力。「原舞

者」如果沒有錦誠這樣專業、熱忱、有正確認知、值得信賴的藝術行政與劇場工作者的支持,團員再怎麼肯犧牲奉獻,學界和藝文界人士再怎麼有心協助都難以支撐和開展。這也是高雄草衙時期一再面臨危機與解散困境的主要原因之一。「原舞者」要以一個專業的表演藝術團體的身分存在,這樣的幕後支持者是不可或缺,也是可遇而不可求的。「原舞者」原有團員和原住民知青中並沒有這種人才。事實上,在整個台灣表演環境中也欠缺這類人才。「原舞者」演出「懷念年祭」之後能夠很快地獲得第15屆吳三連文藝獎,並在競爭激烈的環境中,被文建會選為「扶植國際表演藝術團隊」,除了演出的表現,還與陳錦誠和執行製作黃金鳳勤於做文宣、送文案有極大關係。接著,「原舞者」應邀赴美國紐約演出,向國際性演藝團體之途邁進。於是藉著赴紐約演出的機會,更踏實地以回歸田野向當地族人學習的方式,重新整編「山水篇」時期阿美族與鄒族的歌舞,再結合卑南族傳統歌舞,以「年的跨越」為主題加以整合,希望不要淪於雜碎的形式。

早先由鄒族與阿美族組成的「山水篇」簡潔有力。對照之下,屬於海濱的阿美族與山巔的鄒族歌舞風格迥異,水的波動及山的沈穩在歌舞中展現,觀眾無須太多解釋就可感受到不同的美感。可是若從阿美族或鄒族個別的歌舞來看,其中的社會文化意義都模糊不清。我們看不見阿美族年祭歌舞中最具特色的男子年齡階級以及母系社會婦女的特殊表現;鄒族 Mayasvi 歌舞正祭部份的神聖性,迎送神歌曲以及戰歌由男子主唱的部份之前也因女團員加入歌舞而感受不出原有的雄渾氣勢和意義。服裝方面過去趨向單一化,沒有年齡、身分的區分,也未講究效果地出現許多俗艷的、塑膠類的飾

物,與質樸的歌舞並不相稱。最令人不安心的還是團員不明白自己唱跳的與當地人實際祭典狀況所呈現的有何差距。教導他們的人作了什麼轉換?他們自己有意無意地又添加了什麼?每支歌舞的來龍去脈為何?在什麼樣的情境下代表那一個聚落唱出?在舞台上是否有信心能夠不扭曲、正確地呈現該族群聚落的精神面貌與文化意涵?要以什麼樣的訓練激發所有團員達到那樣的水準?

原住民社會對時序轉換的「年」的概念會因為主要作物(過去是小米),加上陸稻等的收成期間有所不同。「年的跨越」的主要祭典都是在主要作物收割後的農閒期舉行,「祭」的成分很濃,而且包括歌舞等一連串的活動,以除舊佈新、驅邪祈福。

阿美、卑南、鄒這三族在我們做祭儀歌舞調查時就發現,作物收成後的聚落性連串活動相當緊湊,都有男子會所,在活動中皆包含男子成年儀禮,歌舞都是以男子開始,與過去獵首以求作物與獵物豐收的概念相關。因此,我建議以「年的跨越」為主題來連貫這三個族群的祭儀歌舞,展示共通性的同時,讓不同族群的特殊結構與文化內容藉歌舞呈現出來。此外,希望引起原住民和一般觀眾的注意:原住民社會有其自身運作的時序觀念與倫常秩序,要給予尊重和重視。

阿美族部份分為宜灣阿美和奇美阿美兩個聚落的歌舞。宜灣和奇美都有過去田野期間採錄的錄影帶可供參考。平珩對宜灣祭儀歌舞很熟悉。「原舞者」再請宜灣長老 Lifok(黃貴潮)來上課,並藉雙十節總統府前廣場演出宜灣歌舞的機會請宜灣人參與,在共同排練時將過去動作上的一些失誤糾正,得到宜灣長老的認可。宜灣年祭歌舞搬上台時包括男子迎靈、全體娛靈、女子送靈等層次。年

齡階級的服裝也有所區分，特別顯示「成年」新入級者加入男子年齡組織歌舞行列的意義。奇美男子年齡組織中第二級的 cioupihai 歌舞強勁有力，爆發性強，如果沒有很好的體力和耐力根本跳不出來那種力與美，更何況「原舞者」人數不夠，舞者要邊唱邊跳，負荷量十分大。原舞者在紐約行前一個月的公演時察覺出團員，尤其是課餘參與的學生體力、耐力不濟，便每天進行跑山訓練，由山下排練場跑到山上老泉劇場排練，又請奇美的青年烏洛、弗勞、邵瑪等帶領，學習正確的歌舞力道表現方式，情況為之改善。

　　鄒族部份歌舞，團員過去沒有實際田野的體驗。1992年「懷念年祭」演出之後正值達邦 Mayasvi 祭典，我們便一起上山參與。團員這才發現以前向武山勝學的鄒族歌舞雖然有些是達邦系統的，但大多數和達邦聚落的歌舞不同。次年1993年2月，他們先觀看了特富野系統 Mayasv'i 錄影帶（中研院計畫採錄），確定過去所學偏向特富野系統歌舞，便自行前往田野參加特富野的 Mayasv'i 祭典，請長老湯保富、頭目汪念月指點，據以修正他們過去所學，以求符合特富野標準，並且將 Mayasv'i 歌舞的正祭部分與一般性歌舞予以區分，作整套呈現。赴紐約前再請對特富野歌曲下過許多工夫的鄒族傑出青年浦忠勇指導，民族音樂學者錢善華也提出一些和音上的問題要「原舞者」注意。

　　經過修刪增添的「山水篇」阿美族和鄒族歌舞與卑南傳統年祭歌舞所組織的「年的跨越」節目，「原舞者」在紐約林肯中心以及紐約文化中心台北劇場演出後得到當地最具權威的《紐約時報》舞評和《村聲》週報（Village Voice）相當好而且篇幅頗大的舞評。《紐約時報》的資深舞評者 Jenniffer Dunning 以〈來自台灣，充

滿活力的祭典歌舞〉爲題，報導原舞者是「極少數在紐約戶外藝術節中，能夠克服外在環境干擾且呈現其樸質和人性化的團體。這個團體具權威性，單純質樸，散發人性光輝的演出，使得汽車喇叭聲、談話聲、孩童叫鬧聲和飛機掠過的繁忙城市天空都黯然隱退了。……這是多麼令人嚮往的品味！這個團體勇敢地、極富想像力地呈現三個族群風格的年祭歌舞，偶爾觸及男子成年儀式與收穫歌舞。」（1993、8、11）《村聲》雜誌的舞評者 Henry Baumgartner 看了兩場（彩排和正式演出）台北劇場內的演出，寫了一篇〈台北表現〉（Taipei Behavior）。他詳細描述介紹節目內容與表現方式後，在結尾時寫道：「這些歌舞的呈現引起觀衆共鳴並贏得尊敬。這團體謹愼地沒有添加商業氣息的珠光寶氣。我們雖然是在劇院而非村落觀賞，原舞者作了場生動令人難忘的演出，我被征服了。」（1993、9，21）

四、「矮人的叮嚀」從田野到舞台

進入田野採集學習，看似容易，其實有許多困難。尤其是以一個團隊的名義，一組人進入田野，想要吸收當地歌舞文化的菁華，要從何學起？時間經費夠不夠？當地人願不願意把最寶貴的歌舞傳授給外人？神聖的儀式性歌舞是否適合搬上舞台演出？會不會扭曲該族群的文化或侵害當地人的權益？

「原舞者」團員雖然完全由原住民青年組成，可是他們要學習的不只是本族本村的歌舞文化，一旦進入別族別村，都是陌生人，不見得能爲對方接受。即使接受了，短時間內也很難摸到頭緒。做

「懷念年祭」卑南南王田野時因為有團員是南王村人,所以比較容易進入。可是如果沒有找到像陳光榮先生這樣的村人,相當掌握和理解傳統歌舞,並且願意帶領進一步向長者討教呈現方式與歌詞意涵,恐怕團員無法自己進入狀況。我以研究者身分與受過的人類學田野訓練,固然有助於「原舞者」取得當地人信任與資料的收集整理,但我也深知田野工作的艱難,不是短期間內可以一蹴可幾。「原舞者」的學習如果建立在已有的田野研究之上,在熟悉的田野中繼續採集學習,能收事半功倍之效。我當初所以膽敢介入「原舞者」的事,是因為主持過「台灣土著祭儀歌舞之研究」,有機緣接觸不同族群聚落的祭儀歌舞,發生濃厚的興趣,並在某些點發展後續的研究。我也深深感覺到這些族群的歌舞文化有傳承的危機,不僅外人不瞭解,年輕一代的原住民也所知有限,以輕忽的態度視之。僅靠上一代和學界人士呼籲很難引發迴響,如果有一個由原住民年輕人組成的團體,認真地投入學習,並作有尊嚴的呈現,應該能夠提振年輕一代原住民的信心與學習熱情。對「原舞者」我抱持著這樣的期望,願意貢獻一己之力,對原住民社會作學術的回饋。

卑南族「懷念年祭」演出之後,當年(1992)11月我打算再返賽夏族參與矮人祭儀歌舞。我非常希望「原舞者」團員能傳承這套高難度的矮人祭歌,可是沒有把握賽夏族人可以接受一個外來團體學習和演出矮人祭歌舞。如果不是見到「原舞者」團員經歷卑南田野的考驗,願意下苦功學習記憶份量極重的卑南傳統歌謠與陸森寶創作民歌,我也不敢輕易向賽夏族長老引介這個團體,提出學習矮人祭歌的要求。「原舞者」的任何不良表現都會傷害賽夏族群以及我個人長期建立的田野關係。

　　提起賽夏族，「原舞者」團員的印象是「很神秘、很保守」。人口不足四千的賽夏族極少在一些原住民歌舞聯歡的場合中露面，每兩年一次的矮人祭連續三個晚上在山中歌舞到天明，但不輕易答應在外面表演。台灣許多族群的祭典歌舞世俗化的時候，賽夏族卻堅持其神聖性，因此予人神秘、保守的印象。1986年「台灣土著祭儀歌舞研究」計劃進行時，鄭依憶與平珩（舞蹈）、林信來（音樂）在苗栗南庄南祭團做研究，我則與李道明合作，藉此矮人祭十年大祭的難得機會，在新竹五峰北祭團拍攝十六釐米紀錄片，完成「矮人祭之歌」。林衡立1956年發表的矮人祭歌歌詞研究是重要的參考資料，可是詞意隱晦難懂，章節順序又與五峰賽夏族人整理的練唱歌本有不少出入。族人平時不能唱祭歌，只有在矮人祭正式開始前一個月南北兩祭團結芒草約期後才能練習。我參與他們練唱之後驚訝於賽夏族還保存這麼完整、結構嚴密、句型輾轉反覆、以植物名押韻、詩意盎然、詞意深奧、虛實巧妙變化、演唱規則繁複、曲調哀怨淒涼的一整套矮人祭歌。全部唱完要耗費四個多小時。苗栗南庄負責祭歌採集的林信來先生是阿美族人。他記錄整理阿美族宜灣的年祭歌舞十分稱職，可是面對整套矮人祭歌則愁眉不展。事實上從日據時代著名民族音樂學者黑澤隆朝部份記錄發表了幾首矮人祭歌曲譜後，雖然有別的民族音樂學者前去採集，都半途而廢。主要在於歌詞意義族人大多表示很難瞭解，會唱整套祭歌的在賽夏北祭團也不過五、六位。長老們表示矮人祭歌的傳承是最大的問題。三、四十歲一輩的只有朱志敏（ubai a kale）會唱整套祭歌。

　　「矮人祭歌」像是難解的謎，對我產生無比的吸引力。我聽說朱姓嫡系祭歌祭儀的傳人朱耀宗（bonai a kale）懂得祭歌的詞意，

而且目前五峰會唱祭歌者都是他傳授的，便決心根據他的解釋，重新作一次詞意的記錄整理。比對早期黑澤隆朝的記錄，確定朱耀宗傳承祭歌的正確性與林衡立的一些錯誤後，邀請語言學家李壬癸師進行祭歌歌詞的記音工作，再請民族音樂學者謝俊逢根據我們的祭歌錄音，從事記譜工作。在賽夏族錢火榮、朱逢祿等長老協助下，花費了許多時間才將結果整理發表（1993）。透過朱耀宗（bonai a kale）的歌詞詮釋，我對整套祭歌與祭儀的意義有了新的理解。其中深沈地表達了矮人等老前輩的哀訴與叮嚀，以及賽夏族人謹慎戒懼避禍祈福的心情。這麼寶貴的一套祭儀歌舞還活生生地保存著，真令人欣喜。可是眼看著其傳承的困境，真讓人焦慮。「原舞者」團員如果能學會，並且把深刻意涵介紹出去，應當能激勵更多賽夏年輕人傳承和珍惜自己的文化，同時贏取外界的讚賞與重視。

我於1992年祭典練唱期間向賽夏長老詢問可不可以帶「原舞者」去學習祭歌，聽說「原舞者」是一個表演團體，顯然他們有所疑懼。經我再三解釋後終於不置可否地說：來了再談。「原舞者」團員先有準備：不一定能學，學會後也不一定能演出；可是只要能學，一定要傳承整套祭歌。

到了五峰賽夏族，「原舞者」團員認真高昂的學習情緒與態度打動了賽夏族長者。連續一個星期，白天向矮人祭歌的權威朱耀宗（bonai a kale）一首首錄音、錄影學習，並按照賽夏傳統行口傳（pameme）儀式，由朱耀宗先喝一口水，再傳給團員喝，希望從他口中傳接祭歌，並綁芒草請求矮人協助記憶；晚上則隨著族人到不同的家庭練唱。朱家年輕一輩全套祭歌的傳承者朱志敏（ubai）是我的乾弟弟，不斷鼓勵、引領「原舞者」和其他賽夏年輕人練

唱。祭典正式開始前「原舞者」總算跟上了調子，而他們的學習速度也令賽夏族人驚異。可是要正確地把握每首曲調到能領唱的程度，談何容易？我建議他們分工，每人專攻一首，再共同練會最輕快的第十一首以及練習時最常唱的第二首。矮人祭開始後團員全程參與，三個晚上分上半夜、下半夜兩班輪流到祭場中習唱，在外人可以加入舞隊時換祭服加入，有親臨其境的感受。

矮人祭結束，「原舞者」向五峰祭典委員會主任委員朱振武和副主任委員朱逢祿先生報備，自行根據朱耀宗的錄音帶練習。1993年6月，「原舞者」再度返回五峰山上，學習矮人祭歌以外一般性歌曲，同時向祭典委員會各姓氏代表報告，計畫以何種形式演出矮人祭歌舞，徵求他們的同意。結果我在朱逢祿先生家前庭作了說明，得到他們的許可，並由朱耀宗代表接受給矮人的告解金（sinamel）以及酒，向矮人秉告（humapus），請求諒解與祝福「原舞者」的演出。

祭歌中共出現了二十七種植物，而且篇章皆以植物押韻。我特別邀請植物攝影專家陳月霞女士與我們同行，作植物標本採集與攝影，並在賽夏族長老及陳月霞的講解下，讓團員親自認識這些植物，體會祭歌中植物與人的密切關係。祭歌中許多植物的生命與人的生命一樣容易摧折，可是其中也有特殊植物像黃藤具堅韌特性，像台灣赤楊易於繁衍。如果聽從矮人在祭歌中的叮嚀教誨，人與人和睦相處、樂於與人分享、節儉勤奮、做事不三心二意、有始有終，就能得到矮人的祝福，糧食作物豐收，生命存續繁衍。這麼寓意深長的植物象徵，希望在「原舞者」演出時配合幻燈片與字幕，傳達給觀眾。不過作植物搜集攝影時我疏忽了，未先向朱家主祭徵

求同意，觸犯了矮人。我事後認錯，補做道歉儀式。在協助「原舞者」學習的過程中，我個人獲益甚大，更深一層的體驗賽夏文化，並更加的尊敬賽夏族人與矮人祭歌。

「原舞者」全職團員真的不只為舞台演出，完全背誦了整套矮人祭歌。也只有像「原舞者」這樣的專業表演藝術團體才有可能專心學習，以全心全力投入文化傳承的工作。他們還自己編了教材，教導其他原住民大專生他們採集、整理的歌舞。這次「矮人的叮嚀」計畫更進一步教導七、八所大學的山地服務社團員二首祭歌，讓他們實際體會祭歌的神妙和難度，並在1994年4月16、17日國家劇院的演出前後帶動觀眾的參與學習興趣。「原舞者」透過國內、國外的巡演活動與示範教學，把原住民文化的種子散播出去。

五、野生精神與發展困境

由「原舞者」的成長歷程來看，之所以能夠從以往原住民歌舞觀光商業或官式點綴的性質中走出另一條路來，有許多原因。最重要的是有這麼一批原住民年輕人，他們有這樣的意願，在遭受挫折時仍堅持做下去。他們具有王家祥所謂的野生精神，這股傻勁可以感動一些有心人士伸出援手。這些散布在民間關懷台灣文化，特別是鍾情於原住民文化的人士也是「傻傻地、奮不顧身地投入」，為之鬆土、澆水，讓這株剛出土的幼苗不致夭折。可是要長得快、長得茂盛，必需長期穩定地灌溉施肥。文建會後來及時給予經費支援，使之可以比較正常地進行田野採集、學習與演出計畫。而陳錦誠、平珩和我以及我們任專職的學術基金會、藝術學院與中研院民

族所都義務性地給予行政、展演與學術的協助。此外，一些原住民知青的關注與參與也是支持其成長的力量。例如在高雄草衙的末期，團員人數不足演出成問題的時刻，瓦歷斯·尤幹辦了原住民文化營，當時就讀政大、師大等校的原住民大專生得知「原舞者」的困境，毅然加入歌舞練習與演出。從此，原住民大專青年成為「原舞者」學習與演出不可或缺的一部份。只要「原舞者」團員繼續堅持下去，相信會得到台灣社會不分原住民與非原住民更多的支持。因為解嚴後的台灣不斷在發現自己，對本土文化給予較大的關切。「原舞者」以一個原住民專業演藝團體的身分，可以透過歌舞文化的田野採集學習與舞台演出，增長原住民青年與台灣民眾的文化信心與尊嚴。

　　不過「原舞者」的發展不是沒有隱憂，也不是原住民歌舞團體必須仿效的模式。我在本文一開始便提到在台灣的現實環境中，要維持一個堅持理念的專業演藝團體是極其艱辛的事，需有許多條件的配合。要原住民團員在微薄的待遇上堅持理念實在是有些奢求。他們通常不易得到家人親友的瞭解與支持，家庭經濟負擔要比一般人沈重，而從事原住民歌舞演出者也缺乏原住民社會本身的尊重與鼓勵。「原舞者」團員願意堅持下去的意志力有多強？我常常在懷疑。台灣整體的表演藝術環境要何時才能改善？為什麼愛好、堅持表演藝術者大多數與貧困為伍？平心而論，「原舞者」團員目前的薪資雖然低，但比許多表演團體的情況好。只是團員能安於這樣的情況，接受這樣的說詞嗎？其他原住民青年願意加入嗎？團員心意如果不穩定，會嚴重影響學習與演出的計畫。製作人陳錦誠、舞蹈指導平珩和我都是義工性質，不能全時間投入，憑的只是一股熱

忱,這樣對團的穩定發展也有影響。再加上有的人士質疑我們的非原住民身分,會讓我們產生何苦來哉的感嘆。一方面固然希望有原住民來承擔這樣的工作,另一方面也想問:原住民文化的採集、研究、發揚是不是只有原住民才有資格做?原住民文化在我看來是台灣文化中極重要但卻被忽視與扭曲的一部分,只要有利於改善其不利處境的工作誰都有責任來做,血統論只會削減其助力。「原舞者」早期的發展經驗顯示「內部毒素」對原住民文化的傷害有時勝於外在因素,應引以爲鑑。

其實原住民社會嚴重面臨的是文化傳承與認同的危機。「原舞者」的存在是希望透過田野的學習與演出喚醒更多年輕一代原住民重視、傳承自己的文化,增加自尊自信與族群認同。各個原住民社群可以擬定自己的歌舞和語言等文化傳承計畫,政府給予經費補助,而將學習的成果以演出或其他形式介紹出來,並沒有必要成立一大堆專業的歌舞演藝團體。至於現存的一些業餘和專職的原住民歌舞演出團隊可以參考「原舞者」的田野與演出經驗,截長補短,同樣以眞誠的心發展特色,將原住民文化有尊嚴地呈現。我因緣際會地陪「原舞者」走了一段路程,記下我的所見所感,祝福「原舞者」走更長遠的路。

引用書目

王家祥:〈行走大地之上的野生舞者〉,收入吳錦發編《原舞者》
　　　　（晨星出版社）。1991年。
李壬癸:〈賽夏族矮人祭歌詞重探〉,《中研院史語所集刊》第64

期。1993年。

吳錦發（編著）：《原舞者──一個原住民舞團的成長記錄》（晨星出版社）。1993年。

林衡立：〈賽夏族矮靈祭歌詞〉，《中研院民族學研究所集刊》2：31-107。1956年。

胡台麗：〈矮人的叮嚀──與「原舞者」分享賽夏矮人祭歌舞的奧妙〉，《表演藝術雜誌》四月號（國家劇院出版）。1994年。

胡台麗、謝俊逢：〈五峰賽夏族矮人祭歌的詞與譜〉，《中研院民族學研究所資料彙編》8：1-77。1993年。

黑澤隆朝：《高砂族の音樂》（昭和49年度藝術祭參加）。1943年。

劉斌雄、胡台麗（編）：《台灣土著祭儀暨歌舞民俗之研究》（第1冊），中研院民族學研究所資料彙編。1987年。

《台灣土著祭儀暨歌舞民俗之研究》（第2冊），中研院民族學研究所資料彙編。1989年。

（本文原發表於1994年文建會出版之《原住民文化會議論文集》）

訪談錄
訪胡台麗談「原舞者」與原住民歌舞的舞台化

陳板（優劇場設計總監）訪問整理

　　這個團體為什麼可以在嘈雜的環境中，讓二、三千人那麼安靜地看完演出？

　　紐約時報資深舞評 Jennifer Dunning 為此驚訝，她以「這麼令人嚮往的品味」來描繪「原舞者」在紐約林肯中心戶外演出的台灣原住民歌舞。

　　「原舞者」，一個成立二年餘的年輕團體，
　　團員是來自各族的原住民青年。
　　胡台麗以一個人類學者的文化學養，
　　參與「原舞者」表現原住民歌舞的努力；
　　陳板以一個鄰居（優劇場與「原舞者」在新店毗鄰而居）
　　成為「原舞者」所有排練及體能鍛鍊的現場觀眾；
　　他們是親炙最深、最了解「原舞者」的漢族朋友，
　　在訪談中細膩地咀嚼了原住民歌舞
　　舞台化的困難與「原舞者」的努力。
　　1993年是國際原住民年，在國際間醞釀、呼籲國際泛原住民文

化運動聲中，「原舞者」代表台灣邁進國際的原住民文化運動會
場，在「年的跨越」主題下，把台灣原住民的歌舞文化呈現在國際
舞台上。此行，在紐約林肯中心戶外廣場、美國自然歷史博物館、
紐約台北劇場以及夏威夷等地表演。回國之後，現任職於中研院民
族所並擔任「原舞者」顧問的人類學者胡台麗，在訪談中論及此次
演出的呈現的意義與訓練過程中的細節。

陳：台灣原住民歌舞的獨特性如何？

胡：台灣原住民並不是每一個民族都是載歌載舞的，有些族群
身體動感比較強烈，有些比較安靜，也許跟居住的環境有點關係，
但未必是這個原因。譬如，鄒族祭典歌舞，簡單的身體擺動，跟天
地交流，就這麼簡單微微的看上去，然後看下來，請天神下來，送
祂上去。自然的擺動，沒有一定要擺出怎麼樣的姿態來，只是跟天
地的呼應。但在舞台表演時，有些人會假想該有怎麼樣的身體擺動
姿勢。後來，請了特富野社的浦忠勇來看，他說，他們是很自然
的，而「原舞者」訓練的身體擺動與步伐顯得太拘謹了，太一致、
齊一化了。這是因為排練者自己想製造出一種氣氛，而忽視原來擺
動的意義。他以為舞者動作齊一，才能展現出這個團體的訓練精
神，或擺動出某種弧度才能達到舞台效果。

我覺得困難的是怎麼讓舞者比較自然、又可以看出這個團體是
很嚴肅在做這件事情。儀式中有特別嚴肅的部分，也有比較輕鬆的
部分。在輕鬆的部分身體要能放得很開。「原舞者」在最早訓練的
時候，沒有分辨儀式部分和非儀式部分的歌舞，所以同樣兩步或四
步的踩法，看起來是一樣的。後來「原舞者」較有經費了，我建議

他們去部落看，去感受在不同的儀式過程中，同樣踏兩步或四步的心情與動作應該是不一樣的。甚至，換一種心情、一種狀況的時候，那重複的、簡單的兩步感覺就完全不一樣了。經過下部落再學習之後，就比較分得清楚，儀式的正祭部分（不能配合酒）和正祭之後會衆共聚共歡的部分（可配合酒），同樣的步伐，到後面配合酒的時候，身體的擺動很舒緩，跟正祭時很虔敬的跳是不一樣的。

陳：是否可以說因爲生活的環境或勞動的方式不同而有不一樣的身體表現？

胡：是一種情境，身體跟生活情境的配合。生活裡面有比較嚴肅的部分也有比較輕鬆的部分，不見得都是勞動。當然，他們生活在山裡面，身體肌肉或動作的感覺都會不一樣，尤其聲音在山裡面非常不同。我聽「原舞者」唱鄒族的歌，一直無法滿意，因爲山的雄厚的感覺出不來，尤其是學生團員加入後，那種感覺更是出不來。我發覺舞者的舞步，如果不是配合著沉浸在山裡面那種生活、歷練和雄厚的聲音，會變得很沒有意義。

陳：但是，「原舞者」團員是來自不同的族羣，不可能變成鄒族人，也不可能擁有鄒人的生活與歷練。在此情況下，是否可以找到一套訓練方法來達到這個感覺？

胡：「原舞者」赴紐約的行前公演第一場結束後，便有人提出問題說，非常明顯台上有兩類人，一類是學生團員，一類是比較專業的團員，他們之間的身體動作很不一樣。的確，比較專業的團員是因爲他們經過長期風塵僕僕的田野磨練，他們的體力負荷可能都已經超過山居原住民的勞動力。所以，他們跳起來就是不太一樣；而學生團員眞的很嫩。

　　這個問題經過內部討論，決定在出國前實行為期三周的跑山訓練，每天下午都要跑，單程就四、五公里，而且一路上坡。此後，不管是跳那一族的舞，尤其是最耗體力的阿美族奇美部落的部分都比較像樣了。因為奇美阿美的腳步要跳得非常激烈但又很沉穩，同時要舞出那特殊的波浪動感。最妙的是，奇美當地人看了之後說，跳得不好的原因是，雖然要很有力的甩下去，可是如果你是真的很用勁在跳，那你就是跳錯了。因為，在他們看來，真正跳得好的人是看起來很有力，但身體肌肉卻很鬆弛。所以，如果變成硬跳製造那種有力的效果，看起來是很難過的。

　　因此，原先在台北的行前公演，文建會只要求演一場，但「原舞者」製作人陳錦誠覺得不夠，就連排了四場。一路排一路修，問題便漸漸浮現出來了。演了兩、三場就體力不濟，連聲音都已經啞掉了。可是，在跑山訓練之後，這現象就改善許多。而在體驗與體力之外，又會因為其他的因素左右著表演的效果。譬如幾個阿美族學生，當他們跳阿美族的舞時，勁就來了，很快就進入狀況，至於肌肉所要顯示的力感還是要靠當地人帶出那種感覺。因此，為了赴紐約公演，「原舞者」特別邀來奇美的三兄弟烏洛、弗勞與邵瑪，加上卡照四個人，參與奇美部落的舞蹈部分。雖然是那麼簡單的動作，但要跳得讓人看了覺得舒服，唱的聲音讓人覺得真的很自然，是很難的！

　　鄒族的舞也是同樣的問題，只是兩步四步就那麼難走成當地人的要求。雖然當地人也不見得能夠達到，但是他們至少知道什麼是理想的境界，「原舞者」就是要達到那個理想的境界。有人說「原舞者」只是照原樣在跳，好像沒有任何創造性。其實我覺得他們面

對的挑戰是更大的，因為他們要進到當地文化那種精神裡，把那種精神跳出來，甚至，當地人都可能忽略掉的也要去找出來。他們必須投入那種情境，設法把那種東西激發出來。所以原住民歌舞不光是舞、也不光是歌，而是一個整體的情境。我們每一次到當地都會問當地人，什麼是最好的，有些人會講，但也許自己也達不到那種境界。當他們這一代都已經達不到那種境界時，「原舞者」團員想要去揣摩也很難了。

另外一點，平珩擔任舞蹈指導時常會指出一些問題，當「原舞者」跳到某一個程度，她會覺得太整齊了，那個感覺就是不對。困難的是怎麼抓到那個感覺，讓人覺得自然而不是操練的機械式的東西，又有部落真正的生活氣息。我們都是盡量想協助他們達到那種境界。

陳：這麼說來，這真是一個十分有機的身體訓練方式了。不但要考慮到每一個人的先天背景，還要考慮身體狀況甚至性向。或許，原住民不管在山上或海濱，每個族都有自己不同的生活，他們會把彼此的分歧當成很自然的現象，而把共同的東西（如基本的舞步）變得很簡單，於是有機性的美感就出來了。

胡：像「原舞者」這樣的團體，沒有一個老師在指導，誰該做什麼動作、該怎麼改變，似乎是一個錯誤。但是我們這些不是學舞蹈的人可以讓他們自由發揮，也可以看得出每一個人有沒有把自己的最好發揮出來。舞者除了自己發揮之外，也要揣摩每個族群的特色。像阿美族的團員跳阿美族的舞蹈就比較容易發揮。比如團長懷劭，他跳自己阿美族歌舞的時候，自然很快就進入狀況，但當他跳卑南族的時候，我覺得他跳超過了，因此，每一次都要提醒他不要

超過太多。因爲如果你跳超過了，觀眾就會覺得你跳的是阿美族歌舞。

真的，那個感覺是非常難達到的，所以，如果是阿美族歌舞，我們就任由懷劭發揮，可是又怕他不管跳那一個族群都用相同的方法，宜灣阿美的部分就面臨這個問題。有些人有一個刻板印象，以爲阿美族的東西應該輕快到一種程度，可是如果大家實地到宜灣部落去感受的話，就可以看到宜灣發展出一套比較莊重的形式，步子特別重，動作也絕不輕浮。有一陣子，「原舞者」跳宜灣歌舞時，不管男生女生屁股在不該搖的時候搖得很厲害，互相碰來碰去。平珩說，宜灣當地人絕不會表現出這種輕浮的態度來。像這部分，團員們就必須親身到當地看，去感覺，要知道即使同樣是阿美族，每一個地方、每一個部落有很不一樣的表演型態。奇美阿美就和宜灣阿美完全不同，讓人感覺怎麼那麼強，身體怎麼那麼放！

這次赴美表演，《紐約時報》的舞評家 Jennifer Dunning 特別爲此寫了她的看法。她說：「逐漸地，我可以看出來，每一個族群，展現出不同的樣式。」她覺得奇美舞蹈在身體的動作裡好像有一個結構性的東西，鬆和緊的調度之間有不同的尺度。因此，團員如果覺得一支舞老是這樣跳太單調了，或者步子不夠花俏，腳步就變一下，偶爾即興的發揮，我想是可以的，可是如果有意定型化，觀眾會分不清到底是當地的還是在做創作。如果又宣稱是當地的，這樣做，就是對當地文化的不尊重。

譬如鄒族的歌舞，連當地人自己把歌舞搬上舞台都會因某種舞台概念而略作變化。反過來看，一旦經過舞台表演，是否就損及當地文化了？因爲當地文化本來就是那麼自然的東西，腳怎麼擺都

對，只要氣氛對就好了，而舞台卻把它形式化了。

又如，鄒族的和聲非常特別，我非常擔心團員是否能達到鄒族和聲的要求？這方面我的辨識能力不夠，便要求實際在鄒族採集的民族音樂學者錢善華來聽「原舞者」唱。事後他說，中間有一首歌不對，出現了西洋和音。我問懷劭，才知道是他們自己加了一部①。團員們這樣做，行家馬上知道這中間在搞什麼。由此可知，「原舞者」要做的事，看起來很簡單。但實際上卻是非常困難。

陳：其實，台灣的九族原住民等於是九個不同文化的國家，每一個「原舞者」都等於是一個國家的國民在學習其他不同文化國家的歌舞。

胡：所以，這完全不能以為自己是原住民，就懂得怎麼做！譬如，他們常會覺得「我是原住民，我去學其他原住民的歌舞，自然就會。」可是，慢慢地他們會覺得，每一個族之間差異性非常大。有些人說，為什麼不創新？我說，憑什麼創新？在還沒搞清楚那個族的精神所在時，要在什麼基礎上創新他的東西呢？

陳：有沒有可能不要做那麼多族，單單是做一個族，慢慢做？

胡：第一步一定是沉浸在這一族的文化裡面，慢慢了解，能夠把這個文化裡的美感表達出來，這樣的舞團就非常不得了了。

---

①據懷劭表示，先前原舞者的鄒族歌舞是由達邦來吉的武山勝所教，當時只有很少的和聲，後來下部落再學習時，加入了較多的和聲。當地年輕人大概因為學了宗教聖樂的唱法之後，發展出一些新的感覺，覺得很好聽，於是就加了進來，在行前公演時因時間的關係來不及修改，但到紐約演出時，便把這個感覺拿掉了，同時，整個演出也以特富野社為準。

一般來說，原住民跳自己族的舞，他們怎麼跳，觀眾都能接受，就像國家劇院近年所辦的原住民歌舞系列，他們怎麼跳都對，反正是族人嘛！可是如果是一群人要去學別族的東西，自以為是在吸收、創新，但是卻沒有一點那個族群的精神和感覺，讓人覺得整個身體是垮掉的，聲音像是漢人的美聲或是其他什麼的，服裝也是一塌糊塗。這種「原住民」歌舞也可以看得到。

「原舞者」也慢慢在面臨一代一代傳習上的差距。第一代團員有機會實際到部落去，找當地歌唱得最好、舞跳得最好的學習，加上自己族裡的體驗，可以抓得較準確。傳到第二代，一些學生團員可能就差了一點，他們再往下傳，可能愈來愈脫節。甚至，連當地人也受到外界文化的影響，可能原來的感覺也愈來愈消失了。例如，我們這一次在夏威夷波里尼西亞文化中心參觀，看到二種型態的展現：一種是比較接近族群本貌的、一個小村一個小村的展示，感覺還對。可是在晚上的歌舞表演中，他們的身體動作可說是只注重觀眾的感官刺激。在小村子裡，還可以看到一個人跳出來伸伸舌頭，手拿武器虎虎有力，他一面叫一面唱一面伸舌頭，這時我們可以感覺到儀式的嚴肅性。晚上的歌舞卻讓人覺得很好笑。這邊一直吐舌頭，那邊在搖屁股；這邊在玩火，另一邊又在幹什麼的，整個搭配讓觀眾感到很刺激，很好笑，很好玩。這樣的歌舞大秀恐怕沒有人知道他們在幹什麼！那就成了耍特技。觀光客在沒有任何文化背景認知的情境下，他所接受的就只能是這種東西。這也是一般提供節目的人所能夠提供的東西，稍微有心一點的，可能還會請當地人來教一下。

「原舞者」早先也是請當地人來教，可是這些團員從來不知道

當地到底是怎麼呈現這些歌舞，在怎麼樣一個文化情境裡面呈現，沒有這樣的體驗的話，這些東西就失去生命。

我最感安慰的是在紐約林肯中心的戶外演出，觀眾是紐約的任何人，在夏日午後，他走到林肯中心，坐下來，看免費的演出。但這二、三千人竟可以安靜地看完「原舞者」的演出，我覺得很特殊。紐約時報的舞評 Jennifer 也為此驚訝，這個團體為什麼可以在這個吵雜的環境之下，讓二、三千人那麼安靜地看完演出？而且，中間有那麼多重複性的動作，有些部分也不怎麼樣刺激觀眾。Jennifer 是非常資深的舞評家，可能看過很多不同性質、不同族群的文化表演，「原舞者」的歌舞能夠吸引她，她用「這麼令人嚮往的品味」來描繪。可見，有些原住民歌舞演出的品味，是令她覺得不堪的！對原舞者的演出，她在舞評中表示：在這個地方，這個團體讓人知道是代表那個族群在跳。雖然是跳了很多個族群的東西，雖然舞者可能不是那個族群的人，但跳出來人家可以相信，因為舞者有那份自信，自信所呈現的就是這個族群的東西。所以，她用 authority 這個字。其次，她用 simplicity 來表示「原舞者」的表演是很樸質的，很單純的，沒有花樣，如變換燈光等刺激觀眾脾胃的東西。另外，她認為這場表演散發一種人性，團員不是機械的，而是很有個性、很有人性地在呈現，讓人感覺到「這是一個人的團體」，整場演出是一個很人性化的呈現。

只要看到這幾句話就很安慰了。

我們到夏威夷去表演，一位舞蹈人類學教授，曾經在台北看過「原舞者」，他覺得「原舞者」最珍貴的是這些團員。在夏威夷的演出也請了他來看，他說，一年多前我看過他們的演出，現在再度

看到，在此之間「原舞者」也已經演過幾十場，但是他們仍然保持那種清新。「這些真是太棒的演員！」他指出：他們的笑，可以令人感受到是很快樂地沉浸在歌舞中真情的笑容，不是那種職業化的笑容。就像我在波里尼西亞文化中心看到的，每一個跳呼拉舞的人都在笑，可是那種感覺就是很職業化的笑容。而「原舞者」那些團員，在台上叫呀、跳呀，會讓觀眾恨不得就進去參與他們。

後來我把這些話跟懷劭講。因為以往他們在重複地跳相同的東西之後，曾經演變成刻板化、職業化。但到了夏威夷，在出國最後一站的演出得到這樣的評語，真是非常開心，至少表示出他們是很真誠的在表現自己。

陳：似乎每一個族群都有必要摸索出一套有體系的方法，否則不但第二代、第三代的學習會愈離愈遠，同時族中懂的人也慢慢被時間淘汰了。

胡：這個問題，在「原舞者」中要注意的是讓比較主要的團員（全職）在觀念上要更清楚自己在做什麼。並不是不可以發揮，所有原住民的歌舞都可能讓每一個人做個人的詮釋，但是必須在該族群的一個限度內。某些事情是被禁止的，比如阿美族人用阿美族的方式去表現別族的歌舞。

陳：是不是說，讓每一部分都有準則，但這個準則也不是一個刻板的固定形式？

胡：對，比如卑南族，他們唱的歌也是呈波浪性的感覺，怎麼唱才能唱出那種韻味？團員可能以為只要聲音拉長就好，可是聽卑南族人唱，除了聲音拉長之外，還有一種波動，而且在波浪下又是一種放鬆。在放鬆之中又能維持那種拉力、張力。那個感覺，如果

是領悟力強，或者唱久了慢慢摸索也可得到。來自卑南的團員南綠說，卑南古謠部分剛開始他自己也唱得不好，現在就比以前好了。卑南的舞蹈，現在，當地年輕人已經懶得蹲下去，或已經蹲不下去了，而「原舞者」的團員跳久了，就可以達到最漂亮的彈性，蹲到那種程度，讓人覺得跳到肌肉這麼有彈性而且那麼節制，那麼莊重。「原舞者」到台東跳給卑南族人看時，族中年輕人都說：怎麼我們的舞那麼好看？因為以前他們大概沒有很認真的跳到他們族裡所要求的美感標準。據說以前卑南族人蹲跳可以跳一個禮拜，現在跳兩、三個鐘頭腳就已經受不了。可見當時，他們的肌肉是很不一樣的，也許是因為在山林裡面奔跑的緣故罷！

陳：也許他們並非體力有那麼好，而是他們真的懂得身體的規律，知道如何控制自己身體的鬆緊。

胡：在編舞時，我們曾經想把幾種蹲跳編得密一點，刪掉中間要加的比較輕鬆的歌，免得時間拖長。可是，族人說，中間不加歌，怎麼跳呢？你不讓他鬆一下，再下去他就緊不起來了，因為人的體力不可能一直蹲在那裡。由此可見，這些歌舞已經在一個體系裡面了，在這個體系中已設計好了跳一段緊的一定要唱跳一段輕鬆的，很簡單的步子，讓整個身體調適過來。

陳：所以，原住民的祭典，本身就是一個精緻的設計？前面一個段落如何過渡到下面段落，已經是有過不斷的修正了。

胡：對呀，我是覺得他們設計得真的非常精緻。同時，他們真的就有那麼多文化的意義。所以同樣在重複，但卻都有不同的重複意義；尤其在情緒上，同樣的重複卻有不同的感覺，叫的聲音，配合的、附帶的聲音，都讓觀眾感染到不同的高潮。

評論中也提到，那種叫聲不是屬於歌裡面的部分，但會隨情緒的爆發而叫喊，這感染力真的很強，會把人激到某一個高潮。這個部分漢人學不來，而「原舞者」團員就有這種爆發，他們叫的聲音很好聽。我想，原住民在文化上是有他們的共通性，他們對於聲音、動作都特別敏感。這種表現似乎並非漢人所能輕易做到的。

（本文原發表於1994年《表演藝術雜誌》14：68－77）

懷念年祭：紀念卑南族民歌作家陸森寶（Baliwakəs）

　　最後一首歌寫在書房的白板上，有的字跡讓孫兒不小心抹去了。簡譜下是片假名拼音的卑南語歌詞，只寫了一段，歌名也還沒有取。

　　幼子賢文撥動吉他，輕輕柔柔地唱出父親的最後遺作。唱到第三遍時速度節奏加快，情感起伏奔騰，難以遏止。他說這首歌是父親爲他和三哥作的，不，是爲所有像他們這樣離家到外地工作的年輕人作的。父親去世後二姐夫陳光榮小心翼翼地把歌詞曲譜抄下來、抹掉的字也參酌前後文填寫回來，歌詞大意是這樣的：

> 我在遙遠的異地工作，
> 不能常返家探視親友，
> 我沒有忘記傳統習俗，
> 年祭時母親爲我戴花，
> 我來到集會所前跳舞。

　　「四年前（1988）父親最後第二次上台北看我時提到：最近好像不太能作曲了。我說你習慣於在一個單純的環境中生活，可能是

缺少刺激的緣故。他笑一笑，好像不以爲然。最後一次上台北，主
要是希望勸小弟賢文返台東家鄉發揮所長。他告訴我最近又作了一
首歌，只作了一段，還想作第二段。那晚我們父子聊得很愉快，沒
想到第二天早上就腦溢血，叫不醒了。」在台北天母開音樂教室的
三子光朝陷入回憶。

1991年底，我伴隨由原住民青年組成的「原舞者」到台東卑南
族南王村參與觀察有關「年祭」的傳統歌舞祭儀。我們特地拜望了
陸森寶的家人，徵求他們的同意，讓「原舞者」學習和演出陸森寶
創作的民歌。在陸家整理出來的舊照片中，我看到古仁廣老先生與
陸森寶的合影，把時光一下子拉回二十年前的大學時代。那是我的
第一次異文化體驗，跟著台大人類學系同學在檳榔樹密布的南王村
中穿梭。牛車緩緩經過，響起一串淸脆鈴聲；唸國小五年級的賴家
雙胞胎姐妹帶我到鳳梨田，遙望都蘭山說道：「我們這裡很窮，可
是風景很美。」與陸森寶同樣在日據時讀台南師範的古仁廣先生和
我似乎特別投緣，給予慈父般的照拂。我學到一首優美的「情
歌」，後來才知道是陸森寶作的〈蘭嶼之戀〉。

日據時代一個偏遠地區的原住民孩子能考上師範學校是件了不
得的事。陸森寶還會彈鋼琴，更是不可思議。從舊照片看到他坐在
一架演奏型鋼琴邊的英挺之姿，讓人誤以爲他是上層階級的日本子
弟。

最疼愛他的二姐和妹妹以及表弟許乃吟所描繪的早年陸森寶是
卑南南王村一個尋常家庭出生的孩子（1909年生）。他光著腳上完
四年原住民孩子讀的卑南公學校，成績很好，跑步到離家更遠的台
東公學校讀國小五、六年級。那時父親去世了，全靠兩位姐姐以砍

柴、農作物的收入支持他唸書。

> 頭一次去台東上學，Baliwakəs 穿著姐姐用賣菜存下的錢買
> 的新鞋高興地去學校。他發現日本同學都在看他，剛開始還
> 很神氣，後來才聽說他穿的是女鞋，趕緊脫下來放在榕樹
> 下。

小學畢業，在台東公學校附設的高等科唸兩年。陸森寶課餘在日本校長家幫忙打掃，半工半讀。畢業前參加師範學校考試，只有他和校長的孩子錄取，「放榜那天校長高興極了，晚上師母邀請他和他們一起睡。」當時乘船從台東到台南師範唸書，全校只有他一個原住民學生，其餘都是日本人、漢人。

「台南師範因為有 Baliwakəs 而有名！」他的姐妹眉飛色舞地形容：

> 日本天皇的弟弟來台灣訪問，抵達台南時 Baliwakəs 代表所
> 有中等學校以鋼琴演奏迎賓。師範校長介紹時說：他不是日
> 本人、不是漢人，是真正的台灣生！他彈琴的技巧是全校最
> 好的，能力比一般人強，他的名字叫做 Baliwakəs！

這樣的榮譽得來不易。多少個夜晚他潛入琴房，躲過守衛，輕聲地練琴，有時彈到趴在琴上睡著了。他優異的表現讓叫他「番人」的日本同學的種族優越感受挫。Baliwakəs 的運動成績也十分耀眼，在全台灣中等學校運動會中打破四百公尺紀錄：賽跑、鐵

餅、標槍、跳高等五項第一。每次賽前他像卑南族出征的勇士一般，把頭目、祭師給他的內裝料珠（inasi）的檳榔取出，吹一口氣，放在頭頂，祈求創造者和祖先增強他的力量。

陸森寶師範畢業後到台東新港公學校任教。他留下的五、六十首創作詞譜中只有一首〈春子小姐〉（後加上夏、秋、冬三段成〈四季歌〉），據他的愛徒曾修花說是日據時代創作的，濃濃的日本味道，呼之欲出的是對日本女友的思念。同在新港公學校教書的日本籍女老師與 Baliwakəs 相戀，論及婚嫁時遭日本校長、督學阻撓，把他調職。雙方家長也反對，未能結合（聽說此女子病逝台灣）。陸森寶二十九歲左右在母親安排下與同族頭目之後裔陸夏蓮小姐結婚，育有四男四女。〈四季歌〉中的第二段以妻子「夏子」為名。日據末陸森寶曾任加路蘭國小校長，日本人離去，1947年為台東農校（台東農工）校長鄭開宗（卑南族人）聘為音樂、體育老師。他遷到家鄉附近，與村人互動增加，作品源源不斷產生。透過陸森寶二女婿陳光榮先生的解說翻譯，每首歌再度回到創作的時空。

進入卑南村落，陸森寶創作的民歌世界活生生地展現。氣勢壯闊的〈卑南山〉（1949）曲調在山海間迴盪：「從卑南族古老的山岳可眺望到蘭嶼島和關山、大武山及都蘭山，祖先的話語可傳到那邊，創造者（demawai）要我們成為美好的東方。」

站在南王村中間拓寬的更生北路大道上，車輛川流不息。把視線轉向活動中心青年及少年聚會所邊的南王俱樂部舊址，追憶沒有收音機、電視的1950年代。民國42年，村長南信彥發起南王 club，每天晚餐時間年輕人到 club 唱歌，透過擴音機讓大眾欣賞。陸森

寶創作的〈散步歌〉輕快地響起！「哥哥，我們去散步！妳這麼說我眞高興，到那裡好呢？到東邊月光可照到我倆；到南邊可洗溫泉；到北方可從港口上船；到西方有樹蔭可乘涼。我們的想法一樣。」

彎進現任里長陳淸文的辦公室，會見這位1958年成立的南王民生康樂隊的隊長。八二三炮戰震動了這個寧靜的村落，他們親愛的子弟被送往金門當兵，生死未卜。村人於是組成康樂隊，希望去前線勞軍，由陸森寶和剛從師範畢業的王洲美指導。隊員十二人左右，男孩子擔任克難樂隊，汽油桶綁竹子再拉鐵絲就成爲低音鼓。陳淸文會吹小喇叭、拉手風琴。陸森寶創作了好幾首動聽的歌，〈美麗的稻穗〉最爲優美抒情：「美麗的稻穗（鳳梨、林木）快收割了，寄送給金門的哥哥」；〈思故鄉〉是阿兵哥東望卑南家鄉，思念年祭集會所前的歌舞盛景。〈俊美的普悠瑪靑年〉則是以一首快失傳的阿美族歌謠爲主旋律，加以改編創作，歌詞是：「卑南的姑娘喜歡阿兵哥（後改成「花」）啊！……」旋律活潑靈動，讓人情不自禁地搖擺起舞。

到當年民生康樂隊的主唱者吳花枝家喝杯茶吧！翻開老照片，康樂隊的美女帥哥後來眞的去了金門。老唱機的唱盤旋轉著勞軍歸來後錄製的唱片，間歇傳出軍隊操練般的節奏。吳花枝會指著她穿白紗禮服的婚照，訴說陸老師在她遠嫁長濱阿美族的婚禮前夕作了〈再見大家〉（1961），親自教她唱：「朋友們，我要走了，留下的弟兄們請保重。迎著風，我踏上遙遠的路途；月圓之時，等待你們來訪。再見，大家再見。」她婚後返娘家再離去時，陸森寶又作了〈祝福歌〉，衆人在惜別會上唱這首歌送別。

　　轉入巷底的天主教堂，如果剛好碰到彌撒，翻開新印製的綠皮
聖詩本，你會看到封面內頁陸森寶的彩色照片。全本卑南語的聖詩
差不多都是他創作及改編的作品。1960年代各種西洋教派進入卑南
地區傳教，南王村的天主教傳教師陳光榮追求陸森寶二女兒，也向
陸森寶傳教。由於天主教不禁止祭拜祖先，陸森寶比較容易接受。
天主教走本土化路線，允許各地教徒以當地語言唱聖詩。台東區白
冷外方傳教會的瑞士籍賀石神父邀請 Baliwakəs 以卑南語創作聖
詩。像〈天主羔羊〉（1963）是卑南古調改編，另有幾首以教會的
歌譜配上卑南語歌詞。最突出的是〈上主垂憐〉等創作曲調，寧靜
肅穆中有極濃厚的卑南風味。靜靜唱出，整個心都浸在素樸感恩的
情感中，此時卑南造物者（demawai）與天主融合為一。1972年卑
南產生本族的神父，陸森寶作〈神職晉鐸〉，慶賀曾建次和洪源成
升任神父。曾建次神父重新收集陸森寶的歌，將試用本改印新的聖
詩本。他說陸老師是卑南天主教會的大恩人。

　　南王國小的孩童們在陽光下奔逐嬉戲。國小的後山下曾移植了
代表祖先的靈竹。民國48年村長南信彥根據竹生始祖的傳說，召集
年輕人到太麻里鄉美和山下掘回竹子，族人歡唱迎接。陸森寶作了
一首最歡樂的〈頌祭祖先〉的曲子，清脆的鈴聲在後半部 sering，
sering 作響，好聽極了。

　　村子逛完，不妨到海邊走走。每年七月收穫後，南王村的
Rara 等家系男子在祭師帶領下來到海邊，向傳說中把小米種子由
蘭嶼帶回的祖先獻祭。陸森寶作〈海祭〉（1985），希望族人在海
邊唱此歌，追懷感念祖先。晴朗之日可望見海中的蘭嶼島，民國60
年陸森寶隨女青年康樂隊到蘭嶼慰勞陸戰隊，天候轉變，船隻無法

航行，在島上滯留十幾天。他爲了安慰女隊員思鄉之情，寫了一首〈蘭嶼之戀〉教她們唱：「明亮的月光照在公路上，我站立樹下等著哥哥，懷念的夜晚聽到蟋蟀叫聲⋯⋯風吹浪起，計算歸家的日子⋯⋯」

　　年祭期間，許多遊子都返鄉了。二十多年來一直與我有聯繫的賴家雙胞胎姐妹也從台北趕回南王重建的新家，並邀我同住。可是去年，這個家庭因爲年輕美麗、多才多藝的大嫂過世，而籠罩在一片哀悽的氣氛中。上山打獵的男子跑步返回婦女搭建的凱旋門，喪家集中一處，大哥在家人的陪伴下除去舊花圈，戴上新花環，年長者再度吟唱悲壯的 Pairairao 古調。然後衆人返回集會所，唱跳起年祭歌舞。喪家被領到隊伍前端，以歌聲爲他除喪，淚光中再度融入族人的歡慶活動。

　　傳統的年祭蹲跳舞步之後以輕鬆的歌曲串連。我聽到高子洋作的〈我們都是一家人〉這首流行全台灣的歌，我也聽到許乃吟父親 Lumiyadan 放牛時創作的歌，王洲美母親作的歌、日據初期村中青年出征凱歸創作的歌⋯⋯陸森寶在這個善於以歌聲表現情感的民族中只是詞曲創作者之一。他以極大的熱情創作，每作完一首曲子常常騎腳踏車召集村中的媽媽小姐練唱。活躍於集會所前的許多婦女都很會唱陸老師的歌。我印象最深刻的是婦女節慶日（mugamut）林清美站上矮凳子雙手揮舞，指揮〈老黑爵〉曲調改編的〈卑南王〉（1964）一曲時，婦女們陶然忘我的歌唱神情。

　　那天晚上，我在睡夢中聽到歌聲。由年祭中升上青年者組成的遊訪家戶（Puadangi）隊伍進入賴家，姐妹們替大哥招待來客。之後，有幾位年輕人留在客廳陪大哥飲酒談笑，希望他從哀慟中回復

過來。大哥有感於年輕人遊訪家戶時的歌聲每下愈況，一遍又一遍地教導他們一首簡短的告辭歌。在外謀生漸失母語能力的青年勉強成調，賴家大哥激動得淚下。晨曦射入，年輕人漠然離去。

　　陸森寶的最後一首歌由於歌詞內容爲懷念年祭，陳光榮先生題名爲〈懷念年祭〉。他爲「原舞者」的各族原住民青年解釋這首歌的創作背景時說道：民國77年，陸森寶先生看到從外地工作回來的青年們在年祭12月31日晚上到各家戶遊訪時不會唱本族的歌。他作這首曲子是希望年輕人回想一年來在外縣市討生活，如今返回部落，要把心中的話以歌聲傳達給家家戶戶。「原舞者」也決定以「懷念年祭」爲主題，演出他們學習的卑南族傳統以年祭爲主的歌舞以及陸森寶先生創作的歌曲，紀念這位從傳統走出，再融入傳統的卑南民歌作家——Baliwakəs！

（本文原發表於1992年7月6日《中國時報》人間副刊）

詞曲錄

卑南族民歌作家陸森寶(Baliwakəs)作品選集

陳光榮　翻譯說明
胡台麗　整理

4/4 卑南山 penansan
曲詞:陸森寶 1949

| 6 6 6·1̇ | 3·2̇ 12 1 6 56 | 5 3 5 2·1 2 5 |

1) a-ḍe-na-ni ka-ma-'i-da-ngan a-te nga---i ka-pu-yu-ma-
　　山　　　高的老山　　　　山是　　　卑南族的

2) paka-saṭ-ḍa ka-li ku-te-ma-n bu----lai tu i--nu-da-wa-
　　高到　　雲 海 上　　美　　形 狀

| 3 - - 0 | 6 6·5 3 565 3 | 2 3216 2 3 3 21 231·6 6 |

1) yan te-ma---bang kui kaba-bu--tu-lan-te-mu-ngu-l i-di-la-di-lan
　　　　眺望到　　　蘭嶼島　　　眺望到　　關山

2) yan te-ma--- bang kui kada-i---bu-an te-mu-ngu-l i-ma-ra ge-sa-
　　　　眺望到　　　大武山　　　眺望到　　都蘭山

| 6 2 2·3216 | 3·5 632·1 2 5 | 3 - 6·1̇ |

1) g a---ma--o na mi-nga-la-ḍika - la-la-o--ḍan a-ma-
　　　　是　　　有名的　東方　　　是

2) g a---ma--o tu di-na--wa-i kand ḍe-ma-wa-i a-ma-
　　　　是　　　創造　　主宰　　是

| 6 6 5 3 6 6 6 | 3 5 2·16·1̇ | 2 3 321 23 | 1·6̇ 6 - |

1) o ḍa na ḳi-ma-ngangai-i-ḷa ka-ḍi--o kan e-mo i-ki---na-ḍi-wan
　　　　傳話　　　到那邊　　祖公　　本土

2) o tu pi-na-ka-ba-bu-la-i ka-n--ta ka-ḍi-ni i-ma---ka-la-o--d
　　要成爲美好的　我們　在這 個　　　東方

創作背景：

1949 年，陸森寶先生在台東農工任教時，常聽說，東部是台灣最落後的地區，但是陸老師不以為然。他認為台東有那麼多高高的山，他以高山為榮，東部的山是東部所有人的精神堡壘，便做了這首「卑南山」。

歌詞內容：

1. 高高的山是卑南族的老山，可眺望蘭嶼島與關山，是東方(東部)有名的山，祖公可傳話到那邊。

2. 形狀美麗聳入雲霄的卑南山，可眺望到大武山及都蘭山，創造者要我們成為美好的東方(卑南族)。

4/4 散步歌 kaita kaita koreayawa　　曲詞:陸森寶 1953

```
|0 5  5 3   6 6 3|2·32  1  6 6 6|5 1   6 5 6 1 2  3|
```

1) ka--i-ta ka--i ta sa m po e-ba--a an-ku ma-yo i a--di ta
　我們去　我們去　散步　　哥 你 這麼說　　我怎麼

2) ka--i-ta ka--i ta moa da ngi-a -ba--a an-ku ma-yo i a--di ta
　　　　去 玩

3) ka--i-ta ka--i ta kor a yaw-a -ba--a an-ku ma-yo i a--di ta
　　　　乘 涼

4) ka--i-ta ka--i ta powari kan-a -ba--a an-ku ma-yo i a--di ta
　　　　放 牛

```
|5 3  3 2 1 6  1|1 0 5 5 3  6  6|5  3 5 - 5 6|
```

1) se-ma-nga----le a-ma--o i--naba i -- so--wa e--ba ka---
　不高興　　呢　　好　那裡　哥

2) se-ma-nga----le a-ma--o i--naba i -- so--wa e--ba ka---

3) se-ma-nga----le a-ma--o i--naba i -- so--wa e--ba ka---

4) se-ma-nga----le a-ma--o i--naba i -- so--wa e--ba ka---

```
|1 6 1 1 6 5 2 2|2 1  2·1 6  5 6 1|5 5 3 2 - 2  5
```

1) i-ta mo-la-o-da i-na--ba to sena-nao ta daka-bu-la-na---n a
　到　東方　可　　照到 我們　月光

2) i-ta mo-ti mola i-na--ba ta sade-ku da kaa e bi ngan a
　　南方　　　洗熱澡 在　溫泉

3) i-ta mo-a-mi-ya i-na--ta ta mo-i-satda kata-mi-na-a---n a
　　上　　　　船

4) i-ta moda iaia i-na-- ba to bari iao ta daka ba a ian
　　西方　　　有陰涼處　可乘涼

```
|5 3  6 6 5  5 1|6 5 6 - 6·5|6 5 3 2 1 6 5·6|
```

1) i-wa pa-o--wa e-ba----a ma-ta----ti---ka--ta ni
　好 真正好　哥　　一樣　　我們的

2) i-wa pa-o--wa e-ba----a ma-ta----ti---ka--ta ni

3) i-wa pa-o--wa e-ba----a ma-ta----ti---ka--ta ni

4) i-wa pa-o--wa e-ba----a ma-ta----ti---ka--ta ni

```
|1 6 1 - 0 ‖
```

rang--ra--n
　想　法

創作背景：

1953 年，當時收音機、電視和流行歌曲都很缺乏，年輕人喜歡唱歌，調劑身心，南王村在活動中心設一個康樂俱樂部 club，每晚六至八點鐘，男女青年在那裡用麥克風輪流唱歌，陸森寶先生作這一首散步歌曲，敘述男女散步約會的情形。

歌詞內容：

1. 女：哥，我們去散步。　　男：妳這麼說我眞高興。

　女：那裡好呢？　　　男：到東邊有月光可照到我們倆。

　男女：我們的想法一樣。

2. 女：哥，我們去走一走。　男：妳這麼說我眞高興。

　女：那裡好呢？　　　男：我們到南邊，那裡有溫泉可洗澡。

　男女：我們的想法一樣。

3. 女：哥，我們去乘涼。　　男：妳這麼說我眞高興。

　女：那裡好呢？　　　男：我們到北方，在港口可乘船。

　男女：我們的想法一樣。

4. 女：哥，我們去放牛。　　男：妳這麼說我眞高興。

　女：那裡好呢？　　　男：我們到西方有樹蔭可乘涼。

　男女：我們的想法一樣。

4/4 頌祭祖先 miamiami ḍai ma iḍang　　　曲詞:陸森寶 1957

```
| 3 6 6 6 6̄·5  3 5 | 6 i̇ i̇ 6̄  6·5 3 2 |
```
1) mi-a--mi-a--mi　　ḍa-i ni-re bu-wa-- a------n
　　　很久很久　　　　我們的祖先(靈竹)
2) a-ka--sanga-la-----n　da temo-- wamo-wa------n
　　　該歡樂的　　　　祖公　　(靈竹)

```
| 3 5 6 5  3  5·3 2 | 3-- 0 | 3 5 6  5  3 3 1 |
```
1) o-----wa-i - yan o-----i - ya----n　ka----ma----wan da la
　　　　　　　　　　　　　　　　　　　　好像
2) o-----wa-i - yan o-----i - ya----n　mo----ka---sa da
　　　　　　　　　　　　　　　　　(我們)一起

```
| 2 3 3 1  2·1 6 6 | 6̄ 3 2̄ 1  6̄ 6̄ 1 | 6 - - 0 |
```
1) i--na-ba-i--ya-lo--wan i-----ka　e--mo---- an
　　　　忘了　　　　　我們的祖先(靈竹)
2) pi-na-ka-i--ya - bu--laya pi--na--pa-da----ngan
　　　　盛裝　　　　　準備了

```
| 6̇ 2 2 6̇ 2·5 | 3 3  21 2 3 3  5·3 2 | 3 - 5  3 5 |
```
1) ma-re-pa-o--wala　ka-na a-mi ka-na bu-------lan ma--re
　　　正值　　　　年節　　佳日
2) pa-na-o-wa-nai ta pa---ta----ba-----nga------nai i----di
　　　呈獻　　　　祭獻　　　　　　　　這個

```
| 6·i̇ 6　3 2 | 1 6 3̄ 1 2 3 | 1 6 6̇ - |
```
1) pa-o-wa　la da do o-----wa---ro-ma-an
　　決定了　　　它要返回家鄉
2) na　be-ka---lan na ka---ba----bi-ni--an
　　　　新的　　稻谷(種子)

```
| 3 3 3 3  3 3 3 3 | 1 2 3 - | 5 5 5 5  6 6 |
```
1) ka-ra ba-sa-kao- la-i sering ”　re-a-ba-la-nai-lai
　　　抬起來　　　鈴鈴鈴響　　左右陪著
2) ki - ya-no-na-nai- la-i sering ”　a-ra-se-na-yai-lai
　　　祈禱時　　　　唱歌時

```
| 3 5 6 - | i̇ i̇ 2̇ i̇  6 6 | i̇ 5 6 - | 3 3  3 5 6̄ 3 2 |
```
1) sering ”　gi-legi-la-nai lai sering ”　me-re-de-re-de---ki
　　鈴鈴響　　慢慢跑　鈴鈴響　　直到
2) sering ”　o-wara-ka-nai lai sering ”　pa-na-a--naan ta
　　跳舞時　　　　我們真正地
```
```

```
| 3  5  3  2   1     6 | 3 1 2 3   1   1 6 | 6  - - 0 |
```
1) pa-i-wa--n la   i   ro---- ng ---ro--nga--n
　　南王（社）　　　　　南　王（故鄉）
2) pa-ka-se-ma nga----n kan i--no-tu----ngu-la---n
　　慶　賀　　　　　那個　祖　先

```
| 2  2  2  2  1 2 3 | 3  - - 0 | 3  3  3  3 565 3 5 | 6 - - 0 |
```
1) pi - na tenga-da--o la   i e--mo i ma-i----dang
　　固定 座 位　　　　　老祖 先（靈竹）
2) pi - na tenga-da--o la   i e--mo i ma-i----dang

```
| i · i  5  5 6 | 6 - - 0 ||
```
1) ta- sa-songa --- la--n
　　我 們 來 敬 拜 它
2) ta- sa-songa --- la--n

創作背景：

1957 年夏日，南王村當時的村長南信彥先生率領青年到太麻里鄉美和山下挖掘傳說中與祖先創生有關的竹子返回南王村後山下。這一天族人歡呼歌頌，陸森寶先生在很短期間內完成作詞作曲，並召集族內青年男女學習歌唱。

歌詞內容：

1. 路上挑著靈竹，鈴鈴鈴，兩旁成群結隊，鈴鈴鈴；跑步的英姿，鈴鈴鈴；迎接祖先（靈竹）敬拜於南王故鄉。
2. 吉日臨近了，族人盛裝皆歡喜，祈奉祂，鈴鈴鈴；歡唱的族人，鈴鈴鈴；美麗的舞姿，鈴鈴鈴；讓我們的禱聲永獻祖神。

4/4 美麗的稻穗 bulai naniyam kalalumayan　曲詞:陸森寶 1953

```
 |2 32 1 3 5|6 - - 0|i̇ 65 3 2 |1 6 5 3 2 |3·3 3 - |
```

1) pa-sa--lao bu----la--i　na-ni--ya--m ka-la-lo-ma---yan ga-rem
　 非常　美麗的　　我們的　稻子　　　現在

2) pa-sa--lao bu----la--i　na-ni--ya--m ka-o---ng-ra-yan ga-rem
　　　　　　　　　　鳳梨

3) pa-sa--lao bu----la--i　na-ni--ya--m ka-da do-li---nga ga-rem
　　　　　　　　　　造林

```
 |3 - 5 3 2|1 5 5 6|5 32 3·3 |3 - - - |2 2 2 1 3 - |
```

1) 　o--i----yan o--i-yan a---ru-ho- i--ya-----n　ada-dep mi
　　　　　　　　　　　　　　　快了　我們

2) 　o--i----yan o--i-yan a---ru-ho- i--ya-----n　ada-dep mi

3) 　o--i----yan o--i-yan a---ru-ho- i--ya-----n　ada-dep mi

```
 |3 31 22 2 1|1 6 2 26 16|6 5 6 - |6 - - 0|5 32 1 5|
```

1) 　ada--dep mi e ma-re---'a - -ni yo-hoi--ya- - n　o---i--- yan o
　　　快了　　　割稻了

2) 　ada--dep mi e pe-na---li-dingyo-hoi--ya- - n　o---i--- yan o
　　　　　　　搬　運

3) 　ada--dep mi e pe-re---ka-wi yo-hoi--ya- - n　o---i--- yan o
　　　　　　　砍木材

```
 |5 65 3 53|6 6 665|3 53 3-|3 - 22 21|3 - -31|
```

1) i--yan a----ru--hoiyan iya---o-ho-ya----n　pati-yaga--mi
　　　　　　　　　　　　　　　寫信

2) i--yan a----ru--hoiyan iya---o-ho-ya----n　a-pa-a-a-te-------de
　　　　　　　　　　　　　　　寄送

3) i--yan a----ru--hoiyan iya---o-ho-ya----n　a-sa-sanga-a-------n
　　　　　　　　　　　　　　　要造

```
 |2 2 21 1 62|26 1 6 5|6 - 6-‖
```

1) patiyaga mi kanba-li　e-ta -ni-king--mong
　 寄信給　哥哥　　在金門

2) apa-a-a--ted kanba-li　e-ta -ni-king--mong
　 寄送給

3) asa-sangaandasaso- dang poka--i king--mong
　　　　　　　船　　送到　金門

創作背景：

　　1958 年，八二三砲戰爆發，戰況激烈。南王村民關懷在前線作戰的家鄉子弟，但無法親自赴前線慰問；前線在兵役中的青年，也無法回鄉探視。陸森寶先生作成這首歌讓村裡的人唱，以達成慰勞前線士官兵意願。

歌詞內容：

1. 今年是豐年，鄉裡的水稻將要收割，願以豐收的歌聲報信給前線金馬的親人。
2. 今年是豐年，鄉裡的鳳梨將要盛收，願以豐收的歌聲報信給前線金馬的親人。
3. 鄉裡的造林，已長大成林木，是造船艦的好材料，願以製成的船艦贈送給金馬的哥兒們。

4/4 思故鄉 temabang ku pialaod　曲詞:陸森寶 1949

```
|3  3  6 - - |6  i  6  56- |i  6  5  66 |6 - - 0 |
```

1) te-mabang　ku pi-ya-la-od pi---pu-ya-yu-ma
　　我 眺 望　　向 東方　　　　卑南家 鄉

2) te-mabang　ku pi-ya-la-od pi---pu-ya-yu-ma

```
|3  5  6  53 2  53 |2 · 6  1 2 3 5 |6 6  5 3 3  2 1 2|3 - - - - |
```

1) a----i----du a　ka----hi-ko-ki-a--n　a mo-wa-la-od o----i--yan
　　有一架　　　　飛 機　　　　正要 往東 方

2) a----i----du a　ka----li-'a-ya-ma-n　a mo-wa-bi--i　o----i--yan
　　有一隻　　　　鳥　　　　正在 飛

```
|3  3 5 6 5  3 |2  1  23 5 3 |3 - 5  3  2 |1 6  1  6 - |
```

1) a--o----ka-la　me--na-na'o----wa i　la--lu---wa-nan
　　將會　　　看到　　(過年的)集會所

2) a--o----ka-la　se--ma-se ka----da i　pa--la---ku-wan
　　將會　　　到達　　　　集會所

```
|3  3 3  1  2  3  53|3 - 6 6 5  3 |5 6 i 6 6 - |2 2 6 · i |
```

1) pa-lailai-ya bangangesa-ran　poa-a--po--ta bu-la-bu-la-yan se-pu-ngan
　　正在成群結 隊跑的青年們　婦 女 們 正在 獻 花　　　眞想念

2) moa-a-raka bangangesa-ran　kor-di-ke-sa bu-la-bu-la-yan sare-e-dan-da
　　跳 舞 青年們　　　　加入跳　姑 娘們　　懷念 的

```
|2  1 23 5 3 |3 - 6 5 3|6 5 3 3  2 |1 6  1  6 - ‖
```

1) da re-sa-re---- san　a--i----diko-i ka--ki-ng--mo-ngan
　　親 朋好 友　但我 在　　　金 門

2) i--no-li-sa----wan　a--i----di ko-i ka--ki-ng--mo-ngan
　　大會舞

創作背景：

　　1958 年陸森寶先生創作「 美麗的稻穗 」的同時作了「 思故鄉 」，以表達在金馬前線作戰的卑南青年對家鄉思念之情。

歌詞內容：

1. 我向東方眺望卑南家鄉，飛機正飛往雲霄，將會看到過年時的集會所，婦女們獻花給成群結隊奔跑的青年們。眞想念親朋好友，可是我身在金門。

2. 我向東方眺望卑南家鄉，有一飛鳥將會飛達集會所，青年們熱情的跳舞，姑娘們跟著跳。好懷念的年祭大會舞，可是我身在金門。

4/4 俊美的普悠瑪青年 bulai ta bangsaran i puyuma 1958

|6 1 6̄-̄6̄1̄6̄|5̲5̲3̲2̲ 1̲3̲ 6 6 5̄3̲5̲|3 0 0 0 |
　o 　oo oo 　o o o 　o 　o o̲1̲ 2 3̲2̲1̲

1) pu-yu-ma 　　bula-bula-yan-ni-sagar da -a- pot -
　卑南族 　　　姑娘 　喜歡 　花 ya-he-i-ya
2) pu-yu-ma 　　bangangesaran - ni-sagarda de- nan
　　　　青年 　喜歡 高山 ya-he-i-ya

|0 0 0 6̲1̲|6̄-̄6̄ 1̄ 6̄ 5̲3̲2̲|1̲3̲ 6̲6̲ 5̲3̲5̲ 3|0 0 0 0 |
2 - - o 　o o o 　o 　o o 　o 　o̲1̲ 2 3̲2̲1̲ 3

1) he 　sina-re 　mi ba-ka---baki bulaiya 　roma
　種 花 　是 　使 家 院 美 觀 　　　ya-he-i-ya-he
2) he 　mo-i-ba------te 　muli 　kapi i-naba 　da-rion
　　走一走 　　探察 好的土地 　ya-he-i-ya-he

|0 5̲5̲ 3̲ 6̲6̲ 5̲5̲3̲2̲|1̲6̲ 0 0 5̲5̲ 3̲5̲|
　o 　o 　o 　　o 6̲1̲ 0

1) 　kara - o-pi - dao dabulabula -- yan- kitubunga
　　編 花 　　姑 娘 ya-he 以花迎接
2) 　po--ng---sal 　me ra --- bi 　se--ma--
　　開 始 　除草 　ya-he 種

|6̲6̲ 5̲5̲3̲2̲ 1̲6̲ 0|0 5̲5̲ 3̲ 5̲6̲6̲5̲ 5̲3̲2̲|
　o 　o 　o 6̲1̲ 　o o 　o

1) naidamaa-i-da-ngan 　tupia-po-taodapa ra
　老人們 　ya-he 　戴花成群結隊
2) lem da a----dangi 　rabi-----ya-i tosa-a-sa
　種樹 ya-he 砍 樹枝

|1̲6̲ 0 0 5̲5̲3̲5̲|5̲6̲5̲ 5̲3̲ 2 1̲6̲6̲|1̲6̲ 2̲6̲ 1̲3̲3̲·2̲|
　o 　6̲1̲ 　o

1) ra-i 　ta-pi-apo-tawi o wa ra ra ka i 　ya-heya iya--e-o-wan
　　ya-he 戴花 　參加跳舞
2) a-d 　ta---te-bua-ni-ka-sa-gasagare- ya-heya iya--e-o-wan
　　ya-he 大大的 　長的好看

```
|5 323  333|3 - -6 32|16 1 21  66|6 - -2 2|
```
1)　i-yo --- e-n haiya　　　a - i-- yoi - yan o-i-ya-enhoiya　　　sarema
　　　　　　　　　　　　　　　　　　　　　　　　　　　　　　　　　一家人
2)　i-yo --- e-n haiya　　　a - i-- yoi - yan o-i-ya-enhoiya　　　re-kao
　　　　　　　　　　　　　　　　　　　　　　　　　　　　　　　　　剪　枝

```
|3·3 52 3  55 5  5|6·6 5 361 1 55|6·6 53 36 5 5|
```
1)　na-i bu-lai ta i-da duwa-na ni bulaita-o-wa-rara - ka-ni bulaita-a-yo
　　　　美　　在　　　　　　　　　美的　歌舞
2)　yao-i bu-lai ta pale-ling-ngao-i bulaita moti ------ ma-i bulaita-a-yo
　　　　整齊　用車搬　　　　　好的　變賣　　　　我們好

```
|6 - -0  ‖
```
1)　he
2)　he

創作背景：

　　1958 年，八二三砲戰，陸森寶先生希望家鄉的青年男女以歌唱慰問士官兵，而以阿美族曲調填上卑南語歌詞。

　　當初唱這首歌時，第一段歌詞內容爲卑南族的姑娘喜歡阿兵哥，後來陸森寶先生改爲「卑南族的姑娘喜歡花」，就是目前的歌詞。此曲原爲阿美族一首已沒落的歌，經過陸森寶的挖掘，此曲調重新流行，阿美族唱成「美好的今天」。

歌詞內容：

　　1. 卑南族的姑娘好喜歡花喲，種花能使庭院美觀。編織花圈的姑娘喲，以花圈迎接老人家，並頭戴花圈，大家一起高歌歡舞。啊喲嘿！
　　2. 卑南族的青年好喜歡高高的山喲，勘查好的土地，除除草，種種樹喲，把壯碩的樹枝剪齊並捆好搬上車變賣。啊喲嘿！

4/4 再見大家 kaiko ḷa alialia　　　　曲詞:陸森寶 1961

|3 5 5 - |1̇5 6 5 3 1 2|2·6̇ 5 2 3 2|2 - -0|

1) ka-i ku-la　a-li--a-li-a　ka-i　ku-la-a--na-a--na-ya
　　我要 走了　　朋友 (男士) 我要走了朋 友 （女士）

2) ka-i ku-la　ni-ro--ma-e-nan ka-i ku-la-li-wa-wa-di-yan
　　　　　　　親 戚　　　　弟 兄

|1̇ 2̇ 2̇ 1̇ 3 · 3 |2̇ 2̇ 1̇ 6 5 3- |3 5 5 5 3 5 5 1̇|

1) ki-ka-du-ka-do la-wa-wa-di--ya-na　ka-sa-li-ke-si-ke-mo
　　留下的 弟兄　　　　　　要保重　你 們

2) a-----e-----ma--na　ma-re-ka--ba-lo　ma----ra--- yas---ta
　　不 要　　　忘 記　　　時 常　 我們

|6 5 6 6 6- | 1̇ 6̇ 1̇ 1̇ 5 6 |3 2 5 5 5 6̇1̇|1̇·2 3 6 5|

1) ka-ḍi-ḍa-ḍe-kan　soa-re-so-re-ku-ḍa-ka-ba-ba-li-yan a---- da---wiḷ-ku
　　身體　　　面向我　風吹　　很遠　我

2) ma-re-wa-ḍa-ngi　mo-ṭa-la-ta-lao-wa-ka-ba-bu-la-nan nga-nga nga ra ku ḍa
　　來往　　　圓圓　月亮　　等　我到

|3 2 1 1 1- |5·3 5 6 |1̇ 6 5 5 - |3̇ 2̇ 3̇ 3̇ 1̇2̇|

1) ka-ka-ka-wa-ngan　sa-yo-na-ra　li-wa-wa-di-yan 再見 大家再
　　道 路　　　再見　弟 兄

2) mo-ra-re-de-kan　sa-yo-na-ra　si na ba ke nan
　　你們來臨　　　親 戚

|6 - -0|1̇·6̇ 1̇ 5 6 1̇|1̇ - -0‖

見　　再見 大家再　見

創作背景：

1961 年六月中旬，吳花枝姑娘自南王里嫁到長濱竹湖村。陸森寶先生特別爲她作此歌向親友惜別。爾後，不論是男孩入伍當兵、出海打魚、出國觀光等，惜別場合都唱這一首歌。

歌詞內容：

1. 朋友們我要走了(嫁出)，留下的弟兄身體要保重，迎著風吹，我的路途遙遠，全體弟兄再見。

2. 親戚們我要走了(嫁出)，不要忘記時常來往連絡，月圓之時是我等待您們來臨之時，全體親朋好友再見。

4/4 祝福歌 waḍegai nirumaenan　　曲詞：陸森寶 1961

```
|6 - 6 i | 6 5  6 i 6 5 | 3 2 1  3 - | 3 0 3 · 5 |
 wa------de--ga-i  ni-----ru---ma-e-----nan        to--
          歡 送      親 友

|6 · i 6 3 | 2 5  2 1  6 5 | 6 - - 0 | 2 2 2 1 5 6 5 |
 no----na-i  si-na-pa---ke----nan      ta-ra-na-pa-o-ḍa-i
     歡 送 場 合                保 重      在

|2 2 2 1  2 - | 3 3  3 5 6 3 | 2 1  2 3 3 - |
 ka-li-da-lanan  si-me-si-me-u-mo ka-li-da-de-kan
     路 途 中       珍 重       自 己 身 體

|3 0 6 · 5 | 6 3 2 5 | 3 2 1  6 1 2 | 5  3 5 6 1 3 |
 ho-i--yoyan ho-a-i--ye----yoyan   o  wa  la  da  o
                                        再 見

|2 - 3 1  2 2 | 2 5 3 · 1 | 2 3 2 - ‖
 wa 以 後 再   見 以 後    再 見
```

創作背景：

1961 年吳花枝婚後返娘家，要再回長濱夫家前朋友們歡送祝
福，陸森寶作了此首歌。以後族人歡送惜別晚會時經常唱這首
歌。

歌詞內容：

我們來歡送親友，沒有不散的宴席，但要珍惜我們的友情。一
路上要小心，要保重自己身體，祝一路順風。

4/4 落成典禮 modawaya karoma'an　　　　曲詞:陸森寶 1961

```
|6  6 6·i̲ |2̄ i̲ 6̲5̲ i̲ 6̲5̲ |6  3 2 1̲ 2̲ |3 - - |3 - - 0|
```

1) mo-da-wa-ya ba---ng----sa-----r a ka-ro-ma---'an
　　完成了　莊嚴的　　　會館—

2) ma-da-wa-ya bu----------la-----i a ka-ro-ma---'an
　　　　美觀的

3) mo-da-wa-ya ka-'i-li-'ili-----ng a ka-ro-ma---'an
　　　　引人注目的

```
|3·5̲ 6·i̲ |6̲5̲6̲3̲ 3̲2̲5̲3̲ |2·6̲ 1 6̲ |6̲ - - |6 - - 0|
```

1) bu----la-i ba----ra-wa------nga i--no-da-wa-yan
　　　美觀　　莊嚴(龐大)的　　形狀

2) 'i-ḍe-na-n ka-le̲'a-ya------n ka-te-ngada-wan
　　　光亮　　方便的　　　椅子

3) a--re-ṭe-vo-ṭe----vo-nga---n ḍa ta-ṭa-o--ta-o
　　　　集會　　　　衆人

```
|1  6 6 1̲1̲ |2  1̲ |3  3 2 5̲ 3̲ |6 — 6̲ 5̲ |6̲|
```

1) to ki-na-u -le-pan ḍa liwa-wa-di-yan to i-----ka
　　　勞苦　　　弟兄姊妹

2) to ma--re-la--dek da ni-ru-ma'e-nan to ni----ro
　　　血汗　　　親戚　　　是

3) a ta-ka-ke-si-yanḍa ḍin-ka-la-nan to ke----da
　　　學習　　　村民　　　他的勞力

```
|5̲ 6 6 5̲ 3̲ 3 |3̲ 2̲ 5 5̲ 6̲ 6 |5̲ 3̲ 3 - - |3 - 0|
```

1) i--ya-la---man ḍa--ḍe----i-e-----ma-wai
　　　惠憐　　　　上主

2) i---yo-ke--ḍang ḍa me----------na-na-'o
　　　勞力　　　照顧著

3) -ng ka-n----ḍo ka-na ke----me-ḍe----ke-ḍeng
　　　那個　　　領導人

```
| 2  2  2̲1  2̲3 | 3̲1  2̲2  1̲6̇ | 6̇  6̲̇1  2  1  3 |
```

1) ma-sanga-la-ta　　se-me-na-yata　　ma-pi---ya----i
　　我 們 來 歡 樂　　歌 唱　　大 家
2) ma-sanga-la-ta　　mo-wa-ra-kata　　ma-pi---ya----i
　　　　　　跳 舞
3) paka-se-mangala-ta　ki-ya-no-nata　　ka-n----do ka-na
　　讚 美　我 們　祈 禱　　那 個

```
| 3̲1  2  1  6 | 6--|6 - - 0 |
```

1) ya---pi-ya　ga--re----m
　　　　現 在
2) ya---po-latga--re-----m
　　　　全 體
3) ten ------siusa-ma
　　　天 主

創作背景：

1952 年，知本里天主堂興建青年會館。當時知本天主堂主任神父費道宏為培育青年，每天晚上集會學習成人教育，聽天主救靈之道。陸森寶先生作此曲慶賀。目前族人新屋落成時也常唱這首歌。

歌詞內容：

1. 美觀而雄偉莊嚴的青年會館完成了。上主惠憐勞苦的弟兄姐妹，現在我們齊來歡樂歌詠。
2. 光亮美觀的青年會館，舒適方便的陳設，是親戚勞力血汗與關注，我們全體齊來歡樂跳舞。
3. 引人注目的青年會館，眾人集會學習的地方，是領導人及村民付出的勞力，我們祈禱讚美天主。

4/4 天主羔羊 to siri na ḍemawai(1)　　卑南古調改編 1963

```
|5  1̇ — |66  2̇1̇2̇|2̇  2̇1̇|2̇1̇2̇6|2̇ -1̇ 6 2̇|
```

1) i yo to si ri ka na ḍema--wa-i na me-
　祢　　　羔羊　　　是　天　主　　是
2) i yo to si ri ka na ḍema--wa-i na be-
3) i yo na me la-la---pos ka--na pa----meli-
　　　　　　　　除去　　　罪過

```
|2̇ 1̇2̇6|1̇ 1̇  6  6|7656|6 —— |6576765|
```

1) la-la-po-s ka na pam li-----ya-n------ kaḷ ai a-po---
　除去　　　罪惡者　　　　　　　　請除掉
2) na-ka-ku---bak-ka-na-ra pi-----a-n------ kaḷaba-ke--ba-
　解開　　　痛苦　　　　　　　　請解開
3) ya-n i po-----na---- po----na-n------ kaḷabe-ra----
　　　在世上者　　　　　　　　請賜給

```
|6 6 5 3|5656|65350|57  6|7656|653 5|
```

1) si mi ḍi-ya----n kaḷa sa-be--sa-bi mi ḷa ni
　我們的　　　　　請　洗　淨　我們的
2) ki mi ḍi-ya----n kaḷa po-wa--la-ki mi ḷa ni
　　　　　　　　請　除　掉
3) ki mi ḍi-ya----n ḷa na-ni-----ya-m ka-i
　我們　　　　　　我們

```
|6 5  653|5 5 33|2166|6- |60|
```

1) ya-m pa-----m li-ya--n ḍi-yan
　　　　罪過
2) ya-m ra-----pi --a----n ḍi-yan
　　　　痛苦
2) ya -n a-----ba ---ya---n ḍi-yan
　　　　幸福

創作背景：

1960 年代羅馬教宗宣佈全球各地教會本土化，可用當地語言祈禱唱歌(不用唸唱拉丁文)。

1963 年南王天主堂瑞士籍賀石神父特請陸森寶先生作成這一首歌。此曲係根據卑南古調改編。

歌詞內容：

1.祢是天主羔羊，求祢赦免我們的罪惡，洗淨我們所有的罪過。

2.祢是天主羔羊，求祢解開我們的痛苦，赦免我們所有的痛苦。

3.祢是天主羔羊，求祢赦免我們在世上的罪過，請賜予我們幸福平安。

2/4 上主垂憐 demawai kaḷamanao mi　　曲詞：陸森寶 1963

```
|5 53|5 6 6 5·|5·3|2 5|653|2—|2 32|1 6|
 i      a--ma    na    de--ma--wa-----------i
        天父      是      創  造 者

|6  1 16 5|5  |1 6|1 21|32|2 --|2 0|
na----------'o-wi           mi
 照    顧          我  們

|5 |5 16|1 21|2  3|3 —|2 32|1 -|2 -|6 1|
 i         Yes Ki
 是         耶  穌

|321 1|1 -|1 0|6 -|1 2|21 6|6 -|6 0|
ri--------s t'o   ri--------ngi--to mi
 基    督    光    照  我 們

|5 -|5 6|1 6|1 2|321 |2-|3 5 5 -|5 0|
 i     a--------ma      na
       天    父      是

|3 32|1 2 21|6 61|5 -|5 6|1 2|21 6 1|
de----------------ma--wa-i ta---------------ra--
 創         造 者 召 喚

|6 5|5 -|5 0|
 yo  mi
 我  們
```

創作背景：

1963 年陸森寶先生爲卑南天主教會創作「上主垂憐」，在彌撒快開始時吟唱，歌詞是由天主教拉丁文聖詩翻譯的。同時期也作了「天主羔羊」等聖歌。

歌詞內容：

天主，請您垂顧我們。

天主，請您保護我們。

天主，請您擁抱我們。

4/4 卑南王 penanwang

詞:陸森寶 1964

```
|1 1 1  3·4 5 · 5|6 6 1̇  7 6 5 — |1 1 3·4 5 · 5|
```

1) nakinakuaku-wa na mo tonga-i-nga-i   na pa-la-la-dam na

　　受 讚 揚 的　　名 聲 好 的　　　指 導

2) sa-me-ka-se-ka-de mo-ki---da-ya-yan   po-da-la-da-lan da

　　完 成　　　到 西 邊　　　開 道

```
|6·5 4 3 2 - |1 1 1  3·4 5  5|6 1̇ 7 6 5 · 1̇|
```

1) pa-ta-ka-ke-si da o-wa-o-ma-yan da sa-sa-le-man-a

　　教 育　　　農 耕　　　插 秧

2) pe----na-ba-lis tu kia-ḷi-ma-yai to kata-ḷi-ma-yai-a

　　變 化　　　依 賴　　　依 靠

```
|7·1̇ 2̇7 1̇ 6 5 6|3 2 1 · 3|5 3 5 5 5 3 5 5 5|
```

1) ma--- o ḍa i e--mo i pi-na-ḍay 3 3 1 3 3 3 1 3 3 3

　　是　　　祖公　卑那來 1 1 1 1 1 1 1 1 1 1

2) ma--- o ḍa i e--mo i pi-na-ḍay

1)   ta -tengu-laota ta-li-yao

2)   ta -tengu-laota ta-li-yao

　　　　　　　　　我 們 來 繼 承 拉 線

```
|6 1̇ 7 6 5 · 1̇|7·1̇ 2̇ 7 1̇ 6 5 6|3 2 1 ‖
|4 6 5 4 3·3 2·3 4 2 3 1 2 3|5 4 3 ‖
|1 1 1 1 1·1 5·5 5 5 1 1 4 4 5 5 1 ‖
```

1) mode -po-de -pos toka - ku-waya-na-n kanḍi 卑 南 王

2) mode -po-de -pos toka - ku-waya-na-n kanḍi 卑 南 王

　　直 到 邊 界 他 的 習 慣

創作背景：

Pinaday 是卑南族南王人，善於經商，年輕時遷入屏東縣水底寮開設商店從事交易致富，他娶漢族女子陳珠仔(salaoloi)，返回家鄉，成為南王第十八代頭目。他並從西部引進農具、稻種、家畜禽等，改良卑南族農耕生產技術，增加產量。Pinaday 因治理卑南族政績卓越，清政府賜予「卑南王」稱號。陸森寶先生 1964 年左右將西洋民謠改編填上詞，作成「卑南王」，讓卑南族追念祖公改善族人生活的事跡。

歌詞內容：

1. 頗受讚揚的祖公—卑那來—他教導我們農耕和插秧，我們按照他拉直線的方法插秧，直到對面的田埂，這是卑南王慣用的妙法。

2. 他又完成了開往西邊的道路，這全歸功於祖公卑那來啊！我們按照他拉直線的方法插秧，直到對面的田埂，這是卑南王慣用的妙法。

南王互助社歌 nangta i goziosia

詞:陸森寶 1970

| 6 6 6 | 5 6 6 | 1 2 | 3 2 1 | 3 - | 6 6 5 6 |

1) a--n-ta ki--sasa---ya-i ma-ki-----teng an-ta ka-sa-
　　如果　單獨一個　很　小　如果太少

2) a--n-ta ki--sasa---ya-i ma-ki-----teng an-ta ka-sa-

3) a--n-ta ki--sasa---ya-i ma-ki-----teng an-ta ka-sa-

| 3 3 2 5 | 2 · 1 6 - | 3 3 3 5 | 6 6 1 2 | 3 · 2 1 |

1) i-ma--ya-i po--wa----ri a-n-ta o--ka-sa-ya-i pa-la--
　　　　很　慢　如果　大家一起　很　快

2) i-ma--ya-i po--wa----ri a-n-ta o--ka-sa-ya-i ma-ke--
　　　　　　　　　　　　　　　有力量

3) i-ma--ya-i po--wa----ri a-n-ta o--ka-sa-ya-i a--ri--
　　　　　　　　　　　　　　　很　快

| 3 - | 2 2 2 5 | 2 1 6 5 | 1 6 6 6 - | 6 6 6 6 |

1) mo a--n-ta ka-do-wa-na-i e-----sa-do ta ro-ke-da-
　　如果　人　多　就　很多　我們來出力

2) ser a--n--ta ka-do-wa-na-i ma----ti-na ta la-po-
　　　　　　　　很　大　我們解開

3) i a--n-ta ka-do-wa-na-i mo-----i-sat pa-li-ngu-wa-
　　　　　　　　越　高　讚美

| 6·5 | 6 5 3 5 | 6 6 6 | 3 — | 3 2 | 3 5 2 1 | 6 6 6 |

1) ngao　ta　pisa-'o-ra-nai　ma---ba----a-----ba----a-wa　ta
　　我　　們來團結　　　互相　　幫　助

2) sa-wu　na----n-ta　ra-pi-'an　pa---na--a-na ta ko-re-sange-dal
　　我們的　痛苦　　　眞正的我們來　　依靠

3) na-i　nangala-di pu-yu-ma　mo---to----ba---ti-ba-ti-y a--nai
　　名字　普悠瑪　　受讚揚

| 3 3 3 5 | 6 6 1 3 | 2 1 6 6 | 6 — | 6 0 ‖

bo----la-i na-ng---ta　go-----zio--sia
好 的（南 王）我們的 互 助 社

bo----la-i na-ng---ta　go-----z i o--sia

bo----la-i na-ng---ta　go-----z i o--sia

創作背景：

1970 年八月廿八日南王成立儲蓄互助社，不分宗教，都可加強宣揚互助社的宗旨，人人爲我，我爲人人，大家共同合作。陸森寶先生在一天內將此首日本民歌改編，填上歌詞。

歌詞內容：

1. 我們單獨存款數目少，如果太少，金額不會快速成長，如果大家合作，人數多，金額就多，南王互助社要團結互助。
2. 如果單獨存款，數目少，我們要出力才能解開大家的痛苦，要依據互助社，南王互助社很好。
3. 我們共同合作就快，人多錢越多，我們愛護卑南族的名聲，南王互助社很好。

4/4 蘭嶼之戀 sareedan ni kavutulan　　　　曲詞：陸森寶 1971

|3 3　6·1̇　3̣·2̇|16　16·6　5·3 2|3·5̣　6 2̣　1̇ 6 5|

1) se-me--na-n　a-ka--bu　--la na-n　me---la-ti' a　ka-li-da---la-
　 明 亮 的　　　月 亮　　　　眞 的 光 亮　　公 路

2) menga--ra----nga---ra　mi da sa---sodang i　ka-ba-bu--tu-
　 等　　　　　　我 們 船　　　　在 蘭 嶼 島

3) me-re--dek mi kami-na--to-an　ka----ḍi-yo i　ka-sing---ko-
　 到 達　　港 口　　　　那 邊　　在 新 港

|6- -0|3 6　5 3 2 1 6̣ 6̣|　5 3 2　3 6 5 3 2|

1) nan　menga-ra---nga-ra　ku　e-ba---a re-ti gi　--ti
　　　　 等 著　　　我　　哥 哥　站 立 著

2) lan　mo-ka-sa----ka-sa　mi　ta-mi-na temo-ngu-to---
　　　　 一 起　　　我 們　船 上　眺 望

3) an　mo-ka-sa----ka-sa　mi　mo-da-re mo-ringiri---
　　　　　　　　　　　　　我 們　下 船　看 看

|1̇ 6̣　1̇ 2̇　1̇ 6̣ 1̣ 6̣ 6̣|6- -0|

1) gir ko ka-na　bi----na-ri-yan
　 那 個　　樹 蔭 下

2) ngulmi pi------ya-----a----mi
　 我 向　　　　北 方

3) ngiṭmi pi------ya----ti----mul
　 我 向　　南 方

|6·6̇ 6̇ 5 3·5̣ 6 6　5|6̇·6̇　5 3 2 3|3̇·5̇　5·3̇5̇　3—|
|2·2̇3̇ 3 2·1̣ 6 1 2|3·3　2 1 6̣ 1|2·2　3 5 3 5　3—|

1) temo-ngu -to-ngul　ku　mi- -sasa ka-na sing-na-nan
　 瞻 望 著 我　　一 個　　在 光 亮 之 處

2) ba-li-ya-ni　e-me--lang　na i----ne--ke-mo-lu-ke---lon
　 風 吹　　起 浪　　　海 水　後 浪 推 前 浪

3) na-niya-me　ni-ḷa----ngan　na i---ne--me-la-ṭi-la--ṭi
　 我 們 的　　足 跡　　　海 上　亮 光 光

```
|3·5 6 6 5  32  3 5|2 2·1 6   6 6 1  2 3|
|2 2  1 3 3  2   1|2 3 2 1 6   1·2 3 3|
```

1) ka - sa - re - e - re -- e - d a - ka -- ra - o ---- ban ma --- ru -- niru

　　　懷念的　　　夜　晚　　　叫的

2) e -- ma - i -- a -- i -- b mi da 'e - song a - nan - kan ------ du na

　　　算　算　我們　　夜　晚　那

3) pa - sa - re - sa - re - e - be i na ka - na   tal 'ka di -- yo i

　　　模　糊　那個　　島　嶼　　那邊

```
|2  1  6  1·6 6—‖
|2  1  6  1·6 6—‖
```

1) ni　　ya　ko - l i -ling

　　　　蟋　蟀

2) o ----- wa - r u - ma -'an

　　　返鄉的日子

3) ka ----- ba - b u - t u -lan

　　　蘭嶼島

創作背景：

1971 年由前台東縣長黃鏡峰先生率領女青年康樂隊，赴蘭嶼島慰勞部隊(陸戰隊)，不幸遇上惡劣天候，大家滯留該地十餘天。陸森寶先生以大家朝暮盼船的心情完成這首歌敎女隊員習唱。

歌詞內容：

1. 月亮出來了，今日候船，獨步海邊，眺望北空，蟲聲幽幽，懷念之至。
2. 乘坐不動的船(蘭嶼島)北眺新港航路，全是荒海，今留島候來船。
3. 於新港登陸，皆大歡喜，回望南海，蘭嶼島在朦朧之中。

C調 2/4　神職晉鐸 kasemangalan ḍa motosingpusang　　曲詞:陸森寶 1972

`| 6  66 | 6  i  2̇  i̇ | 6̄  6  1  1  6 | 6̄5̄  35 | 3 - | 3 ·5̇  6  i̇  6̄5̄ |`

1) ta-li-yan　masa-sanga-la　ma--pi-ya---pi-ya　　pi-no-a-po-ṭan
　　我們　來歡樂　　　大家一起　　　　有戴上花冠

2) ta-li-yan　a--ra-se-na-ya--i mo--ka-sa---ka-sa　　pi-no-i-ri--san
　　我們　來 高聲歡唱　　　　　　　有戴羽毛的

3) ta-li-yan　o--wa-ra-ka-na--i i----no-wa--ḍo-kan　pi-no-kiroa-nan
　　我們　來跳舞　　　集會　　　　　有穿司祭衣

`| 3  5  2  1 | 6  1 | 3̄  2̄  3 | 2̄  3̄2̄1̄6  6 - | 1  2  3 3 | 3  2  1  3 |`

1) pi-na-ka-vu-lay la i----ḍi bang------sar　a-ma-o na ti-no-ḍo-
　　有聖潔的　　　　　青年　　　是被 指定的

2) pi-na-ka-bu-lay ḷa i----na pi---na-mi-li'　ṭi-na-tu-wa-ḷan ḍa-ta
　　　　　被召選的　　　　　打開了 我們的

3) pi-na-ka-vu-lay ḷa i----na pi---na-ra-gan　pi-na-se-na-nan ḍa-ta
　　　　　這 晉升者　　　光照了

`　　　　　　 | 1  2  3 | 30 | 5  3  6  5 | 30 |`
`| 6 ·i̇ | 6̄5̄  33 | 3̂---3̄ | 3  5  6 | 60 | 1  2  3  3 | 30 |`

1) na　pi-no-ba-ti-yan　tseng sen hu　ta koa re ngan
　　是 有聖召的　　　曾神父 我們 要 跟隨的

2) pa-ka-ka-------ḷangan　hong sen hu　ta kia le nga oan
　　　路 線　　　洪神父 我們　要聽從的

3) o--wa-ba-------ḷa-dan　tseng-sen-hu　hong---sen----hu
　　成長　　　　曾神父　洪神父

`| 5  5  5  3 | 5  5  6̄5̄ | 6  6 | 5  3  3̂ | 5  3 | 3̂---3̄ ‖`
`| 2  2  2  1 | 2̄  3  2̄1̄ | 6  2 | 2̄  1̄  6 | 1  6 | 6̂---3̄ : ‖`

mo-i--sa-ṭ na ka-ngala-dan-ni-po----no-yu-ma-yan
上升了　名譽　　在 卑族

創作背景：

卑南族產生了非常優秀的青年，他們是曾建次神父、洪源成神父，以優秀的成績大學畢業，1972 年升任卑南族的神父。族人高興地議論慶賀，於是陸森寶先生作成這一首歌。

歌詞內容：

1. 我們大家齊來歡樂，那戴上花冠又聖潔的青年是被指定有聖召的，曾神父……我們的領導人，提升了卑南族的名聲。
2. 我們齊來高聲歡唱，那戴有羽毛標誌又聖潔的青年是被召選的，洪神父……我們的領導人，光耀了卑南族的名聲。
3. 我們來集會跳舞，那穿上司祭衣又聖潔的晉升者，光照了我們的成長。曾神父、洪神父但願永遠揚名。

4/4 海祭 a senai ḍa molaliyaban 　　　曲詞:陸森寶 1985

| 6 6̂5̂ i̇ 6 | 2̂i̇ 6 i̇ 6̂5 3 | 2 1235 6̂5 | 3 - - 0 | 3̂ 5 6 i̇ 6 2̂3 |

1) o ni ian ḍakabinian　i kina ḍi oan　to aia aia
　　沒有　　種子　　在　家　鄉　　　去　尋找

2) a ma o la na kasa ngalan ḍa temowa mo oan　i no kas ma
　　就是　　歡喜　的　祖　先　　　　有　去

| 1 6̂3 6̂5 | 3̂2 1 3 2 1 6̇ | 6 - - 0 | 3·5 6 i̇ 6̂65 | 3 - 1̂6 5 |

1) ao pa re dekikaba bo ṭo lan　toa te bo ngai la ka se
　　直 到　　　蘭 嶼 島　　才 找 到 了　　　真

2) baḍ pa ke la dam i karo ma an　ma si ka sik la mo la
　　(很早)聲明(祈禱)在 祖屋 處　　　出 發(行動了)　向

| 6 i̇ 2̂i̇2̂i̇ 6̂5 | 6 - - 0 | i̇ 6̂ i̇ 6̂5 3 5 | 2·1 3 - | 3·5 6̂5 6 |

1) ma naa lan ta　　to la s　　las tao　　ma ro
　　高興　　　　　把它　　密藏起來　　才可以

2) li iaban　la　　marsiokamia　　be tan　　pa ke la
　　海邊 (海祭)　　煮飯　年輕人　　　祈禱

| î6 2̇ i̇ | 3̂·î2̂i̇ 6 | 6̂ - - 0 | 3 - 5 6 î | 6 6̂5 3 2̂5 |

1) oaro oa la pokida ia　ian　　to po bi　ni a nai
　　(才能夠) 帶來西邊(卑南故鄉)　把它 播種下來

2) ḍana a　　ma a i ḍa　ngan　　kalasu nan　la ka la peṭik
　　(聲明)　　　　長老們(祭司們)　開始奉獻祭品　　　獻酒

| 3 - - 0 | 6̇ 6 2 2·1 | 3 6̂5 3·1 | 2 3 2 1 6̇ | 6̇ - - 0 |

1) la　　　　to sa　　po sa　　abura o　la
　　　　　　盡力繁殖　(保存下來)

2) la　　　te ma rapo　made ro la kanḍi ma i　ḍang
　　　　　　為　　回饋　　給　祖　先

| 6 - i̇ i̇ | 6 1̂5 6̂5 3 | 3 - 5 - | 6̂ i̇ 6̂5 3 5 6 | 6 - - 0 ‖

1) to pa re de ka na i la ka　　n ta ga　rem
　　傳到了　　　　　我們　　　現在

2) to me li a ra re ta an bo　laiia kakowa ia nan
　　不是　一個 要放棄的 良好的　　習慣

創作背景：

海祭是紀念先祖 damalasao 自蘭嶼島帶小米種子返卑南家鄉作為主食。為促使族人感恩，1985 年陸森寶先生作此首歌，希望在獻祭唱此歌追懷感念祖先。

歌詞內容：

1.故鄉沒有主食種子，先祖越洋到蘭嶼島，找到了種子，高興地想盡辦法把種子帶回故鄉繁殖，傳衍至今。

2.今天是先祖喜悅之日，司祭一早到祭屋祈禱。族人出發到海邊，在海邊搭祭台，年輕人煮小米飯，老人們開始祈禱，以小米飯灑向東方祭獻，這真是好習慣，要維持下去直到永遠。

2/4 懷念年祭 mikiakarunan ku i siḍomayan　　曲詞:陸森寶 1988.3.20

| 6 6 5 | 3 i | 6 i | 6 5 | i 6 5 | 3 3 | 3 — | — — |

mi-ki-ya-ka--ro-na------n ko　i si-----ḍo-ma-yan

　我 有 工 作　　　　在 外　地

| 3 5 | 6 i | 6 5 3 | 2 5 | 3 2　1 ḙ ḙ | ḙ — | — — |

a------ḍi ko pa--------ka　　o-ro------ma-ro--ma'

　我 不 能 常 常　　回 家

| 5 — | 3 5 | 6 — i | i ２ i | 6 6 6 | — — |

o------i-yo--hoi----yan　　i-ya---hoi---yan

| 2 — | 1 3 | 2 1 | 6 6 | 3·i | 6·5 | 3 — | — — |

a------ḍi ko a-----ba-lo so-no--mu-ka--si

　我 沒 有　忘 記　傳 統 習 俗

| 3 5 | 6 i | 6　5 | 3 2 | 1 2 | 3 5 | 3 — | — — |

to po--a--po--ṭa-----i ko ka-n　na--na--li

(給我)戴花　　　　　我 的　　母 親

| 5 3 | 3 5 | 6 6 | 6 i | ２·i | 6 6 | 6 — | — — — |

mo-ka　ko mo-wa--ra-ka i pa---la-ku-wan

　我 去　　跳 舞　　在 集 會 所

創作背景：

1988 年陸森寶先生有感於從外地工作回來的青年們，在年祭 12 月 31 日晚上到各家戶遊訪時不會唱卑南族老歌。他希望年輕人唱出自己族的老歌外，更要體會到自己是眞正的卑南族靑年。回想自己一年來在外縣市討生活，現在回到部落來，將心中的話以歌聲表達給家家戶戶。

本曲是陸森寶先生告別人間的前一個星期作的，1988 年 3 月 20 日夜寫在書房白板上，還未題名。3 月 22 日赴台北探望經營音樂敎室的兒子們，歡談至深夜。可能是年事已高，旅途勞累，次日 8 時未起床，兒子們認爲有異狀，才發覺事態嚴重，趕緊送榮總醫院急救，但他一直在昏迷中。25 日送回台東，延至 26 日凌晨吸完一口氣，很安詳地走完人生旅途。去世後此首「最後遺作」由陸森寶先生的二女婿陳光榮先生抄寫整理。由於歌詞內容爲懷念年祭，故題名爲「懷念年祭」。

歌詞內容：

我工作的地點是在離家很遠的地方，我沒辦法經常回家探望父母親與親朋好友。但是我永遠都不能忘記與家人相聚時的溫馨日子。

我的母親給我新編了花環戴在頭上，盛裝參加在活動中心的舞蹈盛會。

「原舞者」團員在卑南族南王村做田野採集。

「原舞者」的兩位卑南族
老師，左爲陳光榮先生，
右爲曾修花女士。

「原舞者」平日在排練場勤練歌舞。

「原舞者」努力研習各族群的傳統歌舞文化意涵。

陸森寶（Baliwakəs）年輕時的英姿。

陸森寶日據時在台南師範
學院就讀時得到鋼琴比賽
冠軍。

日據時代陸森寶全家合影。

陸森寶參加南王村得意女徒弟吳花枝的婚禮，並爲她寫「再見大家」一曲。

南王村民生康樂隊練習時的情景。

南王村的民生康樂隊前往金馬前線作勞軍演出。

南王村的王洲美小姐在
勞軍活動中表演舞蹈。

陸森寶（右）與友伴到知本泡天然溫泉。

陸森寶與妻子在年祭
的凱旋門前合影。

陸森寶臨終前創作了最後一首歌「懷念豐年祭」。

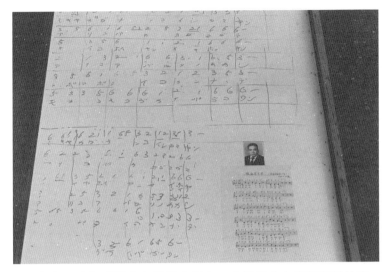

陸森寶的遺作詞譜寫在書房白板上，去世後由女婿陳光榮抄寫
整理。

陸森寶的兒子陸光朝在父親葬禮中拉小提琴送別。

臺灣研究叢刊

文化展演與台灣原住民

2003年7月初版 　　　　　　　　　　　　　　　定價：新臺幣580元
有著作權・翻印必究
Printed in Taiwan.

著　　　者	胡 台 麗	
發 行 人	劉 國 瑞	

出　版　者　　聯 經 出 版 事 業 股 份 有 限 公 司	責任編輯　沙 淑 芬
台 北 市 忠 孝 東 路 四 段 5 5 5 號	校　　對　楊 蕙 苓
台 北 發 行 所 地 址：台北縣汐止市大同路一段367號	封面設計　羅 秀 吉
電話：（ 0 2 ） 2 6 4 1 8 6 6 1	
台 北 忠 孝 門 市 地 址：台北市忠孝東路四段561號1-2樓	
電話：（ 0 2 ） 2 7 6 8 3 7 0 8	
台 北 新 生 門 市 地 址：台 北 市 新 生 南 路 三 段 9 4 號	
電話：（ 0 2 ） 2 3 6 2 0 3 0 8	
台 中 門 市 地 址：台 中 市 健 行 路 3 2 1 號	
台 中 分 公 司 電 話：（ 0 4 ） 2 2 3 1 2 0 2 3	
高 雄 辦 事 處 地 址：高 雄 市 成 功 一 路 3 6 3 號 B 1	
電話：（ 0 7 ） 2 4 1 2 8 0 2	
郵 政 劃 撥 帳 戶 第 0 1 0 0 5 5 9 - 3 號	
郵　撥　電　話： 2 6 4 1 8 6 6 2	
印 刷 者　　世 和 印 製 企 業 有 限 公 司	

行政院新聞局出版事業登記證局版臺業字第0130號

國家圖書館出版品預行編目資料

文化展演與台灣原住民 / 胡台麗著 .
--初版 . --臺北市：聯經，2003 年（民 92）
584 面；14.8×21 公分 .（臺灣研究叢刊）

ISBN　957-08-2543-X(精裝)

1.台灣原住民-文化

536.29　　　　　　　　　　　　　91022965